VOYAGE

EN CHINE.

Paris. — Imprimerie de Pommeret et Moreau, 17, quai des Augustins.

VOYAGE
EN CHINE

TÉNÉRIFFE. — RIO-JANEIRO. — LE CAP. —
ILE BOURBON. — MALACCA. — SINGAPORE. — MANILLE. — MACAO.
— CANTON. — PORTS CHINOIS. — COCHINCHINE. — JAVA.

PAR M. C. LAVOLLÉE,

Membre de la Mission de France en Chine (1843-1846).

PARIS

JUST ROUVIER,   A. LEDOYEN,
Rue de l'École-de-Médecine, 20.   Palais-Royal, Galerie d'Orléans, 31.

Octobre 1852.

TÉNÉRIFFE.

Ténériffe. — Santa-Cruz. — Laguna. — Orotava. — Ascension au pic de Teyde. — Retour à Santa-Cruz. — Bal masqué. — Le jour de l'an. — Départ.

Partis de Brest le 12 décembre 1843 à bord de la frégate *la Sirène*, nous arrivons le 26 devant Ténériffe. La brume du matin ne nous laisse d'abord apercevoir qu'une masse confuse de montagnes, au milieu desquelles nous cherchons à reconnaître le fameux pic de Teyde; on dit que, par un temps clair, on peut le découvrir à 40 lieues de distance. Peu à peu la brume se dissipe, et nous voyons distinctement la terre à 8 ou 10 milles de nous.

L'île semble entourée d'une muraille de montagnes dont l'Océan baigne le pied. Ce sont d'énormes blocs de rochers jetés là sans ordre par les terribles fantaisies du volcan, et prenant tour à tour, selon le point de vue, mille formes diverses. Le soleil vient briser contre les sommets, les anime, et fait ressortir vivement les couleurs tranchées de chaque couche de lave; tantôt c'est une ligne rougeâtre qui, de loin, semble un sillon de feu, tantôt une veine grise et sombre ; on dirait presque la noire fumée de la lave qui s'est pétrifiée et solidifiée avec elle. La lumière et l'ombre jouent dans les excavations des rochers et mêlent aux couleurs naturelles leurs teintes factices et changeantes qui relèvent par le contraste la beauté peut-être un peu monotone de cette nature morte. Aucun arbre, aucune verdure ; le volcan a tout pris.

Nous longeons rapidement la côte ; un petit village, auquel la montagne a bien voulu laisser une petite place et qu'elle protége sous ses vastes rochers, montre de loin ses coquettes maisons blanches. — Vers 10 heures, nous jetons l'ancre devant la ville de Santa-Cruz.

La rade est houleuse et de mauvais fond ; elle ne se trouve abritée que d'un côté par les montagnes de l'île. Aussi les navires ne s'y arrêtent-ils, en général, que pour prendre de l'eau. A notre arrivée, il n'y avait au mouillage que quelques goëlettes espagnoles qui font le cabotage entre les îles et un gros transport anglais chargé de femmes *convicts* pour Botany-Bay.

Santa-Cruz se détache comme un petit point blanc au pied des hautes montagnes qui l'entourent de toutes parts et derrière un flot d'écume qui se brise avec violence contre le môle. Les maisons blanchies à la chaux et vivement éclairées par le soleil, quelques clochers presque humiliés sous les hauteurs qui les dominent, çà et là un peu de verdure, et, dans le fond, des montagnes de rochers presque constamment surmontées de nuages, le tout forme un tableau qui, par le contraste, ne manque ni de grandeur ni de pittoresque. Le pic de Teyde se tient caché sous sa couronne de nuages et ne daigne pas encore se montrer à nous.

C'est du canot qui nous porte à terre que nous pouvons jeter ce rapide coup d'œil sur le pays où nous allons aborder. — A peine débarqués, nous voici entourés d'une foule d'enfants, de femmes, de nègres, qui se disputent nos malles et se jettent avidement sur quelques pièces de monnaie ou sur nos bouts de cigares; suivis de cette escorte presque nue, nous faisons notre entrée dans la ville.

Nous arrivons sur une place assez grande, formant un carré long, pavée de larges dalles et entourée de maisons régulières et de belle apparence. L'un de nos mendiants, qui s'était improvisé notre guide, nous conduit aussitôt à l'auberge de M. Guérin. Ce nom de compatriote paraissait de bon augure; nous croyions avoir échappé, du premier coup, aux chambres fort peu garnies, aux fenêtres sans vitres et aux omelettes proverbiales des auberges espagnoles.

M. Guérin nous apparut, se frottant les yeux et pour le moment d'assez mauvaise humeur : on venait de le réveiller au milieu de sa sieste. Il n'avait pas entendu le salut de 21 coups de canon que la frégate avait envoyé aux couleurs espagnoles, et il ne s'attendait pas à voir tant de monde. — Notre hôte fut bientôt tout à fait réveillé; il nous assura que nous serions bien chez lui; que sa maison était grande et nous logerait tous; que d'ailleurs son hôtel, *l'Hôtel-Français*, disait-il assez fièrement, était le seul de la ville où décemment nous pussions descendre. — Vous êtes aubergiste, monsieur Guérin.

Nous montons au premier étage, et M. Guérin nous introduit dans une grande pièce ayant plusieurs fenêtres sur la place, et meublée de quelques chaises, d'une table et de plusieurs portraits de l'empereur à pied et à cheval. M. Guérin nous présenta cette pièce comme devant être notre salon, notre salle à manger et notre chambre à coucher, sauf à compléter le nombre des chaises. Ce cumul nous parut exorbitant, mais nous n'avions guère à choisir. Nous obtînmes pourtant qu'on ferait chez les voisins une réquisition de matelas et que nous ne serions pas obligés de dormir sur des chaises.

Tel est *l'Hôtel-Français* de Santa-Cruz.

Ajoutez à cela des domestiques qui ne répondent pas toujours et qui ne viennent jamais, des curieux et des mendiants à la porte, des cicerone de toute sorte qui viennent offrir leurs services, et toute sorte de services, jugez s'il n'y a pas là de quoi satisfaire le voyageur le plus difficile, surtout après une première traversée.

Cependant nous étions impatients de visiter Santa-Cruz. Midi venait de sonner; les rues étaient désertes, les maisons hermétiquement fermées, toute la ville silencieuse. Nous nous trouvions au 26 décembre, le lendemain de Noël, et la fête durait encore. Le rigorisme de la piété castillane interdisait commerce et affaires. Et puis c'était l'heure de la sieste, et la ville dormait. Il fallait du reste toute notre curiosité de nouveaux débarqués, et le plaisir que nous éprouvions à ne plus sentir sous nos pieds l'insupportable mobilité des planches d'un navire pour nous décider à courir ainsi en plein midi et à braver, sous la lourde enveloppe de notre costume européen, les rayons brûlants d'un soleil vertical. En vérité, les habitants de Ténériffe avaient bien raison : ce qu'on a de mieux à faire, c'est de céder la place au soleil et de rester chez soi, à pareille heure.

La ville n'est pas grande; mais elle est bien construite, percée de rues régulières, longues, étroites, pavées en dalles ou cailloutées; les maisons, peu élevées, sont à l'extérieur blanchies à la chaux; on ne voit point d'édifice remarquable; l'église seule mérite une mention.

En peu de temps nous eûmes parcouru Santa-Cruz dans tous les sens et vu qu'un long séjour ne nous y offrirait pas un grand intérêt. Il fut résolu que le lendemain nous partirions pour le pic; c'est le voyage classique et presque le pèlerinage obligé de tous les voyageurs qui abordent à Ténériffe.

Il s'agissait de trouver des chevaux et des guides et d'organiser le départ. Après bien des recherches, nous parvînmes à recruter de droite et de gauche sept petits chevaux d'assez bonne mine, qui pouvaient nous mener jusqu'à la ville d'Orotava au pied du pic. Nous fîmes nos conditions; on nous assura qu'on nous traitait bien, parce que nous étions Français; en attendant, on nous faisait payer comme des Anglais. — Les Anglais, par leur prodigue ostentation, ont gâté partout le métier de voyageur.

Cependant le soleil se couchait et la ville commençait à se lever. Les petites rues de Santa-Cruz s'animent peu à peu, les fenêtres et les ventanas s'ouvrent et laissent voir de gracieux visages et de grands yeux noirs. C'est encore du nouveau pour nous; jusqu'ici nous ne connaissons de Santa-Cruz que ses rues désertes et ses maisons fermées. Tandis que les dames se préparent au bal de la nuit qui vient, les jeunes gens se réunissent sur la place de la *Constitution,* qui paraît être le rendez-vous des élégants de la ville.

Après la promenade du soir, rafraîchie par la brise de la mer, la jeunesse dorée de Santa-Cruz, parée selon les règles de la plus stricte étiquette, se disperse et va montrer ses gants blancs, ses moustaches et sa gaieté de Noël dans les bals du voisinage. Pour nous, qui ne sommes pas de la paroisse et qui devons être sur pied de bonne heure, nous rentrons au dortoir Guérin.

A peine étions-nous couchés, qu'un concert s'établit sous nos fenêtres. C'était en effet, comme disent les poètes, l'heure des sérénades! Un affreux violon, une voix chevrotante, un chant désagréable et monotone. La sérénade était un mendiant; notre bourse se laissa immédiatement séduire à condition que Lindor se tairait. Mais, où mène une première faute? La sérénade encouragée recommence de plus belle sur d'autres violons. Impossible de fermer l'œil. O poètes, qui avez chanté les sérénades !

... Le 27 décembre, dès le matin, nous sommes debout et prêts à partir. Je ferai grâce de toutes les tribulations obligées. Les chevaux n'arrivent pas; on ne s'est pas bien compris la veille; les *réaux* convenus deviennent des piastres; les objections, les si, les mais. Bref, un coup d'éperon et nos sept montures, suivies chacune d'un *arriero*, nous entraînent assez lestement à travers les petites rues de Santa-Cruz dont les dalles s'éclairent et sonnent au choc de leurs sabots ferrés.

Nous prenons la route de Laguna, ville située à une lieue et demie environ de Santa-Cruz. Cette route est assez bien entretenue, grâce à un impôt spécial payé par les passants. A un quart de lieue de Santa-Cruz, quatre grands gaillards, armés d'escopettes, postés en embuscade à un détour de la route, exigent le péage. Ils ont tout à fait la tournure de bandits, et nous sommes presque en Espagne. J'avoue que nous n'eûmes pas la satisfaction d'être attaqués. Après les sérénades, on peut s'attendre à tout.

Laguna est située sur un plateau qui domine la mer. Les vallées environnantes formaient autrefois un lac qui s'est desséché avec le temps : c'est ce qui a fait donner à la ville son nom de Laguna. Il y a 25 ans, elle était la capitale de l'île. La ruine du port de Garachico, en 1705, à la suite d'une éruption volcanique, en transportant à Santa-Cruz toute l'importance commerciale, a amené peu à peu la décadence de Laguna, devenue trop voisine de sa nouvelle rivale. Elle est demeurée toutefois le siége de l'évêché et de l'université des îles Canaries.

Nous suivions la grande rue et nos arrieros nous firent arrêter devant l'auberge. Laguna possède aussi un hôtel français, une doublure de l'hôtel Guérin. Le maître de la maison vint à nous et nous tendit cordialement la main. C'était un ancien soldat de l'empire, prisonnier de Baylen et déporté à Ténériffe, où il s'était marié et établi. Il envoya sa femme à l'écurie pour veiller aux chevaux; pour lui, il se chargea de nous. On pense bien qu'il ne resta pas muet; c'était une trop belle occasion de raconter ses campagnes, de s'indigner sur Baylen, de maudire Espagnols, Autrichiens, Anglais, etc., etc. Depuis longtemps, notre vétéran s'était résigné; il avait pris, par-devant l'évêque, une femme du pays, et sa vie se passait à faire la sieste, comme tout bon Espagnol, des tortillad et des tasses de chocolat, à l'usage des passants.

Il parait qu'un assez grand nombre de prisonniers de Baylen furent déportés à Ténériffe; il n'en reste plus que quelques-uns, et ils vivent misérablement.

Nous continuons de suivre la grande rue, qui est large, bien bâtie, mais triste. Vers l'extrémité, se trouvent l'évêché, l'université et d'anciens couvents, aujourd'hui abandonnés. Ténériffe s'est ressentie du coup terrible porté aux ordres religieux par le ministère Mendizabal. — De côté et d'autre, on aperçoit quelques boutiques parmi lesquelles nous remarquons celle de Figaro; le rasoir et la lancette se croisent amicalement sur son enseigne. Des étudiants, coiffés du tricorne et l'épée au côté, se rendent aux écoles; et, par moments, nous passons devant un grave hidalgo collé contre le mur, enveloppé d'un large manteau, le chapeau sur les yeux, et ne nous laissant voir que le bout de son nez et de sa cigarette.

La route de Laguna à Orotava est très-accidentée et pittoresque. De tous côtés s'étendent des champs bien cultivés, entourés de collines. Les habitations sont rares. Entre les deux villes, sur un espace de près de cinq lieues, on ne voit que le pauvre village de Matanza. Les chemins deviennent détestables; il faut monter et descendre continuellement sur un terrain volcanique et pierreux; parfois même on se trouve tout à fait arrêté par des éboulements de rochers. Je dois rendre ici justice aux petits chevaux de Ténériffe; ils valent bien mieux que les chemins et s'acquittent merveilleusement de cette véritable course au clocher.

A la tombée du jour, nous arrivons sur la hauteur qui domine la vallée d'Orotava. Le pic de Teyde s'élève dégagé de nuages; il montre enfin sa crête à moitié blanchie par la neige, et il semble de loin nous appeler à lui. A ses pieds s'étend la jolie vallée d'Orotava avec ses prairies vertes, ses champs de vignes soigneusement alignés et ses deux villes, on pourrait dire deux charmantes villas, Orotava ville et Orotava port, à peu de distance l'une de l'autre. Il y a dans ce petit coin de terre, encadré par les hautes montagnes du volcan, un tableau complet. Nous nous acheminons lentement vers la ville, dont l'auberge, posada bien espagnole cette fois, nous donna mauvais souper, pauvre gîte, et le reste à l'avenant.

A peine arrivés, nous songeâmes aux moyens de monter le lendemain au pic. Les chevaux étaient exténués et les jambes de nos jeunes arrieros demandaient grâce;

il nous fallait donc trouver sur-le-champ mules et guides. Nous tînmes conseil et fîmes venir notre hôte. Quand nous lui eûmes dit notre intention : — Y pensez-vous, Messieurs; aller au pic au mois de décembre! Là-dessus, le voici engagé dans une horrible description de neige, de glace, de brumes, de précipices, de jambes cassées, de mules englouties. Puis vint l'histoire de ce pauvre jeune homme qui, peu d'années auparavant,.... etc., etc.

Sur notre insistance, cependant, il nous indiqua le meilleur guide d'Orotava, Perez, que nous envoyâmes quérir immédiatement.

Perez arriva; c'était un petit homme trapu et robuste, un vrai type de montagnard. Une tête carrément posée sur de larges épaules, un teint fortement hâlé, l'œil remarquablement vif, l'allure décidée : cette figure-là nous promettait le pic.

Cependant Perez hésita presque; le temps était incertain; il y avait beaucoup de neige; on ne pourrait sans doute pas aller jusqu'au sommet. « Mais, ajouta-t-il, rien n'empêche d'essayer; s'il y a moyen de passer, je réponds bien de vous conduire. »

Nous avions fait près de dix lieues, et par quelles routes! pour voir le pic; et, en vérité, il eût fallu pour nous arrêter dans notre projet autre chose que des paroles d'aubergiste. Hors de l'auberge, point de salut! D'ailleurs, dans tous les pays où il y a quelque point curieux à visiter, une montagne, un volcan, une grotte, il semble que les habitants prennent plaisir à relever le mérite de leur merveille en exagérant les dangers de son approche. Si vous vous contentez de demander : Est-ce possible? On vous répondra invariablement : Non. C'est le froid, le chaud, la pluie, le soleil, le vent, les chemins; il y a toujours quelque obstacle insurmontable. Si vous persistez, l'impossible deviendra un peut-être; enfin, si vous partez, vous revenez ordinairement avec vos quatre membres. N'est-ce pas là l'histoire de bien des ascensions?

Le 28 décembre, de bon matin, nous partons d'Orotava avec mules, guides, provisions pour deux jours et mille bénédictions de notre hôte. Nous avions pour guides sept robustes paysans, vêtus seulement d'une mauvaise culotte de toile et d'une espèce de manteau de berger. Ils s'étaient, pour la circonstance, improvisé une chaussure en paille tressée.—Perez marche en tête; de temps en temps il regarde assez piteusement les nuages qui nous cachent le pic. Cependant il nous donne bon espoir et promet une belle journée.

L'ascension commence immédiatement au sortir de la ville d'Orotava. La montée est rapide et presque à pic. Mais il faut bientôt redescendre et escalader ainsi plusieurs coteaux avant d'arriver au pied des hauts sommets. Après une marche de quatre heures dans des chemins escarpés et au milieu d'un petit bois, nous faisons notre première halte. La température n'a pas encore sensiblement varié; pourtant nous sommes déjà assez élevés, et les villes d'Orotava commencent à prendre pour nous des proportions lilliputiennes. Les mules reposées, nous nous remettons en marche pour attaquer les premiers nuages. Nous avançons au milieu d'un brouillard assez dense, sous une petite pluie fine et froide.

Vers trois heures, nous arrivons sur un vaste plateau qui forme la base de plusieurs volcans. Tout a disparu au-dessous de nous; des nuages épais dérobent la vue de la terre; mais sur nos têtes le ciel est pur, et nous pouvons contempler à loisir les masses énormes de laves refroidies. De tous côtés nous sommes environnés de montagnes et de volcans, dont quelques-uns vomissent encore par intervalles de faibles tourbillons de fumée. Le pic de Teyde les domine tous; seul il a l'honneur d'être couvert d'une couronne de neige; mais il paraît abordable du côté du midi. Le plateau que nous traversons, pour atteindre la base même du pic, présente une surface aride, pierreuse, quelques arbres clair-semés, et çà et là d'immenses rochers superposés, rappelant par leur forme les *dolmen* des anciens Gaulois.

Cette plaine a plus d'une lieue. A son extrémité, se trouve une montée à pic que nos mules franchissent avec peine par un petit sentier qui fait mille détours; c'est là qu'un faux pas serait fatal. Arrivés au sommet, nous apercevons à peu de distance quelques énormes roches noires se détachant sur le gris des roches voisines; les guides annoncent que nous passerons la nuit là. L'endroit est connu sous le nom de station anglaise, *Estancia de los Ingleses*. Nous sommes alors à 9,000 pieds au-dessus du niveau de la mer.

J'avoue qu'à ce seul mot de « station anglaise » je m'étais attendu à toute autre chose. Je m'imaginais que les Anglais, avec leur amour du comfort et leurs prétentions d'excellents touristes, avaient bien pu faire construire sur la route du pic quelque cabane pour servir d'abri et de halte; le nom semblait l'indiquer. La vue de ces gros rochers noirs, nus, isolés, bouleversa de suite toutes mes idées et détruisit bien tristement mon pauvre petit château en Espagne. Il n'y a rien d'anglais dans la *Estancia de los Ingleses*, si ce n'est qu'il y fait froid et qu'il y brouillasse. Nous dûmes pourtant bien nous résoudre à coucher là et nous installer pour la nuit. Pour comble de malheur, la mule aux provisions s'était abattue, et nous nous trouvions réduits, pour toute boisson, au baril d'eau de nos guides.

La nuit arrive et le froid devient plus vif. Nous ramassons quelques branches mortes d'un arbuste qui croît sur les flancs du coteau, et nous revenons au bivouac chacun avec un fagot. Nous formons cercle autour d'un grand feu, enveloppés de manteaux ou de couvertures, et grelottant. Quant aux guides qui ont fait toute la route à pied, ils s'établissent près de nous et content des histoires, chantent les airs du pays, absolument comme s'ils se trouvaient à la veillée. Pour donner une idée du froid, il suffira de dire que le baril d'eau, placé à trois pas du feu, était gelé à l'orifice.

A quatre heures du matin, Perez vient donner le signal du départ. Il fait encore nuit sombre, mais nous devons arriver au jour à l'endroit difficile de l'ascension. Nous partons donc à pied cette fois. Au lieu de notre bonne mule, nous n'avons qu'un long bâton, qui, dès les premiers pas, nous est d'un grand secours pour avancer sur un terrain couvert de pierre et de sable où le pied glisse à chaque instant. Chemin faisant, les guides mettent le feu à des buissons d'arbustes résineux répandus sur la montagne pour éclairer notre route et en même temps pour préparer du bois sec aux voyageurs qui viendront après nous. La flamme rougeâtre de ces torches naturelles se reflétant sur les rochers produisait, dans l'obscurité complète où nous étions, un effet vraiment magique. La route était marquée par un sillon de feu serpentant, comme nous, sur les flancs du pic. Après une heure et demie environ de marche pénible, nous arrivons aux roches obsidiennes. Nous faisons halte pour attendre le lever du soleil avant de nous engager plus loin.

Impossible de rendre la tristesse et la désolation dont nous étions alors environnés ! Les lueurs indécises qui précèdent le crépuscule ne nous offraient de tous côtés que précipices, abîmes et déchirements. Les noires obsidiennes, les scories grisâtres, les teintes brunes d'une énorme coulée de lave, les masses de rochers vomies par le volcan, se confondaient dans un sombre et effrayant tableau. Qu'était-ce donc, lorsque la lave coulait brûlante, lorsque le volcan vivait et lançait des montagnes ! Aujourd'hui ce n'est plus que nature morte et désert glacé.

Enfin le soleil vint ! Et, les premiers sur la terre de Ténériffe, pendant que sous nos pieds la terre était encore dans la nuit, nous le vîmes se lever brillant à l'horizon. C'est chose banale qu'un beau lever de soleil ; pourtant, je ne puis m'empêcher de dire que de la hauteur où nous étions, à 10,000 pieds au-dessus de la mer, au milieu de cette morne solitude, son apparition sur l'Océan qui semblait alors uni comme un lac et miroitait sous ses premiers feux, fut pour moi un des spectacles les plus imposants que j'aie jamais vus. — On se remet en marche. On croit toucher au sommet du pic, mais il faut encore quatre heures d'ascension pour y arriver. Ce ne sont que rochers entassés les uns sur les autres qu'il s'agit d'escalader successivement en faisant mille détours pour trouver un espace que le pied puisse franchir. L'air devient plus rare, la respiration difficile et la fatigue accablante. On monte toujours, et ce maudit pic semble s'élever à mesure et fuir vers le ciel. La dernière crête est surtout pénible ; c'est la plus aiguë et la plus droite ; le sommet a tout à fait la forme d'un pain de sucre.—Victoire enfin ! les fatigues sont oubliées. On se figure l'horizon que l'œil peut embrasser à une hauteur de 11,430 pieds. Le groupe entier des îles Canaries, Gomer, Lancerote, Ferro, se détachent comme des points noirs sur la mer ; on plonge dans les volcans des montagnes voisines, et le volcan de Chahora, le plus élevé après le pic de Teyde (9,276 pieds), laisse voir son large cratère encore fumant. On suit dans leurs sinuosités les innombrables coulées de lave, qui, depuis les époques les plus anciennes, se sont répandues sur l'île et ont elles-mêmes formé de hautes montagnes. Elles se distinguent par leur teinte brune, plus ou moins foncée selon l'âge de leur éruption. Le cratère de Teyde semble éteint ; il ne s'échappe de ses fissures que de la vapeur de soufre et d'eau en petite quantité.

Malheureusement il faut voir vite, parce que la respiration gênée amène à la longue un certain malaise. Le retour à la station anglaise n'est qu'une succession de sauts plus ou moins allongés. On descend en une heure et facilement ce qu'on a monté péniblement en six heures.

A la station, nous reprenons nos mules et nous descendons dans la vallée. A moitié endormis de fatigue, nous nous laissons aller au pas sûr et mesuré de nos montures, tandis que les guides à pied, près de nous, veillent aux passages difficiles et abrègent les ennuis de la route en improvisant, chacun à son tour, et sur le même air des vers rimant deux à deux, mais vides de sens. — A trois heures, nous rentrons dans la ville d'Orotava.

Pendant les mois de décembre, janvier et février, le voyage au pic est généralement considéré comme peu praticable à cause de la neige ; nous avons été heureux de tomber sur un beau jour; mais, pendant le reste de l'année, c'est une promenade qui ne présente, à vrai dire, aucun danger sérieux. Quant à la fatigue, elle ne doit pas entrer en ligne de compte; ce qu'on voit là-haut vaut bien une courbature.

Notre hôte parut charmé de nous revoir. Il nous félicita du succès de notre course et nous persuada que nous avions dû courir de grands dangers. — Nos lauriers, les sérénades et les punaises ne nous empêchèrent pas de dormir; le lendemain matin, chevaux et arrieros nous attendaient; nous fîmes nos adieux à l'auberge d'Orotava.

Avant de reprendre la route de Santa-Cruz, nous nous détournâmes pour visiter Orotava-Puerto, éloigné de la ville d'environ une demi-lieue. Orotava-Puerto passe pour un endroit très-sain : on y envoie les malades prendre les bains de mer. Le port est petit, mal abrité, et ne peut recevoir que des bateaux caboteurs. La ville n'offre rien de remarquable; des petites rues, des maisons blanches et une assez jolie place entourée d'arbres, qui s'appelle probablement la *Place de la Constitution*. C'est un nom de place très à la mode dans les villes d'Espagne.

Au sortir d'Orotava-Puerto, nos arrieros nous firent mettre pied à terre devant une habitation occupée par un Français. La maison est entourée d'un vaste jardin qui s'intitule *Jardin d'acclimatation des plantes tropicales, entretenu par le gouvernement de Sa Majesté*. Notre compatriote, anciennement employé au Jardin-des-Plantes à Paris, et jeté à Ténériffe par un naufrage, dirige l'exploitation. Une faible partie de l'enclos était, lors de notre visite, consacrée à la culture de quelques plantes tropicales, orangers, goyaviers, cannes à sucre, arbres à suif, etc. Depuis deux ans, le gouvernement espagnol n'avait fait aucune dépense, et le jardinier, pour ne pas mourir de faim, s'était vu obligé de planter en pommes de terre les trois quarts de son terrain. Je ne doute pas qu'en ce moment le jardin d'acclimatation ne soit devenu un magnifique champ de pommes de terre.

Nous revîmes Laguna, et, le 30 au soir, nous étions rendus à Santa-Cruz.

La nuit du 31 décembre se passa joyeusement dans un bal donné par un riche habitant de Santa-Cruz. Cette nuit, comme à celle de Noël, les réunions étaient nombreuses; et la ville, que la journée nous avait montrée si triste et nonchalamment endormie dans le silence de la sieste, semblait s'être tout d'un coup réveillée pour la joie et les fêtes. Quel contraste entre notre nuit de la Estancia et celle-ci! — Pendant la saison des bals masqués, la maison où se donne la fête est ouverte à tout venant, homme ou femme, qui se présente masqué. Si l'amphytrion vous invite à vous démasquer un instant, vous pouvez vous considérer comme invité et rester dans le bal jusqu'au jour; sinon, il est de convenance qu'on parte au bout d'un certain temps et qu'on aille chercher fortune ailleurs. Ainsi, au milieu des personnes connues du maître de la maison, se pressent une foule de masques nomades qui renouvellent à chaque instant l'aspect du bal, passent, repassent et dépistent toutes les recherches.—M. F..... voulut bien nous prier de retirer nos masques, et nous pûmes profiter à loisir de sa gracieuse hospitalité.

Le jour de l'an fut à Santa-Cruz une fête politique. On célébra dans la colonie la majorité de la reine Isabelle II. Chacun sortit du bal pour se mettre en grande tenue;

et, dès le matin, les rues étaient pleines de troupes et d'uniformes qui se rendaient à la place de la municipalité. Les maisons étaient tendues de rideaux rouges, bleus ou jaunes; la ville, à son tour, semblait déguisée en arlequin. Lorsque le régiment royal et les milices de Ténériffe, ainsi que les détachements envoyés des îles voisines, furent réunis sur la place, les fenêtres de la municipalité s'ouvrirent, et le gouverneur, entouré des principales autorités de la colonie, prononça la déclaration qu'il fit suivre de trois vivats en l'honneur de la *reine, de la nation et de la Constitution*. La même cérémonie se répéta sur deux autres points de la ville en présence du buste d'Isabelle, buste en plâtre et habillé, que traînaient quatre officiers, absolument comme dans le convoi de Malborough. Je ne voudrais pas rire d'une chose sérieuse; pourtant il y avait dans l'apparat de cette solennité, dans cette procession toute bariolée un caractère si étrange, que, les souvenirs de la nuit aidant, je pouvais me croire en plein carnaval.—On se rendit à l'église, où les dames attendaient le cortége..... Je ne vis pas la suite; il était midi; nous devions appareiller à une heure, et nous fûmes obligés de quitter Ténériffe au milieu d'une fête pour retourner à bord. A une heure et demie, nous étions sous voiles.

RIO-JANEIRO.

La rade de Rio. — La ville. — Le gouvernement. — Promenades autour de Rio, le Corcovado, la vallée de la Tijouca. — Traite des nègres. — Vente d'esclaves. — Carnaval à Rio. — Le mercredi des Cendres.

Une belle brise nous éloigna de Ténériffe. Nous voyions derrière nous le pic dont le soleil dorait les neiges et qui s'élançait majestueusement dans un ciel pur. A chaque heure, il s'abaissait à nos yeux et semblait enfoncé par sa masse dans les profondeurs de l'Océan. Longtemps encore, l'horizon nous laissa voir une masse noire dont les formes indécises se confondaient avec les flots. La nuit vint tout à fait noyer le pic.

L'âme est fortement impressionnée devant les hautes montagnes qui s'élèvent ainsi au milieu de l'Océan. Comment ces énormes masses de rochers se sont-elles fait jour en perçant les flots? Dans quel but la nature les a-t-elle jetées solitaires et immobiles sur le lit, constamment agité, des mers? Sont-ce des œuvres de caprice ou de colère, ou plutôt ne seraient-ce pas d'immenses phares que la Providence a semés çà et là sur la route incertaine des navigateurs et qu'à certains jours elle allume avec la lave embrasée d'un volcan?....

La traversée de Ténériffe à Rio ne présenta aucun incident remarquable. La vie de bord est monotone. Sans doute, il y a dans les jours de l'homme de mer certaines heures de contemplation féconde et d'admiration vivement sentie pour le plus grand des spectacles que la nature ait donnés à l'homme, l'Océan. Cette vaste étendue d'eau, tantôt plaine, tantôt montagne, ce lointain horizon où la mer touche au ciel, le soleil radieux et chaudement coloré des tropiques, les magiques illusions du mirage, le sillage phosphorescent du navire, toutes ces étrangetés ont bien leur côté pittoresque et poétique parfois. Mais on se blase vite de ce spectacle éternel et de ces longues impressions. Le malaise, les privations, l'oisiveté forcée, l'éloignement du port et le désir de l'atteindre lassent le corps et aigrissent l'esprit. Aussi avec quel empressement accueille-t-on les moindres distractions! Un requin, un banc de poissons volants ou de marsouins qui se jouent autour du navire, un tronc d'arbre, une barrique vide, un pauvre oiseau égaré qui vient se percher au bout d'une vergue, autant de bonnes fortunes qui amènent un instant chacun sur le pont. Si la vigie a crié navire! aussitôt tous les regards se portent vers le point indiqué: on ne se sent plus seul, il y a là un rival qu'il faut gagner de vitesse; on veille plus attentivement aux manœuvres, et jusqu'à ce que le navire ait disparu dans la nuit ou dans sa défaite, on partage la distraction et presque les émotions de la lutte.

Le passage de la ligne enlève aussi un jour à l'ennui. Je ferai grâce de la description; de l'eau, de l'eau et encore de l'eau. C'est une solennité que les matelots ne manquent jamais, disent-ils, de célébrer avec *pompe*.

Après les calmes de la ligne, nous rencontrons les vents alisés, brise chère au marin.—La frégate et la corvette (1) s'avancent, les voiles pleines, filant dix nœuds, sans qu'il soit besoin pendant plusieurs jours de toucher une corde. — Le 27 janvier, nous arrivons en vue du cap Frio, dont la pointe aiguë, chargée de collines richement boisées, s'allonge hardiment dans la mer; le lendemain nous faisons notre entrée dans la rade de Rio-Janeiro.

La brise tombe; il semble qu'en ralentissant notre marche elle ait voulu nous laisser jouir à l'aise du magnifique panorama qui se déroule autour de nous. La rade de Rio est une des plus belles choses qu'il y ait au monde. Son étendue, ses îles nombreuses, la végétation qui couvre ses rives, dans un fond la capitale du Brésil, à l'horizon, de hautes montagnes, tels sont les principaux traits de ce tableau qu'il faut renoncer à peindre. — Nous longeons le Pain de sucre, colline escarpée qui s'élève à l'entrée de la rade, le fort du Corregidor et celui de Villegagnon, célèbre dans les fastes de notre marine. C'est de là que la police du port vient nous héler et demander d'où nous venons. — De la mer : c'est la réponse invariable des navires de guerre. On nous laisse passer respectueusement et nous allons jeter l'ancre à petite distance de la ville, au milieu des navires en station. Les bâtiments du commerce mouillent dans le port, le long du quai.

La rade de Rio est le rendez-vous de toutes les escadres que l'Europe et l'Amérique envoient dans l'Océan atlantique. Les pavillons de la France, de l'Angleterre, des États-Unis, de la Hollande se déploient sur ce beau lac, calme et neutre. Les couleurs brésiliennes ne flottent guère que sur les forts. Indépendamment de ses

(1) La corvette *la Victorieuse* naviguait de conserve avec *la Syrène*.

navires en station temporaire, le gouvernement anglais a établi au milieu de la rade un trois mâts rasé qui sert de ponton où sont déposés les noirs capturés par les croiseurs à bord des négriers ; condamnation permanente de la traite dans un pays qui longtemps n'a vécu que par elle. L'orgueil brésilien s'en montre justement blessé.

Il se fait chaque jour à Rio une immense consommation de poudre. A peine un navire de guerre a-t-il jeté l'ancre et salué la terre, qu'aussitôt il lui faut essuyer les bordées qui accueillent le nouveau venu de leur assourdissante courtoisie ; c'est à qui commencera le feu et fera le plus de bruit. Au milieu de cette fumée et de ces détonations successives, on se croirait presque à un combat naval. Puis, la rade est sillonnée d'embarcations qui apportent au commandant les offres de services et les compliments d'usage. La présence de tant de navires appartenant à des marines différentes et souvent rivales entretient parmi les équipages une lutte d'amour-propre qui se manifeste dans la précision des manœuvres, dans la coquetterie du gréement, dans la bonne tenue de la batterie. La force gagne aussi à être parée.

Laissons donc notre frégate polir ses canons et son cuivre, faire sa toilette de rade après une longue traversée, et allons à terre.

A quelques pas du débarcadère, nous trouvons une grande place où s'élèvent le palais de l'empereur et l'église métropolitaine. Au centre est une fontaine publique construite par ordre du ministre Vasconselhos dont le nom est demeuré populaire au Brésil. Ces édifices n'ont rien de remarquable ; le palais n'est qu'une longue maison à un seul étage, régulièrement bâtie ; on ne se douterait pas qu'elle est habitée par un souverain; l'empereur du reste n'y réside qu'une partie de l'année; pendant l'été, la cour se transporte à Saint-Christophe, château peu éloigné de la ville. — L'église se cache dans un des coins de la place; quant à la fontaine, son architecture est médiocre et son eau mauvaise.

A l'extrémité de la place, nous entrons dans la rue *Direita* (droite), où se trouvent la Bourse, la caisse d'amortissement, etc. Dans cette rue, débouche celle d'Ouvidor, la plus belle de Rio. — On reconnaît de suite une grande ville et une ville d'affaires. Une population nombreuse, animée, se presse sur les trottoirs, les deux côtés sont bordés de grandes et belles boutiques; sans l'affluence des nègres que l'on rencontre à chaque pas, on se croirait dans une ville d'Europe. La rue d'Ouvidor est presque entièrement habitée par les Européens et notamment par les Français. On n'y entend parler que notre langue, on n'y voit que nos produits; c'est un quartier français transporté de toutes pièces à 2,000 lieues. Ailleurs, nous n'envoyons que nos modes; à Rio, nous envoyons modes et modistes, et j'ai lieu de croire que les seigneurs brésiliens nous en savent gré. — Après cela, il n'est plus besoin d'ajouter que la rue d'Ouvidor est de beaucoup la plus vivante, la plus gaie, la plus élégante de la ville.

L'ancien quartier est coupé de rues longues, régulières, mais trop étroites. Quelques vieilles églises dominent les maisons, généralement assez basses, et sur les hauteurs que la main de l'homme n'a point nivelées s'élèvent les noires murailles d'anciens couvents. Il n'y a point là d'originalité ni de spectacle qui frappe les yeux; on s'étonne seulement de retrouver si loin de l'Europe et si près des forêts vierges que l'on aperçoit à l'horizon, la civilisation de nos mœurs et l'apparence extérieure de nos villes. — Plus loin est le quartier neuf, avec de vastes places, des rues plus larges, des maisons mieux construites. Les riches familles y habitent loin des boutiques et des rues bruyantes. — Si maintenant nous revenons vers le port et que nous suivions le rivage dans la direction du Pain-de-Sucre qui forme l'entrée de la rade, nous voyons de jolies maisons de campagne, abritées sous la colline que surmonte la gracieuse chapelle de la Gloria. Au bord de la mer est le jardin public avec des bosquets toujours verts, mais peu fréquentés. A quoi bon une promenade limitée entre quatre murs lorsqu'autour de la ville s'étendent de magnifiques jardins que la nature a plantés? — Toute cette partie n'est qu'un faubourg de Rio.

Les lourdes chaleurs de la journée n'arrêtent pas le mouvement des affaires. Les intérêts ne dorment pas et le négociant européen pratique peu la sieste, ce demi-sommeil des régions tropicales. Les agitations de la rade distraite sans cesse par de nouveaux arrivages se communiquent à la ville et y entretiennent à toute heure une circulation active. C'est ce mouvement qui donne à Rio une physionomie originale, bien plus que l'élégance des édifices et l'aspect extérieur. Mais ce qui frappe particulièrement les yeux de l'Européen, c'est cette variété infinie de couleurs et de races qui peuplent les rues. Toutes les teintes du blanc d'Europe et du noir d'Afrique, les nuances intermédiaires de ces deux sangs mêlés, présentent dans un étroit espace la réunion des diverses couleurs que Dieu a essayées sur le front de l'homme et par lesquelles il a marqué les races et leur place sous le soleil. Rio est le rendez-vous de l'Atlantique, comme Marseille de la Méditerranée.

— Le nègre à peine vêtu d'un pantalon de toile rayée, parcourt les rues ou le port, chargé de lourds fardeaux et pressant le pas à la voix du commandeur. — Le blanc a quitté les vêtements d'Europe : il porte pantalon blanc et jaquette blanche, et sa tête est ombragée sous un large chapeau de paille ; le costume n'a rien de pittoresque, mais il est commode.

Le soir, les nègres rentrent à l'atelier ; les blancs, libres d'affaires, se répandent dans les nombreuses réunions, dans les cercles, dans les théâtres. Les personnes attachées à la cour ou au gouvernement, les Brésiliens, les négociants étrangers, les résidents de chaque nation forment autant de sociétés à part qui se mêlent peu. Rio est assez grande ville pour que les Européens n'y soient point obligés, comme ailleurs, de faire corps et de mettre en commun toutes leurs ressources. — Il y a trois théâtres : un théâtre portugais, où se jouent de grands drames imités de l'espagnol ; le théâtre italien qui donne des représentations dans une fort belle salle, celle de San-Pédro d'Alcantara (1). On y joue les opéras les plus connus du répertoire. Les premiers sujets de la troupe sont assez bons, mais le reste et surtout les chœurs, composés de mulâtres, sont pitoyables. Ce sont deux petits nègres, à cheveux crépus et au ventre rebondi qui représentent les fils de Norma. A chaque instant il faut rire de la mise en scène et se prêter à cette singulière couleur locale. Le théâtre italien est le mieux fréquenté ; c'est là que viennent s'étaler les magnifiques pierreries de l'empire et les modes récemment apportées d'Europe : toutes les races y sont admises, et les riches

(1) Cette salle a été récemment détruite par un incendie ; elle sera sans doute reconstruite.

métisses croient se venger du mépris qui frappe leur couleur par le luxe extravagant de leur parure, par l'or et les bijoux qui scintillent sur leur peau cuivrée. Ce mélange accepté par les blancs, cette égalité de la richesse un instant tolérée présentent un curieux spectacle. — Enfin, Rio possède un théâtre français, fondé sous le patronage particulier de l'empereur et subventionné par le gouvernement; la salle est petite, mais de bon goût. Les nombreux Français, établis dans la ville, y voient jouer les drames les plus sanglants, les vaudevilles, etc. — Nous devons remercier le gouvernement brésilien de la protection qu'il accorde à notre théâtre; c'est un hommage rendu à notre littérature, à notre langue, qui, nous l'avons déjà dit, est très-répandue à Rio.

Les capitales de l'Amérique du sud offrent toutes une copie plus ou moins fidèle des métropoles de l'Europe. Ces nouveaux Etats ont cherché à s'assimiler dans le gouvernement comme dans les mœurs le régime constitutionnel et les principes de la civilisation européenne. Mais cette imitation ne peut être que factice. On ne fonde pas une nation de la même manière qu'on construit une ville. Le temps seul consolide les institutions d'un peuple en appuyant sur le passé les progrès du présent et les espérances de l'avenir. Les Etats de l'Amérique du sud n'ont point de passé; ils ont pris une organisation toute faite et transplanté sur leur sol vierge encore les idées qui avaient si lentement mûri dans l'ancien monde. Aussi qu'est-il arrivé? Ils n'ont pu s'approprier que les théories des gouvernements libres et ne se sont point élevés à la pratique; leur jeunesse est demeurée faible et leur indépendance stérile. Dans les républiques, cette impuissance s'est noyée dans des flots de sang et les peuples ont vainement cherché à consacrer leur nationalité naissante par le baptême des révolutions. Le Pérou et le Chili sortent à peine d'une longue série de guerres civiles qui les ont épuisés dès leurs premiers jours. Au Brésil, dont l'organisation se rapproche plus exactement de celle des monarchies européennes, il semble que l'âge de la décrépitude soit venu et que l'Etat succombe sous le poids d'institutions servilement copiées. A quoi bon des institutions libérales, des ministres responsables, des chambres électives, etc., dans un pays à moitié peuplé d'esclaves? A quoi bon ce rêve d'une centralisation administrative sur cette immense étendue de provinces que la nature a séparées par des forêts, par des fleuves, par des déserts et que le travail de l'homme a été jusqu'ici impuissant à réunir en une confédération solide? L'empire du Brésil, l'un des plus vastes qui soient au monde, si on le mesure sur la carte, n'a d'existence réelle que dans quelques villes du littoral, Rio-Janeiro, Bahia, Fernambouc, auxquelles les relations du commerce et l'échange des idées avec l'Europe communiquent une activité d'emprunt qui s'arrête aux limites de leurs territoires.

Il ne faut donc pas juger l'empire d'après sa capitale. A Rio, nous voyons une cour, un gouvernement presque régulier, des tribunes où se discutent les intérêts publics, une presse intelligente, des institutions scientifiques et littéraires, musées, bibliothèques, écoles; mais tout cela n'est qu'un reflet de l'Europe et comme l'écho d'une civilisation dépaysée qui, en traversant l'Atlantique, a transporté avec elle ses formes perfectionnées et jusqu'à son bagage d'utopies sociales. Rio jouit d'un phalanstère.

Le temps fera plus pour le Brésil que cette apparence de progrès hâtif; les éléments de prospérité abondent; il faut qu'ils soient fécondés par le travail, profondément remués comme le sol, pour que le pays s'élève à la hauteur des institutions qu'il s'est données.

Il n'est point de terre au monde que la Providence ait plus richement dotée que la terre du Brésil. Rio n'est qu'un produit exotique de la civilisation européenne; mais la nature l'emporte de beaucoup sur la beauté de cette capitale artificielle. On est de suite frappé du contraste. Que sont les maisons blanches de la ville reléguée au fond d'une baie, les clochers de couvents et d'églises, travail timide de l'homme, auprès de cette magnifique végétation que présente de tous côtés l'aspect de la rade? Si on parcourt la campagne aux environs de Rio, on demeure en contemplation devant la prodigieuse fertilité d'un sol approprié à toutes les cultures et la variété des points de vue. Rien n'égale, entre autres, le Corcovado et la vallée de la Tijouca.

Le Corcovado s'élève entre la ville et l'entrée de la rade. L'un de ses flancs forme une pente douce qui commence au sortir de Rio; l'autre est abrupte et présente à l'œil un mur d'immenses rochers sur lequel semble s'appuyer la montagne. Pendant une partie du chemin on longe l'aqueduc de la Carioca, beau travail, construit au dernier siècle avec des pierres apportées du Portugal. Cet aqueduc, qui s'alimente à une source de la montagne, fournit la seule eau potable que l'on trouve à Rio. Des ouvertures sont pratiquées de distance en distance pour donner de l'air au conduit. A moitié route, on s'arrête devant une maison de garde, où l'on arrive par une jolie avenue de cafiers. A partir de cet endroit, la montée devient très-rapide. L'étroit sentier serpente à l'ombre d'une forêt vierge, au milieu de bois touffus et sous un berceau de lianes vigoureuses qui s'attachent aux plus grands arbres et atteignent parfois une hauteur de soixante pieds. On arrive enfin sur un énorme rocher fendu en deux qui couronne le Corcovado. Quelques tiges de fer ployées sous les efforts du vent annoncent qu'il y a eu là une balustrade. C'était la promenade favorite de l'empereur don Pédro; cet homme, dont la vie fut si tourmentée, se plaisait à cette nature sauvage et gigantesque. De la plate-forme, qui a de vingt-cinq à trente pieds de circonférence, la vue est admirable; la pleine mer, puis la baie dont on peut à l'aise suivre les contours et découvrir tous les fonds; aux pieds du Corcovado, le Pain-de-Sucre et le jardin botanique, de l'autre côté la ville de Rio et le port; au second plan, et tout autour de la baie, une haute ceinture de montagnes, les pointes des Orgues, tantôt se détachant comme des aiguilles sur un ciel bleu, tantôt se perdant dans un tourbillon de nuages. Ce qui est beau surtout, c'est cette verdure, éternel vêtement des terres tropicales et ce luxe de végétation forte et colorée que nos froides régions du nord ne connaissent pas.

La vallée de la Tijouca présente un autre caractère. Au Corcovado, c'est la nature vierge agissant en liberté et dans le désordre de sa merveilleuse fécondité; dans la Tijouca et dans les vallées environnantes, c'est la nature obéissant au travail de l'homme et parée de tous les ornements d'une culture régulière. L'obligeance d'un de nos compatriotes m'introduisit dans les plantations de M. C... de S..., riche Brésilien, et me procura ainsi l'occasion d'une charmante promenade.

Un omnibus, rapidement traîné par quatre mules,

nous porta de Rio à Enginho-Velho. Là, nous mîmes pied à terre, et après deux heures de marche au milieu d'un bois nous arrivâmes à la grande cascade de la Tijouca. Cette cascade, remarquable par son beau volume d'eau, par les accidents de ses mille rochers, par ses points de vue pittoresques, est le rendez-vous de fréquentes réunions et de parties de plaisir ou de bain. Elle est dominée par une haute montagne, la Gabia, à laquelle les marins ont donné le nom singulier de Nez de Louis XVI, à cause d'une ressemblance plus ou moins exacte avec la forme du nez bourbonien. Après nous être reposés auprès de la cascade et lorsque les lourdes chaleurs de la journée furent un peu calmées, nous reprîmes notre route en descendant par une pente douce dans les plaines du canton de Jacaré-Pagua. La campagne est couverte de fermes ou *fazendas* qu'entourent de riches cultures de cafiers et de cannes à sucre. Le café de Jacaré-Pagua est le plus renommé du Brésil. L'habitation et la fazenda de M. C... de S... sont situées sur une petite éminence qui domine la vallée et a vue sur la mer. — M. C... de S... occupe à la cour de hautes fonctions auprès de l'empereur; mais ici point d'étiquette. Grand seigneur à Rio, M. C... de S... est, à sa campagne, propriétaire et hôte aimable. Il nous accueillit avec cette politesse franche et distinguée qui met à l'aise un étranger et en fait de suite un hôte. — En approchant de la varangue, espèce de balcon couvert qui s'étend devant la maison, nous fûmes surpris d'entendre plusieurs voix d'enfants qui venaient d'entonner l'ode de Béranger : *Reine du monde, ô France, etc.* Aucun de ces enfants ne savait encore le français. Leur prononciation trahissait leur gracieuse bonne pensée; nous n'en fûmes pas moins reconnaissants. C'était l'empereur qui, dans une visite récente à la campagne de son chambellan, avait appris à la jeune famille ces paroles, dont elle semblait deviner le sens au plaisir que nous éprouvions.

— Il faut avoir été éloigné de son pays pour comprendre l'émotion vraie que peuvent exciter en nous les circonstances en apparence les plus puériles.

Nous passâmes deux jours chez M. C... de S... Il nous montra ses plantations, ses usines à café et à sucre, ses ateliers de nègres et la belle nature des environs. Le sol, par sa fertilité, par un facile arrosage, compense l'imperfection des moyens de travail et, dans les usines, les procédés les plus antiques, les mécaniques en bois, l'emploi des bras n'ont pas encore fait place aux instruments perfectionnés qui déjà ont été introduits dans les Antilles. La vapeur n'a pas étendu sa conquête sur le Brésil. L'esprit d'initiative et surtout les capitaux manquent. Les propriétaires éclairés reculent devant les dépenses d'une réforme qui ne serait peut-être pas acceptée par les instincts routiniers du nègre, et dont les profits seraient ajournés.

M. C... de S... possède sur sa fazenda cent cinquante esclaves noirs, mulâtres et même blancs; nous avons vu avec un vif sentiment de peine une petite fille dont les cheveux blonds, les yeux bleus et les traits délicats indiquaient assez une paternité européenne. L'origine de sa mère, mulâtresse au deuxième degré, la condamnait impitoyablement à l'esclavage. M. C... de S... traite bien ses nègres; il leur a donné des cases, des jardins, et ne dédaigne pas de descendre lui-même dans tous les détails de leur bien-être. L'esclavage ainsi pratiqué est plutôt une domesticité presque paternelle. Malheureusement ces exemples d'humanité, honorable pour le maître, douce pour l'esclave et profitable à tous deux, ne font pas règle générale au Brésil; il semble que les entraves qu'opposent à la traite les puissances européennes et les énergiques protestations de l'Angleterre et de la France excitent le ressentiment de quelques colons contre une race dont ils ne souffrent pas qu'on leur conteste l'entière propriété. Ils se vengent sur l'esclave des mépris de l'Europe.

Après cette promenade dans les fazendas, nous visitâmes, sur le sommet d'une montagne voisine, une petite chapelle blanche d'où la vue embrasse toute la vallée. La chapelle est entretenue avec un certain luxe; les parois intérieures, formées de carreaux de faïence, représentent les principaux événements de la vie de J.-C.; au plafond sont quelques peintures assez médiocres et, au-dessus de l'autel, une statue de la sainte Vierge, à qui la chapelle est dédiée. A côté, se trouve une petite pièce où sont rangés contre la muraille des pieds, des mains, des yeux, des seins, etc., tous en cire; ce sont des vœux formés pendant la maladie et accomplis après la guérison. On consacre à la sainte Vierge le membre guéri.

Le troisième jour, nous fîmes nos adieux à M. C... de S... et nous revînmes à Rio. — Il serait triste de ne rapporter d'un voyage que le souvenir plus ou moins effacé d'un beau point de vue, d'un site pittoresque. La rencontre d'hommes distingués et d'hôtes bienveillants, ces relations passagères, qui naissent de l'occasion et qui n'ont qu'un jour, laissent longtemps encore des impressions pleines de charme. Elles animent le pays que l'on a parcouru comme ces personnages qui peuplent un tableau; elles rattachent au souvenir matériel d'un point de vue, qui bientôt peut-être serait oublié, le sentiment d'une jouissance toute morale.

.... A l'hôtel où j'étais descendu, dans la rue d'Ouvidor, logeait un Français dont le teint hâlé annonçait un ancien habitant du Brésil. Ses traits avaient un caractère de franchise et de bonhomie que démentait le ton dur avec lequel il donnait ses ordres aux esclaves qui le servaient. Il vivait très-simplement; seulement j'avais remarqué autour de lui un nombre de noirs qui ne paraissait pas en rapport avec ses habitudes modestes; et puis ce personnel de domestiques augmentait ou diminuait chaque jour. — Nous prenions nos repas à peu près aux mêmes heures; le maître de l'hôtel traitait ce Français avec beaucoup d'égards et comme un hôte de vieille date. Aux conversations que j'entendais parfois et où il était question d'affaires plus ou moins heureuses, de navires attendus, de départ prochain pour les fazendas de l'intérieur, je pensai que M. L... devait être un de ces pacotilleurs que la France envoie en si grand nombre dans tous les Etats de l'Amérique du sud. Cependant il ne parlait jamais de marchandises ni de prix-courants, et son langage conservait toujours un sens vague et à double entente que semblait respecter son interlocuteur. — Peu de jours après notre arrivée, M. L... se mit à table avec un air visiblement satisfait et annonça que le lendemain il partirait pour un petit voyage de l'autre côté de la rade.

— Ils sont donc arrivés? lui demanda l'aubergiste.

— Oui, ce matin, le capitaine m'a écrit.

— Bonne traversée?

— Très-bonne : vent d'est, et pas d'Anglais.

Lorsque M. L... fut sorti, j'appris qu'il faisait le commerce des nègres.

En voyant l'effet peu agréable que cette confidence paraissait produire sur moi et sur la personne avec laquelle je me trouvais, l'aubergiste se hâta d'ajouter :
— M. L... est un des hommes les plus honnêtes, les plus serviables qu'il y ait au monde ; nous n'avons point ici vos *préjugés* d'Europe, et la couleur de sa marchandise n'enlève rien à l'estime qu'on a pour lui.

Il disait vrai ; nous eûmes fort à nous louer, pour notre part, de l'obligeance de M. L.... Après un court entretien, celui-ci nous invita à l'accompagner dans une excursion où il devait faire marché d'une partie de nègres que le navire, si impatiemment attendu, venait de débarquer à la côte.

Notre répugnance du premier moment avait fait place, je l'avoue, à une vive curiosité. L'occasion s'offrait d'elle-même. Sans rien abandonner de nos *préjugés*, selon l'expression naïve de l'aubergiste, nous pouvions voir de près la traite, étudier ses pratiques et assister à l'un de ces marchés que l'humanité réprouve, mais qui occupent une si grande place dans l'existence du Brésil.

Avant le jour, nous traversions la ville. Une barque, montée par quatre nègres vigoureux, nous attendait le long du quai. Nous prîmes place dans la cabine, et M. L... donna le signal du départ. Après nous être dégagés avec assez de peine du groupe nombreux de canots qui embarrasse les abords du débarcadère, nous gouvernâmes au large. La mer était calme ; nous ne sentions pas un souffle de brise. Notre barque, véritable canot de traite, glissait légèrement, entraînée par les quatre avirons que nos nègres enfonçaient dans l'eau en se laissant retomber sur leurs bancs et en s'accompagnant d'un chant monotone pour marquer la mesure. Chaque coup de rame faisait voler des paillettes d'argent et noyait dans l'éclatante phosphorescence de la mer notre rapide sillage. Devant nous, les navires de guerre dressaient leurs masses immobiles, la proue tournée contre le courant qui se brisait en murmurant sur leur cuivre. De chacun d'eux une voix nous héla et nous cria : Au large ! Ce départ précipité, ce voyage mystérieux qui ressemblait à une fuite, le pressentiment du spectacle que nous allions chercher, enfin l'obscurité, cette mauvaise rêveuse, m'impressionnèrent vivement jusqu'au jour.

Nous nous trouvions au milieu de la rade, lorsque le soleil parut. Sous les tropiques, il n'y a ni aube ni crépuscule; la lumière et l'ombre se succèdent brusquement, et lorsque la nuit fait place au jour, on dirait un décor qui change et qui s'éclaire tout à coup. Ce lever de rideau, dans la vaste rade de Rio-Janeiro, produit des effets magiques.

La parole nous revint avec le soleil. En voyant l'excellente figure de M. L..., je ne pouvais me figurer que j'étais assis à côté d'un marchand d'hommes. Nous étions désireux de savoir par quel enchaînement de circonstances il avait été amené à prendre part à cet indigne trafic contre lequel semblait protester son caractère bienveillant; voici ce qu'il nous raconta :

« Je suis venu de France ici pour chercher fortune,
« comme tant d'autres, il y a une dizaine d'années; je
« fis d'abord le commerce, mais cette vie sédentaire
« d'une capitale me convenait peu. Je désirais voyager,
« et un beau jour je partis pour l'intérieur du Brésil.
« Je visitai les provinces du sud; après plusieurs es-
« sais d'établissement qui ne furent pas heureux, je
« finis par me fixer dans le Rio-Grande; c'est un pays

« de vastes plaines qui peuvent nourrir de nombreux
« troupeaux. J'achetais et je revendais des mules que
« j'allais offrir de ferme en ferme, menant ainsi une
« vie nomade et telle que je la souhaitais. Mon com-
« merce commençait à prospérer, lorsque la guerre
« éclata entre le Brésil et les républiques du sud. Quelle
« guerre que celle-là ! Les deux armées n'avaient qu'un
« but, c'était de ne jamais se rencontrer. Des deux
« côtés, on faisait invasion sur le territoire ennemi, et
« l'incendie d'une ferme, la capture d'un troupeau dé-
« frayait les magnifiques bulletins de victoire que
« chaque général adressait à son gouvernement. Je
« m'en serais fort amusé, je vous assure, si je n'avais
« été arrêté dans mon commerce et ruiné. Je revins
« à Rio, regrettant mes mules et cherchant une occu-
« pation qui me permît de continuer mon genre de
« vie. Après quelque hésitation, mais pressé par le be-
« soin, je me suis fait marchand d'esclaves. Je n'entre
« pour rien dans la traite ; j'achète un certain nombre
« de nègres, une fois qu'ils ont été débarqués à la côte,
« et je vais les revendre dans les fermes de la province,
« absolument comme à l'époque où je revendais mes
« mules. Je gagne à ce trafic 15 à 20,000 fr. par année,
« et je me tiens pour satisfait. Pourvu que les gouver-
« nements anglais et français ne s'avisent pas d'inter-
« dire ici le commerce des noirs, comme ils ont fait
« pour la traite ! Je n'aime pas ce ponton que vous
« voyez là bas. »

Pour M. L..., mules et nègres, c'était tout un. Il parlait, du reste, avec une si entière bonne foi, que nous
n'eûmes pas le courage de troubler, par la manifes-
tation de nos sentiments, la tranquillité de sa conscience.

Après une traversée d'environ cinq heures, nous mîmes pied à terre au fond d'une baie, derrière le fort Santa-Cruz. Nous suivîmes pendant quelques minutes un étroit sentier qui nous amena devant une maison de simple apparence, cachée derrière une touffe d'arbres. C'était là qu'avait été déposée une partie de la cargaison du négrier. Dès notre arrivée, toute la maison fut en mouvement. Le capitaine du navire et le propriétaire des noirs prenaient les dispositions et donnaient les ordres pour que leur marchandise se présentât avantageusement à M. L..., et pût obtenir un meilleur prix. Les noirs étaient étendus sur des nattes sales et usées dans une espèce d'écurie fétide; on les fit lever; on les envoya à la fontaine, on leur distribua des culottes et des jaquettes qu'ils mettaient pour la première fois; vêtements de parade que tant d'autres avaient portés avant eux, et qui avaient figuré maintes fois dans cette ignoble représentation de la vente. Quand tout fut prêt, on nous introduisit dans un jardin où une vingtaine de jeunes noirs de huit à douze ans étaient rangés en ligne, les filles à part: la traite aussi semblait avoir sa pudeur. — La revue commença. M. L... examina attentivement chaque nègre; la figure, les yeux, les oreilles, les bras, les jambes, en un mot toutes les parties du corps subissaient tour à tour une inspection minutieuse que rendaient encore plus horrible pour nous les ignobles plaisanteries du vendeur et le langage cynique avec lequel un défaut était dissimulé, une qualité mise en relief. — La marchandise ne convint pas; les noirs étaient encore trop jeunes pour les travaux des plantations; ils étaient, en outre, presque tous atteints de quelque maladie, notamment aux yeux, par suite d'un long emprisonnement dans la cale du navire. Les misères de la traversée les avaient plongés dans un état d'imbécillité et d'insensibilité tel, qu'ils se prêtaient machinalement à tous les mouvements qu'on leur imprimait, et ne paraissaient aucunement frappés de l'effroyable situation que la traite leur avait faite. C'étaient alors de véritables brutes que l'on vendait comme des chevaux. L'homme avait complétement disparu sous le coup des souffrances physiques et de l'abjection morale.

M. L... n'ayant pu faire marché comme il l'espérait, nous rejoignîmes l'embarcation pour nous diriger vers une fazenda où se trouvait déposée une autre partie de la cargaison. Le capitaine du négrier vint avec nous. C'était un homme de petite taille, Brésilien de naissance, jeté sur les mers depuis sa jeunesse et endurci aux périls de cette vie aventureuse. Pendant que nous passions en vue de Saint-Domingue, charmant village où les riches habitants de Rio-Janeiro ont leurs maisons de campagne, et que notre barque longeait rapidement les nombreux flots qui couvrent la rade de leur éternelle verdure, le capitaine, interrogé par nous, entra dans de longs détails sur la traite et sur les pays de la côte d'Afrique qu'il avait souvent visitée.

Si la traite, par son nom seul, blesse tous les sentiments d'humanité et de morale, la source qui l'alimente, les circonstances au milieu desquelles elle se produit, ajoutent encore, s'il est possible, à l'indignation que cet odieux trafic nous inspire. Des guerres acharnées entre les tribus tiennent le marché constamment pourvu de la marchandise humaine; les rois vendent leurs sujets; les pères, leurs fils. Un homme à la côte d'Afrique vaut *cent francs!* Il se troque contre un mauvais fusil, un peu de poudre, une pièce de guinée et quelques grains de verroterie. Une fois acheté, le voici transporté à bord du négrier, enfermé dans une cale infecte, privé d'air et de soleil, et souvent enchaîné. Avant la reconnaissance du droit de visite, la sécurité de la traversée permettait au capitaine de laisser une partie des noirs sur le pont, de leur accorder un plus grand espace et de leur donner ces soins intéressés qu'un subrécargue s'empresse de donner à une balle de sucre ou de café avariée par l'eau de mer. Aujourd'hui, tout navire qui paraît à l'horizon est un ennemi ou un croiseur anglais; les nègres, malades ou mourants, demeurent entassés à fond de cale, de crainte qu'une peau noire, aperçue aux sabords, ne trahisse la traite et n'attire les poursuites. Qu'importent quelques esclaves, c'est-à-dire quelques *cents francs* de plus ou de moins, pourvu que le négrier, échappant à la croisière anglaise, arrive au Brésil et débarque en sûreté sa cargaison dont les risques ont plus que décuplé la valeur? Autrefois le Brésil recevait 50,000 noirs de la côte d'Afrique; ce chiffre est descendu à 20,000, mais on ne compte pas les cadavres qui, entre le Congo et le Brésil, sont tombés, le boulet au pied, au fond de la mer. L'Océan est un trop vaste champ de contrebande, et les mâts de la plus haute frégate ne sauraient dominer ses mille horizons. En combattant la traite par des moyens reconnus insuffisants, le droit de visite en a augmenté les horreurs; s'il a diminué le nombre des esclaves, il a doublé celui des victimes.

Telles étaient les réflexions que nous inspirait le récit du capitaine brésilien. Cet homme parlait de bonne foi; lui-même, colporteur d'esclaves, il semblait s'apitoyer sur les misères qu'imposait aux nègres embarqués à son bord une surveillance que maintes fois il avait su braver. Il pratiquait la traite, mais il ne la voulait point cruelle; ce trafic n'était pour lui qu'un jeu de contrebande, une lutte continuelle contre les éléments et contre les hommes, lutte dont il aimait les périls presque autant que les profits. Tant que les roitelets de l'Afrique continueront à vendre des hommes, tant qu'au Brésil la traite ne sera point flétrie par l'opinion publique, et rangée, comme elle doit l'être chez toute nation civilisée, au rang des attentats (1), le négrier, à la faveur des nuits, des tempêtes et des solitudes de l'Océan, traversera à pleines voiles la courte distance qui sépare les deux continents.

.... Notre canot, après avoir suivi les sinuosités d'une profonde baie, nous débarqua en vue de la fazenda qui était le but de notre excursion. La maison était grande, bien bâtie; l'ameublement presque somptueux; toute cette richesse venait de la traite. On nous fit attendre quelque temps avant de nous introduire dans une vaste pièce où les nègres étaient réunis, habillés, parés comme une marchandise qu'on va étaler à la montre. C'était pour nous la seconde représentation de cette cérémonie à laquelle nous avions assisté déjà dans la première fazenda. M. L... fut admis à faire son choix. Les nègres étaient plus âgés et plus robustes; ils paraissaient avoir beaucoup moins souffert de la traversée. Quelques négresses, dont l'âge promettait des mulâtres (c'est ainsi que s'exprimait le maître), se tenaient à l'écart et attendaient la visite comme des filles perdues. — L'âge et l'apparence convenaient, on procéda à un examen moins sommaire. On ordonna aux nègres de chanter,

---

(1) Il est juste de reconnaître que, sous ce rapport, l'opinion publique a fait au Brésil de grands progrès.

puis de danser, pour éprouver la force de leur poitrine et l'élasticité de leurs jarrets. Ces malheureux, sous la menace du fouet, se prêtaient à ces démonstrations humiliantes. M. L... s'informa ensuite du nom de leur tribu et du pays d'achat. Les nègres, comme les chevaux, sont classés par races qui ont leurs qualités particulières et leur valeur courante sur le marché. Les côtes d'Angola, du Congo, de Mozambique produisent des espèces différentes qui peuvent être appliquées plus avantageusement à certains travaux. Ce n'est pas chose si facile que d'être un bon marchand d'hommes! M. L... paraissait s'y connaître, et je suis sûr qu'il trouvait l'occasion de mettre à profit sa vieille expérience dans le commerce des mules de Rio-Grande. Il acheta une vingtaine de nègres au prix de 1,400 fr.; il comptait les revendre quelques jours plus tard 1,700 fr. dans les plantations de la province. C'était, comme on voit, une bonne affaire. — Nous revînmes à Rio.

La narration qui précède n'a pas besoin de commentaires. J'ai dit ce que j'ai vu. Que serait-ce, si j'avais assisté aux scènes hideuses qui se passent à bord des négriers, et dont Dieu seul est témoin! On n'ose plus en Europe excuser la traite; s'il y avait encore quelque incrédule qui, au récit de toutes ces horreurs, criât à l'exagération, qu'il aille au Brésil.

Sur une population de 5,000,000 d'habitants, le Brésil compte 3,000,000 de nègres! On prétend que l'empire ne saurait subsister sans l'esclavage; que les nègres sont nécessaires aux cultures sous ce soleil qui interdit le travail des blancs. Triste condition d'existence pour une nation!

Pourquoi faut-il qu'un pareil spectacle attriste à chaque pas le voyageur transporté sur ces rivages fertiles que la nature a parés de tout le luxe de son admirable végétation ! J'ai essayé de décrire les environs de Rio ; si l'on pénètre dans l'intérieur de l'empire, ces tableaux grandiront encore du prestige qui s'attache aux œuvres demeurées pures jusqu'ici de toute empreinte humaine. Il semble que l'homme diminue ce qu'il retouche, et qu'il abaisse au niveau de sa faible nature et à la portée de sa vue imparfaite les gigantesques créations des premiers âges. Au-delà des montagnes qui entourent la rade de Rio, l'œil découvre des forêts séculaires qui recèlent les bois les plus précieux, des fleuves magnifiques, d'immenses savanes, des mines d'or ou de diamant ; et parfois, au milieu de ces solitudes, quelques traces de l'homme, un village, une ferme ou une colonie d'Europe qui est venue jeter les fondements de la civilisation et de la culture ; telle est la colonie suisse de la nouvelle Fribourg. Nul ne sait quel avenir est réservé à ces lointaines régions.

Il est temps que nous rentrions à Rio. Nous sommes au dimanche de la Quinquagésime, et la capitale du Brésil a aussi son carnaval ; aux bruyantes folies du jour sucèdent les bals masqués. Tenez-vous prudemment dans le milieu de la rue ; si vous longez de trop près les maisons, et que vous vous trouviez à portée des fenêtres, vous serez inondés par une main invisible d'une aspersion d'eau plus ou moins limpide, ou vous servirez de point de mire aux dames brésiliennes, qui, de leurs balcons, vous lancent d'innocents projectiles en forme d'œufs recouverts d'une peau légère et remplis d'essences d'un parfum équivoque. C'est une répétition du baptême de la Ligne ; la célébration du carnaval est appropriée au climat.

.... Le mercredi des Cendres est à Rio un jour de grande solennité religieuse. Le matin, il y a eu messe à la chapelle impériale : l'empereur et sa famille y assistaient escortés par la garde d'honneur et par les grands dignitaires de la cour qui se tenaient rangés debout autour du parvis, le cierge en main. La cour du Brésil, Etat constitutionnel, a conservé le cérémonial et les formes des monarchies absolues; et, entre autres, une religion de parade, qui à certains jours amène au pied des autels les grosses épaulettes et les brillants uniformes appelés à donner périodiquement les signes publics d'une piété de commande. — Le soir, une longue procession a défilé dans les rues de la ville. Toutes les confréries de négociants en costume s'avançaient sur deux lignes en portant des cierges; entre leurs rangs on promenait les images des saints et des saintes, leurs patrons; pauvres images en carton peint et doré, soutenues sur les épaules de quatre hommes. Parmi cette nombreuse collection de saints, on distinguait un saint nègre admis aux honneurs de la solennité; faible, mais touchante compensation que la religion veut offrir à la race noire si rigoureusement frappée d'ostracisme par la société des blancs. Par intervalles, de petits enfants vêtus de blanc et déguisés en anges suivaient les images les plus vénérées. La musique religieuse faisait entendre ses hymnes tristement chantées par des voix qui s'étudiaient, suivant la tradition romaine, à imiter les voix de castrats. Enfin, un régiment de ligne, le Saint-Sacrement, l'évêque et les hauts dignitaires de l'Église fermaient la procession. Malgré ce grand déploiement, tout cela était peu solennel. — Peut-être comparerai-je cette fête religieuse aux processions du moyen-âge où comparaissaient aussi les images des saints et qu'accompagnaient les confréries et les ordres religieux. Mais au moyen-âge il y avait encore la foi, qui couvrait d'un sentiment respectable ce qui pouvait exister d'étrange et parfois de grotesque dans les accessoires et ornements de la cérémonie. A Rio, cette procession était un anachronisme, une vieille coutume plutôt qu'une pieuse solennité. Les fenêtres des maisons laissaient voir les dames brésiliennes, parées comme pour une fête et tournant la religion en spectacle. Personne, il est vrai, n'oublia le signe de croix au passage du Saint-Sacrement, mais ce fut tout.

.... Le lendemain, 22 février, chacun étant rendu à bord, on appareilla. Les navires de guerre, mouillés auprès de nous, envoyèrent leurs embarcations pour remorquer la frégate jusqu'à la sortie de la rade : c'est une politesse que l'absence de brise rend presque toujours nécessaire. Nous marchions lentement, et nous pûmes encore jeter un long coup d'œil sur cette belle scène que nous allions quitter. Je dis un dernier adieu aux sommets du Corcovado et de la Gabia, à la jolie église de la Gloria, au village de Saint-Domingue; j'apercevais encore la plage où j'avais débarqué avec M. L..., marchand d'esclaves. Enfin, après que nous eûmes dépassé le Pain-de-Sucre, la brise du large vint enfler nos voiles; la mer se creusa; la frégate, s'inclinant avec la lame, sembla remercier une dernière fois les embarcations qui nous croisaient en rentrant au port. Quelques heures plus tard, nous voguions au milieu des solitudes de l'Océan.

LE CAP DE BONNE-ESPERANCE.

Traversée de Rio-Janeiro au Cap. — La ville du Cap. — Promenade à Silleri. et Constance. — Une chasse au tigre. — Ascension à la montagne de la Table. — Départ pour Bourbon.

Pendant les premiers jours de notre traversée de Rio au Cap, nous fîmes peu de route. Nous ne nous éloignions qu'à regret des rivages du Brésil où la nature nous était apparue dans toute sa richesse et avec cet éclat que lui donnent les chauds rayons du soleil tropical. A mesure que nous descendions vers le sud, la température devenait plus fraîche; le ciel, jusque-là si pur, se couvrait d'un épais rideau de nuages, qui, se déchirant tout à coup, laissait tomber de fortes ondées et de violents souffles de brise. La mer n'avait plus cette teinte d'azur et ce léger miroitement qu'imprime à ses flots l'haleine régulière des vents alisés; elle avait pris une couleur sombre et presque maussade: ses lames, tourmentées et écumeuses, se pressaient, se heurtaient comme à la suite de l'ouragan ou par le pressentiment d'une tempête, et le sillage du navire, au lieu de cette trace phosphorescente, pailletée d'or et de lumière, dans laquelle se jouaient des essaims de poissons volants, ne présentait plus que les épais flocons de l'écume soulevée avec le flot.

Ce sont là les tristes jours de la vie de bord. Que

diable suis-je venu faire dans cette galère !... Il faut fuir le pont balayé à chaque instant par les lames et chercher refuge dans la batterie encombrée de canons et de cages à poules. Ce n'est rien encore lorsque la route est bonne et que chaque coup de tangage ou de roulis vous rapproche du but; mais les vents sont capricieux et les marins ne pratiquent que très-imparfaitement la ligne droite. Les bourrasques de la nuit et les courants viennent détruire toute la route faite pendant le jour, et le point de midi annonce que le navire n'a pas avancé d'un pas

Quant au matelot, il est là dans son élément. Notre équipage, composé en grande partie de Bretons, accueillait presque avec joie les pluies qui lui rappelaient ses horizons brumeux de la Manche ou de l'Atlantique. L'eau du ciel était recueillie pieusement et employée au blanchissage; le pont, bigarré de hardes de toutes couleurs, se trouvait converti en un vaste lavoir où chacun savonnait de son mieux. On voyait apparaître alors les accoutrements les plus grotesques: les chapeaux de toile cirée, les vestes en peau de loutre, quelque vieille défroque tout étonnée d'avoir fait un si long voyage et de servir encore de parapluie. — Il n'est pas de matelot qui n'ait au fond de son sac le costume de mauvais temps qu'il s'empresse de substituer à la chemise au collet bleu; il s'imagine un instant qu'il est *bourgeois*.

Pendant les rares intervalles de soleil et de ciel joyeux que nous envoyait encore le voisinage du tropique, nous nous hâtions de remonter sur le pont et nous prenions plaisir à faire la chasse aux albatros qui suivaient le navire. Ces oiseaux infatigables, portés sur leurs immenses ailes, s'aventurent à une très-grande distance des côtes. Tantôt, dans les caprices de leur vol, ils visitent rapidement les quatre points de l'horizon, passant et repassant au-dessus de nos têtes et entre les mâts ; tantôt ils s'abattent brusquement sur la crête d'une lame dont leurs plumes, blanchies par le soleil, semblent de loin former l'écume. Ils s'attachent ainsi, pendant plusieurs heures, au sillage des navires, comme des parasites prêts à recueillir tout ce que l'on jette à la mer. Il est difficile de les tuer au vol, on les pêche à la ligne. Lorsque l'albatros s'est accroché à l'hameçon, il se débat vigoureusement et parfois il lui reste assez de force pour se relever, entraînant hameçon, ligne, et le pêcheur, si l'on n'y prenait garde. On dirait alors un cerf-volant dont la corde vient de se briser. Il faut, en tous cas, de grandes précautions pour l'amener sans encombre à bord, où sa peau séchée est transformée en étuis à tabac, sacs, bourses, etc., par l'industrie du matelot, à moins que le docteur ne s'en empare, au nom de la science, pour l'empailler. Cet honneur revient de droit au premier albatros assez maladroit pour donner dans le piége.

Ce ne fut que vingt-neuf jours après notre départ de Rio que nous arrivâmes en vue de la terre d'Afrique. Nous avions rejoint plusieurs navires qui, comme nous, se disposaient à entrer dans la baie de la Table, lorsque tout à coup une brume épaisse vint nous dérober et la terre et nos compagnons de route. Au désappointement se joignait le danger des abordages. Afin d'éloigner les autres navires qui se seraient sans doute trouvés fort mal d'un choc contre les robustes flancs de notre frégate, les fanaux furent hissés au haut des mâts : cloche, clairons, tambours, tout l'orchestre du bord et même le cor de chasse, assez enroué, d'un attaché à l'ambassade, se livrèrent à un infernal vacarme auquel le canon joignait de temps à autre sa formidable basse. La manœuvre réussit, et lorsque la brume se dissipa, les étoiles se détachant sur un ciel pur éclairèrent autour de nous la pleine mer et à l'horizon les voiles blanches des navires qui étaient à grand'peine parvenus à se disperser. Nous en fûmes quittes pour une partie de colin-maillard où personne heureusement ne se laissa prendre.

Enfin, le 23 avril, nous entrions dans cette baie tant désirée, et après avoir longé la petite île Rubben (des Pingouins), nous jetions l'ancre en face de la ville du Cap, à côté de la frégate française l'*Erigone*, qui revenait des mers de Chine. La libre pratique nous fut accordée et nous descendîmes immédiatement à terre.

La ville du Cap (*Capetown*) est une ville tout à fait européenne. Sa fondation remonte à plus de deux cents ans, et une colonie qui a passé par les mains des Hollandais et des Anglais a dû marcher vite. Au commencement du 17e siècle, la baie de la Table n'était qu'un point de relâche, peu fréquenté encore, entre l'Asie et l'Europe et remplissait les fonctions de bureau de poste. Les capitaines de navires déposaient sous les rochers qui bordent la plage leur correspondance, qui était exactement portée à son adresse par les navires faisant route contraire. La position était trop belle pour être longtemps réduite au rôle de boîte aux lettres. Sur ce rivage autrefois désert, abandonné aux sables et aux pingouins, s'élève aujourd'hui une jolie ville, capitale d'un grand établissement colonial.

Deux jetées en bois, l'une pour les marchandises, l'autre pour les voyageurs, joignent la mer au rivage. Le débarcadère était, à notre arrivée, rempli de monde, de curieux d'abord, puis d'une foule de gens chargés de nous distribuer à profusion des cartes de toutes couleurs, illustrées de dessins plus ou moins éloquents pour nous indiquer que nous trouverions au Cap chevaux, voitures, habits à la dernière mode, cuirs à rasoirs, enveloppe de lettres, en un mot tout ce qui concerne l'état d'une ville parfaitement civilisée. Après avoir essuyé le feu de cette artillerie d'affiches, nous prenons la première rue qui se présente et nous entrons dans la ville.

La partie la plus rapprochée de la baie remonte, pour sa construction, au temps des premiers colons; elle conserve encore la physionomie hollandaise. Ce sont de belles maisons en pierre, à deux étages présentant de hautes fenêtres : un escalier de plusieurs marches conduit à un balcon qui s'étend devant la façade. Des canaux, ou au moins des ruisseaux très-profonds, bordent la plupart des rues: on dirait que les Hollandais, débarquant sur cette plage lointaine, se sont hâtés de creuser des réservoirs ou d'élever des digues, comme s'ils se trouvaient encore dans les Pays-Bas, sous la menace continuelle de l'Océan; ou plutôt, n'ont-ils pas voulu consoler leur exil par l'image fidèle et toujours présente de leurs villes d'Europe et embellir ce nouveau séjour par le souvenir patriotique des dangers qui n'existaient plus pour eux?

On distingue sans peine la limite qui sépare la ville hollandaise des quartiers plus récemment construits par les Anglais. Ici, les rues sont plus larges, coupées à angles droits, et d'un aspect sévère et triste, malgré la verdure d'une allée d'arbres. Le plâtre blanchi à la chaux a remplacé la pierre solide des maisons hollandaises; quelques bâtiments à lourdes colonnades d'un ordre bâtard trahissent le goût anglais. Au milieu de ces lourdes parodies de l'art antique, un seul édifice fait exception: c'est le temple protestant, qui proteste en effet, par la simplicité de son architecture, contre les ornements surchargés des *palais* voisins.

Le fort et les casernes sont situés en vue de la mer, à l'extrémité d'une grande place entourée d'arbres, qui sert plutôt de champ d'exercice pour les troupes que de promenade. Les habitants préfèrent, dans la partie haute de la ville, un vaste jardin, autrefois jardin des plantes et ménagerie, aujourd'hui simple pelouse bordée d'une très-belle allée de platanes.

Voilà en peu de mots le portrait de la ville du Cap. Si j'ajoute qu'on y trouve en effet, pour les mille besoins de la vie, toutes les ressources des villes européennes, des *boarding-houses* très-confortables, un cercle qui s'abonne au *Journal des Débats;* qu'on y rencontre des voitures qui ont fait le voyage de Londres, des Anglais en habit noir et en gants blancs, des Anglaises avec des robes à ramages et des king-charles, etc., etc., on me dira qu'il n'est pas besoin d'aller à l'extrémité de l'Afrique pour voir tant de belles choses. Cela est vrai. Aussi, suis-je loin de prétendre que la ville du Cap soit une merveille d'originalité. C'est une ville régulière, jolie même, le soleil aidant, mais assez triste au moral, surtout les dimanches et jours de fête, comme dans tous les pays qui ont le double bonheur de vivre sous la loi anglaise et dans la foi protestante.

Le matin seulement, aux heures du marché, elle s'anime au bruit des lourds chariots traînés par des attelages de 12 à 16 bœufs, qui viennent apporter les produits des villages voisins. Les Hottentots, les Cafres, les nègres affranchis auxquels le gouvernement anglais accorde la liberté d'être domestiques, et même quelques Chinois ou Malais se répandent alors dans les rues et présentent un singulier mélange de races et de langages : mais ce sont les manufactures de Manchester qui habillent tout ce monde et, en vérité, elles ne l'embellissent pas. D'ailleurs, ce spectacle est de courte durée. Aussitôt après le marché, les escadrons de bœufs retournent dans la plaine, les *police-men* se hâtent de balayer tout ce qui pourrait rester de l'Afrique; et, la toilette de la ville ainsi faite, les Anglais se retrouvent chez eux.

L'étranger qui débarque au Cap dans un simple but de curiosité n'est donc pas tenté de faire un long séjour dans la ville. Un Français, surtout, y trouve peu de ressources. Les réunions, les fêtes sont presque inconnues dans ce pays peuplé de négociants plus occupés d'affaires que de plaisirs, de fonctionnaires dont la vie est en général assez retirée, malgré les salaires élevés qu'ils reçoivent de l'administration anglaise, enfin de malades qui viennent réparer sous l'heureuse influence d'un climat tempéré leurs forces énervées par une longue résidence dans l'Inde. Voilà pour la population anglaise de Cap. Quant aux Hollandais, qui sont les plus nombreux, ils vivent entre eux, se consacrent presque exclusivement aux intérêts de leur négoce ou des cultures qu'ils dirigent dans l'intérieur du pays. Par un sentiment de fière nationalité qui survit chez tous les peuples longtemps après la conquête, ils ne se sont point encore mêlés à la société anglaise et se tiennent à l'égard de celle-ci dans les termes d'une froide réserve qui plus d'une fois, lorsque l'amour-propre des uns et l'orgueil de l'autre se sont trouvés trop immédiatement en contact, est devenue hostile. Il est juste de dire que ces dissensions intestines n'affectent en aucune façon l'accueil, sinon cordial, du moins parfaitement poli que l'étranger reçoit au Cap. Ce ne sont point, comme en d'autres colonies, les portes toujours grandes ouvertes de l'hospitalité; mais vous n'avez qu'à sonner, et l'on vous ouvre.

Les Français ne pullulent pas dans la colonie. En me reportant à l'époque de notre passage, il en est jusqu'à quatre que je pourrais compter. L'un est un négociant très-honorable; un autre, intrépide naturaliste dont les chasses viennent garnir un magasin très-connu sur le boulevart des Italiens, nous reçut fort gracieusement au milieu de ses tigres empaillés, de ses dents d'éléphants et d'un troupeau de singes. Le troisième avait pour habitude de partir tous les ans du Cap, accompagné seulement de deux ou trois Cafres, et d'aller vendre dans le nord de la colonie à des tribus presque sauvages quelques objets de pacotille et des étoffes qu'il échangeait contre des bestiaux. Il avait déjà fait plusieurs expéditions de ce genre et racontait avec une simplicité parfaite ses courses aventureuses dont la moindre aurait suffi pour couvrir de gloire le plus hardi touriste. Enfin le *quatrième Français* (je demande vraiment pardon à mes chers compatriotes de les désigner ainsi comme des personnages muets de comédie) était marchand, je me trompe, fabricant de vin de Champagne, à l'usage des Anglais.

Ce dernier était bien certainement le plus jovial garçon qu'il fût possible de rencontrer, bien qu'il eût eu des malheurs (c'était son expression). A peine la frégate avait-elle laissé tomber son ancre dans la baie de la Table, que nous vîmes venir à nous un bateau dans lequel s'agitait en tous sens un large chapeau de paille, et, sous le chapeau, qui servait à la fois de télégraphe et de parasol, un petit homme aux allures vives, au teint animé, qui, du plus loin qu'il put se faire entendre, criait à tue-tête : *Vive la France!* Evidemment ce n'était pas un Anglais. Il grimpa lestement sur le pont et n'eut pas d'abord assez de ses deux mains pour nous souhaiter à tous la bienvenue. C'était justement l'heure du déjeuner. Notre nouvel ami, une fois à table, nous conta nécessairement son histoire.

M. X..., cherchant aventure, avait quitté la Bourgogne, son pays, et s'était embarqué sur un navire anglais avec un arsenal de bêches, de pioches et d'outils aratoires pour aller fonder une colonie agricole dans je ne sais plus quelle île de l'Océanie. A l'entrée de la baie de la Table, le bâtiment se brisa, par un temps superbe, sur une roche à fleur d'eau. Le capitaine s'était enivré avec de l'eau-de-vie, circonstance fort aggravante aux yeux du Bourguignon, qui perdit du même coup toute sa fortune et, ce qui était plus triste, ses belles espérances d'avenir. Voilà donc le pauvre homme sorti à grand'peine du fond de l'eau et jeté sans ressource aucune sur une côte anglaise. En pareil cas, un consul vous prend sous sa haute protection, c'est-à-dire qu'il vous renvoie en France comme matelot par le premier navire qui se rend à Bordeaux ou au Havre. Cette façon de voyager n'est pas au goût de tout le monde; le naufragé préféra chercher un emploi dans la colonie. Heureusement pour lui, il se trouvait dans un pays de vignobles, et son titre de Bourguignon, l'habileté pratique qu'il avait acquise dans sa jeunesse pour la fabrication du vin, inspirèrent confiance à un riche colon, qui consentit à lui louer quelques arpents de terre où il planta de la vigne. Il fit donc du vin; mais, comme il avait à lutter contre de rudes concurrents, il imagina de baptiser ses produits, je veux dire, bien entendu, de leur donner un nom qui leur assurât un débouché plus avantageux. Il lui vint dans l'idée de fabriquer du vin de Champagne ; il composa donc avec le muscat du Cap un liquide plus ou moins mousseux qu'il emprisonna dans les bouteilles de l'emploi. Le nom de Silleri fut sacrifié. La colonie du Cap possède sans doute encore, je le lui souhaite du moins, le clos de Silleri, et je ne serais pas étonné que le joyeux propriétaire fût devenu M. de Silleri. Il mérite bien ce titre de noblesse. D'ailleurs son vin n'est pas plus mauvais que beaucoup d'autres, et il s'expédie dans l'Inde où les Anglais le boivent sans aucun remords.

M. Silleri (je puis bien le baptiser à mon tour) nous fut de grande ressource pendant toute la durée de notre séjour au Cap. Il voulut bien nous guider dans nos promenades et nous mettre au fait des hommes et des choses. Le désir de tout voir et de voir vite, qui agite incessamment le voyageur fraîchement débarqué dans un pays qu'il ne connaît pas, est à chaque instant entravé par mille obstacles inattendus, dont l'impatiente curiosité s'irrite, mais qui s'aplanissent, comme par enchantement, devant un simple avis donné à propos. On se croit arrêté par une montagne de difficultés ; un seul mot, et la montagne a disparu. C'est une bonne fortune de rencontrer ainsi sur sa route un guide intelligent et aimable qui ne demande pour sa peine que le remercîment d'un visage satisfait et une poignée de main en partant. Il n'est donc pas vrai de dire qu'en voyage tout service se paie. Pourvu que l'on sache s'arrêter à point sur la limite de l'indiscrétion, on est sûr de rencontrer aide et assistance. Je ne me souviens pas qu'aucun de nos compatriotes nous ait jamais fait défaut.

Qu'on se figure, d'ailleurs, un Européen établi, de gré ou de force, sur une rive lointaine. Son premier mouvement ne le porte-t-il pas à accourir au devant de vous, et n'est-il pas heureux d'acheter par de bons offices une distraction passagère à la monotonie de son exil? Après avoir répondu à vos nombreuses questions, il interroge à son tour, et, pendant que vous vous promenez avec lui par la ville, il voyage en quelque sorte avec vos souvenirs. C'est un échange qui profite à chacun.

M. Silleri ne faisait assurément pas tous ces calculs, mais il n'en était pas moins empressé à nous rendre service. Notre intention était de visiter le vignoble de Constance, dont les produits ont tant de réputation en Europe. Le fameux clos où prospérait le jeune crû de vin de Champagne se trouvait justement sur la route : la partie fut donc arrangée pour visiter, le même jour, Constance et Silleri.

En pays anglais on n'est jamais embarrassé pour se procurer chevaux ou voitures. La colonie du Cap est, sous ce rapport, parfaitement approvisionnée. Les habitants aisés, les *gentlemen* possèdent presque tous un cheval plus ou moins pur sang pour les promenades ordinaires du matin aux premiers souffles de la brise et pour les jours solennels où des courses, imitation ou parodie, comme l'on voudra, d'Epsom et de Newmarket, rassemblent sur le turf le jockey-club de la colonie. Les étrangers ont à leur disposition les chevaux de rebut qui peuplent les écuries des loueurs ou les chevaux nés dans le pays d'un croisement de race anglaise et de race africaine. Ces derniers sont de taille médiocre et très-communs de formes, mais durs à la fatigue et excellents pour les longues courses sur le sable et en plein soleil. En peu d'instants nous fûmes assurés d'avoir en nombre suffisant des chevaux pour le lendemain.

Dès le matin nous étions en route, M. Silleri en tête. Le chemin que nous suivions était une charmante allée bordée d'arbres et d'habitations de plaisance, simplement construites, comme des *cottages*. La campagne est partout cultivée en productions d'Europe et des tropiques qui semblent s'être donné rendez-vous sous cette heureuse latitude. Les Anglais ont su exploiter avec intelligence l'étroite lisière de terrain cultivable resserrée entre le désert et l'Océan. La ville du Cap est comme le centre d'une oasis que la Providence aurait placée à dessein à l'extrémité de l'Afrique pour servir d'hôtellerie entre l'Europe et l'Asie et qu'elle signale de loin aux navigateurs du haut de la montagne de la Table. Lorsque la brise s'est levée, la pluie de sable qu'elle entraîne par tourbillons annonce le voisinage du désert et va se perdre au loin dans la brume d'un mirage. Malgré la beauté des sites et la nouveauté du tableau qui se déroulait autour de nous, je dois dire que cette promenade au grand soleil et au milieu des nuages de poussière que soulevait le galop de nos montures n'était pas précisément des plus agréables. Mais nous nous promettions un ample dédommagement dans l'hospitalité de M. Cloete, le plus riche propriétaire de Constance. Après deux heures environ d'une course égayée seulement par une innocente chute de cheval (accident vulgaire, et d'ailleurs n'ai-je pas pas dit que les chevaux du Cap avaient aussi leurs graves défauts), nous arrivâmes dans la région des vignobles. Les plantations sont disposées absolument comme en France;

cela m'épargne une description. Le sol, jusqu'alors assez uni, se soulève, comme une mer houleuse, en une foule de petites collines que recouvrent des guirlandes de ceps. Les larges feuilles de la vigne, incessamment agitées par la brise, font ressortir leur brillante couleur verte, à peine altérée par le sable du désert qui est venu en passant se reposer sur elles aussi légèrement que la poussière sur les ailes du papillon. — A l'entrée du vignoble, le paysage prend un aspect plus régulier sans perdre de son caractère pittoresque : les montagnes d'un côté, la mer de l'autre, lui prêtent leur double cadre. Depuis quelques moments M. Silleri gourmandait avec une aimable impatience les haltes nombreuses et prolongées que notre cavalcade se permettait en présence de cette nature gracieuse plutôt que grandiose, mais qui, pour nous, avait le suprême mérite de la nouveauté. Il courait de l'un à l'autre, comme un général d'armée, distribuant les coups de cravache aux chevaux et les plaisanteries aux cavaliers. — « Pardieu, la belle chose! des vignes par-ci, des vignes par-là, un soleil affreux, une poussière à ne pas ouvrir les yeux; deux heures sans boire : en avant donc. » Les propriétaires sont un peu comme les chevaux : ils sentent l'écurie, et notre futur hôte ne pouvait tenir sur sa selle depuis que nous étions arrivés sur les frontières de ses domaines.

Enfin, à un détour de la route, M. Silleri arrête brusquement son cheval, brandit en l'air son large chapeau de paille et pousse trois vivats. Nous sommes à Silleri.

Au milieu d'un carrefour où plusieurs routes venaient aboutir, s'élevait un mât de pavillon au sommet duquel était glorieusement planté le drapeau trocolore. M. Silleri est patriote. Qu'on rie, si l'on veut, de ce qu'ailleurs on appellerait peut-être un jouet de patriotisme; en pays lointain, les souvenirs sont chers et éloquents, ceux-là surtout qui rappellent la terre natale, et ce simple morceau de toile bariolé de trois couleurs, à moitié déchiré par le vent et terni par la poussière des sables, produisit sur nous une impression vraie. D'ailleurs, je me hâte de le dire, ce drapeau que nous ne nous attendions guère à trouver là, n'était point, de la part de notre hôte, une surprise imaginée la veille pour les voyageurs ni une boutade de patriotisme improvisé. M. Silleri avait planté son mât de pavillon en même temps que sa vigne, et il s'était, dès le premier jour, placé, lui et ses raisins, sous la protection des trois couleurs.

L'habitation de M. Silleri s'élève sur l'un des côtés du carrefour. Elle est des plus rustiques et atteste la simplicité, peut-être obligée, du propriétaire. Tout l'appartement se compose d'une pièce; ce sont les caves qui occupent la plus large place, mais à notre passage les tonneaux étaient presque vides. M. Silleri nous assura qu'il avait vendu tout son vin, qu'il lui en restait seulement un petit nombre de bouteilles, à notre disposition. Combien de marchands de vin dans le monde voudraient pouvoir en dire autant!

Que faire chez un Bourguignon à moins que l'on ne boive? La course nous avait altérés et nous fîmes honneur au vin de Silleri. Notre soif nous le rendit aussi bon que le meilleur vin de Champagne, et l'auteur ne manqua pas, comme on pense, l'occasion de le faire mousser. Le bouchon, du reste, sauta selon toutes les règles de l'art et retomba sur nous, comme une balle morte, renvoyé avec gloire par les planches du plafond. L'unique verre qui se trouvait dans la maison passa à la ronde; ce malheureux verre s'était cassé le pied, circonstance heureuse, remarqua notre hôte, puisqu'elle nous condamnait à le porter et à le remplir sans interruption.

Après une assez longue halte à Silleri, nous reprîmes nos chevaux pour continuer la route jusqu'à Constance dont nous n'étions plus éloignés que d'environ une demi-lieue. Un temps de galop nous conduisit à la grille d'une belle habitation, entourée d'un vaste jardin et connue sous le nom de Grand-Constance (*Groot Constantia*), pour la distinguer des autres clos, peu nombreux d'ailleurs, qui depuis quelques années font concurrence à sa vieille réputation. La famille Cloete est propriétaire de ce riche vignoble. M. Cloete, prévenu de notre visite, nous attendait et il nous accueillit plutôt avec la politesse agréable d'un homme du monde qu'avec l'empressement intéressé d'un marchand. Ses caves sont immenses et occupent exclusivement un vaste corps de maison. Elles contiennent trois espèces de vin, le pontac, dont le cep est originaire du Portugal, le frontignac et le constance rouge ou blanc, fabriqués tous deux avec des plants apportés de France. La dernière espèce est la plus connue en Europe. L'industrie vinicole a été longtemps très-florissante dans la colonie, grâce à la protection excessive qui lui était accordée par la législation anglaise; depuis la révision du tarif, elle a perdu une grande partie de son ancienne importance. Les vins du crû de Constance ont presque seuls résisté au coup qui a frappé les vignobles du Cap. Leurs qualités particulières, qu'ils doivent à la nature du sol, les mettent à l'abri de toute atteinte et de toute concurrence. M. Silleri lui-même, malgré son habileté, ne pourrait leur jouer l'indigne tour qu'il s'est permis contre le vin de Champagne. — Jusqu'à l'heure du dîner, notre temps fut employé à visiter l'enclos de M. Cloete ainsi que les ateliers de fabrication ; on est surpris parfois de retrouver, si loin d'Europe, ces grands établissements où nos industries se sont transportées avec toute leur puissance de production et l'appareil imposant de leurs machines. En présence de cette superbe villa, au milieu d'un jardin où les images de la richesse et de l'exploitation se confondaient dans un gracieux ensemble, sous cette température douce et presque fraîche, il nous était permis d'oublier pour un instant qu'un navire, tourmenté par trois mois de mer, nous avait déposés, depuis quelques jours à peine, sur les côtes les plus lointaines du continent africain.

Après le dîner, où le vin de Constance obtint naturellement les honneurs, le salon s'éclaira pour un bal improvisé qui termina gaiement cette belle journée.

Le lendemain nous promettait de plus vives émotions. Le salon de M. Cloete est orné d'une superbe panthère empaillée qui fait l'admiration de tous les visiteurs. Cette panthère était tombée sous les balles des chasseurs après de sanglants exploits qui avaient longtemps épouvanté les troupeaux et les habitants du district de Constance. — Il vint une idée subite à M. Silleri : « Si « nous donnions à ces messieurs la distraction d'une « chasse au tigre ! Justement, il y a un tigre qui depuis « quelque temps se permet de marauder dans mes vi- « gnes. Je le connais. » — M. Silleri connaissait tout le monde dans la colonie. — « L'occasion est belle. Vous « avez vos fusils. Malheur au tigre ! »

M. Silleri paraissait tellement sûr de son fait que l'on se mit immédiatement en chasse. D'ailleurs, les tigres ne sont pas rares sur le territoire du Cap, et les chasseurs ont ordinairement beau jeu. Le soleil était brûlant et il fallut d'abord, pour arriver à la retraite supposée de l'ennemi, traverser une longue plaine de sable qui n'avait rien de pittoresque. Une bande de Cafres précédait les chasseurs pour faire les battues et débusquer le tigre ; les Cafres au Cap, comme les Indiens dans le Bengale, sont habitués à cet exercice qui leur procure l'honneur d'être mangés les premiers, s'il y a lieu. Après une heure de marche, on entra dans des taillis où M. Silleri, qui semblait né pour commander, distribua les postes, donna le mot d'ordre et fit toutes les recommandations nécessaires pour le combat. L'armée était au complet, il ne manquait que le tigre. Plusieurs heures se passent dans une vive anxiété : au moindre bruit dans un buisson ou sur un arbre, on croit voir apparaître l'ennemi, et tous les fusils se mettent instinctivement en joue. Malheureusement le tigre s'était si bien caché, soit dans le taillis, soit, ce qui est plus problable, dans l'imagination de notre guide, qu'après une grande journée de marches et de contremarches on ne vit pas même son ombre. On ne rapporta pour tout butin qu'un serpent tué d'un coup de fusil. Les chasseurs ne dissimulaient pas leur désappointement. « Bah ! dit M. Silleri, ce n'est pas votre faute s'il a plu à mon tigre de déménager ; il en a le droit, et vous pourrez tout aussi bien dire à vos amis que vous avez fait une *chasse au tigre*. C'est un bel épisode dans un récit de voyages, et vous ne serez pas obligés de montrer la peau ! »

Le soir de cette brillante expédition, nous revînmes à la ville du Cap, saluant une seconde fois sur notre passage le noble drapeau qui flotte sur le château de Silleri.

Cette promenade à Constance avait apporté quelque distraction à la monotonie de notre séjour dans la ville du Cap. Il ne nous restait plus pour occuper notre curiosité pendant les derniers jours que l'ascension à la montagne de la Table.

Les montagnes sont le cauchemar des voyageurs. Si vous abordez dans un pays qui ait le bonheur de posséder une montagne ou un volcan, aussitôt il vous prend envie de faire l'escalade. On éprouve toujours un certain plaisir à s'élever dans l'espace, à dominer une vaste étendue de terrain, à surmonter l'obstacle, et l'on regretterait de ne pouvoir dire plus tard : J'ai été là! Déjà, à Ténériffe, nous avions gravi le pic de Teyde et payé notre tribut de fatigue et d'admiration aux gouffres encore béants de ses volcans éteints ; à Rio-Janeiro, nous avions posé le pied sur l'immense rocher qui surmonte la charmante colline du Corcovado ; quelques-uns même avaient traversé les Orgues et parcouru péniblement cette rangée de pics qui se dressent comme les pointes cristallisées d'un métal refroidi. Partout, jusqu'ici, nous avions cédé à l'irrésistible attraction des sommets. La montagne de la Table se présentait à nous sous un aspect moins séduisant peut-être, avec ses rochers nus, ses crêtes abruptes, sa tête chauve et désolée; mais c'était une montagne, et à ce titre nous lui devions notre visite.

Il faut pourtant choisir son jour. Lorsque les vents du sud ou de l'ouest ont amoncelé les nuages au sommet, il serait imprudent de tenter l'entreprise. La brume étend alors sur toute la surface de la Table une nappe humide et la descente devient impossible au voyageur surpris au milieu d'une obscurité complète qui lui dérobe les précipices semés à chaque pas sur la route. Nous saisîmes donc avec empressement l'occasion d'une journée favorable et nous partîmes sous la conduite d'un Malais.

La ville du Cap est presque adossée au pied de la Table ; nous fûmes donc de suite en pleine montagne, tantôt gravissant des escaliers de roches, tantôt nous traînant à grand'peine sur des couches de sable roulées par les torrents qui, dans les temps de pluie, s'élancent impétueusement du sommet. Nous fûmes obligés de marcher ainsi pendant plus de quatre heures. J'abrège les détails de cette ascension fatigante qui ne fut marquée d'aucun incident ; notre ami, M. Silleri, n'était pas là. Dès les premiers jours de son arrivée dans la colonie, il avait fait son voyage de la Table, et je crois sans peine que c'est un voyage qu'on est peu tenté de refaire. — Je me hâte donc d'arriver en haut. Jamais nom ne fut plus justement donné que celui de la Table. Le sommet forme en effet une surface presque entièrement plane, on pourrait dire dallée, dépourvue de toute espèce de végétation et formant, sur ses côtés, quatre angles parfaitement droits. On dirait un énorme bloc de pierre détaché des montagnes voisines et taillé pour servir de base à quelque édifice gigantesque ; mais cette régularité même, si rare dans les œuvres spontanées de la nature, ne produit point sur l'âme d'impression vive ni durable. Quelques instants suffisent pour parcourir des yeux toute l'étendue de la Table, et l'on se hâte de descendre pour laisser la place au soleil ou aux nuages.

Tel est le souvenir qui me reste de cette course à la Table. Une grande fatigue, assurément ; — un jour perdu ? Non. Qu'aurions-nous fait dans la ville du Cap ?

Le moment de notre départ approchait. Chacun retourna avec plaisir à bord, et le 4 avril la frégate leva l'ancre. Nous allions doubler le cap des Tempêtes pour gagner l'île Bourbon. — Bon voyage, nous cria de son canot M. Silleri. N'oubliez pas la chasse au tigre !

ILE BOURBON.

I.

Traversée du Cap à Bourbon. — Saint-Denis. — Fête du 1er mai. — Bal. — Théâtre. — Paris sous le Tropique. — La Société coloniale. — La mulâtresse.

Partis le 4 avril de la baie de la Table, nous nous dirigeons immédiatement vers le sud pour tourner le banc des Aiguilles qui s'allonge à l'extrémité méridionale de l'Afrique comme un cap sous-marin. — Nous voici dans ces régions tempêtueuses dont les noirs horizons et les hautes vagues firent plus d'une fois pâlir les hardis compagnons de Gama. La mer se creuse et moutonne; la brise, par brusques rafales, ronfle dans la voilure et courbe les sommets des mâts; la frégate, remuée en tous sens, s'agite, se démène, craque sous le choc répété des lames et fait jaillir au loin l'écume de son sillage. Décidément, ce cap méritait bien d'être appelé le cap des Tempêtes.

— C'est le *gros temps*, disent les matelots. — Qu'est-ce donc que l'ouragan?

Le gros temps, puisqu'il faut cette fois nous contenter de ce nom modeste, nous arrête plus de huit jours sur les frontières de l'Océan indien. Le vent contraire nous force à chercher passage vers le sud : ce n'est qu'au 41e degré de latitude que la mer devient plus calme et la brise meilleure. — Le 30 avril, dès le matin, nous sommes en vue de l'île Bourbon; vers midi, la frégate mouille dans la rade de Saint-Denis.

Voici l'instant critique : il faut descendre à terre. Le plaisir que l'on éprouve d'ordinaire à quitter le navire est singulièrement tempéré, à Bourbon, par la perspective du débarquement. La rade est constamment agitée et houleuse comme la pleine mer, et il y a mille chances contre une, dans le frêle canot qui vous porte au rivage, de prendre un bain complet. — Cependant, nous voyons à l'extrémité du débarcadère, les mouchoirs qui s'agitent, des tricornes de gendarmes, des pantalons rouges et une barricade de douaniers. Comment résister à ce tableau vivant de notre chère patrie? Nous sautons dans les canots, et, en quelques minutes, nous nous accrochons, non sans peine, à l'échelle de corde qui impose à tout nouveau venu la formalité d'une gymnastique peu attrayante. — Enfin nous prenons terre et nous voici accueillis par l'inévitable point d'interrogation du douanier. Nous sommes donc bien en France.

A peu de distance de la jetée en bois qui forme le débarcadère se trouve une place carrée dont un côté est occupé par la maison du gouverneur; ce bâtiment, construit au temps de notre prospérité coloniale, est de bon goût. Les autres côtés sont bordés par les bureaux de l'administration, l'hôtel Joinville et des maisons particulières. Trois rues principales, partant du bord de la mer, s'élèvent en pente presque insensible et en ligne droite vers le haut de la ville; elles sont coupées par plusieurs rues latérales, également régulières et percées à angles droits. — A l'extrémité de la rue Royale, qui commence à la place du gouvernement, on aperçoit les verts ombrages du jardin public.

La partie de Saint-Denis voisine de la mer est animée, populeuse, construite en pierres et généralement habitée par le commerce ; à mesure qu'on s'éloigne du port, les rues ne sont plus bordées que de vastes jardins, clos de murs, et au milieu desquels reposent de jolies habitations, la plupart en bois, abritées et rafraîchies par d'élégants bouquets d'arbres. — Ce n'est plus une ville, c'est la campagne.

On voit peu de monuments ; l'église, les casernes, l'hôtel du gouverneur, le collége sont presque les seuls dont les sommets osent s'aventurer de quelques étages au-dessus du sol. Sous la menace continuelle du tonnerre, de l'ouragan et des tremblements de terre, l'homme est obligé de se faire modeste et d'humilier jusqu'à son toit.

Saint-Denis ne contenait en 1830 que 10,000 âmes ; aujourd'hui sa population a presque doublé : elle s'élève à 20,000, et la ville, bornée à l'ouest par une rivière qui porte son nom, peut s'étendre beaucoup encore à l'est et au sud.

Telle est, en peu de mots, la capitale de notre colonie de Bourbon ; le tableau n'a rien de grandiose, mais il est charmant et pittoresque ; la nature en fait tous les frais. Pendant le jour, le soleil, échauffant l'air calme et embaumé par les émanations des jardins, entoure la ville d'une brillante auréole et vient égayer la verdure. Au soir, la brise se lève et chante harmonieusement à travers les tiges de bambous ou sous le feuillage des filaos.

. . . . . Le lendemain, 1er mai, je fus réveillé par une salve d'artillerie, suivie d'une tasse de café noir que m'apporta une négresse. — Le café est le réveil-matin du colon. — Je sortis de suite pour assister à la fête qui s'annonçait si brusquement.—La moitié de la ville était déjà sur pied ; l'autre moitié, la plus belle, dormait encore ; qu'importe le canon au sommeil des nonchalantes créoles? — Ce fut d'abord la revue passée en grande solennité par le gouverneur et les autorités militaires de la colonie, puis, le *Te Deum* dans l'église cathédrale de Saint-Denis. Lorsque la messe fut dite, vinrent les visites de corps, les réceptions, les discours, en un mot une contrefaçon parfaite de nos cérémonies.

Le soir, il y eut bal chez le gouverneur. — Je passe sous silence le feu d'artifice qui fit très-peu de bruit.— Le bal fut des plus brillants. Les salons, encombrés de monde, émaillés de quadrilles ou de tables de jeux, resplendissaient de diamants, de gants blancs et de fraîches toilettes, apportées de Paris par le dernier navire. Le teint, naturellement pâle des dames créoles, s'enflammait aux lumières et sous l'excitation continuelle de la valse qui faisait ressortir le charme de leur taille svelte et flexible.

Pendant que les dames dansaient avec les uniformes, les colons, dans un salon voisin, jouaient ou pariaient, dans l'attente fiévreuse d'un brelan, sur le tapis couvert de pièces d'or qui représentaient leurs champs de cannes ou leurs nègres. — La passion du jeu est la plaie incurable de nos colonies : chaque nuit de fête est marquée par quelque désastre et augmente le nombre des colons ruinés ou plutôt le chiffre des dettes.

Je sortis du bal au milieu de la nuit. — Sur ma route, que j'allongeai à dessein pour laisser à mes ressouvenirs d'Europe le temps de se perdre dans les pures harmonies de la brise indienne, j'entendis au loin les sons d'un orchestre et de voix joyeuses. Bien que rassasié de musique, je me dirigeai machinalement de ce côté et me trouvai bientôt au milieu d'une danse nègre. La salle de bal, parquetée de verdure, tapissée de bambous et de lianes entrelacés, n'avait pour tout lustre que des torches de résine et quelques lampes d'huile de coco; les étoiles, scintillant au ciel, brillaient à travers les cribles du feuillage et répandaient sur l'ensemble du tableau, peint et encadré par la seule nature, leur douce lumière. Autour d'un orchestre rauque et criard, mais qui pourtant ne manquait pas d'une certaine mélodie, une foule compacte de nègres et de négresses se livrait à toutes les excentricités du *bamboula*. Quelques groupes chantaient ou plutôt criaient à tue-tête un jargon inintelligible, réminiscence dépaysée de la côte africaine; d'autres s'enivraient de rack, avant de retourner aux danses. — C'était l'orgie de la liberté, aux seules heures qui n'appartiennent pas à l'esclavage. — Je m'étais caché derrière un arbre, et j'observais curieusement ce singulier spectacle dont la folie m'attristait; je ne tardai pas cependant à être découvert, les danses s'arrêtèrent un instant, mais l'orchestre allait toujours et le bamboula reprit de plus belle. — Enfin, j'étais parvenu à voir quelque chose qu'on ne voit pas à Paris, et, à la suite de mes deux bals, je pouvais rêver blanc et noir.

. . . . . Le jour suivant fut naturellement consacré au repos et à la sieste. Vers 4 heures, M. G..., mon aimable hôte, entra dans ma chambre, et, après m'avoir raconté la chronique du bal de la veille, les bruits de coulisse, les petites intrigues, la ruine de l'un, les gains de l'autre : — Aujourd'hui, me dit-il, votre soirée sera moins brillante. Nous dînons en ville, et nous vous menons à l'Opéra.

— A l'Opéra !

— Oui, *Richard-Cœur-de-Lion* : il y a trois jours, vous auriez vu *Guillaume Tell*.

J'ouvrais de grands yeux.

— Eh, mon Dieu oui, Guillaume Tell chanté par Winphen, notre premier ténor, avec orchestre et intermède de ballets. Nos mulâtres se tirent assez convenablement de la partition, et la troupe est venue de France.

Deux heures après nous étions assis à la table d'un riche colon qui avait réuni de nombreux convives. Les conserves d'Europe, et surtout les truffes, figuraient assez avantageusement à côté des mets indigènes. Au milieu et aux angles de la table s'élevaient des buissons de fleurs et des pyramides de fruits, oranges, bananes, pommes cannelles, mangues, ananas, qui servaient d'ornement et de parfum. En un mot, le service était irréprochable et même luxueux; mais un convive manquait au dîner, la faim, qui n'aime pas le climat des tropiques. Aussi faut-il recourir aux excitants les plus énergiques, au piment rouge, au kari, pour secouer, un instant du moins, l'indolence de la *bête*. Le kari est presque l'unique plat des créoles. Je fus parfaitement surpris de voir mes jolies voisines empiler sur leur assiette d'énormes cuillerées de riz qu'elles entouraient d'autres légumes et de viandes de toutes sortes, saupoudrer le tout de fortes quantités de piment et de kari, puis porter délicatement à leurs lèvres cette singulière composition qui rappelle le thé de madame Gibou. Je voulus essayer de la recette. Imprudent! Il faudrait un gosier de fer pour supporter ces charbons ardents que les charmantes créoles avalent comme du sucre, le plus naturellement du monde. Je jurai, mais un peu tard, qu'on ne m'y prendrait plus.

La conversation fut très-animée. La plupart des riches

créoles ont passé leur jeunesse en France, et ils ont rapporté dans la colonie nos mœurs, nos habitudes et nos modes. D'ailleurs, le va-et-vient continuel des fonctionnaires et des officiers de marine entretient entre la métropole et Bourbon un courant non interrompu d'idées et de relations qui conservent à la société coloniale une physionomie toute française. Il est un point cependant sur lequel le préjugé originel est demeuré inflexible et qui est l'objet d'éternelles discussions, c'est l'émancipation des esclaves. Aujourd'hui que la République a tranché cette grave question, la dispute abolitionniste et anti-abolitionniste a pris sans doute un autre tour; mais elle s'inspire des mêmes idées et reproduit, sous une forme différente, les mêmes arguments. Quoi qu'on fasse, on peut appliquer aux colons ce mot de l'empereur : « Les blancs seront toujours blancs! »

Chaque convive avait derrière lui un nègre à peu près vêtu, chargé de prévenir son moindre désir. Pendant que l'on répétait tous les vieux arguments sur le sort de cette malheureuse race, j'examinais attentivement le visage des nègres qui nous servaient; ils demeuraient impassibles, et si parfois mon regard s'arrêtait trop fixement sur l'un d'eux, il accourait immédiatement et tout craintif pour me changer mon assiette. Les nègres pourtant ont des oreilles; mais les oreilles s'allongent et ne s'ouvrent pas dans l'esclavage.

..... Au sortir de table, nous montons en voiture pour franchir la trés-courte distance qui nous sépare du théâtre, et nous allons nous établir dans une loge. La salle de spectacle de Bourbon, construite et disposée à l'européenne, est petite, laide et tout à fait indigne du luxe habituel des colons. Qu'importe, si l'on y entend de la bonne musique?

Malheureusement, à l'exception du ténor qui ne manquait pas de mérite, la troupe chantante fit peu d'honneur à la musique de Grétry. L'orchestre ne parvenait pas toujours à se mettre d'accord; quant aux chœurs, c'était vraiment pitié. Mais les colons se figurent qu'ils sont à l'Opéra; les dames étalent leurs belles toilettes, leurs bracelets et leurs bras nus, et cela suffit, à ce qu'il paraît, à cette manie d'imitation parisienne qui tourmente incessamment nos compatriotes des tropiques.

Il est une observation que je ne dois pas omettre: dans ces pays, où les diverses races sont encore séparées par d'invincibles préjugés, le théâtre ouvre indistinctement ses portes à toutes les races; l'égalité n'est pas et ne sera jamais peut-être dans les mœurs; elle s'est réfugiée dans la contre-marque. On voit dans la salle les riches mulâtresses s'asseoir orgueilleusement en face des blanches créoles; ce spectacle vaut bien celui de la scène: c'est la vengeance d'une race et comme un soufflet qu'inflige la richesse à la vanité des blancs.

Entrée seule au théâtre, la mulâtresse y laisse parfois, dans l'âme d'un jeune créole, spectateur blasé des opéras ou des vaudevilles, le germe de violents désirs et d'ardentes passions. Elle devient femme alors, et le maître n'est plus que l'esclave. Malheur à celui qui cède au fatal entraînement! C'est un homme ruiné. Par ses folles prodigalités et ses fantaisies insatiables, la mulâtresse a bientôt englouti, dans le secret que le préjugé impose aux faiblesses de son amant, toute une fortune coloniale.

Partout où les races européennes et africaines se sont rencontrées, la femme de couleur exerce sur les blancs une influence, une domination presque irrésistible. Ce n'est pas, comme on le pense généralement, que la nature l'ait douée d'instincts plus ardents ou de sensations plus vives, qui expliqueraient, sans les justifier, d'aveugles convoitises : mesurer le feu des passions aux ardeurs du climat, c'est faire à ce dernier trop d'honneur ou trop d'injure. Peut-être dira-t-on que la rigidité des mœurs chez les dames créoles repousse vers une société inférieure les désirs et les caprices de la jeunesse. Je ne saurais avoir d'opinion à cet égard ; je suis cependant porté à croire, par analogie, qu'il n'y a dans la capitale de notre charmante colonie (même en fait de vertu), rien de *sauvage*. Quoi qu'il en soit, l'amour, ou tout au moins la possession d'une belle mulâtresse, est l'ambition, le rêve favori du colon. Ces femmes, assurément, n'ont pas la régularité de traits, la grâce parfaite, la douce nonchalance, la distinction du pur sang créole ; mais leur corps à la fois ferme et souple, leur taille élégamment cambrée, leurs traits accentués que semblent illuminer de grand yeux noirs aux longs cils, les tresses brillantes et sinueuses de leur chevelure, leur costume bariolé des plus riches couleurs, et jusqu'à ce doux babil emmiellé de voyelles qui s'échappe, comme un chant, de leurs dents de perle, tout en elles semble empreint de séduction plus encore que de beauté. Et puis ce sont de maîtresses femmes, coquettes, capricieuses, jalouses au besoin, exploitant comme d'autres l'à-propos d'un refus, tour à tour impérieuses ou dociles ; en un mot, connaissant à fond le code de toutes les rouériens. C'est ainsi qu'elles provoquent et entretiennent tant de folles passions chez ces hommes qui souvent se ruinent pour elles, mais qui ne les épouseront jamais.

Tel est le tableau de la vie créole à Saint-Denis. Après

les heures de soleil, qui sont celles du repos et de la famille, le soir vient et se dépense dans le monde, au bal, au jeu, au théâtre, parfois chez la mulâtresse; c'est une miniature de grande ville, une sorte de mirage d'Europe, Paris en raccourci. Fort agréable surprise assurément, quand on débarque du navire qui vous a apporté si loin, mais insuffisante à la curiosité naturelle du voyageur. Pour ma part, au bout de ces trois jours en gants blancs, j'avais hâte de quitter la ville et de respirer la campagne. L'hospitalité de Bourbon est si contagieuse que je me trouvai de suite muni de lettres d'introduction, c'est-à-dire de billets de logement pour diverses habitations de l'île. Un matin donc je partis de Saint-Denis avec M. I..., l'un de mes compagnons de voyage, et nous prîmes la route de Salazie.

II.

Saint-André. — Luxe et misère du planteur. — Salazie. — Eaux minérales. — Magnanerie. — Usine à sucre de la Nouvelle-Espérance. — Système des usines centrales. — Engagés libres. — Malgaches.

Nous nous embarquons dans un affreux coucou. Ce respectable véhicule de nos aïeux est encore à Bourbon dans toute sa gloire. Comme la plupart des colons, ceux mêmes qui se prétendent ruinés, ont leur équipage, le coucou est l'unique ressource des voyageurs de passage. Faut-il d'ailleurs s'étonner de revoir les coucous, puisque nous sommes à Saint-Denis?

A peine sortis de la ville, nous nous trouvons en pleine campagne; des deux côtés s'étendent de vastes champs de cannes à sucre, bordés à gauche par la mer, à droite par les pitons des Salazes; presque à chaque pas nous découvrons de grandes usines ou de charmantes habitations gracieusement encadrées par le feuillage sombre des cafiers ou abritées derrière les tiges flexibles et harmonieuses du bambou. Nous arrivons ainsi à Sainte-Marie, puis à Sainte-Suzanne, où le coucou change de chevaux, sous la surveillance de l'éternel gendarme. Après avoir traversé le quartier français, l'une des régions les plus fertiles de Bourbon, nous mettons pied à terre au village de Saint-André pour gagner la demeure d'un riche colon, sur la route de Salazie.

En fuyant Saint-Denis, je croyais avoir rompu, pour quelque temps du moins, avec le monde, les longs dîners et les belles toilettes. Erreur profonde! Me voici tombé de Charybde en Scylla, et tout honteux de mon costume de voyage au milieu des robes de bal et des cravates blanches qui entouraient la table de notre hôte. Après tout, cela ne m'empêche pas de faire honneur à un repas splendide, offert de la meilleure grâce.

Les colons ont l'habitude de crier misère : à les en croire, ils seraient tous ruinés. En attendant ils mènent grand train, mangent des truffes, boivent nos meilleurs vins, jouent gros jeu et vivent à peu près comme des nababs. On devrait se résigner facilement à être ruiné de la sorte. Les capitaux, cela est vrai, n'abondent pas dans la colonie; les coffres-forts, s'il y en a, sont presque vides; mais qu'importe? Voici une belle maison qui n'exige point de loyer, des terrains tant qu'on en veut; des nègres qui forment une armée de domestiques; des bestiaux et des légumes à profusion; en un mot, l'habitation fournit, par ses seules ressources, tout ce qui est nécessaire au confortable de la vie. Quant au luxe, une portion du prix de la récolte y pourvoit amplement, et, en échange de ses cannes à sucre, le colon reçoit de la métropole ses provisions de vins, de conserves, de gants blancs, etc. Voilà quelle est, en général, la misère des colons.

..... Au point du jour nous étions en route sur de bonnes mules et sous la conduite d'un vieux nègre vêtu d'un simple morceau de toile noué autour des reins et d'une paire de gros souliers qu'il portait respectueusement à la main. Nous suivîmes, pendant une heure et demie environ, un chemin large et carrossable; mais, peu à peu, à mesure que nous avancions dans l'intérieur de l'île, la route se resserra et nous amena, par des sentiers pierreux, semés de ravins, dans la région des montagnes.

Notre nègre persistait à faire l'économie de ses souliers et à marcher pieds nus. Ses chaussures lui servaient de gants. — Ohé! *papa* (on appelle ainsi les nègres), à qui donc ces souliers? — A moi; M'seu. — Eh bien, voici le cas de les mettre. — Oh! pas besoin, ça gêne.

Et en même temps il sautait lestement sur la pointe des cailloux, comme s'il foulait un tapis de gazon.

— Moi, M'seu, *blanc* comme vous; moi libre, ajouta-t-il en souriant, moi *porter souliers*.

J'appris, en effet, que les affranchis, les noirs devenus *blancs* se permettaient le luxe d'une paire de souliers. L'émancipation a dû combler de joie tous les cordonniers de la colonie.

Cependant nous cheminions entre deux montagnes fort élevées, presque à pic, couvertes de bois vierges. Du sommet de chaque montagne descendent rapidement, et en cascades, de nombreux ruisseaux semblables à des filons argentés. Parfois l'eau découle sous un épais berceau de verdure et ne se révèle qu'au milieu de la colline pour se dérober encore, reparaître et se précipiter avec bruit dans le torrent qui roule au pied. Plus loin, la nappe argentée est toute à découvert et décrit un grande ligne blanche sur la masse verte du bois. Les ruisseaux, très-rapprochés les uns des autres, confondent l'inépuisable harmonie de leurs chutes et mêlent les murmures de leurs cascades à la voix de la brise qui court en frémissant sur les forêts. — A chaque pas nous rencontrons des traces de révolutions volcaniques, des couches de basalte, des coulées de laves qui attestent combien la terre de cette petite île a subi de transformations violentes et comment elle s'est peu à peu soulevée au-dessus des flots.

La température devient assez fraîche ; il est bon d'avoir un peu froid sous les tropiques. Après avoir traversé la rivière du Mât sur un pont de bambou entrelacé de lianes sauvages et très-élevé au-dessus du lit, nous entrons dans le cirque de montagnes qui environnent Salazie et nous découvrons çà et là quelques cases à nègres perchées sur les rochers ou abritées sous le parasol des palmiers. Le gouvernement a établi dans ce quartier, récemment créé, les nègres affranchis de l'atelier colonial, auxquels il a distribué des terres, construit des cabanes et donné le droit de propriété et de culture, dont assurément ils n'abusent pas. — Ce ne sont pas les nègres qui réclameront le droit au travail !

Enfin, vers trois heures et demie, après avoir marché tout le jour, nous découvrons, au détour d'une pente très-raide que nos mules fatiguées ne descendent qu'avec précaution, une petite agglomération de maisons au centre desquelles flotte le pavillon tricolore. Nous sommes à Salazie.

Le cirque de Salazie est encaissé au milieu d'une ceinture de montagnes, d'où se détachent le Piton des Neiges, le plus haut point de l'île (3,150 mètres) et les Salazes (2,400 mètres). Le Piton des Neiges se couvre toujours de brume dès le matin ; on dirait qu'il veut protéger contre les rayons du soleil sa couronne de frimas. Les collines qui le supportent sont arides et dénudées, tandis que les autres montagnes présentent cet aspect de fraîche verdure que nous avons admirée sur notre route. — Par une étroite ouverture, la seule que la nature ait ménagée dans cette muraille de rochers, s'échappe le torrent du Bras-Sec, affluent de la rivière du Mât. — On se croirait transporté dans les sites agrestes des Alpes suisses.

Il y a quelques années, cette partie de l'île était presque inconnue des blancs et servait de refuge aux nègres marrons. En 1831, un habitant de Saint-Benoît s'y aventura et découvrit au pied du Piton des Neiges des sources d'eaux alcalines gazeuses, auxquelles les médecins reconnurent des propriétés médicales très-énergiques. Un créole eut alors l'idée d'y créer un établissement qui ne tarda pas à prospérer. Les malades accoururent de Bourbon et de Maurice pour prendre les eaux, les dames créoles, pour se désennuyer, et les riches colons pour changer d'air. Aujourd'hui, grâce à la température presque européenne de cette région, Salazie est devenue le Baden-Baden de Bourbon et de Maurice. Plusieurs familles viennent y passer chaque année la saison des fortes chaleurs (1).

(1) L'analyse a fait reconnaître dans les eaux de Salazie la pré-

Le propriétaire des sources, M. Cazeaux, nous accueillit parfaitement et nous établit dans une petite habitation, espèce de chalet en bois, adossé au versant de la montagne et d'où nous pouvions dominer l'ensemble du cirque. La douce fraîcheur de la température nous promettait une nuit sans moustiques.

Le lendemain, avant l'aube, nous étions débout pour voir le Piton qui ne se montre qu'aux vertueux amis de l'aurore. C'est par coquetterie, sans doute, qu'il se cache pendant le jour, car, malgré la disposition qui me porte à m'incliner respectueusement devant les hautes montagnes, je dois dire qu'il est fort laid. Ses flancs sont sillonnés en tous sens par d'énormes aspérités ou de profondes excavations, comme des rides sur une face vieillie et décrépite. C'est une franche horreur sans originalité ni pittoresque. Aussi, le dessein que nous avions conçu de l'escalader, selon la mode anglaise, pour ajouter une page à nos souvenirs de montagnes, fut-il de suite abandonné. — On nous assura que des nègres marrons, chassés de Salazie par l'invasion des blancs, habitaient encore sur les neiges du Piton. Triste vie! mais, du moins, ils étaient libres. Dans un des plis de la montagne se trouve un cimetière où ces nègres ensevelissent séparément les têtes de leurs compagnons, conformément à la croyance accréditée parmi eux que ces têtes doivent, après la mort, retourner au pays.

La saison des bains n'était pas encore venue; aussi n'y avait-il à Salazie, lors de notre visite, que deux ou

---

sence d'acide carbonique, de carbonate de chaux, de soude, de magnésie et de sulfate de soude. Les sources marquent, au thermomètre, 51° centigrade. L'eau a le goût d'encre.

trois personnes attirées, comme nous, par la curiosité du voyage. Pendant près de huit mois, M. Cazeaux habite seul cette espèce d'entonnoir dans lequel le soleil et les nuages déversent tour à tour une excessive chaleur ou des pluies torrentielles. Il doit donc faire, pour ces longs mois de solitude, ample provision de philosophie, et, qui plus est, de comestibles. Salazie ne produit absolument rien; lorsque l'ouragan s'est abattu sur l'île, lorsque le Bras-Sec et la rivière du Mât, grossis par la fonte des neiges ou par les pluies, ont emporté les frêles ponts de bambou qui les traversent, il n'y a plus de communication possible avec Saint-André. M. Cazeaux nous racontait que, dans la première année de son établissement, il était demeuré, pendant 23 jours, emprisonné dans ses montagnes et réduit à se nourrir de racines. Depuis cette époque, il a soin de se tenir toujours parfaitement approvisionné, comme un navire qui se dispose à doubler le Cap. D'ailleurs, les malades bien portants et les jeunes femmes vaporeuses qui font le pélerinage de Salazie aiment beaucoup mieux puiser dans la cave toute française de M. Cazeaux que dans les sources minérales.

Le gouvernement avait eu l'idée de fonder à Salazie un lieu de déportation. La colonie a su parer le coup. L'endroit était, d'ailleurs, très-mal choisi, puisque le sol ne présente aucune ressource de culture.

...... Nous quittons Salazie dans la matinée pour retourner à Saint-André, mais nous nous arrêtons à moitié route dans une magnanerie récemment fondée par un industrieux colon. C'est un établissement modèle, pourvu des appareils les plus perfectionnés et dirigé avec intelligence. Le mûrier croît naturellement et en abondance aux environs de la magnanerie, la température est favorable, et on pense qu'elle permettrait de faire douze éducations par an ; mais l'éloignement du marché de consommation et les frais de transport absorbent la plus grande partie des profits, et il est douteux que l'exploitation devienne jamais lucrative, malgré les sacrifices du gouvernement colonial pour introduire à Bourbon une nouvelle culture. Et puis, il suffit que cette magnanerie soit un établissement *modèle* pour qu'elle ne prospère pas.

A la nuit, nous arrivons à Saint-André, d'où nous repartons le lendemain pour rentrer à Saint-Denis, en passant par l'usine de la Nouvelle-Espérance appartenant à M. Vinson.

Cette usine est doublement intéressante à visiter et elle mérite qu'on s'y arrête. C'est la plus large application qui ait été tentée, à Bourbon, de la division du travail dans la production du sucre, et en même temps le premier essai du système *d'engagés libres*, substitué au travail esclave, au moyen d'immigrants amenés de Madagascar.

En 1844, lorsque déjà les colons intelligents pressentaient l'émancipation sans cependant la croire aussi prochaine, on se préoccupait vivement de la crise qui suivrait nécessairement la transition du régime de l'esclavage au régime de liberté. — Aujourd'hui que l'émancipation est venue et que la crise sévit dans toute sa force, la question du travail colonial doit être résolue sans retard.

Depuis l'abolition de la traite, l'insuffisance des bras devenait chaque année plus sensible, et dans les dernières années de l'esclavage, elle menaçait très-sérieusement la production. La liberté des noirs, considérée au point de vue économique, ne pourra qu'aggraver cet état de choses et amener la ruine de la culture coloniale, si l'on ne pourvoit immédiatement, par de sages mesures, au vide qui doit se faire dans la faculté de produire, c'est-à-dire dans les bras.

Les mesures que la situation indique sont de deux sortes : transformer, autant que possible, le premier instrument de la production en substituant au travail de l'homme l'usage des machines ; chercher, au dehors de la colonie, un renfort de travailleurs destiné à remplacer les bras que la liberté vient d'enlever, pour longtemps sans doute, à la terre.

C'est ordinairement sur la même habitation que se cultive la canne et se fabrique le sucre. Le colon, avec ses ressources pécuniaires très-restreintes, n'a point assez de nègres pour suffire au double travail de la culture et de la fabrication, et il ne saurait modifier ou améliorer les vieux procédés dans l'impossibilité où il se trouve d'appliquer une grosse somme à de nouvelles machines.

Il y aurait donc à la fois économie et progrès à diviser le travail : ici, le planteur emploierait toutes ses ressources à la culture de la canne : là, l'industriel s'occuperait exclusivement de la transformation de la canne en sucre par des machines beaucoup plus chères sans doute, mais aussi beaucoup plus parfaites et plus productives que les procédés actuels.

C'est ce qu'a compris et appliqué M. Vinson. Il ne se livre pas à la culture ; mais dans son usine de la Nouvelle-Espérance, munie d'un appareil Derosne et Cail, il extrait le sucre des cannes que lui envoient les plantations voisines, lesquelles, de leur côté, ne fabriquent plus.

Ce système des *usines centrales* se développera dans nos colonies, comme dans les colonies étrangères ; il mérite d'être encouragé par les métropoles ; car il augmente la production et, par conséquent, développe les échanges. Au point de vue colonial, il laisse à la terre tous les bras que de puissantes machines remplacent avec avantage dans l'œuvre de la fabrication.

On a dit souvent que les noirs, habitués aux vieilles machines, se refuseraient, par esprit de routine ou par ignorance, à servir les machines nouvelles. Cette supposition ne manque pas, à certains égards, d'exactitude ; mais elle n'est pas absolument vraie. Même sous le régime abrutissant de l'esclavage, il se rencontrait des nègres et surtout des mulâtres dont l'intelligence pouvait se plier aux idées du maître ; à plus forte raison, en sera-t-il ainsi avec la liberté. D'ailleurs, nous avons vu, dans l'établissement de la Nouvelle-Espérance, les vastes machines du système Derosne et Cail fonctionner régulièrement entre les mains des nègres et des Malgaches, sous la surveillance active et incessante de M. Vinson.

Jusqu'ici le plus grand obstacle a été l'absence de mécaniciens dans la colonie. Une fois que la machine est montée, tout va bien : mais la plus légère réparation, par suite d'accident ou d'usure, devient une affaire d'état. Cet embarras, qui est très-grave, disparaîtra, lorsqu'il y aura à Bourbon un nombre d'usines suffisant pour occuper, une grande partie de l'année, un atelier de mécanique.

Après nous avoir montré en détail sa belle usine, M. Vinson nous conduisit au quartier où il avait établi ses Malgaches. Les travailleurs étaient engagés aux conditions suivantes : 4 piastres (20 fr.) pour trente jours de travail ; une livre et demie de riz, deux onces de poisson sec ou de viande salée et trois verres d'arack par jour : de plus, les frais de transport avaient coûté 12 piastres (60 fr.) par tête. Ce premier engagement avait été conclu à courte échéance et devait expirer sous peu de mois ; mais la plupart de ces nouveaux colons, satisfaits de leurs conditions de travail et de salaire, manifestaient le désir de renouveler le contrat, après un voyage dans leur pays.

Le quartier qu'ils habitaient à une portée de fusil de l'usine se composait de plusieurs cases de bambous et de feuillages, assez malpropres à l'intérieur, où ils logeaient cinq ou six ensemble. Une natte pour dormir et un coffre formaient tout leur ameublement. Ils paraissaient heureux, bien portants, ne se querellaient presque jamais et faisaient gamelle commune. M. Vinson s'était attaché à respecter le plus possible leurs habitudes ; une fois la tâche terminée, il leur laissait le libre emploi de leur temps et leur permettait de vivre à leur guise ; le quartier malgache était un terrain parfaitement neutre, où s'arrêtait l'autorité du maître. L'emploi le plus important, sans contredit, de cette jeune république, celui de *cuisinier*, était conféré à l'élection. Lors de notre visite que nous eûmes soin de faire pendant les heures de repos, la colonie présenta à M. Vinson un cuisinier, j'allais dire un président nouvellement élu, dont le prédécesseur avait été destitué pour cause de malversation. Le coupable était allé se cacher au fond de sa cabane, où nous le trouvâmes tout honteux d'avoir été pris la main dans le sac.

Dans les premiers temps de l'arrivée des Malgaches, le commandeur, fort peu touché de leurs droits d'hommes libres, se permettait parfois de les traiter, c'est-à-dire de les corriger, comme les nègres esclaves. Pour leur épargner cette humiliation, M. Vinson leur donna un uniforme,—une cravate rouge autour du cou, — qui devait les faire respecter par le fouet du commandeur. — Il eût été, sans doute, beaucoup plus simple de supprimer le fouet pour tout le monde.

Les Malgaches et les nègres travaillaient ensemble et à la même tâche. — « Un jour, nous dit M. Vinson, « avant que j'eusse imaginé la cravate rouge, un de ces « Malgaches, frappé par un commandeur, se retourne « vivement en s'écriant : — Moi, homme libre ! — Toi, « libre ! reprit un noir qui travaillait près de lui ; toi ne « posséder rien, n'avoir pas seulement de maître ! » Le mot serait joli s'il n'était triste.

L'immigration de travailleurs étrangers, combinée avec l'établissement des usines centrales, sera, pour les colonies, d'un grand secours dans la crise actuelle. Les Anglais ont appliqué ce système sur une vaste échelle à l'île Maurice, où chaque année sont introduites des escouades d'Hindous et de Chinois. On appréciera la nécessité de recourir à ce supplément de bras, par ce seul fait que, sur 40,000 esclaves recensés à Maurice en 1847, 6,000 seulement étaient demeurés sur les habitations des planteurs pour la culture du sucre. Bourbon aura aussi la ressource des Indiens; mais il serait préférable peut-être d'employer les Malgaches, si l'état de nos relations avec Madagascar le permet. Lors de notre séjour, nous vîmes débarquer à Saint-Denis deux cents Chinois amenés de Singapore et engagés pour trois ans. Nous aurons occasion de retrouver les Chinois à Manille et à Java. L'expérience de ces deux colonies démontrera que nous ne devons user qu'avec réserve des émigrations du Céleste-Empire.

Cette intéressante visite à l'usine de la Nouvelle-Espérance nous prit le reste de la journée. Vers le soir, le coucou de Saint-André, retournant à Saint-Denis, passa devant la porte de l'habitation et nous y prîmes place. Deux heures après, nous faisions notre rentrée dans la capitale!...

III.

Sainte-Rose. — Repas de nègres. — Le Bois-Blanc. — Le volcan et le père Arsène.

J'aurais pu m'épargner les cahotements et les moustiques de l'infernal coucou : à peine arrivé à Saint-Denis, il fallut remonter dans la même voiture et reprendre la même route, couverte de poussière et de soleil, pour aller à Sainte-Rose et visiter le volcan.

Je revis donc Sainte-Marie, Sainte-Suzanne, Saint-André, puis Saint-Benoît et enfin Sainte-Rose. Sainte-Rose est un joli petit village voisin de la mer dont les vagues viennent se briser avec fracas sur les galets de la plage.

Pendant que l'on nous préparait nos lits de camp pour la nuit, nous parcourûmes les cours de l'habitation où étaient réunis près de deux cents nègres ou négresses revenant de la pioche, sous la conduite des commandeurs. Ceux-ci faisaient de temps à autre claquer leur fouet, comme s'ils menaient un troupeau. — Qu'on se rassure pourtant; ce fouet, si méprisable d'ailleurs, est plus souvent entre leurs mains un signal qu'un instrument de correction. C'est ainsi qu'il convient d'entendre cette expression sacramentelle : *les nègres sont conduits au fouet.* Dieu me garde d'approuver une pareille voix de commandement; mais l'honneur des colons exige que, sur ce point comme sur tant d'autres, l'exacte vérité soit connue.

C'était l'heure du souper; chaque nègre tenait à la main une petite écuelle destinée à recevoir la maigre pitance, et toute la troupe, empressée et criant autour d'une porte qui devait être naturellement celle de la cuisine, attendait avec impatience la distribution des vivres. Enfin le fouet d'un commandeur ordonna le silence, les nègres se rangèrent avec un certain ordre le long du mur, la porte de la cuisine s'ouvrit et laissa voir une grande marmite d'où s'échappait une épaisse fumée. Sur une large planche, soutenue par une barrique, s'alignait un régiment de gâteaux de riz, d'inégale grosseur. Un nègre, presque gras et grotesquement coiffé d'un bonnet de coton (c'était le cuisinier), plongeait et replongeait avec complaisance sa longue cuiller de bois dans le fond de la marmite, et près de lui se tenait un commis de l'habitation, muni d'un registre sur lequel étaient inscrits les noms de tous les convives.

L'appel commença. Vulcain! — Vulcain, sous la figure d'un vieux nègre, s'avança lentement, reçut dans son écuelle une cuillerée de purée de pois secs, prit un gâteau de riz sur la planche, et se retira en jetant dans le gâteau un premier et formidable coup de dent. — Junon! — A ce nom de la reine des dieux répondit une jeune négresse qui vint recevoir la même ration de purée, mais un petit gâteau de riz. — Il y avait en quelque sorte les gâteaux mâles et les gâteaux femelles. — Après Vulcain et Junon apparurent successivement, à l'appel du commis, Jupiter, Hébé, Mercure, Vénus, tout un calendrier mythologique, comme si les parrains de ces malheureux esclaves avaient craint de profaner les noms chrétiens en les appliquant à des nègres. Tout l'Olympe défila ainsi devant nous après avoir salué le cuisinier et la marmite, puis s'en alla tranquillement dans les cases. — Voyez, nous dit le maître de l'habitation, ces gens-là ne vous semblent-ils pas parfaitement nourris? Ils font ainsi deux repas par jour; quelquefois, pour varier l'ordinaire, nous leur donnons de la morue ou du poisson sec.... Et puis, ils ont des bananes et quelques légumes qu'ils cultivent dans leurs jardins et qu'ils ajoutent à leur ration. Ils ne se plaignent pas.

— C'est égal, pensai-je. Quand on s'appelle Jupiter, il est triste d'en être réduit à savourer la purée de pois!

Sur certaines habitations, les nègres, au lieu de prendre leur ration au jour le jour, reçoivent le dimanche leurs provisions pour toute la semaine; ils font alors leur cuisine eux-mêmes et s'arrangent comme ils peuvent. Mais, dans ce cas, il leur arrive bien souvent de manger tout leur riz en deux ou trois jours ou de le vendre pour quelques verres d'arack, et ils n'ont plus de ressources que dans le vol et le maraudage, industries qu'ils exercent avec une dextérité très-remarquable. A cet égard, ils pourraient fort bien, sans faire tort à la mythologie, s'appeler Mercure.

Enfin, on ne leur donne parfois qu'une demi-ration; mais ils sont libres le samedi pour cultiver leurs jardins, dont ils vendent les légumes aux marchés voisins. Ils élèvent aussi des porcs. Les nègres laborieux (malheureusement ils sont rares) parviennent ainsi à vivre mieux et à amasser un petit pécule. — Aujourd'hui que l'esclavage est aboli, les quartiers de l'île, où ces habitudes d'ordre et de travail ont pris quelques racines, seront probablement ceux qui souffriront le moins de la crise.

..... Une fois rentrés dans leurs cases, les nègres se

réunirent par bandes autour de grands feux de bagasses ou cannes sèches et de feuilles de bananiers; la liberté commençait pour eux; la liberté! c'est-à-dire l'orgie, les folles danses, le vagabondage, la maraude. Qu'importe au maître, pourvu que le lendemain, au lever du soleil, le troupeau se réunisse au fouet du commandeur et réponde à l'appel du départ pour retourner aux champs de la veille et se courber sur l'éternel sillon?

Au point du jour, le nègre Jupiter, chargé de nous accompagner au volcan, vint nous réveiller et attela une charrette qui nous conduisit jusqu'à l'entrée du Bois-Blanc. Une escouade de nègres devait nous y rejoindre et apporter les vivres ainsi que tous les objets de campement pour la nuit.

A peu de distance de Sainte-Rose, le sol, jusque-là couvert de verdure et tapissé de champs de cannes ou de cafiers au sombre feuillage, devient stérile et inculte. On n'aperçoit plus ces grandes habitations qui indiquent le séjour d'un riche colon. Çà et là, derrière une citadelle de rochers ou à l'ombre de quelques arbres isolés dans la plaine, comme les sentinelles avancées du Bois-Blanc que l'on découvre dans le lointain, s'élèvent de chétives maisonnettes couvertes de rabanes et percées d'un trou par lequel s'échappent de légers nuages de fumée. Ce sont les demeures des *petits blancs*. Les petits blancs descendent des premiers colons; leurs ancêtres ont possédé autrefois les plus beaux domaines de l'île, et les noms qu'ils portent appartiennent à la vieille aristocratie coloniale. Ruinés aujourd'hui, mais toujours gentilshommes, ils se sont retirés loin des villes, dans les solitudes de l'intérieur ou sur la lisière des forêts, vivant de leur chasse et de leur pêche, ou du produit de quelque coin de terre qu'ils font cultiver par des nègres. Dans cette vie presque sauvage à laquelle la misère et l'orgueil les ont réduits, leur race est demeurée pure de tout mélange. Les colons actuels ne sont, à leurs yeux, que des parvenus, qui ont conquis leurs biens par l'usure, et ils n'ont rien perdu des vieux préjugés contre le sang nègre. Ces familles s'éteignent peu à peu dans l'obscurité et la misère; elles ne s'unissent qu'entre elles, n'ont guère d'autre religion que la nature, et ne connaissent d'autres sacrements que leurs passions. Du reste, elles conservent un certain type de beauté à la fois sauvage et intelligente, qui rappelle le gentilhomme et trahit l'homme des bois. Si, dans un sentier éloigné des riches cultures, vous rencontrez un blanc vêtu d'étoffes grossières, la tête couverte d'un large chapeau de paille, ou une femme, grande et svelte, brunie au soleil, mais Européenne par ses traits et par ses yeux noirs aux longs cils, — ce sont des petits blancs.

En entrant dans le Bois-Blanc, que nous n'atteignons qu'après deux heures de marche ou plutôt de secousses très-imparfaitement amorties par la paille dont Jupiter a décoré notre charrette, nous découvrons à notre droite une petite cabane, devant laquelle la route se termine par un étroit sentier. C'est là que nous devons attendre nos nègres et les provisions préparées à Sainte-Rose. Un vieillard, encore vert et robuste, sort de la cabane et vient nous offrir l'hospitalité.—Père Arsène, nous dit Jupiter. Père Arsène, l'ami du volcan.

Le père Arsène compte soixante-dix ans bien sonnés; et, depuis soixante-dix ans, il habite, au Bois-Blanc, la cabane paternelle. Chaque fois que le volcan semble s'éveiller dans ses mystérieuses profondeurs, Arsène est là qui répond à l'appel, vient voir ce qu'elle veut et lui met en quelque sorte la main sur le cœur pour interroger jusqu'à ses moindres palpitations. Aussi, faut-il l'entendre raconter l'histoire, assez monotone d'ailleurs, des éruptions successives, qui, depuis de longues années, ont couvert de laves la plaine du Grand-Brûlé et englouti sous un torrent de feu une partie du Bois-Blanc...

— « Telle année, il est descendu avec fracas jusque
« dans la mer. — Telle autre, il s'est arrêté à moitié
« route; c'était pour rire. — Cette fois, je ne sais guère
« ce qu'il veut faire; mais il est bien capable d'aller
« jusqu'au bout, comme en 1832. Je ne l'ai pas vu de-
« puis cinq jours, et je suis curieux de savoir le chemin
« qu'il a pris; car il a ses caprices, tout autant qu'une
« créole. »

Il semble que la nature, par une attention délicate, et dont les voyageurs doivent lui savoir gré, ait pris soin de poster auprès de chacune de ses merveilles, grotte, volcan, montagne, etc., quelque figure humaine spécialement chargée des fonctions de concierge ou de cicerone pour ouvrir la porte et expliquer le tableau, comme ces gardiens en uniforme et avec plaque, qui veillent sur les monuments de nos grandes villes, ou comme l'invalide qui vous montre le panorama d'Eylau. Le père Arsène est un de ces hommes. Le volcan et lui ne font qu'un.

Cependant nos noirs de Sainte-Rose ne viennent pas et nous ne pouvons partir sans eux. Après deux longues heures d'attente durant lesquelles Arsène nous fait un cours complet d'éruptions et de laves, nous les voyons enfin arriver tranquillement, comme s'ils étaient en avance et fort étonnés de notre impatience. Pour comble, ils avaient eu le talent de laisser fuir l'eau des barriques tde casser les bouteilles renfermées dans les paniers, apparemment pour que la charge fût moins lourde. Les nègres ne sont pas si brutes qu'on le dit.

Malgré tous ces contre-temps, nous nous mettons en route, Arsène en tête de la colonne, et nous prenons le petit sentier qui, traversant le Bois-Blanc, aboutit au Grand-Brûlé. Déjà, dans le Bois-Blanc, nous découvrons les traces du passage des coulées et de nombreux signes des mouvements volcaniques. Parfois, au bord du ravin qui forme le sentier, nous apercevons des coulées épaisses qui se sont arrêtées brusquement et nous montrent, confondus avec la lave, toutes sortes de matières calcinées, des bois pétrifiés, des feuilles d'arbres, des pierres qui, sous l'étreinte du feu, ont conservé encore leurs formes naturelles. Ces couches de laves se sont peu à peu recouvertes de terre, sur laquelle la végétation pousse de vigoureuses racines. Un jour ou l'autre, — c'est Arsène qui nous le prédit, — le volcan envahira le Bois-Blanc dont les grands arbres séculaires, fauchés au pied par la lave, rouleront dans le torrent de feu.

On peut d'ailleurs se faire une idée du sort qui est réservé au Bois-Blanc en entrant dans la plaine du Grand-Brûlé. Cette plaine était, dans l'origine, la continuation de la forêt : elle est aujourd'hui couverte de laves, dont les courants refroidis, affectant mille teintes du gris au noir selon l'époque plus ou moins ancienne des diverses éruptions, présentent l'aspect le plus triste et le plus sauvage. A certains endroits, entre deux coulées, nous remarquons de petites oasis de verdure dont les quelques arbres, épargnés par le fleuve destructeur, semblent avoir échappé à la mort qui règne autour d'eux, comme des cyprès qui verdissent sur les tombeaux. Une cabane de bois, la seule qui apparaisse dans ce morne désert, s'élève presque au bord de la mer :

chaque fois qu'il y a éruption, ses pauvres habitants doivent être prêts à déménager.

Le Grand-Brûlé partant de la mer, se dirige par une pente assez douce vers la chaîne de montagnes au milieu de laquelle fume le volcan caché derrière le piton de Crac. La fumée blanche et épaisse, se confondant avec les brouillards voisins des nuages, permet de deviner les sinuosités de la coulée à sa sortie du cratère et dans les étroites vallées qui s'ouvrent entre les divers mamelons. — A droite du volcan, est un petit piton de verdure couronné de palmistes, que déjà la coulée menace d'envahir. — « C'est là qu'il faut aller, nous dit
« le père Arsène. Une heure et demie de marche et un
« peu de courage; nous arriverons avant la nuit. En
« avant donc. »

Arsène, qui connaît sa route et qui grimperait, au besoin, les yeux fermés, nous fait prendre la direction d'une ancienne coulée. Le pas est d'abord facile sur ces laves refroidies, dures comme la pierre et aussi unies que des dalles. Peu à peu cependant, l'inclinaison de la pente augmente, et, les pieds nous brûlant sur ces surfaces planes qui ont reçu tout le soleil de la journée, nous abandonnons momentanément la route tracée par le volcan et nous coupons court au milieu de scories sèches et friables, dans lesquelles le pied enfonce comme dans un lit de sables mouvants. Par intervalles, nous rejoignons les laves noirâtres dont la forme et l'aspect varient à chaque accident de terrain.

Lisses et polies dans les endroits en pente où elles ont coulé sans obstacle et d'un seul bloc, elles se sont plissées circulairement lorsque leur cours a été un instant arrêté par un pli du sol et qu'il leur a fallu prendre un détour. Ici, elles sont minces et ne couvrent la terre que d'une légère croûte; là, au contraire, elles ont plusieurs mètres de profondeur, parce qu'elles ont dû remplir un vide pour s'élever à un autre niveau. Ces divers accidents finissent par rendre la marche très-pénible et surtout très-lente.

A chaque pas, les pointes de laves ou les scories écorchent nos souliers, tandis que les nègres, grâce à leur admirable épiderme, marchent pieds nus et sans efforts. Quant à Arsène, il avait eu soin, avant de partir, de se confectionner une paire de chaussures en paille légèrement tressée, qu'il rapporta chez lui presque intactes.

Il y a déjà trois heures que nous sommes partis, et cependant nous ne sommes pas à bout de peine. — Les deux heures du père Arsène sont comme les lieues de Bretagne; d'ailleurs, les guides n'en font jamais d'autres. Après une courte halte dans un ravin respecté par les laves, nous attaquons résolument une dernière colline au dessus de laquelle s'élève une épaisse fumée. — Enfin nous y voilà.

Arrivés au but, les jambes nous reviennent, comme au chasseur qui, après une longue journée de marche et de soleil, vient d'abattre son premier lièvre. Le beau spectacle! — La montagne est toute en feu; la lumière du jour qui disparaît fait place à la lueur rougeâtre des coulées dont l'œil suit les méandres serpentant au flanc du volcan et découlant du cratère semblables à des ruisseaux de feu. — En même temps que les voiles de la nuit se tendent à l'horizon, l'atmosphère s'enflamme: les pitons arides, la verte forêt du Bois-Blanc, la vaste plaine du Grand-Brûlé, et, à l'extrémité, les calmes surfaces de la mer, s'illuminent de reflets écarlates qui rayonnent jusqu'au ciel. On dirait un immense feu de Bengale. La brise, qui se lève à cette heure, s'engouffre dans les vallées et semble donner une voix à cette scène splendide.

La coulée vient de descendre une côte abrupte ; elle s'avance maintenant avec une lenteur majestueuse sur un plateau couvert d'arbustes et d'herbes, qui se couchent successivement dans les flots de lave. Elle se développe sur une largeur d'environ 10 mètres, mais parfois se resserre entre deux rochers dont elle entraîne les saillies par une rapide fusion. A mesure qu'elle se déroule liquide et incandescente, sa surface, solidifiée par la froide empreinte de l'air, se revêt d'une croûte brunâtre, au-dessous de laquelle on entend gronder le courant. Le feu qu'elle projette est si vif que nous ne pouvons demeurer auprès.

Nos nègres, effrayés à la vue de la lave, s'étaient arrêtés à une distance respectueuse et ne paraissaient pas le moins du monde tentés de nous rejoindre. A la fin, cependant, Jupiter se détache de leur groupe pour nous prévenir que les tentes sont dressées.

A peine arrivé à quelques pas de la lave, le malheureux se sentait griller par tous les membres, et avec sa peau noire, rougie par le reflet, il avait exactement l'air d'un diable.

— Eh bien ! Jupiter, qu'en dis-tu ? tu trouves qu'il fait chaud par ici ?

— Ça pas bon, M'seu. Maîtres blancs dans la montagne ont allumé trop grand feu.

On eut beau lui expliquer que la coulée de lave sortait naturellement de la montagne, il n'en voulut démordre et demeura convaincu que toute cette scène était l'œuvre des blancs.

C'était, assurément, leur faire beaucoup d'honneur.

Nous examinons quelque temps encore le cours de la

coulée; nous plongeons de longs bâtons dans cette masse liquide, et nous en retirons ainsi quelques fragments qui noircissent et se durcissent en quelques minutes en gardant la forme du bois; après avoir frappé ainsi médaille de notre passage, nous nous retirons sous une tente, c'est-à-dire sous un léger morceau de toile soutenu par quatre piquets, à deux cents pas environ de la coulée.

C'est là que nous devons passer la nuit.

Nous voici donc installés à terre, plus ou moins à l'aise, n'ayant pour tout lit que nos manteaux et notre fatigue, pas trop à plaindre vraiment, si notre bonne étoile nous ménageait une de ces belles nuits tropicales que poëtes et voyageurs ont tant de fois chantées. Malheureusement le ciel, fatigué sans doute de la vive clarté que lui jette le volcan, et jaloux de sa nuit, tire ses rideaux et se couvre tout à coup de nuages épais. La pluie tombe, fine d'abord, puis à larges gouttes, comme elle sait tomber sous les tropiques. Nous l'entendons qui fouette sur la lave et se mêle bruyamment au feu du courant. Bientôt elle perce la tente sous laquelle nous reposons et change notre lit en un ruisseau de boue. — En même temps accourent à nous les nègres effarés : le feu! le feu! disent-ils, en nous montrant une nouvelle coulée, qui se détachant de la coulée principale, s'avance rapidement dans notre direction. Menacés d'une inondation de pluie et de feu, il ne nous reste plus qu'à fuir, et au plus vite, sans même prendre le temps d'emporter le triste mobilier de notre tente. Ce n'est qu'à grand'peine et après mille faux pas au milieu de ravins boueux et de scories mouvantes que nous parvenons à trouver un nouveau gîte, où nous passons le reste de la nuit, à l'abri du feu, mais trempés jusqu'aux os.

Dès que les premiers rayons de soleil viennent raser l'horizon, les nuages épuisés leur cèdent la place; au bout d'un quart d'heure, la terre est tout à fait sèche, et les feux ardents de la lave, disparaissant dans l'embrasement du ciel, ne se révèlent plus au loin que par une blanche fumée. — Jamais le soleil n'était venu si à propos.

Nous remontons vers notre ancien camp pour observer les progrès de la coulée. La lave avait épargné notre tente, mais elle l'avait contournée et presque enfermée dans un cercle de feu. — « Pour le coup, s'écria
« notre guide, vive la pluie ! Si nous nous étions endor-
« mis à la belle étoile, je ne vois pas trop comment nous
« aurions pu nous en aller. On ne traverse pas à la nage
« ce fleuve-là. Tout ce que le ciel fait est bien fait ! »

En moins d'une heure nous descendons le Grand-Brûlé et nous arrivons à la cabane, dont les habitants, encore dans les transes, consultent la vieille expérience de notre guide sur la direction de la coulée. — Vient-elle cette fois, et combien de jours nous donnez-vous ? — Encore quelques ondées comme celle de la nuit dernière et vous pourrez vous préparer à changer de gîte. Tel fut l'arrêt du père Arsène. La pluie, en effet, double la vitesse des coulées.

Il est rare que la lave descende jusqu'à la mer; le plus souvent les éruptions du volcan sont de courte durée et la coulée du volcan s'arrête à moitié route. On voit çà et là dans le Grand-Brûlé la trace de courants qui se sont brusquement refroidis et sont venus expirer au pied d'un bouquet d'arbres. Mais, lorsque l'éruption est complète et que le torrent traverse le Grand-Brûlé dans toute sa longueur, les laves, formant une cascade de feu, se précipitent dans la mer avec un fracas épouvantable, que les navires entendent à plusieurs lieues en mer, et les flots rapportent sur les rives voisines des milliers de poissons asphyxiés.

A Ténériffe, j'avais vu le cratère d'un volcan éteint. Le pic de Teyde ne vomit plus de lave; il s'est reposé après avoir amoncelé d'immenses montagnes de rochers et accompli autour de ses vastes flancs son œuvre de destruction : ce n'est plus qu'une nature froide et morte, belle seulement par l'horreur de sa solitude et le gigantesque tableau de ses ruines. — Le volcan de Bourbon respire encore : par intervalle, le cratère s'ouvre et laisse tomber dans la plaine sa bave de flamme qui, chaque fois, recouvre quelque portion verdoyante de champs ou de forêts. C'est alors qu'il faut voir ces immenses vases de feu que la Providence a semés sur la surface des océans comme des montagnes d'où sont sortis, à divers âges, sous forme de roches et de cendres, tant de charmantes îles, hôtelleries du voyageur.

Le hasard, en nous réservant à Bourbon le spectacle d'une éruption, nous avait servis à souhait : c'est assurément le plus beau, le plus frappant des mille tableaux que la nature présente à l'admiration de ceux qui aiment à la contempler.

A notre retour à Saint-Denis on nous fit compliment de notre longue course, et l'on s'apitoya sur nos fatigues. Les colons s'empressent à leur mauvais théâtre pour entendre une harmonie de fausses notes et admirer les décors badigeonnés d'un opéra; mais ils ne songent guère à se déranger pour les représentations du Grand-Brûlé.

Cela désole le père Arsène, qui nous remercia presque d'avoir songé à *son* volcan, si tristement délaissé.

IV.

Partie de l'île *Sous-le-Vent*. — La Possession. — Saint-Paul. — Grotte de Bernica. — Caféières. — Ouverture du conseil colonial. — Droits de la France sur Madagascar. — Départ de Bourbon.

Je n'avais jusqu'alors parcouru que la côte orientale de l'île appelée *Partie-du-Vent*: sur la côte occidentale s'étend la partie *Sous-le-Vent,* dont le chef-lieu est Saint-Paul.

Nulle part ces relations fugitives qui s'établissent dès le premier jour entre le caractère hospitalier du colon et la vive curiosité du voyageur ne font naître plus qu'à Bourbon les occasions de visiter le pays, de contempler les mille aspects de ses beautés pittoresques. Les habitants de Bourbon savent faire les honneurs de leur petite île avec une grâce parfaite. Leur hospitalité, trop fastueuse parfois, est en quelque sorte une vertu d'héritage, une tradition; ce sera leur dernier luxe. J'ai dû oublier bien des noms; pendant ce long voyage, j'ai sans doute laissé tomber dans les flots, ou sur les sables d'une rive lointaine, ou dans les plis de la brise quelques souvenirs de bienveillant accueil et d'attentions délicates. L'amitié a aussi ses bonnes fortunes, dont la jouissance passe vite; mais l'impression, bien que confuse, résiste avec tout son charme aux ingratitudes de l'oubli.

Un matin, avant le lever du jour, nous nous embarquons dans un canot conduit par quatre nègres, et nous longeons la côte dans la direction de la Pointe-des-Galets, qui forme l'extrémité occidentale de l'île. La mer est calme; les navires, tranquilles sur leurs ancres, semblent profiter des courtes heures de sommeil que leur laisse la brise du large. Peut-être, avant la fin du jour, le ras de marée aura soulevé les flots et blanchi d'écume l'azur marbré de la mer. Malheur au navire qui, au premier signal d'alarme, aura négligé de déplier ses voiles et de fuir au plus tôt les rives de Bourbon! En peu d'instants ses débris, tordus par une force irrésistible, viendront rouler dans un tourbillon de vagues sur le sable des galets.

Chaque point du rivage se trouve marqué d'un souvenir sinistre; chaque roche est en quelque sorte devenue la pierre tumulaire des nombreux navires que le ras de marée y a brisés. Il n'y a presque pas d'année qui n'ait eu son ouragan; pas d'ouragan qui n'ait eu ses victimes. Pauvre île, tour à tour déchirée par les feux intérieurs du volcan ou battue par les flots de la mer!

Cependant, une heure après notre départ du Barachois, le soleil vient inonder le ciel et remplace la pâle clarté des étoiles; un léger souffle de brise parcourt l'air comme un frisson; les lames joyeuses clapotent autour de notre frêle canot, et nos nègres, jusqu'alors silencieux et presque endormis sur leurs rames, entonnent la chanson du matin. Nous rasons rapidement la côte qui se dresse à pic comme une montagne de rochers, diaprée de couches de laves et couronnée par les cimes ondoyantes des palmiers. Chaque coup de rame nous fait découvrir un point de vue nouveau et pittoresque. — A neuf heures nous débarquons au petit village de la Possession et nous prenons une voiture qui nous conduit à Saint-Paul.

Je ne crois pas qu'il y ait en France beaucoup de départements où les routes soient aussi bien entretenues qu'à Bourbon, et pourtant la tâche est difficile. Il a fallu tourner des montagnes, jeter des ponts sur les torrents, combler de profonds ravins, corriger en tous sens les caprices d'un sol fantasque, sur lequel le volcan a si souvent promené ses désordres et l'ouragan ses tourmentes. Qu'il vienne une fonte de neiges, que les torrents débordés s'élancent des sommets de l'intérieur, en une nuit les ponts sont emportés et l'inondation défonce les routes voisines. Qu'est-ce donc lorsque la malheureuse île, isolée comme un grain de sable au milieu de la mer, se trouve tout d'un coup aux prises avec l'une de ces tempêtes effroyables qui s'élèvent presque périodiquement dans la région des tropiques? Des quartiers de montagnes s'écroulent avec fracas; le vent, mugissant à travers les forêts et portant la foudre, déracine violemment les plus grands arbres, dont les débris, longtemps balayés, viennent joncher la plaine; les torrents sont arrachés de leurs lits et le tremblement de terre ajoute à cette scène de désolation la terreur de ces révolutions soudaines. Que deviennent alors les chemins? Que de temps, d'argent et de travaux perdus!

De la Possession à Saint-Paul notre voiture roule rapidement sur le sable d'une belle avenue ombragée de palmiers et dont la coquette parure contraste agréablement avec les ruines qu'a laissées partout le passage de l'ouragan. Tantôt, au milieu de champs de cannes dont la brise agite les tiges ondoyantes, vous vous croiriez transporté dans les plus riches campagnes de notre Europe; tantôt, sur un frêle pont de bois qui se balance au-dessus du torrent, au bruit de l'eau qui s'échappe en cascades d'un amas de roches tapissées par les arabesques des lianes, vous vous rappelez les passages de la Suisse. Nature charmante et pittoresque que Bernardin de Saint-Pierre a si bien décrite!

Nous entrons à Saint-Paul par l'avenue des Trois-Ponts; c'est une large allée le long d'une petite rivière couverte de ponts en bois qui conduisent à de nombreuses habitations. La ville est enserrée entre l'avenue et la mer. Moins grande que Saint-Denis, elle offre un coup d'œil plus gracieux et ressemble à un jardin anglais parsemé de villas.

On nous proposa de visiter la grotte de Bernica. Cette grotte est située à peu de distance de Saint-Paul et creusée au flanc d'une montagne dont les rochers se cachent sous un treillage de verdure et de lianes. A l'entrée s'étend une nappe d'eau qui, à la suite des grandes pluies, n'en permet point l'approche. Le nom de Bernica est immortalisé par les vers de Parny.

Aux alentours de la grotte on aperçoit quelques cases de nègres. J'entrai dans un petit enclos qui entourait l'une de ces cabanes et je vis un nègre qui béchait avec ardeur un carré de terre. Une négresse travaillait auprès de lui. Deux paires de souliers étaient déposées dans l'allée. — Voici des nègres libres, me dit mon guide; ils ont des souliers. — Et ils travaillent, ajoutai-je. Vos esclaves, assurément, ne se donnent pas tant de peine, et, ma foi, ils ont raison. — Je m'approchai du nègre, qui se releva tout étonné de la visite d'un blanc. Son front ruisselait de sueur; ses mains calleuses, son corps amaigri, à peine couvert d'une ceinture de coton, annonçaient une vie rude et un travail opiniâtre. — Vous êtes fatigué? lui dis-je; reposez-vous. — Oh! répondit-il, il faut bécher beaucoup, beaucoup, toujours peut-être! — Mais, pourtant, vous n'avez pas de maître?

— J'ai un fils, et, ma négresse et moi, nous lui achetons sa paire de souliers. Nous sommes libres et il est esclave. — Comment cela? — Notre maître, avant de mourir, nous a affranchis; mais il a oublié que nous avions un fils. Il faut tant d'argent pour le racheter!.... Et, en disant ces mots, le nègre saisit sa bêche et se remit à l'œuvre avec énergie, comme s'il regrettait la minute qu'il venait de perdre.

Aujourd'hui le fils est libre, et sans doute il cultive avec son père le champ qui avoisine la pauvre cabane. La liberté a réuni ces êtres que l'esclavage avait impitoyablement séparés.

On craint, je le sais, que les nègres, brusquement émancipés, ne se livrent tout d'abord à leurs instincts de paresse et au débordement de leurs passions brutales; on craint que, devenus libres, ils ne jettent avec mépris la bêche et la houe, symboles abhorrés de la servitude. — Doit-on s'étonner que, pendant quelque temps encore, et pour la plupart des nègres, il en soit ainsi? A qui la faute, si cette malheureuse race a pris le travail en haine et s'est dégradée? Ce sont les tristes fruits de l'esclavage. A quoi bon prodiguer ses forces pour enrichir le maître, lorsque la vie n'a d'autre horizon que la misère? Pourquoi une famille, quand le caprice d'un homme, quand la loi même peut en briser les liens les plus sacrés? Oui, certes, la transition sera rude et pour le nègre et pour le colon; les rares partisans de l'esclavage triompheront des désordres qui signaleront la première crise. Mais, à la longue, la liberté jettera dans l'âme de cette génération abrutie ses fécondes semences; la nature, reprenant ses droits, inspirera à ces esclaves d'hier les sentiments de famille, de propriété, de religion et leur rendra la dignité d'hommes. — Voilà ce qu'on discute encore aux colonies, où pourtant la variété des philantropes n'est pas inconnue.

En rentrant à Saint-Paul, mon guide me fit entrer dans une caféière. Bourbon produisait, il y a vingt ans, plus de 2 millions de kilogrammes de café; aujourd'hui la production a diminué des deux tiers; elle atteint à peine 700,000 kilogrammes (1). La culture du sucre a supplanté, dans toutes les régions de l'île, celle du café.

Les arbustes à café sont plantés en lignes droites à environ cinq pieds de distance; la brise de mer, circulant dans les intervalles, agite mollement leur feuillage vert sombre impénétrable aux rayons du soleil. Dans la partie du vent, où les brises sont plus fortes, ils ont besoin d'abri et on les entremêle ordinairement de *bois noir;* dans la partie sous le vent, cette précaution n'est point nécessaire. Un pied de café de quatre à cinq ans peut rapporter une à deux onces; un pied de vingt ans produit une livre à une livre et demie.

La cueille et la préparation du café sont des opérations simples et sans fatigue, auxquelles on peut employer des négresses. Les procédés mécaniques en usage à Bourbon laissent beaucoup à désirer : la plupart des usines sont vieilles et leur nombre diminue chaque jour.

Il y a cependant un grand intérêt à ne pas laisser dépérir cette culture, dont le développement compenserait en partie les pertes que les colons éprouveront dans la production du sucre, exposée aujourd'hui dans la mé-

---

(1) En 1815, 1,305,000 kilog.
  En 1826, 2,407,000 »
  En 1840,   776,000 »

tropole à la concurrence trop sérieuse du sucre indigène. Il en est de même pour les produits secondaires, le girofle, la cannelle, qui ont aussi disparu peu à peu devant les envahissements de la canne.

De retour à Saint-Paul, nous reprîmes le chemin de la Possession, où notre canot nous attendait pour nous ramener à Saint-Denis. Nos nègres, livrés à eux-mêmes pendant deux jours, avaient passé le temps à dormir et à s'enivrer.

Nous approchions du terme de notre séjour à Bourbon. Nos derniers instants s'écoulèrent au milieu des fêtes toutes parisiennes de Saint-Denis : deux grands bals, un opéra, *la Muette de Portici*, et une course de chevaux ! Le 20 mai eut lieu l'ouverture du conseil colonial par l'amiral Bazoche, gouverneur, au bruit des salves d'artillerie, avec la solennité qui présidait, en France, à l'ouverture des Chambres : le gouverneur, représentant le pouvoir exécutif, est en quelque sorte le roitelet de la colonie. Il lut son discours, qui contenait, selon l'usage, des félicitations et des encouragements pour les colons, des promesses au nom du gouvernement de la métropole, des remercîments au Très-Haut ; puis il déclara la session ouverte. — Le conseil colonial, pour imiter en tous points l'exemple des Chambres françaises, devait passer plusieurs séances à entendre de longues harangues et voter solennellement une adresse en réponse au discours du trône. Imitation continuelle, dans les grandes choses comme dans les petites, des habitudes de la mère-patrie !

Mais, à part cette légère critique, il est juste de reconnaître que le conseil colonial a rendu à Bourbon d'éminents services ; qu'il a puissamment secondé l'administration de la colonie, travaillé avec désintéressement et intelligence au grand œuvre de l'émancipation et donné au gouvernement de sages avis. Dans ces dernières années surtout, lorsque l'abolition de l'esclavage était écrite déjà dans toutes les convictions avant d'être consacrée par la loi, il a recherché avec la plus vive sollicitude les moyens de traverser sans trop de secousses la crise de transition et d'ouvrir au travail colonial en même temps qu'à la marine de la France de nouvelles ressources. S'il ne désirait pas l'émancipation *immédiate* (on ne saurait guère exiger des intérêts qu'ils courent d'eux-mêmes au-devant de leur ruine), il l'a du moins acceptée sans répugnance et il a abordé les difficultés résolument et face à face. C'est ainsi que, dans une adresse au roi, en date du 1er juillet 1845, le conseil colonial, rappelant les droits de la France sur Madagascar, provoquait le gouvernement à s'établir définitivement dans cette île, et offrait le concours et les bras de la colonie pour une conquête qui devait effacer d'anciens revers, et ouvrir à la politique française dans l'Inde un champ plus vaste et digne enfin de notre patrie! Ces avis, exprimés avec fermeté et éloquence, n'ont pas encore reçu de réponse. La France a les mains liées en Europe; elle a trop à faire chez elle et autour d'elle pour se lancer dans les aventures et livrer ses ressources aux chances des entreprises lointaines. Et pourtant, quand on songe au rôle que nous avons joué dans les mers de l'Inde, à la vieille gloire de notre pavillon; quand on envisage les destinées de l'avenir asiatique, comment se résigner à ne plus voir entre nos mains que quelques misérables carrés de terre sur cette carte où nous avons possédé de vastes empires? Comment hésiter en présence de la domination britanique qui chaque jour s'agrandit, des colonies hollandaises aujourd'hui si florissantes, des possessions espagnoles qui semblent prêtes à sortir de leur long sommeil? L'honneur nous engage à entrer à notre tour dans les larges voies de la colonisation en Asie, et cette nécessité est devenue plus impérieuse depuis que l'abolition de l'esclavage a diminué la production de nos anciennes colonies et les transports de notre marine. La France demeurera-t-elle plus longtemps sourde aux conseils de sa dignité et de son intérêt?

..... Ce fut pendant cette petite agitation politique que je fis mes préparatifs de départ. Nous allions entrer dans l'Océan indien et diriger notre route vers ces contrées de l'Asie orientale que notre imagination s'était habituée à peupler de tant de merveilles. A mesure que nous avancions dans le cours de ce long voyage, lorsque notre curiosité impatiente s'élançait du navire sur le sol d'un pays nouveau, nous croyions aborder les régions de l'inconnu, du merveilleux, et découvrir enfin quelques restes de sauvagerie primitive cachée sous l'ombrage d'antiques forêts ou recouverte encore des voiles de la nature vierge. A quoi bon quitter l'Europe pour se retrouver, à trois mille lieues de distance, avec les mêmes hommes et les mêmes choses? Jusqu'ici, faut-il le dire, nos désirs, nos espérances avaient été en partie déçues. Santa-Cruz de Ténériffe, Rio-Janeiro, le Cap, Bourbon, c'était encore et toujours l'Europe, transplantée sous un autre soleil avec les rides de la civilisation; ce n'était point la poésie de nos rêves. L'inconnu s'était enfui devant nous, enveloppé dans les brumes d'un perpétuel mirage. Cette fois, du moins, nous pensions dire pour longtemps adieu aux images monotones de la civilisation et nous soustraire aux reflets du vieux monde. Les bals, les fêtes qui précédèrent notre départ, les sons de l'orchestre, les aimables souhaits des colons, tout cela ne nous paraissait plus qu'un écho d'Europe, une vision. Nous nous y arrêtions une dernière fois avec complaisance comme à la dernière page d'un livre qui allait se fermer pour nous.

Le 21 mai, au soir, je retournai à bord de *la Sirène*. Je passai la nuit en rade, bercé dans les plis de la houle, et, le 22, au point du jour, la frégate, relevant son ancre et laissant tomber ses voiles, nous entraîna loin des rives de Bourbon.

MALACCA.

Départ de Bourbon. — Maurice. — Un homme à la mer! — Détroit de Malacca. — Calme. — Arrivée à Malacca. — M. Tomasew. — Marché de Trinquera street. — Armes malaises. — Colonie chinoise. — Enterrement chinois. — Joncs. — Départ de Malacca.

Quelques heures après notre départ de Bourbon, la vigie crie : « Terre ! » Ce sont les pitons de l'île Maurice qui se dessinent dans le lointain en élevant vers le ciel leurs cimes abruptes et verdoyantes. Maurice sera toujours pour nous l'Ile-de-France. En vain les traités l'ont séparée de Bourbon; comment rompre les liens de famille que le voisinage, les sympathies, une vie commune ont établis entre les deux îles?

Nous jetons en passant un regard sur les pitons qui se noient peu à peu, et comme à regret, dans les profondeurs de l'horizon.

..... Pendant les premiers jours, aucun incident ne vint rompre la monotonie du voyage. La mer était grosse et un fort vent de sud-ouest nous poussait rapidement vers l'Equateur. — Un matin, alors que *la Sirène* filait à pleines voiles, les cris : *Un homme à la mer!* retentissent tout à coup sur le pont, cris horribles et pleins d'angoisses! Aussitôt la bouée est coupée et jetée à la mer; l'équipage se précipite aux manœuvres pour mettre le navire en panne; une vingtaine d'hommes, matelots, officiers, aspirants, se jettent dans l'un des canots qui s'éloigne à force de rames dans la direction de la chute, et l'on attend. Le plus profond silence règne à bord; tous les yeux interrogent la surface de la mer et cherchent à découvrir, dans les ondulations des vagues, le malheureux qui sans doute lutte avec désespoir contre la mort! Où est-il? A-t-il pu saisir la bouée? Le canot soulevé par les lames avance à peine;.... il hesite;..... il n'a rien vu!..... Chaque minute paraît un siècle. Enfin, le commandant, debout sur la dunette, fait un signe; il vient d'apercevoir la bouée suspendue au-dessus d'une lame et traînant après elle une masse inerte. Le canot prend la route indiquée, saisit la bouée : un cri de joie arrive jusqu'à bord; l'homme est sauvé!

A peine remonté sur le pont, le matelot va dans la batterie pour changer de costume, boit un verre de rhum, puis accourt se mêler aux manœuvres pour remettre la frégate en route. On dirait qu'il vient seulement de prendre un bain. Peut-être, au retour, se rappellera-t-il qu'il doit une visite et deux cierges à l'autel de la madone!

..... Après avoir traversé de nouveau la ligne le 31 mai, nous entrons le 14 juin dans le détroit de Malacca en doublant la pointe d'Achem, à l'extrémité nord de Sumatra. A notre droite s'élèvent les montagnes boisées de la grande île; à gauche nous découvrons un essaim d'îlots qui laissent tomber jusque dans la mer leur ondoyante ceinture de palétuviers. Les calmes nous prennent, et la frégate, immobile, n'obéit plus qu'à l'action secrète des courants. Pendant plusieurs jours, nous apercevons chaque matin à l'horizon les mêmes terres, les mêmes montagnes, les mêmes flots inondés de soleil et nous renvoyant comme une glace les rayons enflammés du ciel. — Il n'y a point, dans la vie de mer, de plus mortel ennui que le calme : le navire, chargé de voiles pour attendre la brise qui ne vient pas, ressemble à un cadavre enveloppé de son linceul; les matelots dorment, les officiers s'impatientent, les passagers s'ennuient. Une ancre invisible et maudite retient à la même place cette prison flottante, où l'on ne peut vivre que de distractions et de mouvement. Mieux vaudraient mille fois les vents contraires ou l'ouragan; on vit du moins, car on marche.

De temps à autre, nous voyons poindre à l'horizon une fumée blanche qui s'épaissit peu à peu, se rapproche, passe par notre travers et s'enfuit rapidement devant nous en traçant dans la mer un sillon d'écume : c'est un bateau à vapeur qui profite du calme et se rit de nos pauvres voiles collées tristement le long des mâts.

..... Il nous fallut plus de douze jours pour parcourir la courte distance qui sépare la pointe d'Achem des îles Arroas, à la partie la plus resserrée du détroit. Il eût été imprudent de nous engager dans la passe pendant le calme et de livrer la frégate aux caprices des courants; nous jetâmes l'ancre à l'entrée de la nuit, en vue du mont Parcelar. Le lendemain, la brise si longtemps désirée nous arriva de l'arrière : les hautes montagnes de Sumatra se couvrirent tout à coup de nuages épais qui, s'étendant bientôt comme une nappe noire sur notre horizon, laissèrent tomber des torrents de pluie. Nous fîmes ainsi bonne route à l'aide des grains qui soufflent assez fréquemment dans ces parages et auxquels on donne le nom de *sumatras*. A la fin de la journée, nous avions franchi toutes les difficultés de la passe.

Il était écrit que cette traversée devait être pour nous marquée de quelque sinistre. Une seconde fois le cri : *Un homme à la mer !* se fit entendre. Le temps était superbe et la mer presque calme. Le pauvre matelot disparut immédiatement au fond de l'eau et il fut impossible de le sauver. Chose singulière ! la plupart des marins ne savent pas nager. — On convoqua tout l'équipage sur le pont, on fit l'appel, et ce fut seulement ainsi qu'on connut le nom de l'absent. Ce triste événement assombrit pendant le reste du jour la gaieté du bord, qui était revenue avec la brise.

Cependant nous approchions de Malacca. En partant de Bourbon, l'intention du commandant était de se rendre directement à Singapore et de ne point s'arrêter dans le détroit. Mais trente-deux jours de traversée avaient épuisé toutes les provisions, et la vue de la terre, que nous longions depuis près de quinze jours, nous inspirait d'irrésistibles désirs de promenade et de distraction. Il fut donc résolu, à notre grande satisfaction, que la frégate ferait une courte relâche à Malacca, où nous mouillâmes dans la matinée du 29 juin.

Malacca s'étend au fond d'une grande baie de forme circulaire : ses premières maisons, construites sur pilotis, se baignent presque dans la mer. Au second plan on aperçoit quelques maisons blanches d'architecture européenne, la demeure du résident et le temple, qui dominent les toits de chaume des cabanes malaises. Derrière la ville et sur les deux côtés se déploie une végétation magnifique : ce sont des forêts de cocotiers et de bananiers, qui s'agitent bruyamment, comme un éventail, au souffle de la brise.

Le port est presque désert. Nous n'y trouvons que quelques caboteurs anglais venus de Pinang ou de Singapore, et des prows malais qui font la navigation du détroit. Avant la fondation de Singapore, Malacca conservait encore, sous la domination anglaise, l'importance commerciale que lui avaient autrefois donnée les Hollandais. Aujourd'hui toute l'activité s'est transportée à Singapore, dont la situation à l'extrémité du détroit est beaucoup plus favorable aux échanges avec les archipels de la Malaisie, et les navires qui se rendent en Chine ou dans l'Inde ne s'arrêtent plus à Malacca. De temps à autre, le bateau à vapeur chargé de la correspondance entre Singapore et Poulo-Pinang, mouille dans la baie; mais il ne reste que quelques heures dans ce pays perdu.

D'ailleurs la rade fourmille de bas-fonds, et les bâtiments sont obligés de se tenir à une assez grande distance de la terre.

L'arrivée d'une frégate devait naturellement produire sur toute la population l'effet d'une rareté. Aussi, dès que nous eûmes jeté l'ancre, vîmes-nous se diriger vers *la Sirène* une nuée de petites embarcations malaises et chinoises, qui se perdirent un moment dans la fumée des vingt et un coups de canon que nous envoyâmes, selon l'usage, aux couleurs britanniques.

Dès que le salut nous eut été rendu par une batterie située sur une éminence, à gauche de la ville, nous descendîmes en toute hâte dans le canot des officiers pour gagner la terre. Mais, arrivé à une portée de fusil du rivage, le canot échoua sur un banc de vase et nous fûmes en un clin d'œil entourés par une bande de Malais qui, dans l'eau jusqu'à la ceinture, nous offrirent leurs noires épaules pour nous débarquer. Il n'y avait pas à hésiter; nous nous livrâmes aux chances de cette navigation aérienne qui s'effectua heureusement sans naufrage.

..... Pour la première fois, nous posons le pied sur la terre d'Asie. A l'exception du soldat cipaye, qui monte la garde pour l'Angleterre auprès de quelques canons rouillés, rien, dans le tableau qui s'offre à nous, dans la foule presque nue qui se presse à notre débarquement, ne nous rappelle l'Europe. L'air même que l'on respire exhale une odeur particulière et comme un goût de terroir, plus agréable, je dois le dire, à notre imagination qu'à nos sens, car ce n'est, hélas! qu'un parfum d'huile de coco. — Nous cheminons pendant quelques instants dans la direction de la ville, et, arrivés à l'entrée d'un petit pont construit sur une rivière qui se dessèche entièrement à marée basse, nous rencontrons un métis portugais, vêtu à l'européenne, qui s'empresse de nous faire ses offres de service. — Je m'appelle Tomasew, nous dit-il dans son double patois anglais et portugais, et je tiens ici un hôtel où descendent tous les étrangers de distinction. Je pourrai vous montrer d'excellents certificats. D'ailleurs, vous ne trouveriez pas d'autre hôtel.

Ce dernier argument était sans réplique.

Nous suivîmes donc M. Tomasew, qui nous fit entrer dans une large rue parallèle à la mer, *Trinquera street*, et nous arrêta devant une maison à un seul étage, fort suffisante, assurément, pour recevoir, mais l'un après l'autre, les rares curieux qui abordent à Malacca.

Dès que nous eûmes pris possession de nos logements, nous demandâmes à notre hôte les renseignements nécessaires pour visiter, le plus promptement possible, toutes les curiosités de la ville. — Oh! dit M. Tomasew, vous aurez à peine besoin de vous déranger. Toutes les curiosités de Malacca seront ici en moins d'une heure et vous pourrez en jouir fort à votre aise. Tenez, voici déjà le rassemblement qui se forme devant ma porte. Entendez-vous les cris?.... Chaque fois que j'ai l'honneur de recevoir des étrangers, une partie de la ville vient camper sous mes fenêtres, et je me trouve entouré d'une cour plus nombreuse et tout aussi bruyante que celle d'un rajah !

En effet, en ouvrant la porte de la rue, nous vîmes une foule pressée, hommes, femmes, enfants, Malais, Hindous, Chinois, etc., qui attendaient impatiemment notre sortie. Les enfants n'avaient apporté là que leur curiosité naïve; mais le reste, hommes ou femmes, étaient chargés de toute sorte d'objets qu'ils espéraient échanger contre nos piastres. M. Tomasew avait dit vrai : Malacca n'était plus à Malacca, mais à notre porte, dont les approches ressemblaient à un vaste marché. Les Malais nous présentèrent des paquets de cannes, de rotins, de joncs; des lances de dix pieds, des kris flamboyants, des campilans; en un mot, un arsenal complet d'armes malaises. Les Chinois, moins belliqueux de leur nature, étalèrent sous nos yeux une foule d'étoffes de soie ou de coton, des livres, des lanternes, etc. Les femmes tenaient à la main des perroquets, des poules ou des fruits. Enfin, quelques Hindous avaient amené sur la place un régiment de singes qui gambadaient et grimaçaient à qui mieux mieux. Ajoutez à ce tableau un jeune éléphant qui se promenait tranquillement, la trompe en l'air, au milieu de cette troupe et qui paraissait affectionner le quartier des bananes. C'était un véritable bazar, où, d'un seul coup d'œil, nous pouvions distinguer les différentes races qui habitent Malacca, ainsi que les animaux et les productions du pays.

Nous ne parvînmes à nous délivrer de ce singulier entourage qu'en faisant de côté et d'autre quelques emplettes. Ce furent les marchands d'armes qui eurent les honneurs du marché. Ils s'empressaient autour de nous avec les lames nues qu'ils nous mettaient sous les yeux et presque sur la gorge pour nous en faire mieux admirer le lustre et la trempe. Il y a des kris de toutes formes : les uns droits avec des incrustations en argent; les autres sinueux comme les replis d'un serpent et terminés par une pointe extrêmement fine. Les fourreaux sont en bois très-commun ordinairement recouvert d'une couche de vernis d'acajou ou simplement peint en rouge. Ces armes, par leur forme et leur double tranchant, doivent être très-meurtrières et faire d'horribles blessures. Quant aux campilans, ils paraissent être d'un usage plus rare : ce sont de longues lames à un seul tranchant, plus larges à leur extrémité qu'au sommet, et surmontées d'une garde en bois sculpté dans laquelle on a eu soin de percer une rangée de petits trous pour recevoir une mèche de cheveux de chacun des ennemis tués dans le combat. Lorsqu'une de ces armes nous tentait, nous demandions le prix : alors commençait entre le Malais et nous une négociation presque solennelle. Le Malais demandait d'abord un prix fou; il s'extasiait sur la beauté de l'arme; il brandissait la lame en la faisant reluire au soleil, et il ne manquait pas de terminer par cet invariable refrain : Elle est empoisonnée ! — De même pour les campilans. Il va sans dire que les crins de cheval passés dans les trous de la poignée étaient toujours des cheveux de guerriers tués par la vaillante lame, et que chaque tache de rouille provenait d'une tache de sang. C'étaient, à tout propos, des récits de poëme épique, qui élevaient le prix de ces armes à des chiffres vraiment fabuleux.

De notre côté, nous proposions des rabais presque impertinents, et nous étions parfois très-étonnés de voir le Malais nous abandonner enfin pour deux ou trois piastres un kris qu'il semblait estimer à son pesant d'or. Après de longs débats et malgré les conseils de M. Tomasew, qui avait intérêt à ce que la manie des kris et des campilans ne nous enlevât pas toutes nos piastres, nous faisions le plus souvent des marchés de dupes.

Quand nous eûmes acheté une collection suffisante d'armes empoisonnées, nous jugeâmes qu'il était temps de mettre fin à cette espèce de foire que notre présence avait attirée dans le quartier, ordinairement si calme, de M. Tomasew. Nous priâmes donc toutes les curiosités de retourner chez elles. C'était à notre tour de nous déranger pour leur rendre visite.

Il n'y a guère d'autre rue à Malacca que Trinquera street. Le reste de la ville se compose de petites ruelles sales, étroites, qui sont habitées par la population malaise. Trinquera street est le quartier des Anglais, des Portugais, des métis et des Chinois. Parmi les maisons européennes, on distingue un grand édifice qui était, il y a peu de temps encore, occupé par un collége anglo-chinois, où les missionnaires anglais faisaient leurs premières études avant de se rendre en Chine; on y instruisait aussi un certain nombre d'élèves pris parmi les Chinois émigrés à Malacca ou nés dans le pays. Cet établissement a rendu de véritables services à la civilisation et à la foi chrétienne.

Les maisons chinoises qui bordent la plus grande partie de Trinquera street, sont construites en bois ou en briques et reproduisent l'architecture originale du Céleste Empire. La plupart n'ont qu'un rez-de-chaussée; leurs toits, arrondis au sommet, se relèvent vers les extrémités; devant chaque porte, sont suspendues deux grosses lanternes, couvertes d'inscriptions rouges ou noires, et de toutes formes, rondes, carrées, ovales, etc. Les Chinois qui les habitent sont, en général, des marchands aisés, retirés du commerce, qui préfèrent vivre tranquillement à Malacca plutôt que de retourner en Chine, où leur fortune, acquise pendant l'émigration, pourrait bien tenter la rapacité des mandarins. Ils semblent avoir pris le parti, assez grave pour des Chinois, de renoncer à jamais à la terre natale; car il n'est pas rare de voir auprès de leur porte, sous une espèce de vestibule couvert qui sert d'abri contre la pluie et le soleil, un long cercueil en bois de camphre dans lequel ils reposeront un jour. Voilà un peuple philosophe et prévoyant! Ils ont, d'ailleurs, conservé, dans toute leur pureté, la religion, les mœurs, les habitudes, le costume de la mère-patrie et ils forment ainsi une sorte de colonie à part, qui vit, libre et paisible, sous la protection de la loi anglaise.

La population du territoire de Malacca s'élève à 55,000 âmes: sur ce chiffre, on compte 33,000 Malais et 10,000 Chinois. Le nombre de ces derniers augmente chaque année dans une proportion assez notable, par suite des développements que prend l'exploitation des mines d'étain, à quelques lieues de la côte.

..... Nous nous trouvions donc enfin en présence du peuple chinois! nous le rencontrerons désormais campé sur tous les points de l'extrême Orient, dans tous les ports, dans tous les archipels, et, partout, avec le caractère d'originalité qui lui est propre; à Malacca, pourtant, il nous apparaissait sous un point de vue presque exceptionnel, à l'état de bourgeois vivant de ses rentes et se reposant dans l'oisiveté ou dans les loisirs d'un facile négoce.

Notre promenade était à chaque pas interrompue par quelque distraction nouvelle : nous entrions à droite et à gauche dans les boutiques et dans les maisons où nous étions toujours accueillis avec empressement. Les Chinois, assis devant leur porte et fumant leurs longues pipes, se dérangeaient pour nous introduire dans leurs appartements. Quelquefois ils nous appelaient pour nous montrer les inscriptions, les dessins, les ornements de toute espèce qui meublent la salle consacrée au culte des ancêtres, et ils accomplissaient, en notre présence, les diverses cérémonies que les rites imposent à leur piété filiale. Ils s'amusaient de notre étonnement et semblaient avoir complétement perdu les habitudes de défiance que la race chinoise apporte presque instinctivement dans ses relations avec les étrangers.

Quant aux Malais, la pauvreté de leurs demeures contrastait avec l'apparence soignée et presque luxueuse des maisons chinoises. Un petit nombre seulement habite Trinquera street; ils vivent pour la plupart dans les cabanes construites sur pilotis au bord de la mer ou dans les petites rues qui avoisinent la rivière.

Arrivés près du petit pont par lequel M. Tomasew nous avait fait passer le matin, nous vîmes sortir de la maison d'un riche Chinois une longue procession, qui se dirigeait vers la campagne. Au milieu de la foule qui paraissait fort animée, quelques Chinois, vêtus de robes blanches, portaient des lanternes et des bandelettes de coton ou de soie couvertes d'inscriptions autour d'une espèce de tabernacle d'où s'échappait la fumée de bâtons d'encens et de plusieurs plats disposés pour une collation.

— Qu'est-ce cela? dis-je à un Hindou qui nous accompagnait. Une fête, sans doute?

— Oui, me répondit notre guide, une fête religieuse. C'est un enterrement.

— Et où va toute cette foule?

— Ils se rendent au cimetière, à deux milles d'ici. Si vous voulez les suivre, vous verrez les cérémonies des funérailles. Le défunt était un marchand fort riche et on l'enterrera en grande pompe.

— Soit, marchons.

La plupart de mes compagnons préférèrent continuer leur promenade dans la ville. Je me séparai d'eux avec M. I... et l'Hindou, et nous suivîmes la procession. Les Chinois, voyant que nous suivions la même route, se hâtèrent de nous inviter à prendre place dans leurs rangs.

Après une demi-heure de marche, nous entrions au cimetière. Des deux côtés de la route s'étendait un vaste champ couvert de tombeaux chinois. — Ces tombeaux consistent en une petite bâtisse formant demi-cercle et s'élevant d'environ un mètre au-dessus du sol. La pierre du milieu est un peu plus haute et porte une inscription : le nom du défunt, le lieu de sa naissance et la date de sa mort. Un carré de gazon est soigneusement entretenu autour de chaque tombeau, mais il n'y a point d'arbres.

Quand nous fûmes arrivés près de la fosse, dans laquelle la bière se trouvait déjà déposée depuis le matin, le cortége s'arrêta. On se mit à l'abri sous plusieurs tentes, on fuma, on prit du thé; les conversations s'animèrent, aussi gaies, aussi joyeuses que s'il s'agissait d'une noce. Les parents du défunt présidaient à la cérémonie. Ils furent très-empressés auprès de nous; ils nous offrirent les meilleures places, leurs pipes, leurs gâteaux, et nous adressèrent, en anglais, mille questions sur la France, sur notre voyage, sur les canons de la frégate. Ils paraissaient fort étonnés que nous ne fussions pas des marchands, car les Chinois ne s'expliquent guère que l'on consente à s'expatrier autrement que pour chercher fortune.

La collation achevée, tout le monde se leva, et le chef de la procession, un vieux bonze à tête rase, donna le signal des funérailles. La foule entoura la fosse; un petit enfant que son père tenait dans les bras jeta sur la bière quelques poignées de terre : il y avait une pensée touchante dans cet adieu de l'enfant au vieillard qui venait de quitter ce monde. Puis, un frère du défunt vida un coco sur le cercueil et jeta en l'air les deux parties de la noix; il recommença à plusieurs reprises cette opération que les assistants paraissaient suivre avec la plus vive anxiété, et ne s'arrêta que lorsque les deux cosses furent retombées sur le sol dans un sens différent, l'une concave, l'autre convexe. Dès que ces premières cérémonies furent accomplies, on combla la fosse.

Un bonze alors s'approcha et murmura à voix basse quelques prières. Pendant ce temps, on déposa sur la terre fraîchement remuée un coq vivant que l'on retira au bout de deux ou trois minutes. La foule demeurait silencieuse. Nous ne comprenions rien à cette étrange mise en scène. Nous interrogions nos voisins, qui répondaient invariablement : « C'est l'usage ! » Impossible d'en tirer d'autre explication. Il est probable que la plupart des Chinois présents à la cérémonie n'étaient pas beaucoup plus avancés que nous, mais ils savaient qu'ils se conformaient à l'usage, et l'usage, pour les Chinois, est une raison sans réplique.

A un signe du bonze qui venait de terminer ses prières, on apporta sur la tombe une écuelle de métal remplie de petits papiers jaunes et dorés, auxquels on mit le feu. L'intérieur de ces papiers était couvert d'inscriptions, de prières sans doute, que l'on faisait ainsi monter vers le ciel dans un nuage de fumée. Puis on approcha la table chargée de fruits et de viandes, un dîner complet que l'on offrait aux mânes du défunt. Enfin, tous les assistants, les membres de la famille d'abord, vinrent successivement deux par deux, et un cierge en main, faire quatre saluts sur l'emplacement du cercueil, pendant que derrière eux des pleureurs et des pleureuses, enveloppés de longs voiles blancs, poussaient des cris étouffés et des sanglots déchirants.

Cette comédie de salutations et de larmes dura près d'une heure, car la foule était nombreuse et chacun s'acquittait en conscience, et à intervalles égaux, des quatre saluts; on eût dit la lente régularité d'une mécanique. Une fois revenus à leur place, les Chinois causaient, riaient, reprenaient leurs pipes, absolument comme des acteurs qui, après une scène pathétique et larmoyante, rentrent dans la coulisse. Sans doute, il y avait là des regrets sincères et des douleurs vraies; mais comment les larmes du cœur pouvaient-elles s'épancher au milieu de ces funérailles d'apparat, où la forme, la durée de chaque mouvement, le ton de chaque prière, était prescrit à l'avance et soumis aux inflexibles règles des convenances et des rites? La religion n'assistait pas à ces funérailles, mais seulement cette superstition traditionnelle qui inspire à peu près tous les actes de la vie chinoise.

Quand tout fut fini autour du tombeau, quatre Chinois reprirent la table, la replacèrent sous le tabernacle, et la procession se remit en marche pour Malacca.

Je rentrai dans la ville par le quartier des Malais. Je reconnus dans les boutiques les lances, les kris, les campilans qui, le matin, avaient figuré à la vente de Trinquera street. Il y avait aussi plusieurs cases remplies de rotins et de joncs. L'occasion était bonne pour faire une provision de cannes : les joncs de Malacca passent pour les plus beaux du monde et il s'en vend chaque année des quantités énormes. Mais les beaux joncs sont rares, même à Malacca : il me fallut visiter plusieurs paquets pour trouver trois ou quatre cannes qui eussent la longueur convenable et ne présentassent aucun défaut. On doit, en outre, se tenir en garde contre la supercherie des Malais qui savent fort bien dissimuler par le vernis ou au moyen d'huile de coco les taches de leurs joncs.

Nous nous retrouvâmes tous à dîner chez M. Tomasew. Dans la soirée, nous parcourûmes de nouveau la ville. Les rues étaient à peu près désertes. Jusqu'à dix heures, les lanternes suspendues le long des maisons chinoises éclairèrent encore Trinquera street : les paisibles habitants de Malacca buvaient leur dernière tasse de thé et fumaient leur dernière pipe. Quant à nous, fatigués de cette longue journée de promenade, nous revînmes à l'hôtel, à la lueur de quelques lanternes retardataires qui voulaient bien prolonger pour nous leurs dernières lueurs.

M. Tomasew était fort embarrassé : il avait beau

chercher dans toute sa maison, il n'avait que deux lits à nous donner, encore quels lits! Nous fûmes donc obligés de retourner à bord dans une pirogue. Nous devions d'ailleurs appareiller le lendemain matin, et, à vrai dire, je ne pense pas qu'il puisse y avoir le moindre charme à passer une nuit à Malacca!

SINGAPORE.

I.

Traversée de Malacca à Singapore. — Branle-bas de combat. — Mouillage de Singapore. — London-Hotel. — Camjee. — Ville anglaise. — Ville indienne.

Le 30 juin, nous quittons le mouillage de Malacca et nous poursuivons notre route vers le sud du détroit.

Le 1ᵉʳ juillet, vers quatre heures du matin, un matelot entra brusquement dans le poste où nous dormions du sommeil le plus profond : « Branle-bas de combat! « il faut charger les pièces. »

Pour expliquer le rapport qui pouvait exister entre les pièces de canon et nous, je dois dire que, depuis le commencement de la campagne, nous étions logés ou plutôt empilés, au nombre de quatre, dans un poste de la batterie, entouré de planches et occupant l'espace compris entre deux canons. Mon cadre, espèce de lit en toile suspendu au plafond comme un hamac, se trouvait juste au-dessus d'une énorme pièce de 30 dont le voisinage, dans les temps de forts roulis, était des plus incommodes.

— Qu'y a-t-il donc? Voilà une heure singulièrement choisie pour faire l'exercice.

— Il y a qu'un gros navire arrive sur nous....

Je montai sur le pont où tout se disposait pour le

combat. On rangeait les manœuvres, on bouchait les claires-voies, on chargeait les pièces, etc. Tout cela se faisait dans le plus grand silence. — Sur la dunette, le commandant, entouré des officiers, examinait à la longue vue la marche d'un navire qui s'avançait dans notre direction et qui se dessinait comme une énorme masse noire dans la pénombre du crépuscule. Pendant la nuit, on l'avait aperçu naviguant dans nos eaux comme s'il voulait nous donner la chasse, et ses allures avaient paru suspectes.

On se livrait à une foule de conjectures. Est-ce un vaisseau? Voit-on des canons? Attention! il oriente ses voiles. La distance et l'obscurité ajoutaient à l'indécision et l'on ne savait à quoi s'en tenir sur la présence de ce navire mystérieux.

En tous cas, un bâtiment de guerre doit toujours être sur ses gardes et ne pas se laisser approcher de trop près. Si l'*entente cordiale* était rompue! si la guerre était déclarée!.... Il n'y a pas de télégraphe pour venir faire part de la nouvelle au navire qui suit tranquillement sa route à 3,000 lieues d'Europe. On peut fort bien ne l'apprendre qu'à coups de canon, et les Anglais, en pareil cas, ne se piquent pas de courtoisie.

La Sirène était donc toute prête à la riposte, et elle attendait.

Peu à peu le jour se fit, et les premiers rayons de soleil nous permirent de distinguer la coque du navire qui nous avait mis en si grand émoi. Les deux lignes de batterie et la hauteur des mâts annonçaient un vaisseau; mais il n'y avait que quelques canons aux sabords, et à l'incorrection du gréement, à la faiblesse relative de la mâture et des vergues, l'œil exercé de nos marins reconnut facilement que le navire en question n'appartenait pas à la marine militaire. Lorsque la brise le rapprocha de la frégate, nous vîmes que son équipage se composait de Lascars, dont les faces noires se confondaient avec la toile cirée des bastingages.

Dès qu'il fut par notre travers, il hissa le pavillon anglais qu'il amena à trois reprises en guise de salut; puis, au moyen des signaux télégraphiques, il nous demanda la latitude et la longitude. La frégate se hâta de lui rendre sa politesse et de répondre à ses questions. Nous comprîmes alors que le capitaine du navire anglais, peu sûr de sa route ou de ses cartes, avait trouvé fort commode de se mettre dans nos eaux pendant la nuit et de suivre notre sillage.

Ces énormes bâtiments, que l'on rencontre encore dans les mers de l'Orient, sont les débris de la marine militaire de la Compagnie. La Compagnie des Indes possédait autrefois des vaisseaux, des frégates, des corvettes qui, lors des guerres de l'Empire, protégeaient son commerce contre nos intrépides croiseurs. Depuis vingt ans, elle a réduit cette dépense qui imposait de lourdes charges à son budget, et les navires de guerre se sont transformés en bâtiments de commerce portant en Chine les cotons de l'Inde.

On arrive au mouillage de Singapore au milieu d'un bouquet d'îlots et de verdure; les flots calmes et à peine ridés par les derniers souffles qui s'échappent du détroit promènent lentement le navire à travers les passes comme à travers les allées d'un jardin; au nord, on découvre les épaisses forêts de la côte malaise qui s'allongent confusément dans le lointain, semblables à l'ombre d'un nuage; tandis qu'au midi Sumatra élève au-dessus des eaux ses étages de collines recouvertes, comme d'un voile, par une végétation puissante et inexplorée. Parmi les oasis qui parsèment l'étendue de mer comprise entre ces deux grandes terres, une seule, arrachée aux silences de la nature vierge, porte les traces de l'homme et oppose à la vague une digue de pierre ; c'est la petite île de Singapore. Le pavillon anglais flotte sur une colline au pied de laquelle court une large plaine entremêlée d'arbres et de maisons.

La *Sirène*, dès son entrée dans la rade (3 juillet), se trouva entourée selon l'usage par une foule de bateaux qui venaient offrir leurs services. Les uns étaient chargés de fruits et surtout d'ananas ; les autres, d'étoffes et de mille objets à l'usage des matelots ; les fournisseurs, les blanchisseurs, etc., assiégeaient les deux côtés de la frégate et nous apostrophaient en malais, en bengali, en anglais, quelques-uns même en français, pour obtenir la préférence sur leurs nombreux concurrents : on eût dit qu'ils voulaient nous prendre à l'abordage. Malgré la vigilance des sentinelles, qui avaient reçu ordre de ne laisser monter personne à bord, le pont ne tarda pas à être envahi par la foule, et, à peine arrivés, nous avions sous les yeux un échantillon de la population de Singapore, c'est-à-dire de toutes les races orientales, depuis le Chinois jusqu'à l'Hindou. Vingt bateaux se présentaient pour nous conduire au débarcadère, dont nous n'étions éloignés que d'un mille. Sans attendre le départ du canot de la frégate, je me jetai au hasard dans l'un de ces bateaux, qui m'entraîna rapidement vers la terre.

Après avoir contourné un môle en pierre sur lequel est établie une batterie de quelques canons gardée par des cipayes, nous entrâmes dans la rivière qui forme le port intérieur de Singapore, mais qui n'est accessible qu'aux alléges et aux barques de faible tonnage. Sur la gauche est la ville indienne; à droite, le quartier des Européens, où je me fis débarquer pour me rendre à l'hôtel; — c'est ordinairement la première curiosité que l'on visite.

Singapore possède deux hôtels qui fort heureusement n'ont aucun rapport avec l'hôtel à deux lits de Malacca. Ce sont de grandes et belles maisons, où l'on trouve de vastes appartements, bonne table, nombreux domestiques, billards, journaux, salles de bain, chevaux, voitures, en un mot, tout le confortable de la vie anglaise. Les Anglais ont le talent, partout où ils passent ou s'établissent, d'improviser, dès le premier jour, ces mille ressources qui rendent les voyages faciles et suppriment dans les récits le chapitre, autrefois si fécond, des scènes d'auberges. Le lecteur assurément n'a pas à s'en plaindre

J'avais à choisir entre *British-Hotel* et *London-Hotel*.

— Allons au plus près, dis-je à un Indien, vêtu d'une longue robe blanche et d'un superbe turban et qui avait jugé à propos, au débarcadère, de me prendre pour son maître. Il avait commencé par s'emparer de ma malle, avait payé mon bateau et, sans me consulter, s'était mis en route. — A *London-Hotel*, me répondit-il, chez M. Dutronquoy. Voici sa maison.

— Soit. La maison qu'il m'indiquait faisait face à la rade et avait fort belle apparence.

— C'est un Français !

— Alors, raison de plus : à *London-Hotel*.

Une fois qu'on a passé l'Inde, les Français deviennent rares. Les cuisiniers et les marchands de modes, nos émigrants les plus ordinaires, n'ont pas encore eu l'idée de s'aventurer si loin.

M. Dutronquoy nous accueillit avec l'empressement

d'un maître d'hôtel et la volubilité d'un compatriote. Cependant, son accent et sa grammaire m'inspiraient quelque doute. Il me dit qu'il était né en Flandre. Je m'aperçus plus tard que, quand il avait affaire à des Anglais, il affirmait qu'il était Belge. Il paraît que le titre de Français ne lui paraissait pas une recommandation bien précieuse aux yeux des Anglais. — Mais, Belge ou Français, peu importe. La nationalité de M. Dutronquoy n'est pas aussi intéressante à connaître que celle d'Homère. On se trouve très-confortablement à *London-Hotel*, et cela suffit.

Dès que j'eus fait mes premiers arrangements à l'hôtel, je me disposai à sortir pour visiter la ville. Camjee, mon domestique indien, prévenu de mes intentions, m'avait quitté un instant, et quand je fus à la porte de la maison, je le vis auprès d'une voiture qu'il était allé chercher.

— Une voiture? lui dis-je. Mais je veux aller à pied. Camjee ouvrait de grands yeux et paraissait tout déconcerté. — Mais, monsieur, il fait grand soleil.

— Je te dis que je vais à pied. Veux-tu donc me forcer à monter en voiture?

— C'est l'usage, monsieur. Les *gentlemen* ne marchent jamais pendant le jour.

— Les *gentlemen* s'arrangent comme ils veulent et je m'inquiète peu de l'usage.... Suis-moi.

Camjee était presque humilié. Je justifiais, à ses yeux, ce dicton très-connu dans l'Inde : « Il n'y a que les « chiens et les Français qui aillent à pied. »

Comme la plupart des villes orientales où les Européens se sont établis, Singapore est partagé en deux parties, on pourrait dire en deux villes parfaitement distinctes, l'une habitée par les blancs, l'autre par les indigènes. Il y a entre les deux races une telle différence de mœurs, d'habitudes, de préjugés, que cette séparation s'est opérée, dès l'origine, par un accord réciproque. A Singapore la nature semble avoir voulu la favoriser au moyen d'une rivière qui sort de l'intérieur de l'île et se jette dans la rade après s'être élargie vers son embouchure, de manière à former un petit port parfaitement abrité contre tous les vents. Les Anglais ont pris la rive gauche et ils y ont jeté les fondements de leur ville. Le long d'une grande plaine parallèle à la mer, et couverte d'un gazon constamment desséché par les ardeurs du soleil, s'élève une rangée de maisons entourées de jardins. Cette première ligne, que l'on aperçoit de la rade, est coupée par plusieurs allées perpendiculaires et se trouve, en certains endroits, interrompue par des terrains vagues qui attendent encore des constructions. Le plan de la ville est dessiné; mais la ville n'est pas bâtie. C'est, en quelque sorte, un damier dont beaucoup de cases restent vides.

Les hôtels, la poste, la police, le temple protestant, les consulats, occupent l'emplacement le plus rapproché de la plaine qui borde la mer. Les autres maisons sont habitées par les riches négociants qui ont leurs magasins dans la ville indienne, mais qui viennent le soir retrouver leur famille ou simplement leur lit (car la plupart, arrivés uniquement pour faire fortune, n'ont point de famille), dans les calmes et fraîches allées de la ville anglaise. La résidence du gouverneur est située au milieu d'une épaisse touffe d'arbres, sur la colline où s'élève le mât de pavillon.

Les Anglais ont transporté à Singapore leur architecture de l'Inde. Ce sont des édifices massifs, ordinairement à deux étages, garnis à l'extérieur de lourdes colonnades et surmontés parfois de plusieurs petits dômes qui leur font une singulière coiffure. Voilà ce qu'on est convenu, selon le goût anglo-indien, de baptiser du nom de palais. — J'aime mieux les modestes maisons en bois de l'île Bourbon avec leur simple encadrement de verdure que les orgueilleux palais de Singapore.

Quand j'eus visité, dans cette première promenade, les principales rues de la ville anglaise, je revins au débarcadère où, moyennant quelques piécettes de cuivre, je pris un canot malais qui me transporta sur l'autre rive, au quai de la ville indienne.

En deux minutes et dix coups de rames, j'avais presque traversé l'Océan et j'entrais dans un autre monde. Autant la ville anglaise paraît calme et silencieuse, autant la ville indienne est animée et bruyante. Là, c'était une sorte de cartonnage d'Europe, un décor d'opéra avec la scène vide; ici, je retrouvais toute l'activité du commerce, le perpétuel va-et-vient des affaires, une confusion étrange et pittoresque des mille costumes et des langues diverses de l'Orient. On nous cite le port de Marseille comme le point de rencontre des peuples de la Méditerranée, comme une sorte de carnaval oriental, parce qu'on y voit s'y promener quelques burnous, des chachias et des turbans. Que dire alors de Singapore? C'est une Babel de races et de peuplades accourues de toutes les parties du continent et des archipels asiatiques. Le Malais, le Cochinchinois, le Chinois, le Bengali, le Parsee de Bombay, le Dayak, le Bugis, etc., se croisent à chaque pas sur le quai, et le caractère de leur physionomie; leur teint, leur costume, leur démarche même sont si nettement tranchés qu'il faut un jour à peine au voyageur le moins attentif pour distinguer à première vue chacune des différentes races.

Camjee ne cessait de me persécuter pour que je prisse un palanquin; il me montrait le soleil, la poussière, la foule, et ne s'expliquait guère l'impatience de ma curiosité plébéienne. — Le soleil donne la fièvre, me disait-il avec les marques du plus vif intérêt. Voyez, il n'y a pas un Européen dehors! — Il avait raison; le soleil brillait à pic sur nos têtes; on n'apercevait dans les rues que des faces de Malais et de Chinois, et l'air était rempli d'une fine poussière rouge qui me brûlait les yeux. — Je me contentai d'acheter un parasol dans une boutique chinoise et j'entrai dans la ville.

La partie du quai située à l'angle de la rivière et de la rade est occupée par une batterie de quelques pièces de canon, destinées plutôt à rendre les saluts qu'à opposer une résistance sérieuse. Depuis quelques années, pourtant, les Anglais ont entrepris, le long du rivage, certains travaux de fortifications qui pourraient empêcher, ou du moins rendre assez difficile, un débarquement. — En remontant le cours de la rivière, le quai est bordé de vastes magasins appartenant aux négociants anglais, puis, à mesure que l'on s'éloigne de la rade, de boutiques malaises et chinoises qui forment une sorte de bazar où figurent tous les articles de l'Europe et de l'Asie. Plusieurs rues viennent aboutir au quai et se dirigent, perpendiculairement à la rivière, dans le sens de la largeur de la ville. La plupart de ces rues sont bordées, de chaque côté, par une rangée d'arcades garnies de boutiques. Les maisons, construites en bois, en briques ou en moellons, n'ont guère qu'un étage et sont recouvertes d'une couche de peinture à la chaux, dont la teinte blanche repousse les rayons du soleil. Singapore, avec ses rues droites et ses maisons régulières, s'écarte un peu du caractère habituel de l'architecture orientale; on juge de suite que c'est une ville de fondation récente et revêtue encore de ses premiers habits. Mais je doute que cette construction presque européenne soit préférable, sous les chaudes latitudes, aux ruelles étroites et couvertes de la plupart des cités de l'Orient; elle laisse trop de place au soleil et répand par toute la ville des torrents de chaleur qui pénètrent dans l'intérieur des maisons et y introduisent les maladies et les insectes, cette maladie incurable et insupportable des pays tropicaux.

Il est vrai que, grâce à ces larges rues, les Anglais peuvent parcourir commodément Singapore en palanquin ou en voiture. Tant pis pour les indigènes et les Français qui vont à pied !

II.

Promenades du soir. — La bonne aventure. — Les fumeurs d'opium. — Etudes de mœurs.

Après le dîner, la brise du soir se leva de la rade et vint chasser les dernières vapeurs du soleil. C'était l'heure de la promenade. Les Anglais, après avoir arrêté leurs comptes et fermé leur caisse, quittèrent la ville indienne et rentrèrent dans leurs *palais*. Toute la colonie fut bientôt réunie, à cheval ou en voiture, sur la pelouse qui borde la mer. Camjee, cette fois, eut la satisfaction de me voir monter dans un palanquin et me joindre à la file des promeneurs. Voilà le plus beau moment de la journée pour les Européens qui habitent Singapore; ils n'étouffent plus, et, sous l'enveloppe légère de leurs vêtements en *grass-cloth* ou en toile, ils se figurent presque qu'ils ont froid. Ils font ainsi cinq ou six tours de pelouse, prennent une belle route qui les conduit à deux ou trois milles de Singapore, puis reviennent se livrer aux douceurs du *pass-wine*. C'est autant de gagné sur leur temps d'exil.

La pelouse ne sert pas seulement aux promenades. A certaines époques, elle devient le théâtre de courses de chevaux. C'est pousser un peu loin l'amour de la concurrence! Il n'y a guère à Singapore que de petits poneys importés de Java ou de l'Inde, excellents pour résister aux fatigues du climat, mais médiocrement taillés pour la course. Qu'importe! c'est la manie anglaise. Un parfait gentleman (et les négociants d'outre-mer ont tous plus ou moins de prétentions à la fashion) ne saurait se dispenser de se déguiser de temps à autre en jockey, dût-il être réduit à courir seul. Il voit du moins galoper son ombre.

Il était huit heures, la ville anglaise, un moment réveillée à l'heure de la promenade, rentra dans son calme habituel. Je fus curieux d'aller voir ce qui se passait, à pareille heure, dans la ville indienne.

Les rues éclairées par des lanternes bariolées, comme à Malacca, ou par des lampes d'huile de coco, avaient conservé toute leur animation; les boutiques chinoises étaient encore ouvertes et l'on y travaillait aussi activement qu'en plein jour. Les Malais et les Bengalis, moins laborieux que les Chinois, formaient des groupes sous les arcades, fumaient leurs pipes, mâchaient le bétel et entretenaient des conversations bruyantes, interrompues parfois par le passage de quelque matelot ivre qui cherchait le chemin du port. La foule s'écartait respectueusement et par habitude devant l'Européen et se gardait bien de contrarier les robustes folies de John-Bull.

Dans une large rue voisine du quai, nous aperçûmes un groupe plus nombreux qui faisait cercle autour d'une table éclairée par des bougies de toutes couleurs et devant laquelle était assis un vieux Chinois à longue barbe et à lunettes, dont les discours et les gestes paraissaient exciter la plus vive attention : c'était un magicien. Trois gobelets et une sébille de petites boules placés sur la table indiquaient qu'il se livrait dans les entr'actes aux tours de muscades; à sa droite, il y avait une lanterne magique dont les verres étaient soigneusement cachés par un vieux rideau de soie, et, à sa gauche, un violon à deux cordes. Enfin, devant lui, le Chinois avait une boîte remplie de tous les ustensiles à écrire, encre, pierre, papier, pinceaux, etc.; un petit vase en bambou contenant une trentaine de bâtonnets couverts d'inscriptions, et un gros livre sale, usé, déchiré, digne, en un mot, de la bibliothèque d'un magicien. Dès notre arrivée, le cercle nous avait permis de prendre place au premier rang et nous touchions presque la table.

Le Chinois parut d'abord très-déconcerté. Nous nous hâtâmes de le rassurer. Il voulut bien nous donner une représentation de ses plus beaux tours de muscade; puis il ouvrit les rideaux de la lanterne magique et nous montra une série de tableaux grossièrement peints, dont les sujets, plus grossiers encore, eussent scandalisé la pudeur la moins farouche. Puis il prit son violon et râcla les premières notes d'un air chinois; après la ritournelle, nos oreilles demandèrent grâce, au grand désappointement des Malais qui, réunis en foule autour de nous, se préparaient à jouir de la musique à nos dépens.

— Est-ce là tout? demandai-je. Et ces bâtons si soigneusement rangés? et ce gros livre?

Le Chinois faisait la sourde oreille ou ne paraissait pas comprendre. Il voulut recommencer le tour des muscades....

— Non, non, ce n'est pas cela! nous demandons le tour des bâtons. — Un Chinois parlant anglais, qui se tenait à nos côtés, nous dit que les bâtons servaient à annoncer le sort.

— Parfaitement, un sorcier! Voyons, notre bonne aventure!

Le pauvre magicien ne se décidait pas; il paraissait tout craintif. Attraper des Malais, des Bengalis, des Chinois même, passe encore; mais des *gentlemen!* Sa conscience se sentait mal à l'aise, car il ne croyait guère à notre crédulité, et, en présence d'un sorcier, il n'y a que la foi qui sauve!

— Allons, voici une piastre; dépêchons-nous.

La vue du métal produisit un effet magique. Le Chinois, accoutumé à recevoir de misérables pièces de cuivre avec la conviction qu'il les volait, saisit rapidement la piastre, la pesa un instant entre ses doigts, ôta ses lunettes, qu'il essuya gravement avec le rideau de la lanterne magique, retroussa ses manches et prononça quelques mots rauques et entrecoupés auxquels, bien entendu, nous ne comprenions rien.

— Que marmotte-t-il là? demandai-je au voisin.

— Oh! c'est un magicien!

Evidemment le voisin eût été beaucoup moins émerveillé s'il avait compris.

Lorsque cette espèce de prière fut terminée, le sorcier remit ses lunettes, puis me présentant le vase en bambou, il me fit signe d'y choisir un bâton. — Je tirai au hasard.

Il lut alors avec attention l'inscription du bâton que j'avais pris, et ouvrit son livre, qu'il feuilleta à plusieurs reprises, en récitant à voix basse une nouvelle litanie. — Pendant ce temps, la foule, attentive et silencieuse, se pressait autour de la table. — Au bout de quelques minutes, le sorcier saisit son pinceau et écrivit une dizaine de caractères chinois sur une feuille de papier qu'il me mit sous les yeux. Son sourire et son air gracieux annonçaient à l'avance que la prédiction était des plus heureuses.

Je dus demander l'explication de ces hiéroglyphes.

— Aia! Vous en avez pour votre piastre! Avant un mois vous toucherez une bonne somme d'argent!

..... Nous quittâmes le sorcier pour continuer notre promenade. Le Chinois qui nous avait expliqué le sens des oracles s'attacha à nos pas, et nous proposa de visiter les fumeries d'opium.

Les fumeries d'opium à Singapore sont situées presque toutes dans la même rue, au centre de la ville. Elles paient au gouvernement un impôt ou *licence*, ce qui est indiqué par l'écriteau suspendu au-dessus de la porte : *licensed opium shop*. Malgré cet impôt, qui est assez lourd, le nombre des boutiques où se débite l'infernale drogue s'est accru au point de représenter une branche de commerce importante pour la colonie.

La rue, à peine éclairée par quelques lampes blafardes, commençait à se remplir de monde; c'étaient les Chinois qui, après le travail du soir, venaient oublier dans l'abrutissement de l'ivresse les fatigues d'une longue journée. Nous voyions, presque à chaque porte, quelques-uns de ces malheureux s'arrêter, puis se glisser furtivement dans l'intérieur de ces hideux repaires qui allaient devenir, pendant plusieurs heures, le tombeau de leur raison.

Notre guide nous conduisit à l'une des boutiques les plus fréquentées. Nous entrâmes par une porte basse dans une petite pièce au fond de laquelle se tenait le marchand d'opium assis devant une table en bois qui lui servait de comptoir. Sur cette table étaient un vase rempli d'opium sous forme de crême brune et épaisse, des balances pour peser la drogue, le *souan-pan* ou machine à compter, et plusieurs plateaux contenant les pipes et les divers ustensiles nécessaires pour fumer.

Le marchand, qui était habitué à recevoir des visites de curieux et qui paraissait, d'ailleurs, au mieux avec notre Chinois, se leva dès notre entrée; il nous ouvrit avec empressement la porte de son comptoir, dont il nous expliqua tous les détails. Il souleva ensuite un rideau qui cachait une porte et nous introduisit dans la salle principale destinée aux fumeurs.

Cette salle était entourée de grabats en bois, larges et inclinés, garnis à la partie supérieure d'un traversin en rotin ou en toile bleue, et terminés par un rebord qui devait, à l'extrémité inférieure, arrêter les pieds et soutenir le poids du corps. Sur la plupart de ces grabats étaient accroupis des Chinois, les uns fumant, les autres déjà plongés dans le sommeil de l'ivresse. — Nous pouvions voir ainsi l'action de l'opium à ses divers degrés, depuis l'étourdissement de la première pipe jusqu'à la prostration la plus complète. Des nuages de fumée, s'échappant de chaque grabat, remplissaient la salle et répandaient dans l'air une odeur âcre et nauséabonde, à laquelle il nous eût été impossible de résister longtemps.

Nous ne jetâmes donc qu'un coup d'œil très-rapide sur cette triste scène. Quelques-uns des fumeurs, les derniers venus sans doute, s'agitaient encore sur leur grabat, aspiraient coup sur coup, à la lumière d'une petite lampe placée à leur portée, les trois ou quatre bouffées que contenait l'étroit calumet de leur pipe, et se laissaient aller à l'assoupissement passager de leurs premières extases; ils se relevaient bientôt, le visage défait, les yeux hagards, les lèvres tremblantes, et préparaient convulsivement une nouvelle dose d'opium. D'autres, après avoir parcouru déjà toutes les phases de cette hideuse ivresse, ne présentaient plus qu'une masse inerte, tantôt lourdement repliée sur elle-même, tantôt raide comme un cadavre. A voir leurs chairs rouges et gonflées, leurs membres jetés au hasard dans le désordre de leurs vêtements, ce n'étaient plus des formes humaines, c'étaient des brutes dans le dernier état de la dégradation.

— Tenez, — nous dit le marchand d'opium en nous montrant un vieillard ivre mort étendu sur l'un des grabats, — voici ma plus ancienne et ma meilleure pratique. Six pipes d'opium tous les soirs! Cela ne l'a pas empêché de vieillir. S'il y en avait beaucoup comme lui!

— Qu'est-ce donc que ce Chinois?

— C'est un marchand de cercueils. Je jure qu'il nous enterrera tous... Au fait, ces gens-là ne meurent pas... Moi, qui vends de l'opium, je ne fume jamais.

Nous avions besoin de respirer et nous sortîmes de la boutique. A la porte, notre guide réclama son salaire.

Je lui donnai une pièce d'argent. Il rentra aussitôt. — Je venais de lui donner une pipe d'opium !

On ne rencontre guère que des Chinois dans les fumeries d'opium. Les Malais n'ont pas encore adopté l'usage de cette affreuse drogue; ils se contentent de mâcher leur bétel. — Dieu veuille qu'une habitude aussi funeste ne se propage pas en dehors de la race chinoise et ne porte pas ses ravages au milieu des populations sensuelles de la Malaisie! Est-ce dans une colonie européenne, sous la domination des Anglais, c'est-à-dire d'un peuple qui se vante d'en avoir civilisé tant d'autres, est-ce à Singapore que les regards du voyageur devraient être attristés, humiliés par de tels spectacles? Comment l'Angleterre vient-elle nous parler de son puritanisme et de sa philanthropie, lorsque, pouvant, par un simple règlement de police, empêcher ces tristes scandales, elle les tolère, leur accorde des *licences* et prélève même sur leurs excès le bénéfice d'un impôt? L'empereur de Chine a interdit, sous les peines les plus sévères, l'usage de l'opium dans ses Etats : à Singapore, l'opium se fume publiquement, officiellement, avec patente et presque sous la garantie du gouvernement anglais!

Pendant que je me livrais à ces réflexions en reprenant le chemin du quai, nous fûmes arrêtés au milieu de la rue par un Bengali qui nous salua à plusieurs reprises et, nous montrant du doigt la route opposée à celle que nous suivions, nous engagea à l'accompagner.

Le Bengali nous mena dans un quartier assez éloigné du centre de la ville et nous introduisit dans une petite maison en planches, qui se trouvait alors remplie de Chinois et d'Hindous fumant et jouant aux cartes. A la vue de nos figures européennes, Hindous et Chinois se retirèrent aussitôt et nous laissèrent maîtres de la place.

Notre mystérieux Bengali nous fit asseoir sur des chaises de rotin, nous pria d'attendre quelques instants et sortit.

La salle dans laquelle nous nous trouvions ressemblait fort peu à un boudoir : ce devait être tout simplement un cabaret, à en juger par le mobilier plus que modeste qu'il nous fut à peine permis de distinguer à la lueur tremblante et indécise d'une lampe d'huile de coco suspendue au plafond.

Au bout d'un quart d'heure environ, nous entendîmes quelques pas furtifs..... Le Bengali revint, tenant à la main une chandelle en cire rouge qui illumina la salle comme un soleil. Le doigt sur la bouche, il nous recommanda le silence, puis il retourna près de la porte demeurée entr'ouverte, fit un signe et nous vîmes entrer timidement une femme. Ses traits, réguliers et purs, ne manquaient pas de distinction. Un bouquet de fleurs blanches, qui ornait sa tête, faisait ressortir l'ébène de ses cheveux merveilleusement lustrés, sinon parfumés, à l'aide d'huile de coco ; l'arc de ses grands yeux noirs était prolongé par une ligne factice habilement dessinée au pinceau, supercherie orientale que les voyageurs ont depuis longtemps déjà enseignée avec succès aux yeux de l'Occident. Elle portait de longues boucles d'oreilles, et, à la partie inférieure de son nez, pendait un large anneau d'or qui semblait encadrer sa bouche et se refléter sur l'émail de ses dents parfaitement blanches. Ses pieds et ses mains étaient entourés de cercles en or et en argent. Ces divers ornements nous rappelaient les descriptions de bayadères. Enfin la Bengali portait une longue robe blanche d'étoffe fine, que retenait, par un lien très-faible, une ceinture écarlate à franges de soie.

Nous ne savions pas encore précisément dans quel but notre guide nous avait amenés si loin. Peut-être voulait-il nous faire assister à quelque représentation de danse orientale? — Mais il s'agissait de bien autre chose! Le Bengali nous avoua, sans détour, que cette Indienne était sa femme et qu'il avait besoin d'argent.

Nous étions, à l'endroit des mœurs indiennes, d'une ignorance et en quelque sorte d'une virginité tout à fait naïves. Un mari qui vend sa femme avec cette effronterie et cette humilité, voilà, à coup sûr, une scène de mœurs qui dépasse les limites les plus reculées du genre pittoresque, mais qui, — cela est triste à dire, — n'a rien d'extraordinaire pour l'Orient. Dois-je assurer dès à présent que, dans la suite de mon voyage, j'ai vu mieux, ou plutôt pis que cela, si c'est possible?

J'ajoute, pour terminer ce chapitre, que Singapore, peuplé de marchands, célibataires pour la plupart, et visité par une foule de matelots, se trouve dans les conditions les moins favorables pour l'honnêteté des mœurs. Si la vertu était exilée de la terre, ce ne serait assurément pas dans ce port, ouvert à tous les vents et à toutes les passions, qu'elle viendrait chercher un asile.

Je n'ai point parlé des Chinois, qui laissent leurs femmes dans le Céleste-Empire, parce que, d'autre part, les Bengalis ne se font pas faute d'amener leurs Indiennes. Les deux effets se corrigent, mais imparfaitement; car l'insuffisance de la population féminine est un des obstacles qui se sont opposés et s'opposent encore au développement complet de la prospérité de Singapore. Le gouvernement anglais s'est, à plusieurs reprises, occupé d'y pourvoir. Espérons qu'il trouvera un remède efficace. Je le souhaite vivement dans l'intérêt de la colonie et pour l'honneur des ménages bengalis.

III.

Mœurs anglaises. — Missionnaires protestants et catholiques. — Temple protestant. — Magasins. — Whampoa.—Mosquée. — Pagode chinoise. — Le rajah de Johore. — Partie de chasse. — Campong malais.

Un Anglais pourrait bien vivre six mois dans un hôtel à côté de vous, habiter le même palier, déjeuner et dîner à la même table, sans s'apercevoir le moins du monde que vous existez. Si vous ne lui avez pas été présenté selon les règles, vous n'êtes pour lui qu'un personnage tout à fait indifférent, auquel il n'éprouve jamais le besoin d'adresser une parole ni même un simple salut. L'Anglais est comme une île entourée de glace. Toutefois, cette réserve est prudente. Qui vous dit que votre voisin n'est pas un de ces nombreux aventuriers qui pullulent sur les mers éloignées d'Europe et qui voyagent pour tout autre motif que leur agrément ou leurs affaires? Seriez-vous fort aise d'avoir, même par hasard, lié connaissance avec quelque victime de la police européenne comme il s'en rencontre assez souvent dans les colonies? Vous pourriez très-bien, au lieu d'un convive, ne découvrir qu'un *convict*, enlevé à Botany-Bay par la vertu d'un passe-port pris à temps.

Quoi qu'il en soit, les Français ne sauraient se résigner à ces allures solitaires. Leur caractère plus communicatif recherche volontiers l'échange d'une politesse et les distractions de l'entretien. Quelque part qu'ils se rencontrent, ils s'attirent les uns vers les autres par un besoin irrésistible d'expansion et de relations aimables. Le Français le plus réservé passerait presque, aux yeux d'un Anglais, pour un commis voyageur indiscret et bavard. Ici encore, nos habitudes se heurtent contre l'écueil inhospitalier du *shocking*.

Il semblera donc tout simple que, dès notre arrivée à London-Hôtel, nous nous soyons trouvés en rapport avec un compatriote débarqué, avant nous, à Singapore. C'était le capitaine d'un navire hollandais, connaissant parfaitement toutes les colonies de l'Inde, notamment les côtes de Java et de Sumatra où il faisait le commerce depuis longues années;—excellent homme, d'ailleurs, portant sur ses traits la franchise du marin, et dans son esprit comme dans son langage, une certaine pointe de gaieté fine et joyeuse qui trahissait, trop ouvertement parfois, la pureté de son origine gasconne. Le capitaine s'était mis de prime abord à notre disposition pour nous *piloter* (c'était son expression) dans les diverses parties de l'île de Singapore, et il proposa de nous conduire le surlendemain à la résidence du rajah de Johore, qui devait nous procurer le plaisir d'une partie de chasse.

J'employai la journée qui s'écoula dans l'intervalle à rendre quelques visites, notamment au consulat français et à la mission catholique. Le consulat était, lors de notre passage, géré par un chancelier que les hasards de son honorable carrière avaient amené d'Archangel à Singapore, c'est-à-dire du pôle à l'Equateur. La transition était un peu brusque. — La mission catholique de Singapore, composée de prêtres français, n'est qu'une succursale de l'établissement de Pinang : elle sert d'étape aux missionnaires qui se rendent en Chine et dans les îles de l'Archipel indien. A Singapore même, les catholiques sont en petit nombre ; on y a cependant élevé une chapelle aux frais de laquelle le gouvernement anglais a généreusement concouru. — Nos missionnaires y jouissent de la considération si méritée qui s'attache partout dans l'Inde aux pieux travaux de leur apostolat ; mais leurs ressources sont très-restreintes et il leur devient difficile de lutter contre l'influence des missions protestantes anglaises et américaines, si richement dotées par les associations puissantes dont elles relèvent. Aussi ce contraste, qui fait ressortir l'humilité des prêtres catholiques, mais qui, en même temps, met davantage en relief les ministres protestants, laisse-t-il subsister entre les deux cultes une rivalité fâcheuse, qui tendrait, en certaines occasions, à rabaisser la dignité même de la religion au niveau de sentiments purement humains et médiocrement fraternels. Le culte protestant possède un temple récemment construit à l'extrémité de la ville anglaise et dont la flèche, imitation gothique d'assez bon goût, domine l'humble toit de l'église catholique. Les résidents anglais et américains de Singapore, ainsi que les nombreux voyageurs qui se rendent en Chine ou dans l'Inde, ont rempli en peu de temps le registre sur lequel ont été recueillies les souscriptions de la piété anglicane. La somme donnée par chaque souscripteur s'élève le plus souvent à plusieurs dollars et même à plusieurs livres sterling. Quel est l'officier de l'armée de la reine ou de la Compagnie, quel est le négociant établi dans l'Inde, qui oserait inscrire au bout de son nom, de son titre ou de la qualité d'*esquire* le chiffre vulgaire d'une simple aumône? Le registre, livré à la publicité et ouvert à tout le monde, est ainsi devenu une sorte de champ de bataille, où chacun s'est cru obligé de faire assaut de générosité. Cette lutte vaniteuse a tourné, en définitive, au profit du temple protestant dont l'architecture svelte et originale tranche agréablement sur les formes lourdes et massives des maisons voisines.

Il faut aussi, dans cette circonstance, rendre justice aux Anglais. Chaque fois que l'on réclame leur concours dans un but d'intérêt public, on a droit de compter sur la réponse de leur patriotisme, c'est-à-dire sur leur bourse. Or, ils savent très-justement apprécier les services que les progrès de leur religion et l'influence de leurs ministres peuvent rendre, non seulement à la civilisation en général, mais encore au développement de leur commerce et aux conquêtes de la politique anglaise. On les trouve donc toujours prêts à souscrire, dans la métropole comme dans l'Inde, pour une dépense qui intéresse la grandeur et la prospérité de leur pays. C'est, de leur part, un placement à long terme, et un exemple honorable qu'ils donnent aux autres nations.

Après avoir visité les édifices consacrés aux cultes catholique et protestant, il me parut à propos d'accomplir immédiatement mon pèlerinage de curieux à la mosquée musulmane et à la pagode chinoise : c'était, d'ailleurs, un excellent but de promenade : car les deux temples se trouvent situés à l'extrémité de la ville malaise, sur le bord de la mer. Je pris donc, à London-Hôtel, un palanquin, et j'emmenai mon domestique Camjee, qui paraissait tout heureux de voir que je commençais enfin à me plier aux mœurs indolentes du gentleman. Le palanquin, traîné par un petit cheval de race malaise et conduit par un Hindou qui galopait à la tête du cheval (ces sortes de voitures n'ont pas de siége), traversa, à un demi-mille environ de la mer, un beau pont en pierre qui réunit les deux parties de la ville, et me fit visiter de nouveau les quartiers malais et chinois. Partout la même bigarrure de costumes, la même activité : on eût dit que tout ce peuple courant au soleil, chantant, criant sous le poids des fardeaux, avait la fièvre. Camjee me détourna plusieurs fois de ma route pour me montrer les plus beaux magasins : je vis ainsi ces vastes entrepôts ou *godowns*, où les négociants anglais étalent tous les produits d'Europe, cotonnades, draps, soieries, selles de cheval, habits confectionnés, chapeaux, souliers, etc., etc., en un mot de véritables bazars où l'on pourrait, en moins d'une demi-heure, acheter tout ce qui serait nécessaire pour meubler un palais ou équiper un régiment. A la porte, sous les longues galeries qui bordent les rues, sont entassées toutes sortes de munitions navales, des ancres, des chaînes en fer, des câbles, des canons et des boulets achetés le plus souvent par les pirates de l'Archipel qui viennent très-ouvertement prendre dans la colonie les armes avec lesquelles ils attaqueront les navires de commerce retenus par le calme au milieu des détroits. Les marchands de Singapore n'y trouvent rien à redire. Le commerce n'est-il pas libre? — Et puis, ils vendent leurs canons, ils assurent leurs navires, et de temps à autre une corvette de guerre ou un bateau à vapeur de la Compagnie va faire la chasse aux pirates et reprendre les canons que l'on revendra le lendemain à d'autres forbans.

Plus loin, Camjee arrêta mon palanquin devant la maison de Whampoa, le plus riche Chinois de Singapore, et peut-être le plus riche négociant de la colonie. Comme la plupart des émigrants, ses compatriotes, Whampoa est arrivé de Chine sans un dollar et il pourrait aujourd'hui réaliser des millions. Toutes les affaires lui sont bonnes : après avoir débattu avec vous pendant une heure le prix d'un éventail ou d'un écran, il endossera des billets pour cent mille piastres. Son magasin est d'ailleurs fort simple, et à le voir lui-même aussi pauvrement vêtu qu'un domestique, s'inclinant si humblement devant les chalands, baissant les yeux quand il vous parle, on ne croirait guère qu'on a devant les yeux un millionnaire! — Pour le commerce indigène ou européen de Singapore, Whampoa est un banquier inépuisable que l'on courtise et que l'on déteste comme un tyran; pour l'étranger, c'est une curiosité dont on entend parler à chaque pas et qu'il faut voir, ne serait-ce que pour la satisfaction de lui acheter un magot.

Au sortir de la boutique de Whampoa, je me fis conduire directement à la mosquée. Bien que les mahométans soient nombreux à Singapore (la plupart des tribus malaises ont été converties à l'islamisme), la mosquée n'est qu'un pauvre édifice, badigeonné à l'extérieur par une couche de peinture à la chaux et surmonté d'un petit minaret en plâtre. Il aurait fallu, pour pénétrer dans le temple, changer mes chaussures contre de hideuses sandales en paille tressée. Je préférai continuer ma route vers la pagode chinoise que quelques pas seulement séparent de la mosquée.

La pagode est un monument extrêmement original, et, on peut le dire, entièrement chinois. Tous les matériaux, les pierres, le bois, les tuiles ont été apportés de Chine par les jonques. Le toit extérieur se relève gracieusement sur les bords et se termine aux angles par de fines sculptures qui représentent des dragons et autres animaux fantastiques, des figures d'hommes et de femmes dessinées dans le genre grotesque. Les tuiles sont en faïence très-lourde peinte en bleu ou en vert. La façade qui regarde la mer est formée d'un mur peu élevé que recouvrent des peintures et des bas-reliefs en plâtre avec des portraits de rois ou de mandarins à triple et quadruple menton et armés d'ongles incommensurables. On entre par une porte en camphre, teinte en rouge et percée à jour par une ligne de barreaux. Des deux côtés de cette porte se tiennent deux lions sculptés en pierre. L'entrée franchie, on se trouve en face de l'autel qui est recouvert d'un toit semblable au toit extérieur et se divise en trois compartiments formant chacun un autel particulier pour Confucius, pour le dieu Fô et pour un empereur dont le nom m'échappe. Auprès de chaque autel on voit deux diables à face grimaçante et pourvus, comme le nôtre, d'une longue paire de cornes. De grandes tables soigneusement vernissées en laque rouge, sont chargées de vases, de plats, des mille ustensiles qui servent à brûler les parfums, à consulter le sort et à accomplir les nombreuses cérémonies du rite chinois. Enfin, à droite et à gauche de la salle, on remarque une espèce de dais sous lequel on promène les dieux pendant les processions, un éléphant en cuivre doré, un énorme tambour, une cloche, un tam-tam, etc., etc.

L'architecture manque de légèreté dans l'ensemble. On ne saisit pas, au premier coup d'œil, sous les couches épaisses de peinture rouge et du papier d'or, les détails délicats et les fines découpures des boiseries. Il y a là des œuvres de patience d'un fini merveilleux, des sculptures rappelant les principales scènes de la mythologie chinoise, des caractères gravés sur bois avec la perfection calligraphique que les Chinois apportent d'ordinaire dans ce genre de travail. Mais l'ensemble n'a rien d'imposant ni de solennel.

Pendant que je parcourais lentement les diverses parties de la pagode, un bonze, assis devant une petite table, à côté du principal autel, récitait des prières en battant la mesure avec un bâton dont les coups, secs et réguliers, ressemblaient de loin aux battements d'une horloge. A mon approche, il détourna un moment la tête, puis continua sa litanie. — Déjà, dans la petite colonie de Malacca, j'avais entrevu la Chine : à Singapore, elle m'apparaissait plus vivement encore par ses nombreux émigrants, par ses mœurs, par sa religion, par son commerce florissant à l'abri du pavillon anglais, et, sous une forme plus matérielle peut-être, par cette pagode dont toutes les pièces avaient été fabriquées, travaillées, sculptées par des ouvriers chinois et en terre chinoise. Il semble que l'émigration chinoise ait voulu, comme le pieux Enée, emporter dans son exil volontaire ses dieux et ses autels et se placer ainsi, dans la nouvelle patrie, sous la protection directe du culte des ancêtres. De même que les Anglais, fidèles aux intérêts de leur politique et de leur commerce autant que de leur foi, s'étaient empressés de souscrire pour l'érection d'un temple protestant, de même les Chinois émigrés avaient concouru de leurs deniers à la construction dispendieuse d'une pagode qui leur rappelait, jusque dans se moindres détails, par le bois, par les pierres et par la couleur, les souvenirs de la terre natale. Cet édifice n'était pas seulement pour moi un vain spectacle de curiosité propre à arrêter et à distraire par son étrangeté mes regards de touriste : j'y retrouvais aussi l'empreinte presque naïve de ce sentiment intime qui aime à retrouver partout l'image de la patrie, sentiment plus vif ou du moins plus extérieur chez les Chinois que chez tout autre peuple.

En revenant à London-Hotel, je retrouvai notre capitaine qui nous donna rendez-vous pour minuit au débarcadère.

A minuit donc, nous étions prêts au départ. Nous prîmes place dans des barques et nous nous dirigeâmes, en longeant la côte, vers la pointe ouest de l'île de Singapore. En moins d'une heure, nous étions arrivés au fond d'une petite crique bordée de cases en bambou dont la plupart s'avançant jusque dans la mer sont construites sur pilotis et comme suspendues au-dessus de l'eau. Nos barques entrèrent au milieu de cette ville flottante, où tout dormait, et nous mîmes pied à terre en face d'une case plus large et plus élevée que les autres : c'était la case du rajah.

Le capitaine nous pria d'attendre un moment qu'il eût prévenu sa majesté malaise. Au bout de quelques minutes, nous le vîmes revenir avec un homme gros, grand, à demi vêtu, chaussé d'une mauvaise paire de sandales qui traînaient à terre et coiffé d'un simple madras. Ce costume était absolument celui d'un portier que l'on réveille au milieu de la nuit et qui vient demander ce qu'on lui veut. Nous ne fîmes donc aucune attention à l'approche de ce personnage et nous nous adressâmes au capitaine pour avoir des nouvelles du rajah. — Mais le voilà, nous dit-il : je vais vous présenter à lui. — Et aussitôt, à la lueur d'une torche de résine que portait un de nos canotiers, il ouvrit l'audience royale en énumérant successivement nos noms et qualités. Le rajah nous tendit la main et laissa voir, à travers un sourire amical, une large rangée de dents toutes noircies et presque brûlées par l'usage immodéré du bétel. Après avoir échangé quelques mots avec le capitaine, qui paraissait être au mieux avec lui, il nous engagea à regagner nos canots et il s'embarqua lui-même dans un prow qui l'attendait. Nous nous remîmes donc en route en suivant son sillage.

Je me trouvais dans le canot du capitaine, et je profitai de l'occasion pour avoir quelques renseignements sur ce singulier personnage que j'aurais bien plutôt pris pour un domestique que pour un rajah. — « Ne plaisan« tez pas : c'est un rajah pur sang, le rajah de Johore.
« Ce noble sauvage jouit de 20,000 piastres de revenu
« que lui paie chaque année, et très-exactement, la
« Compagnie des Indes pour prix de la petite île de
« Singapore. Il possède sur la côte ferme un territoire
« peuplé de quelques milliers de Malais et d'une foule
« de tigres, et dans le détroit, une myriade d'îles plus
« ou moins désertes sur lesquelles son autorité ne lui a
« jamais été contestée. Il a un pavillon, un cachet
« royal, droit de vie et de mort sur ses sujets, droit de
« battre monnaie, en un mot, tous les droits imagina« bles. En définitive, son plus beau fleuron, c'est sa
« rente de 100,000 fr. Il passe sa vie très-tranquille« ment, dans le *campong* que nous venons de quitter,
« à mâcher du bétel, à s'enivrer d'arack et à cultiver les
« fleurs indigènes de son petit sérail. C'est assurément
« un des mortels les plus heureux qui soient au monde.
« Il vit en bonne intelligence avec les autorités anglaises
« qui ont tout intérêt à se ménager le concours de l'in« fluence morale qu'il conserve encore sur les tribus voi« sines de Singapore. A voir cet homme lourd, épais, à
« peine vêtu, ce *sauvage,* comme vous l'appeliez tout

« à l'heure, vous avez quelque répugnance à le consi-
« dérer comme un véritable souverain. Eh bien! il
« n'est pas de roi absolu dans votre vieille Europe qui
« soit aussi respecté de ses sujets que ce rajah. Il y a
« encore parmi ces peuples une tradition de respect et
« presque de vénération à l'égard des chefs issus des
« anciennes familles. C'est une sorte de droit divin qui
« a survécu et survivra longtemps encore à l'état de
« misère et de dégradation dans lequel ces malheu-
« reuses races tombent chaque jour…. Et tenez : croyez-
« vous donc que ce soit pour le simple plaisir de donner
« des poignées de main à ce sale mâcheur de bétel que
« je viens, presque à tous mes voyages, lui faire ma
« cour? Bah! je ne pousserais pas si loin, soyez-en sûr,
« l'amour des conversations malaises et de la couleur
« locale. Mais, grâce à mes visites, dans lesquelles j'ai
« soin de me faire accompagner d'un bon baril d'arack,
« j'ai obtenu de mon ami le rajah le droit de porter son
« pavillon, et, ce qui vaut mieux encore, un chiffon de
« papier où il a daigné placer de sa propre main ce
« qu'il appelle son cachet royal; et avec cela, je me
« moque des pirates. En voilà assez pour mettre en
« fuite les prows suspects (et ils sont nombreux) qui
« feraient mine de m'attaquer dans cette partie du dé-
« troit : vous voyez maintenant qu'il ne faut pas trop
« mépriser les rajahs.

« Mais, il me semble qu'il nous mène bien loin. Voilà
« plus d'une heure que nous naviguons au milieu de
« ces îles, et l'île au gibier doit être dans ces environs.
« Après tout, c'est le rajah qui tient la tête : nous n'a-
« vons qu'à suivre le prow amiral. »

Notre petite flottille glissait rapidement sur une mer
calme et à la douce clarté du ciel parsemé d'étoiles. Nos

barques, longues, effilées, enlevées par quatre avirons et entraînées par le courant, traçaient sur l'eau une ligne de phosphorescence qui, semblable à un jet d'étincelles, illuminait notre route. Nous longions de très-près les îles verdoyantes dont le feuillage assombri par la nuit s'agitait lentement au souffle presque insensible d'une légère brise et laissait échapper le parfum de cette végétation odorante qui couvre la terre des tropiques. L'air semblait humecté des molles fraîcheurs de la nuit... Etendu au fond de la barque, les yeux fixés à la voûte du ciel, je m'oubliais dans ma rêverie et je goûtais ces délicieuses extases que versent, à certains moments, dans l'âme et dans tous les sens les émanations de l'atmosphère orientale. Le bruit des rames plongeant régulièrement dans l'eau et le murmure du courant le long de la barque troublaient seuls ce silence et faisaient entendre autour de nous comme une voix de flots.......

Je ne songeais plus à la chasse : j'étais tout entier aux charmes de la contemplation, et les premières lueurs du jour me surprirent plongé encore dans ce sommeil délicieux pendant lequel il me semblait que je n'avais pas fermé les yeux... Nous nous trouvions alors presque en pleine mer ; derrière nous s'étaient enfuies les îles : une seule, petite, basse, d'aspect triste, se montrait à notre droite ; le prow du rajah se dirigea vers une ouverture laissée entre les récifs, et nos barques abordèrent bientôt à une plage entremêlée d'herbes marines que pied humain n'avait jamais foulée. Le lieu paraissait singulièrement choisi pour une chasse.

A peine débarqués, nous eûmes l'explication de l'aventure. Un serviteur du rajah, la figure toute contristée, vint nous apprendre que son noble maître s'était endormi pendant la route, qu'il avait passé l'île où nous devions nous arrêter et qu'à son réveil il nous avait menés à la première terre qui fût en vue. Le pauvre rajah était, d'ailleurs, tellement humilié de sa méprise qu'il n'osa sortir de son prow et qu'il demeura obstinément, malgré notre insistance, au fond de sa cabine pour cacher son trouble et n'être pas témoin de notre mécontentement. Pas un oiseau sur cette maudite île : pas un coup de fusil à tirer. Notre chasse se bornait donc à une promenade nocturne dans le détroit, et ce que nous avions de mieux à faire, c'était de revenir au plus vite à Singapore. Heureux encore de voir se lever une bonne brise qui devait en peu d'heures nous faire parcourir la route que nos Malais, exténués de fatigue, avaient courageusement ramée pendant toute la nuit!

C'était une partie manquée ; nous reconduisîmes le rajah jusqu'à sa case et nous profitâmes de l'occasion pour visiter le *campong* ou village qui lui sert de capitale. Toutes les maisons sont en bois, soutenues par des pieux à une certaine hauteur du sol. On y monte par un petit escalier en bois. La plupart n'ont qu'une seule pièce pour toute la famille qui est souvent très-nombreuse, la polygamie étant tolérée chez cette tribu malaise. Il n'y a souvent pour ameublement que quelques nattes sur lesquelles hommes, femmes et enfants couchent pêle-mêle. La population vit de la pêche des coraux qui sont très-abondants sur cette partie de la côte.

Le rajah nous fit voir une grande pirogue dans laquelle il se proposait, disait-il, d'aller en personne poursuivre les pirates. Cette embarcation, de forme élégante, très-finement taillée pour la course et ornée de nombreuses sculptures, devait être armée de plusieurs canons sur pivot.

Après cette courte visite, nous rentrâmes, toutes voiles

déployées, dans la rade de Singapore. Nous ne fûmes pas très-empressés de raconter nos aventures de chasse. Décidément, la chasse ne nous était pas favorable. Au cap de Bonne-Espérance, nous avions déjà eu une chasse au tigre sans tigre. — Après tout, il reste au moins de ces parties manquées le souvenir d'une course intéressante et agréable dans des pays où les tableaux de la nature suffisent amplement à l'admiration du voyageur.

IV.

Visite du rajah à bord de la frégate. — Le port de Singapore. — Corvette cochinchinoise. — Prows malais. — Les tigres. — Influence anglaise. — Départ.

Le rajah avait promis de visiter la frégate. Il tint parole : deux jours après notre première entrevue, il envoya son intendant, Portugais métis qui remplissait auprès de lui les fonctions de ministre des affaires étrangères, pour annoncer sa prochaine arrivée et présenter ses compliments au commandant. Comme, en définitive, le rajah est un prince reconnu par les Anglais, et si bien reconnu qu'on lui paie une rente de 100,000 fr., le commandant ne fit aucune difficulté de le recevoir avec tous les honneurs dus à son rang. Aussi, dès que la pirogue du rajah approcha du bord, la garde fut mise sous les armes, les clairons se préparèrent à sonner une fanfare et les officiers se tinrent à la coupée pour accueillir, avec le cérémonial officiel, leur royal hôte. Sa majesté malaise monta donc sur le pont et parut très-satisfaite de cet appareil militaire : elle était suivie de son intendant portugais et d'une dizaine de Malais

sales et déguenillés qui composaient sa cour et son état-major. Le commandant voulut bien promener le rajah dans toutes les parties de la frégate et l'inviter à une petite collation qui avait été préparée sous la dunette.
— L'ensemble du navire, le nombre des canons, la régularité du gréement, la tenue et la discipline des hommes produisirent sur cette bande de sauvages une vive impression.

La France ne doit point négliger, dans les pays lointains, ces moyens, tout extérieurs, d'influence. Grâce à la multiplicité de leurs navires et à l'étendue de leurs relations commerciales, les Anglais sont parvenus trop facilement à persuader aux peuples de l'Inde qu'eux seuls possèdent une marine et des canons : ils ne se sont pas fait faute de déprécier, au profit de leur domination, les autres pavillons européens qui se montrent plus rarement dans ces mers. Il faut qu'à notre tour nous inspirions à ces peuplades ignorantes des sentiments de respect, c'est-à-dire de crainte, et que nous leur fassions mesurer, au moins des yeux, l'appareil de notre force militaire. Aussi, l'étonnement que manifestait à chaque instant le rajah en parcourant la magnifique batterie de la frégate, ne devait pas être pris seulement pour l'expression d'une admiration naïve et d'une joie d'enfant; il indiquait encore le sentiment réfléchi de surprise que faisait éprouver à ce Malais, vassal de l'Angleterre, la vue d'un grand et superbe navire sur lequel flottait un pavillon qui n'était pas le pavillon anglais. Aux yeux de ces nations et de ces princes indigènes qui ne connaissent guère, en fait d'histoire moderne, que le nom de la reine Victoria écrit sur les roupies de la Compagnie et qui se soucient fort peu de ce qui se passe dans notre vieille Europe, toute la force, toute l'influence réside dans le prestige, dans l'apparat, et si l'Angleterre a su conquérir dans ces mers éloignées une autorité si grande et presque exclusive, c'est qu'elle paraît seule, sans concurrents, et qu'elle a merveilleusement exploité les avantages de cette victoire facile, remportée sur notre indifférence et sur l'ignorante crédulité des populations asiatiques.

Le rajah examinait surtout avec la plus vive attention les canons et les armes : il demandait mille explications par l'intermédiaire de son trucheman portugais qui sans doute les lui traduisait à sa façon : puis il communiquait ses réflexions aux Malais de sa suite avec lesquels il s'entretenait avec la plus grande familiarité. A son tour, il voulut nous montrer ses armes. Il appela un de ses officiers ou domestiques, qui portait un long kris enveloppé dans un madras. Le fourreau en bois vernissé était des plus simples; mais la lame flamboyante, contournée comme les replis d'un serpent, incrustée d'argent à sa partie supérieure, paraissait de la plus fine trempe. C'était, réellement, un objet de prix. Le rajah nous dit que cette arme lui venait de son père et qu'elle était très-redoutée des pirates. Après un récit fort animé de ses combats et de ses victoires, le rajah fit rentrer son kris dans le fourreau, le fourreau dans le madras, et le madras dans les mains de son aide-de-camp qui le reçut en s'inclinant humblement comme devant une relique sainte. Cette exhibition presque solennelle fut le dernier acte de la visite du rajah. On dut, après le départ de ces aimables Malais, laver complétement le pont pour effacer les traces de bétel qu'ils avaient laissées partout sur leur passage.

Profitons de l'occasion pour visiter, avant de retourner à terre, la belle rade de Singapore. — La rade, à certains égards, est plus curieuse que la ville : ici, les visages et les costumes si variés de tous les peuples venus des divers points de l'occident et de l'orient se fondent, en quelque sorte, dans l'uniforme régularité des maisons et des rues, se meuvent dans le même cadre et prennent momentanément une teinte commune qui recouvre, en partie, leur originalité première. Dans la rade, au contraire, cette autre ville tantôt calme et nivelée, comme une vaste plaine, tantôt accidentée et soulevée en mille collines par la capricieuse agitation des flots, ce ne sont plus seulement les races, les hommes qui diffèrent ; c'est aussi la forme et la grandeur des navires, l'architecture de ces maisons flottantes, créant à l'œil un perpétuel contraste et un point de vue toujours nouveau, — comme si chaque peuple s'était donné le mot pour apporter sa pierre à la construction de la ville mouvante. Qu'on se figure un terrain où les palais s'élèveraient confusément au milieu des chaumières, où le style antique coudoierait l'art moderne, où se révéleraient, dans un espace resserré, toutes les formes qu'ont pu revêtir les genres d'architecture les plus divers, et l'on aura une idée de la rade de Singapore et de l'infinie variété qu'elle présente à l'œil. — Vous rencontrez, d'abord, les lourdes masses des navires européens avec leurs mâts réguliers, leur gréement soigneusement tendu, leurs flancs percés de sabords, leur cuivre brillant au-dessus de la mer et leur coque recouverte de goudron ou d'une couche irréprochable de peinture. Mouillés dès l'entrée de la rade à cause de leur tirant d'eau, ils forment comme l'avant-garde de la flotte et arrêtent dans leurs épais cordages les premiers sifflements de la brise du large. Derrière eux, s'étend une autre ligne composée de navires d'un tonnage inférieur, de corvettes, de brigs, sur lesquels flottent les pavillons anglais, américain, hollandais, arabe, cochinchinois. — Plus près de terre sont répandus pêle-mêle une foule de bateaux malais connus sous le nom de *prows*, gréés à l'aventure, retenus par une ancre en bois ou par un simple grappin, et montés par les tribus de l'Archipel. — Dans un emplacement réservé, à gauche de l'entrée de la rivière, on distingue les jonques chinoises serrées les unes contre les autres et formant ville à part : elle viennent de Chine dans les premiers mois de la mousson de nord-est et retournent avec le mousson de sud-ouest; car leurs formes presque carrées et la singulière disposition de leurs mâts et de leurs voiles ne leur permettraient guère de remonter la mer de Chine avec vents contraires. — De temps à autre, au milieu de cet ensemble de mâts, on aperçoit la cheminée des bateaux à vapeur attachés au service des correspondances de l'Inde, de la Chine et de Java. — Enfin, une nuée de barques et de pirogues parcourt incessamment l'espace laissé entre les navires et transporte dans toutes les parties de la rade les cargaisons que l'on charge ou décharge, les passagers qui se rendent à terre ou à bord. — Tel est l'ensemble de la rade; spectacle toujours animé, toujours vivant, et coloré par les chauds rayons de soleil qui se brisent sur les flots ou rougissent de leurs reflets les voiles et les mâts.

Au moment où, sur la dunette de la frégate, je contemplais ce tableau, je remarquai qu'il se faisait un grand mouvement à bord d'une corvette cochinchinoise mouillée à peu de distance et qu'on semblait se disposer à l'appareillage. Une noire fumée s'échappait de la cheminée d'un bateau à vapeur qui portait également le pavillon de Cochinchine et qui, depuis quelques jours, avait été acheté aux Anglais par le capitaine de la corvette pour le compte de son maître. —Excellent marché que font les Anglais! Quand ils ont des navires hors de service, il s'en débarrassent en les vendant à quelque souverain du voisinage, qui est tout fier de voir flotter ses couleurs sur un navire européen! — Je ne voulus pas laisser échapper l'occasion d'examiner l'intérieur d'un navire cochinchinois, et je pris une pirogue qui me conduisit vers la corvette.

On hésita, au premier moment, à m'admettre à bord : cependant, après quelques pourparlers, on me tendit une échelle de corde, on ouvrit un sabord et je me trouvai sur le pont au milieu d'un horrible pêle-mêle d'hommes, de ballots, de cordages et d'un concert médiocrement harmonieux de chants ou plutôt de cris que poussaient les matelots en levant leur ancre.

Je ne savais trop comment me retourner dans tout ce désordre, lorsque je m'entendis saluer en français par un officier de la corvette. C'était un de ces jeunes Cochinchinois qui sont venus à Nantes il y a quelques années et dont l'empereur se sert aujourd'hui dans ses relations de politique et de commerce avec les Européens. Il parlait français couramment, et il voulut bien se mettre à ma disposition pour me montrer son navire.

— Voyez, me dit-il, nous nous donnons toutes les peines du monde pour vous imiter : notre empereur a laissé là les vieilles jonques, bonnes seulement pour les Chinois, et il a construit plusieurs bâtiments à trois mâts qu'il emploie pour les longs voyages; nous sommes gréés tant bien que mal; nos hommes grimpent assez lestement dans les hunes; mais la propreté, la discipline, l'ordre, nous ne les obtiendrons jamais de nos Cochinchinois. Je me rappelle toujours le beau

trois-mâts qui m'a porté à Nantes : quelle différence !....
Entendez-vous ces cris ? Beaucoup de bruit et peu de
besogne. J'ai beau faire et beau dire : quand je veux
essayer d'introduire quelque changement dans les
mœurs de nos matelots, tout le monde ici, et plus que
les autres le capitaine, me traite dédaigneusement de
barbare !.... Attendons quelques instants que la manœuvre soit terminée, je vous montrerai notre corvette ; mais le plus curieux pour vous, c'est encore le
personnel que vous pouvez voir à l'œuvre. Chacun travaille comme bon lui semble, et notre vieux capitaine
qui se promène là-bas avec sa pipe contemple ce beau
désordre avec une insouciance parfaite.....

La corvette de sa majesté cochinchinoise présentait,
dans sa construction et dans son gréement, un singulier mélange d'originalité native et d'imitation européenne. Ce n'était plus la barbarie, mais ce n'était pas
encore l'Europe. La coupe de la coque se rapprochait
plus, dans son ensemble, de celle de nos navires que de
celle des jonques : toutefois la hauteur disproportionnée
de l'arrière et de l'avant indiquait que l'ingénieur cochinchinois n'avait pu se résoudre encore à rompre
avec les formes traditionnelles de son pays. Les sabords
étaient irrégulièrement percés et d'une grandeur dé-
mesurée pour les pièces de petit calibre et très-rouillées
qui devaient les garnir ; les trois mâts, peu élevés,
étaient formés d'une seule espare à peine équarrie et
ne portaient qu'une voile en paille tressée qui se ma-
nœuvrait à l'aide d'une double poulie de bambou en-
roulée autour d'un morceau de bois. L'extérieur était
colorié en vert de diverses nuances, comme un papier
d'antichambre, et à l'avant, sous les deux bossoirs, se

dessinaient deux énormes cercles peints en noir : c'étaient les yeux du navire chargés de veiller, tout aussi sûrement que ceux du capitaine, aux écueils de la route. Le jeune officier cochinchinois ne put s'empêcher de rire en me les montrant. — Si ces deux yeux n'étaient pas là, me dit-il, l'équipage se croirait perdu. Voilà quels sont, à l'extérieur, les navires *européens* de l'empereur de Cochinchine.

Au bout de quelques minutes, j'entendis résonner plusieurs coups de gong. Les matelots quittèrent aussitôt les manœuvres et se réunirent avec empressement au milieu du navire.

— Comment ! dis-je à l'officier, il me semble que l'ancre n'est pas encore levée.

— Oh ! cela leur importe peu : voici l'heure du repas, et l'appareillage se fera plus tard, comme il pourra. Maintenant que le navire est un peu plus tranquille, suivez-moi : nous n'en avons pas pour longtemps.

Je remarquai que la cuisine occupait près de la moitié du navire, c'est-à-dire tout l'espace compris entre le grand mât et le mât d'artimon. Chaque matelot venait prendre une écuelle remplie de riz et de viande coupée en menus morceaux, puis s'établissait au hasard sur quelque poutre ou sur l'enroulement d'un cordage. Le pont se trouvait converti en réfectoire et les matelots se livraient à la manœuvre du dîner avec un ensemble qu'ils n'apportaient certainement pas dans les autres exercices.

Mon jeune guide me conduisit à l'arrière du navire où il me présenta au capitaine et aux principaux officiers assis autour d'une table rouge vernissée, couverte de mets chinois. Le capitaine se leva, me fit, du sourire et du geste, les plus gracieuses politesses et m'introduisit

sous sa dunette. Au fond de la salle brillaient les ornements dorés d'un petit autel consacré au dieu de la mer et devant lequel on venait d'allumer deux cierges rouges et des bâtons de parfum. C'étaient, sans doute, les préparatifs de la prière qui doit précéder l'appareillage et appeler la bienveillance du ciel sur la future traversée.
— Je descendis ensuite dans les soutes destinées aux provisions et aux marchandises. Ces soutes étaient très-profondes et d'une vaste contenance, grâce aux formes très-évasées du navire : mais l'arrimage paraissait fort mal distribué, et des paquets de vêtements, des nattes enroulées de côté et d'autre annonçaient que les matelots trouvaient commode de passer la nuit sur les balles de tissus qui formaient la cargaison. A l'avant, une galerie s'élevait de quelques pieds au-dessus du pont; c'était le banc de quart où se tenait d'ordinaire l'officier de service. — Un autel était également disposé dans cette partie du navire pour recevoir les vœux des matelots. — On ne saurait, en un mot, se faire une idée du désordre qui régnait à bord de la malheureuse corvette. — Vous voyez, me dit l'officier cochinchinois en me reconduisant dans ma pirogue, nous sommes encore dans l'enfance de l'art nautique, et pourtant nous sommes peut-être les plus avancés, ou, si vous aimez mieux, les moins arriérés parmi les peuples de l'Orient. Notre capitaine est tout fier de commander une pareille barque, et moi je suis tout honteux du rôle que je joue ici. Adieu : ne dites pas trop de mal, pourtant, de la marine cochinchinoise et ne regardez pas notre appareillage : nous serons sans doute obligés de nous y reprendre à deux fois; mais, le ciel aidant, nous finirons, j'espère, par arriver au port de Touranne.

Je remerciai mon guide et lui souhaitai une bonne

traversée.—Il y a, en Cochinchine, plusieurs jeunes gens qui ont fait aussi le voyage de France; ils pourraient être utilement employés dans les grades supérieurs; mais les habitudes et les préjugés leur barrent le chemin et ils en sont réduits à rougir de l'ignorance superstitieuse qui préside encore au gouvernement de leur pays. — Quel contraste avec l'orgueil si légitime que nous rapportons en Europe après avoir comparé notre civilisation, nos progrès avec l'état d'infériorité dans lequel demeurent plongées la plupart des populations asiatiques!

Après avoir quitté la corvette, je passai en revue la flottille de prows malais, mouillée à l'entrée de la rivière. Ces bateaux longs, très-pointus à l'avant, munis d'un seul mât et d'une large voile en nattes ou en coton, à peine pontés, ne manquent pas d'élégance et paraissent être parfaitement disposés pour les traversées courtes et faciles qu'ils accomplissent, à toutes les époques de l'année, dans les parages ordinairement calmes de l'Archipel. Ils suivent les côtes: quand le vent leur manque, ils marchent à la rame. La plupart ont un canon à l'avant, et des deux côtés du bateau sont accrochées de longues piques et des bambous terminés par des crocs en fer employés comme armes d'abordage. Les Malais qui les montent, aujourd'hui marchands, demain pirates, si l'occasion se présente, portent sur leur visage bronzé au soleil l'empreinte de leur naturel hardi et aventureux. Il ne se passe pas d'année qu'on n'apprenne à Singapore la capture de quelque navire européen, surpris d'abord par le calme, puis par les Malais, dans l'une des nombreuses passes qui séparent les îles de l'Archipel. Mais une fois dans le port de Singapore, ces forbans deviennent les meilleures gens du monde : ils ne s'occupent que de leurs affaires de négoce et se livrent avec profit à l'échange des produits naturels contre les tissus et les fusils anglais.

...... J'employai les derniers jours de notre relâche à visiter les plantations établies autour de la ville. Le sol de l'île est assez favorable à la culture de la canne, du sagou, du gambier; mais, à vrai dire, Singapore ne semble pas destiné à devenir une colonie à cultures : toute son importance consiste dans l'admirable situation du port qui assure aux Anglais le commerce de l'Archipel en dépit des Hollandais qui ont vainement essayé de fonder à Rhio un port rival. Il y a, d'ailleurs, dans l'intérieur de l'île, au milieu de cette nature fraîchement remuée par le travail de l'homme, des points de vue pittoresques et gracieux : il faut seulement, si l'on se promène dans le voisinage des forêts, se tenir toujours en garde contre les tigres. Les tigres viennent du continent : ils traversent à marée basse le détroit. Les tableaux de mortalité fournissent le compte des hommes dévorés par ces incommodes visiteurs, auxquels les Anglais font cependant une rude guerre, soit au moyen de fosses profondes, recouvertes de branchages, et dans lesquelles le tigre se trouve pris; soit par des chasses en règle, semblables à celles de l'Inde. — On a remarqué que les malheureux Chinois figurent pour plus des trois quarts au nombre des victimes, et l'on attribue cette singulière préférence du tigre à l'odeur plus prononcée, je pourrais dire au fumet qui s'échappe de la peau des Chinois. — « Aussi, » me disait un négociant de Singapore en me rapportant ce fait, « toutes les fois que je vais me promener dans « des parages suspects, j'ai soin d'emmener plusieurs « Chinois que je dispose autour de moi; protégé par ce

« rempart vivant, je n'éprouve aucune inquiétude. Les
« tigres ont plus de goût pour les Chinois que pour les
« Anglais. » On lit très-fréquemment dans les journaux
de Singapore les récits plus ou moins pathétiques des
visites faites par les tigres jusque dans les plantations
voisines de la ville.

Mais laissons là les tigres qui, en définitive, ne gênent
guère les Anglais dans leurs progrès incessants de colonisation et de puissance. — Lorsqu'en 1818, sir Stramford Raffles fonda l'établissement de Singapore, l'île
entière n'était peuplée que de 150 Malais; aujourd'hui
elle compte plus de 60,000 âmes. Son commerce met en
mouvement 125 millions de marchandises; son port
regorge de navires et donne asile à tous les pavillons.
— Ce coin de terre, ignoré il y a un quart de siècle, est
devenu le centre commercial et politique de l'Archipel
indien, l'étape obligée pour les communications entre
l'Europe et l'extrême Orient, le foyer de civilisation et
de lumières pour tout un monde! — Singapore est un
tour de force dont l'honneur revient en entier aux merveilleuses qualités qui distinguent la race anglaise. —
Oublions devant un pareil spectacle, oublions nos rivalités nationales, élevons notre admiration au niveau de
l'œuvre accomplie; inclinons-nous devant ce chef-d'œuvre de colonisation intelligente et rapide, et ne craignons
pas de rendre hommage à ceux qui, plus heureux que
nous, plus entreprenants, plus ingénieux, ont su planter
si loin le drapeau de la civilisation européenne! — Pour
ma part, c'était la première fois que je me rencontrais
avec la puissance anglaise dans l'Inde : je l'avais vue
au Cap, mais elle n'avait fait que succéder aux Hollandais, à nous-mêmes, et recueillir, en les améliorant,
les fruits que d'autres peuples avaient semés. A Singa-

pore, elle a tout créé : la nature ne lui avait donné qu'un rocher couvert d'épaisses forêts, un lac d'eaux calmes à peine visité par les pirates : entre les mains de l'Angleterre, ce rocher, ce lac désert sont devenus une colonie florissante, un port encombré de navires. Admirons, je le répète quoi qu'il en coûte à notre orgueil ; imitons l'exemple qui nous est donné par nos rivaux ; si les perspectives du lucre ne nous séduisent pas, que la gloire nous tente : il y a quelque gloire à dominer par l'influence, par le commerce, par la religion ces tribus naguère sauvages qui s'enrôlent, malgré elles, mais par une attraction invincible, dans les rangs de notre civilisation.

Le 16 juillet, au lever du soleil, nous mîmes à la voile pour Manille. — En même temps que nous, une corvette anglaise, *l'Iris*, leva son ancre et navigua, par notre travers, dans la même direction.

MANILLE.

I.

Traversée de Singapore à Manille. — Baie de Manille. — La santé et la douane. — Manille et ses couvents. — Pont sur le Pasig. — Binondo et les faubourgs.

A peine eûmes-nous dépassé le rocher de Pedra-Branca, qui s'élève à la sortie de la rade de Singapore, que la brise du large vint enfler nos voiles. *L'Iris* luttait avec nous de vitesse et cherchait à nous dépasser. Les deux navires couraient parallèlement à une distance d'environ un mille. Nous distinguions, à la longue vue, les officiers de *l'Iris* debout sur la dunette, et, au milieu d'eux, le capitaine donnant à chaque instant ses ordres pour rectifier la voilure et profiter des plus légères variations du vent. De notre côté, le commandant veillait lui-même avec la plus grande attention à la précision des manœuvres et au mouvement du gouvernail. Il s'était ainsi engagé entre les deux navires, entre les deux pavillons, toujours et partout rivaux, une lutte d'amour-propre, à laquelle chacun de nous prenait part, de la pensée et des yeux, comme s'il se fût agi d'un duel national. La France et l'Angleterre, représentées par la frégate et la corvette, se retrouvaient face à face dans les limites du même horizon, et en elles s'était aussitôt réveillé ce sentiment d'émulation instinctive qui les porte en toutes choses, dans les petites comme dans les grandes, à se mesurer, à se combattre. Au lieu de lutter avec leurs canons, les deux navires luttaient avec leurs voiles ; on eût dit deux chevaux de course lancés à fond de train sur la surface des flots. *L'Iris*, plus fine de coupe, plus légère à manœuvrer, semblait à peine toucher la mer, tandis que *la Sirène*, sous la vigoureuse impulsion de sa voilure, oubliait le poids de sa lourde artillerie et fendait les lames avec une rapidité presque égale. — Cette lutte, commencée au départ, dura plus de six heures, pendant lesquelles nous franchîmes près de cinquante milles. La corvette anglaise, favorisée par une rafale, passa enfin devant notre beaupré en nous saluant courtoisement de son pavillon et se dirigea vers le Nord pour gagner les côtes de Chine, tandis que *la Sirène* poursuivait tristement sa route vers l'Est, dans la direction des Philippines. — Nous venions d'être vaincus ; mais la course avait été belle et longuement disputée.

Notre navigation fut lente, pénible, contrariée par le vent ; le soleil daigna rarement éclairer pour nous les horizons brumeux de la mer de Chine. Ce ne fut que dix jours après notre départ de Singapore que nous arrivâmes, le 26 juillet, en vue de Luçon. A deux heures nous entrions, par la passe du Corregidor, dans la vaste baie de Manille, dont les rives nous étaient cachées de tous côtés par le brouillard. Après avoir contourné le banc Saint-Nicolas, qui s'étend au milieu de la baie, la frégate mit le cap sur la rade, dans la direction du phare. A huit heures du soir, elle jeta l'ancre à plus de deux milles de la terre, auprès de plusieurs navires qui s'étaient illuminés de fanaux, pour nous indiquer, de loin, le mouillage.

Il était trop tard pour songer à descendre immédiatement à terre; nous passâmes donc la nuit à bord, attendant avec impatience le lever du jour. Nous savions déjà, par les récits de plusieurs officiers qui avaient navigué dans ces mers, que la baie de Manille est un des plus beaux tableaux qu'il y ait au monde. Malheureusement, la nuit était des plus noires, et les étoiles, ce lustre à mille branches qui éclaire si souvent d'une lumière presque magique le ciel des régions tropicales, dormaient, invisibles pour nous, sur un lit de sombres nuages.

Aux premiers rayons du crépuscule nous étions tous debout. Le ciel fit aussitôt sa toilette, laissa fuir son voile en blanches vapeurs et nous découvrit sa surface pure se noyant à l'horizon dans des flots de mer ou d'arbres mollement ondulés par la brise. Le soleil, sous les tropiques, ne manque jamais à l'appel du matin.

C'est, en effet, un grand et beau spectacle que la baie de Manille! On peut la comparer à la baie de Rio-Janeiro. Elle forme un cercle presque parfait, garni d'une verte ceinture de forêts qui s'élèvent ou s'abaissent avec le niveau des montagnes. L'entrée qui donne passage à la mer est divisée en deux passes assez étroites par l'île du Corrégidor que domine un fort assis sur les rochers. Dans l'intérieur de la baie, les eaux, tantôt calmes et unies, semblent refléter la sombre verdure du rivage ou prennent une teinte plus claire et presque blanchâtre, indice des bas-fonds; tantôt, agitées et écumeuses, elles se creusent et se soulèvent au souffle des *colias*. La baie se transforme alors en une mer terrible qui a ses tempêtes et ses naufrages. — L'embouchure de la rivière Pasig, sur laquelle est située Manille, est indiquée par une tour blanche surmontée d'un phare. A un mille environ dans les terres on aperçoit les murailles de la ville, les dômes des églises et des couvents, encadrés dans un horizon de verdure ; tandis que, dans un autre fond de la baie, s'élève la petite ville de Cavite, avec ses maisons blanches derrière lesquelles on distingue les mâts des navires abrités dans l'intérieur de son port. De nombreuses barques, chargées de provisions et de passagers, les bateaux de la douane, que l'on reconnaît à leur peinture verte, des *faluas*, espèces de péniches armées en guerre pour la police de la rade, parcourent incessamment le trajet entre Manille et Cavite et donnent à cette partie de la baie l'animation d'une grande route : plusieurs villages sont encore clair-semés, à longues distances, dans les enfoncements du rivage : mais leurs cases de bois se confondent avec le feuillage des forêts voisines ; le village ne se révèle au loin que par le clocher de la paroisse, seule construction qui soit en pierre.

Au point du jour, nous fîmes nos préparatifs pour débarquer. Il nous fallut pourtant, avant de quitter la frégate, recevoir la visite des autorités sanitaires empressées de s'assurer que nous n'apportions avec nous aucun germe d'épidémie : précaution assez singulière, car le choléra et les fièvres se sont établis à poste fixe à Manille, et, en vérité, il y a sous ce mortel climat plus de maladies à prendre qu'à donner. Quoi qu'il en soit, l'administration coloniale a trouvé moyen de créer ainsi des sinécures. Après cinq minutes de conversation avec le commandant et le chirurgien du bord, les officiers sanitaires nous donnèrent carte blanche et l'île de Luçon nous fut ouverte.

Je pris de suite un des petits bateaux qui étaient accourus autour de la frégate. La mer était assez mauvaise ; un *colia*, qui avait visité la rade peu de jours avant, y avait laissé un peu de houle et la barre de l'embouchure du Pasig paraissait de loin se soulever en blanches écumes. J'avais plus de confiance dans les pirogues du pays, manœuvrées par trois ou quatre hommes, et habituées à franchir la barre que dans les lourds canots de la frégate, qui se trouvent souvent très-mal à l'aise dans les parages qu'ils abordent pour la première fois. En effet, pendant que le canot des officiers s'avançait lentement vers le phare, ma frêle barque, glissant avec rapidité sur les vagues, traversa la barre et pénétra sans encombre dans le canal qui conduit à Manille. Ce canal, assez étroit, encaissé dans des murs en pierres et terminé d'un côté par la colonne blanche du phare, de l'autre par un fortin chargé de rendre les saluts, est rempli de petits bateaux de passage et de fortes alléges qui guettent le moment favorable pour entrer en rade. Après l'avoir remonté à la distance d'environ un mille, on arrive au quai de la douane où, selon l'usage, il faut se soumettre à la visite des agents du fisc : fort heureusement il est avec les douaniers espagnols des accommodements. Pour un pays qui a connu l'inquisition, Manille est un pays remarquable par la douceur de ses douaniers.

Muni de permis de douane, je débarquai à la Cale-Royale sur la rive droite du Pasig que borde le faubourg de Binondo : la rive gauche est occupée par la ville de guerre.

On me conduisit dans un hôtel situé dans la rue de la Escolta, le quartier le plus animé de Binondo, — un hôtel espagnol : cet adjectif me dispense de toute description. Pour logement, de grandes pièces à peine meublées et assez sales; pour nourriture, de la viande de buffle assaisonnée de garbanzos et de la salade inondée d'huile rance; pour domestiques, des Tagals, la race la plus paresseuse qui soit au monde. — Voilà, en peu de mots, un hôtel à Manille. Il est vrai que lorsqu'on vient d'habiter pendant quelque temps la batterie d'un navire, sans autre fenêtre que l'ouverture d'un sabord dont le canon prend la plus grosse part, le moindre logement à terre semble un palais.

Après tout, on ne se donne pas la peine d'aller à Manille pour rester enfermé à l'hôtel. On monte dans un *birlocho*, cabriolet à quatre roues traîné par deux chevaux qu'un postillon plus ou moins galonné conduit à la Daumont, et on peut promener impunément, en plein soleil, dans la ville de guerre, dans les faubourgs, dans la campagne voisine, les fantaisies de sa curiosité. C'est ce que je fis pendant tout mon séjour.

Manille, fondée par Legaspi dès les premiers temps de la conquête, devint bientôt le centre de la colonisation espagnole. Après plusieurs bouleversements successifs, soit à la suite d'incendies et de révoltes, soit après le bombardement des Anglais, elle fut reconstruite avec soin et entourée de fortifications qui lui permettraient aujourd'hui de soutenir un siége en règle. Les murailles sont entourées de fossés, protégées par des bastions, et défendues en outre de deux côtés par la mer et par la rivière Pasig. Les rues, tirées au cordeau, se coupent à angles droits, mais elles ne sont point pavées et les pluies les rendent souvent impraticables. Les maisons n'ont, en général, qu'un étage qui s'avance sur la rue par une varangue, où l'on vient fumer et respirer l'air frais du soir. Les vitres sont faites de coquilles marines de deux pouces et demi carrés. Les habitations n'ont aucune élégance, et leur ligne régulière et monotone, leur extérieur triste donne assez bien aux rues l'aspect de corridors de couvent.

Manille est, d'ailleurs, la ville des couvents. Indépendamment de ceux qui appartiennent aux dominicains, aux franciscains, aux augustins et aux jésuites, les quatre grands ordres monastiques qui se sont voués à la conversion des Philippines, on compte une quantité de monastères et de maisons d'éducation dirigées par des prêtres. Le couvent des jésuites est un assez bel édifice : celui des augustins brille moins à l'extérieur, mais sa chapelle est extrêmement riche. Tous les ornements de l'autel sont en argent massif et disposés avec plus de goût qu'on n'en rencontre d'ordinaire dans les églises de Manille. Les cellules des moines, par leur simplicité, contrastent avec la splendeur de la chapelle consacrée à Dieu. Les murailles des longs corridors sont tapissées de tableaux représentant les principales scènes de la vie des saints ou les horribles supplices infligés aux martyrs de la foi en Chine, en Cochinchine et au Tongking : ce sont les glorieuses annales de l'ordre.

L'étranger est admis à visiter tous les couvents. Il n'y voit point de ces figures renfrognées et maussades qui donnent souvent une pauvre idée de la satisfaction que certains moines éprouvent à servir Dieu : il est, au contraire, accueilli par des visages frais et souriants, dont l'expression bienveillante n'enlève rien au sentiment de piété vraie qui est au fond du cœur. — Lorsque je frappai à la porte du couvent des augustins, je fus immédiatement introduit dans le parloir, où le supérieur, averti de ma visite, vint bientôt me rejoindre. C'était un homme d'une quarantaine d'années, d'une noble figure, élégant dans son costume de moine, et chez lequel, assurément, les méditations solitaires de la cellule n'avaient pas effacé le souvenir des salons. Il s'offrit de la meilleure grâce du monde à me promener dans son couvent, il me montra l'église, s'y agenouilla quelques instants pour réciter une courte prière, puis il m'emmena dans sa cellule, où un serviteur tagal apporta aussitôt deux tasses de chocolat et des cigares. Ajoutez à cette hospitalité toute gracieuse une conversation vive, spirituelle, pleine d'abandon et de réminiscences presque mondaines : car, ainsi que je l'avais bien deviné, mon hôte n'avait pas toujours été moine et il paraissait n'avoir eu pour la soutane qu'une vocation assez tardive. Sans l'interroger trop indiscrètement sur son passé, j'appris qu'il avait dans sa jeunesse porté l'épée et que de cruelles déceptions — d'ambition ou de cœur? — l'avaient décidé à s'expatrier et à s'engager dans les ordres religieux. — J'ai fait de très-longs détours et de singuliers crochets, me dit-il, pour arriver à la porte de ce couvent; mais, vous le savez, tout chemin mène à Rome. — Quand nous eûmes achevé nos cigares, il me reconduisit jusque dans la rue et me salua en souriant avec la formule espagnole : *La casa es a la disposicion de usted* : la maison est à votre disposition. — Les prêtres, à Manille, sont entourés de considération, de respect, et l'influence qu'ils exercent sur les indigènes épargne à l'Espagne la dépense de troupes nombreuses pour maintenir l'ordre dans la colonie : un moine vaut un bataillon.

Après les couvents, il n'y a de monuments curieux à visiter que la cathédrale, et l'*ayuntamiento* ou municipalité, dont les façades bordent deux côtés d'une grande place au centre de laquelle s'élève la statue en bronze de Charles IV. Le palais du gouverneur, qui occupe un autre côté de la place, est une construction des plus médiocres.

Pendant le jour, la ville est triste ; les administrations travaillent, les négociants sont enfermés dans leurs comptoirs et les femmes font la sieste. C'est seulement vers le soir que les rues se réveillent et présentent un grand mouvement de voitures se rendant à la promenade hors des murs. Les portes se ferment rigoureusement à onze heures, Manille étant ville de guerre : aussi les négociants et la plupart des officiers préfèrent-ils vivre dans les faubourgs, de l'autre côté de la rivière. La partie comprise dans l'enceinte des murailles, bien qu'assez vaste, n'est peuplée que de 15,000 habitants.

On traverse le Pasig sur un beau pont de pierre bâti en 1631. Il y a là un charmant coup d'œil. En descendant le cours du fleuve, ce sont les navires de toute forme, bricks européens, prows malais, jonques chinoises, les *bancas* ou canots du pays, couverts d'un toit de chaume comme d'un parasol, et rapidement entraînés par les courtes pagaies de quatre rameurs ; la digue, l'aiguille du phare, et plus loin la mer parsemée de voiles et bornée à l'horizon par les rochers de l'île du Corrégidor ; — de l'autre côte du pont, on aperçoit les eaux tranquilles du Pasig qui semblent sortir d'un bosquet de bambous ou de cocotiers ; elles ne portent que des bateaux de plaisance, quelques pêcheurs et de petites pirogues, chargées d'herbes, qu'un Indien seul gouverne, si étroites qu'on croit à chaque instant les voir chavirer. — Sur la rive gauche, Manille présente l'aspect sévère de ses vêtements guerriers, ses murailles crénelées, trouées de canons, ses forteresses, et derrière elles, les toits élevés de la cathédrale et des couvents, les édifices aux sombres teintes et les mille croix qui les surmontent, tandis que sur l'autre rive ce sont les faubourgs offrant le contraste de leurs cases en bambou, mêlées aux maisons de pierre, de leur gracieuse verdure, d'un mouvement affairé et d'une joyeuse agitation.

Binondo est le faubourg le plus important et le plus peuplé. Habité par un grand nombre d'Européens et notamment par les étrangers, plus riches en général que les Espagnols, il est construit à peu près dans le même style que Manille; mais ses rues sont plus larges et surtout plus vivantes. Pendant que Manille fait la sieste à l'ombre de ses remparts, Binondo, toujours éveillé, travaille, vend, achète, court en voiture, s'embarque, et, lorsque la nuit vient, il n'a garde de manquer au rendez-vous de la promenade où il se rencontrera avec les paisibles habitants de la cité.

A la suite de Binondo, s'étendent d'autres faubourgs que traversent et coupent en tous sens plusieurs bras de rivière affluents du Pasig. Leur population est entièrement tagale; à mesure qu'on s'éloigne du clocher de la cathédrale et du dôme moresque qui surmonte l'église de Binondo, on dit adieu aux derniers souvenirs d'Europe et on pénètre dans l'originalité pure de la vie indienne.... Mais, avant de nous engager plus loin, arrêtons-nous encore à considérer le tableau, si varié de personnages et de couleurs, qui s'agite incessamment dans les rues de Manille et de Binondo.

II.

La Escolta. — Chinois, Tagals et métis. — Vie des Européens à Manille. — La Calzada. — Le Recreo. — Promenades du soir à Binondo. — Théâtre.

Les fenêtres de ma chambre s'ouvraient sur la Escolta, rue très-populeuse, habitée surtout par des commerçants. Chaque matin, après avoir pris le chocolat que le domestique tagal m'apportait régulièrement, selon la coutume du pays, j'allais faire une longue promenade dans le faubourg, avant que le soleil devînt trop ardent. A l'exception de quelques moines qui se rendaient lentement à leurs églises et des officiers qui pressaient le pas pour rentrer à la caserne après une nuit joyeusement passée hors des murs de la ville de guerre, je rencontrais peu d'Européens; car, à Manille comme à Singapore, les promenades à pied ne sont pas de mode parmi les blancs, qui se blasent vite de la poussière et du soleil. Mais je pouvais fort bien me passer des Européens, et mes yeux avaient assez à faire avec les faces de toutes couleurs, tagales, chinoises, métisses, qui s'épanouissaient, comme moi, aux premiers rayons du soleil de la Escolta.

La Escolta est le grand marché de Binondo : la chaussée, parfaitement entretenue avec un pavage de cailloux et garnie de larges trottoirs, est bordée de boutiques tagales ou chinoises. Les Tagals vendent des nattes, des chapeaux de paille, des rosaires, des tissus d'abaca et de piña, et des souliers de femmes, connus sous le nom de *chinellas*. Quant aux Chinois, leurs magasins, beaucoup plus riches et plus achalandés, sont remplis de toutes sortes de marchandises européennes ou chinoises, et forment de vastes bazars. Plus actifs que les Tagals, plus économes, et surtout plus habiles, les émigrants chinois, venus d'abord à Manille pour cultiver la terre, n'ont pas tardé à ouvrir boutique et à supplanter presque complètement le commerce indigène.

Le Chinois conserve son costume, — sa longue robe, sa queue et son parasol. Sa boutique est toujours ouverte avant celle du Tagal et elle ne se ferme que fort avant dans la nuit. Quand il est en course pour ses affaires, il ne s'arrête pas à regarder les théâtres en plein vent, à écouter la musique du régiment qui passe : il ne songe qu'au marché qu'il vient de conclure ou à celui qu'il prépare; mais s'il survient une procession, s'il rencontre un moine, il se range humblement, s'incline devant la croix, salue le *padre;* car, à Manille, le Chinois a compris qu'il lui importait d'être en bonne intelligence avec la religion, et il s'est fait catholique, — sauf à oublier ses prières et bien d'autres choses : par exemple, sa femme tagale, lorsqu'il s'embarquera sur la jonque pour retourner, chargé de piastres, au pied de l'autel des ancêtres et des temples de Bouddha.

Dans sa boutique, on le voit toujours occupé à vendre, à faire ses comptes ou bien à surveiller, la pipe en main, les nombreux ouvriers tagals qu'il emploie; jamais un moment de repos ou de distraction; jamais de dépenses futiles : chaque minute de la vie du Chinois est une préoccupation de gain présent et d'économie pour l'avenir. Il n'est sorte de spéculation à laquelle l'infatigable marchand ne se livre, et pourtant, à l'en croire, il n'a jamais dans sa caisse la moindre pièce de monnaie. — Pourquoi cela? — C'est qu'à Manille la monnaie de piastre est assez rare et qu'en amassant, à force de patience et de ruse, toute celle qui lui tombe sous la main, le Chinois trouve moyen de la changer, un jour donné, avec un gain considérable.

On comprend que contre de pareils joûteurs, le marchand tagal, avec ses habitudes de paresse, de plaisir et de dépenses, se trouve impuissant à tenir la partie : aussi a-t-il été depuis longtemps obligé d'abandonner la concurrence des grandes affaires. Il vend, dans ses étroites boutiques, les produits du pays qu'il se procure à plus bas prix à cause de ses relations avec les Tagals de l'intérieur de l'île; mais il ne peut pas, comme le Chinois, acheter et revendre les produits étrangers dont le commerce, beaucoup plus lucratif, exige plus de capitaux et d'intelligence mercantile. Et puis, lorsque, à la longue, il a gagné quelques piastres, il ferme sa boutique, prend son coq sous son bras et s'en va passer le temps, soit aux combats de coqs d'une fête voisine, soit sur les rives du Pasig, où, nonchalamment étendu sous une touffe d'arbres, il rêve aux jouissances du *far niente*.

C'est en effet une nature heureuse que celle du Tagal; nous la verrons tout à l'heure dans le *pueblo* (village) avec ses traits particuliers et son originalité primitive. A Manille, elle s'est, à certains égards, modifiée, sans se gâter toutefois, au contact de la civilisation européenne et sous l'influence de la vie plus luxueuse et moins innocente des grandes villes. Le Tagal a apporté à Manille son insouciance, sa paresse qui s'est parfaitement trouvée d'accord avec l'indolence espagnole; sa superstition, à laquelle les moines n'ont jamais cherché à faire une bien rude guerre; son caractère timide et craintif, ses instincts de plaisirs et de luxe; instincts qui se sont développés à l'extrême sous un gouvernement assez bienveillant ou assez adroit pour les respecter. Aussi, quand on s'est arrêté quelque temps à considérer les Chinois, dont le front chauve, toujours plissé par des soucis d'affaires, n'exprime que des idées de lucre, est-ce avec plaisir que l'on rencontre la figure gaie, avenante, naïve du Tagal. — Les hommes sont vêtus d'un caleçon rayé en coton et d'une légère chemise en étoffe d'abaca à raies rouges, bleues, jaunes ou blanches, tantôt unie, tantôt couverte de riches broderies, et flottant par-dessus le caleçon : ils sont coiffés soit du chapeau de paille, soit du feutre européen, et le plus souvent du *salacot*, coiffure pittoresque, qui couvre la tête comme le toit d'une tourelle et la protége également contre le soleil et la pluie. Ce *salacot* est surmonté d'une plaque d'argent ou de cuivre à laquelle s'adapte une sorte d'aigrette à longs crins. — Les femmes portent une jupe rayée, une fine camisole brodée, presque transparente, que soulèvent les libres battements de leurs seins; leurs pieds, généralement petits et bien faits, sont chaussés de l'élégante *chinella*, qui en laisse la plus grande partie à découvert; autour de leur cou voltige une dentelle en piña, sur laquelle brille la croix d'or ou un médaillon de la Sainte-Vierge béni par le curé. — Il y a de la grâce et de la gaîté dans tous ces costumes, dont les couleurs éclatantes s'harmonisent heureusement avec le teint cuivré, avec les yeux noirs et brillants de la race tagale, la plus belle sans aucun doute des races de l'Archipel indien.

J'employais ainsi presque toutes mes matinées à parcourir les divers quartiers de Binondo, coudoyant tour à tour la robe du Chinois, la chemise du Tagal et la veste blanche du *métis*, autre variété plus ou moins foncée, qui cherche vainement à se déguiser sous les vêtements d'Europe. J'entrais dans les églises, où presque toujours se trouvait nombreuse foule; car le Tagal est très-assidu aux offices; je me mêlais aux groupes joyeux et bavards qui se formaient sur les places, au coin des rues, et là, j'apprenais les merveilles des derniers combats de coqs et le lieu de la prochaine fête. La politique, grâce à Dieu, n'est jamais pour rien dans les rassemblements tagals.

Vers onze heures, je revenais à l'hôtel pour y passer les moments des fortes chaleurs. Les rues de Binondo, si animées le matin, commençaient à devenir presque désertes. — Les Tagals rentrent alors chez eux en remerciant le soleil de leur fournir un prétexte pour s'étendre sur leur natte et se livrer aux douceurs de la sieste.

— A cinq heures, je demandais un *birlocho*, et après avoir fait quelques courses dans la ville, je me rendais à la *Calzada*, promenade du bord de la mer, où je retrouvais la population européenne.

La population blanche de Manille se compose des nombreux fonctionnaires venus de la métropole, des officiers de terre et de mer, du clergé régulier et séculier, de quelques négociants, étrangers pour la plupart.
— Sauf les moines, c'est une population de passage, qu'aucun lien de famille ni de propriété territoriale ne rattache à la colonie, et qui n'aspire qu'au moment de quitter un pays où l'ont jetée, souvent à contre-cœur, les hasards d'une carrière administrative ou militaire.
— Les fonctionnaires sont en général mal payés; aussi mènent-ils une vie très-retirée, qui contraste avec les habitudes opulentes des colonies anglaises et hollandaises. Le seul luxe que se permettent les Espagnols de Manille, c'est la voiture; et encore ne doit-on pas considérer comme un luxe ce qui n'est, en définitive, qu'une exigence du climat.

Le soir à la Calzada, toutes les voitures de la ville de guerre et de Binondo, rangées sur deux longues files, promènent rapidement dans une allée bordée d'arbres et longeant la partie des remparts qui fait face à la mer, les familles espagnoles que le soleil ou les affaires ont tenues, pendant toute la journée, confinées dans leurs maisons. C'est là qu'on se rencontre, qu'on se salue, qu'on s'invite pour la *tertullia* qui suivra la promenade. Les femmes, légèrement vêtues de blanc, la tête nue, doublent la fraîcheur de la brise par le mouvement continuel de leur éventail, cette arme favorite, et si bien maniée, de la coquetterie espagnole. Les hommes, assis devant elles, leur envoient sans façon les bouffées de leur cigarette. — De temps à autre, on remarque quelque voiture plus riche, traînée par des chevaux plus ardents, et conduite par un postillon merveilleusement galonné : ce n'est pas, à coup sûr, une voiture espagnole : c'est le *birlocho* d'une famille métisse qui croit racheter par l'étalage de son luxe l'infériorité de la naissance et légitimer, à force de richesses, son apparition parmi les blancs. Mais, bien que le préjugé du sang ne semble pas aussi intraitable à Manille qu'ailleurs, grâce à l'influence salutaire de la religion, il ne saurait exister d'intimité entre les deux races qui ne se rencontrent guère que sur le terrain neutre de la Calzada. — Enfin, quelques riches Tagals, montés sur des chevaux du pays, viennent galoper au milieu des voitures européennes avec leur *salacot* et leur chemise bariolée qui se soulève et s'enfle comme une voile au souffle du vent.

Aux jours de fête, la musique de la garnison, presque entièrement composée de virtuoses tagals, s'établit devant le fortin, grande caserne qui termine la promenade du côté de la ville, et donne un concert autour duquel se presse une nombreuse foule.

L'angélus sonne à la cathédrale de Manille : aussitôt les voitures s'arrêtent; les femmes font le signe de croix; les hommes se découvrent, on attend silencieusement que le dernier coup de la cloche du soir ait expiré : — puis les chevaux repartent. Pieuse coutume qui me retraçait l'image de l'ascendant souverain que le clergé a de tout temps exercé aux Philippines : la colonie, de même que la voiture de la Calzada, marche et s'arrête au son de la cloche et à la voix de la religion.

Après l'angélus, les promeneurs se dispersent peu à peu; on rentre en ville, et l'on se rend dans les *tertullias*, soirées modestes et paisibles, où la gaîté se trouve rarement au fond des tasses de thé et de chocolat que la dame de la maison offre à ses hôtes. On se retire de bonne heure, avant que la ville n'ait fermé ses portes aux habitants du faubourg.

Depuis peu d'années, on a fondé à Manille un cercle, le *Recreo*, où les Européens se réunissent trois fois par mois pour un bal, un spectacle ou un concert : il n'y a point d'autres occasions de fêtes. On entre au Recreo avec le costume de la Calzada; les hommes gardant leurs cigarettes allumées, et les femmes leurs robes blanches : les dames espagnoles n'ont pas besoin d'être parées.

......Au retour de la Calzada, je congédiais mon *birlocho* et je parcourais de nouveau les rues du faubourg. — Tantôt je m'arrêtais devant la maison d'un riche Tagal qui donnait une fête, et j'écoutais les gais refrains de la musique indienne ou des quadrilles d'Europe, accompagnés par les éclats de joie des nombreux invités. Au-dessous des croisées ouvertes et répandant au dehors la clarté du salon illuminé par des lampes d'huile de coco, s'établissait en plein air un second bal qui recueillait les sons de l'orchestre comme des miettes de plaisir tombées de la table du riche. Ces danses de la rue ne le cédaient en rien, pour l'animation et le pittoresque, aux danses aristocratiques du salon. Plus loin, j'entendais les sons mystérieux d'une guitare soupirant la sérénade sous les fenêtres de quelque beauté tagale : de tous côtés, c'étaient des fêtes, des réunions où, à l'occasion d'un mariage, d'une naissance, d'un baptême, d'un saint ou d'une sainte, les Tagals riaient, dansaient et se laissaient aller à la douce ivresse du vin de nipa.

Aux distractions des bals, des festins, qui se prolongent ordinairement fort avant dans la nuit, il faut ajouter de temps à autre celle du théâtre. Manille possède une salle assez grande, où une troupe de métis représente, à des intervalles irréguliers, des comédies et des drames espagnols. Les Tagals se portent avidement à ce spectacle. Je n'y suis allé qu'une fois, par curiosité, pendant mon séjour, et je n'y ai fait qu'une très-courte apparition. Il n'y a ni comédie, ni drame espagnol qui puisse présenter autant d'intérêt, pour un étranger, que le panorama, toujours animé, de la rue et de la place publique.

Lorsque, pendant plusieurs jours, j'eus mené à Manille cette vie de flânerie à toutes les heures, entremêlée de quelques relations avec les fonctionnaires européens, je quittai la ville et j'allai faire de plus longues promenades dans la campagne. Il me tardait de voir enfin le Tagal dans son *pueblo*.

III.

Les combats de coqs à San-Miguel.

J'avais pour voisin dans la Escolta un vieux Tagal qui tenait une boutique de *chinellas*. Il passait ordinairement sa journée sur un banc de pierre placé auprès de sa porte, à fumer sa pipe, à mâcher du bétel, ou à faire la sieste quand les pratiques ne venaient pas. A côté de lui, je voyais toujours un magnifique coq à plumes noires qu'il paraissait aimer avec passion. Il le couvait de l'œil, il le caressait, il lui tenait les discours les plus tendres; parfois aussi, il l'excitait de la voix et du geste, pour admirer ses allures martiales et le noble hérissement de sa crête. Il n'y avait pas, dans tout Binondo, de plus beau coq de combat.

Lorsque je rentrais à l'auberge, je m'arrêtais souvent à considérer ce tableau. Le Tagal, reconnaissant de l'intérêt que je semblais porter à son coq, m'adressait les plus gracieux sourires, et nous en vînmes bientôt à échanger quelques paroles. J'achetai, à diverses reprises, plusieurs paires de *chinellas* (ce sont des chaussures fort élégantes, qui témoignent en faveur des petits pieds des femmes tagales); de son côté, le vieillard me raconta la chronique du voisinage, au point de vue de son art, et je dus reconnaître qu'on peut, à l'occasion, tirer grand parti d'un homme qui a l'honneur de chausser les dames!

En passant un matin devant la boutique, je remarquai que Domingo (ainsi s'appelait le Tagal) avait l'air morne et abattu; il était, comme à l'ordinaire, couché sur son banc, le visage défait et les yeux à demi fermés. Le coq, se conformant sans doute aux tristes pensées de son maître, gisait à ses pieds, la crête basse et les plumes en désordre.

— Qu'y a-t-il donc, maître Domingo? dis-je en m'approchant. Vous serait-il arrivé quelque malheur? Vous étiez si joyeux hier soir....

Domingo leva les yeux et soupira en hochant la tête.

— Auriez-vous quelque peine d'argent? un billet protesté? Votre signature serait-elle entre les griffes d'un banquier chinois?

— Non, Señor, je n'ai pas d'affaire avec cette maudite race, et je ne dois rien.

— Mais alors vous êtes malade !

— Hélas !....

— Expliquez-vous, Domingo. Je suis désolé, en vérité, de vous voir si triste.

— Mon pauvre coq !! s'écria le Tagal... Voyez ! — Et, en disant ces mots, il me montra du doigt le noble animal qui demeurait sans mouvement. — Hier, j'ai passé ma journée à lui apprendre les coups les plus difficiles, et il s'en tirait à merveille ; tous les voisins l'ont admiré ! Ce matin, au lever du soleil, il n'a point chanté.... Je ne me suis réveillé qu'au grand jour... je suis accouru à lui, plein d'inquiétude, et je l'ai trouvé dans la situation où vous le voyez en ce moment. Pauvre coq ! Je l'ai trop fatigué hier ; c'est moi qui l'ai tué !

— Remettez-vous, mon bon Domingo, le mal n'est peut-être pas sans remède. Un coq ne meurt pas comme cela. Dans quelques jours tout ira bien.

— Dans quelques jours, Señor, il sera trop tard. C'est demain la grande fête de San-Miguel ; il y aura le plus beau combat de coqs de l'année, et mon coq n'y sera pas ! Jugez de mon malheur !... Je l'avais acheté tout jeune : j'avais deviné son jarret solide, son œil de feu, sa bravoure ; je l'avais moi-même formé aux combats, et j'étais sûr de lui. Je comptais remporter demain une victoire complète dont tout Binondo aurait parlé ; et maintenant !....

— Allons, allons ! on ne fait d'oraison funèbre que pour les morts, et votre coq n'est pas encore parti pour l'autre monde. Qui sait ? demain peut-être il sera tout à fait guéri... Tenez, le voici déjà qui remue une patte...

En effet, le coq, comme s'il eût voulu venir à mon aide pour rassurer l'infortuné Domingo, rouvrit les yeux, se leva et vint becqueter dans la main de son maître.

— A quelle heure la fête de San-Miguel? dis-je à Domingo.

— A deux heures précises.

— C'est bien; j'y serai et je vous donne rendez-vous, ainsi qu'à votre coq, dans la salle du combat. A demain donc.

— La sainte Vierge vous entende!

.... Le lendemain, à une heure, je pris un *birlocho*, et au sortir de l'hôtel je m'arrêtai un instant devant la boutique de chinellas. Le banc de pierre était vide, et la boutique fermée.

— Eh bien! demandai-je au voisin, qu'est devenu le vieux Domingo?

— Parti depuis ce matin pour la fête.

— Et le coq?

— Oh! le coq est parti avec lui. Ils ne se quittent pas.

— La bête est donc complétement guérie?

— Comment! vous ne l'avez pas entendue ce matin? le maudit coq a fait un bruit à réveiller tout le quartier. On dirait que ces animaux sentent la poudre...

— Allons, tant mieux; c'est bon signe... En route pour San-Miguel, criai-je au postillon.

Le chemin qui mène de Binondo à San-Miguel forme une large allée bordée, dans toute sa longueur, de cases tagales. Quelques arbres, le bananier aux larges feuilles pendantes, le bambou aux tiges flexibles, le manguier, le goyavier, répandent autour de chaque case la fraîcheur de leur ombre et le parfum de leurs fruits. Ces villages tagals, qui se succèdent comme autant de faubourgs à la suite de Binondo, présentent tous cet aspect de propreté modeste et de bien-être général qui réjouit les yeux bien plus que le spectacle de nos richesses voisines de tant de misères! Grâces en soient rendues à la domination espagnole! Sous ce beau soleil, à la vue de cette riche nature que n'attriste pas l'esclavage, les joies peuvent être sans remords et le bonheur sans envie.

Pendant que mon birlocho m'entraînait rapidement vers San-Miguel, j'admirais ce charmant coup d'œil. Presque toutes les cases étaient fermées; la population entière avait émigré et s'était portée à la fête. A chaque pas, sur la route, je rencontrais des groupes joyeux, hommes, femmes, enfants, parés de leurs plus beaux habits. A mesure que j'approchais de San-Miguel, cette foule d'heureux pèlerins devenait plus compacte et plus empressée. Ce fut à grand'peine que mon postillon, malgré son fouet, ses cris et ses jurons, réussit à se frayer passage. Enfin, au bout d'un quart d'heure, il m'arrêta à la porte de l'enceinte consacrée aux combats de coqs.

On me fit payer une petite somme d'argent et j'entrai.

Les combats n'étaient pas encore commencés, mais la salle se trouvait déjà remplie de monde; elle formait une espèce de cirque, légèrement construit en bois et recouvert d'un toit de nattes qui laissait entrer, par plusieurs ouvertures, des bouffées d'air et des ondées de soleil. Au milieu du cirque s'étendait une place carrée, garnie de sable fin et défendue par des balustrades contre les envahissements de la foule; c'était le champ clos où les combattants et les juges avaient seuls le droit d'entrer. Une loge en bois, réservée aux Européens et aux indigènes de distinction, s'élevait sur l'un des côtés. De cette loge, où je m'établis en compagnie de plusieurs

Espagnols venus, comme moi, de Manille, je pouvais dominer toute la scène.

Les balustrades étaient garnies d'une multitude de curieux; les premiers venus avaient pris les meilleures places. Derrière eux, s'agitait une masse confuse d'hommes et de femmes, criant, gesticulant, se disputant, impatiente des émotions de la scène. De nombreux groupes se formaient autour des marchands de gâteaux, de vin et de cigares, ou simulaient des danses tagales au son de quelques violons. Je remarquais çà et là des costumes chinois, mais en petit nombre; car le Chinois, laborieux, avare, usurier, n'est jamais le bienvenu dans les réunions tagales. S'il paraît aux combats de coqs, c'est uniquement pour l'amour des piastres et non pour la noble excitation du jeu. Et les coqs! ils remplissaient le cirque: les uns, soigneusement reposés sur les bras de leurs maîtres; les autres, attachés par la patte à quelques poteaux; d'autres encore dans de petites cages laissées sous la surveillance d'une jeune fille ou d'un enfant. Au milieu des conversations bruyantes de la foule, on distinguait leur cri perçant et sonore, et ils se renvoyaient, de toutes les parties de la salle, leurs magnifiques *coricocos*.

Je n'avais pas encore aperçu Domingo et je craignis qu'il n'eût manqué à notre rendez-vous. — Cependant, pensai-je, ne m'a-t-on pas dit ce matin que le coq avait chanté et que son vieux maître était parti de Binondo? Ils doivent être ici! — En effet, après avoir plusieurs fois promené mes regards sur cette foule bigarrée qui s'agitait dans l'enceinte et augmentait à chaque instant par l'affluence des nouveaux arrivants, je finis par découvrir derrière un poteau placé à l'une des extrémités de la salle, mon ami Domingo en tête-à-tête avec son coq. Je descendis immédiatement de ma loge et j'allai à lui.

Domingo était assis à terre et parlait; son coq se tenait debout, à deux pas devant lui, les yeux fixés sur son maître et dans l'attitude de la plus vive attention. A certains gestes du Tagal, le coq faisait un mouvement, puis un autre; il levait une patte, la lançait tantôt en avant, tantôt en arrière, avec la précision d'un soldat qui exécute une manœuvre. Domingo était trop occupé pour s'apercevoir de ma présence. C'étaient les dernières leçons, les derniers encouragements qu'il donnait à son coq avant l'heure solennelle du combat.

— Eh bien! Domingo, lui dis-je en l'interrompant au milieu d'un exercice, n'avais-je pas raison? Les coqs ont la vie dure et le vôtre paraît être en excellente disposition.

— Comment, señor, vous étiez là!.... Ce jour sera, j'espère, le plus beau de ma vie. Avez-vous vu comme il s'y prend! Je n'ai jamais eu d'élève mieux discipliné. Tenez, regardez-moi cette feinte; c'est un coup de mon invention.

Et en même temps, sur un geste, le coq, se lançant en l'air, exécuta, en tombant, une rapide conversion qui remplit de joie et d'admiration son vieux maître.

—.... Mais, reprit Domingo, nous aurons affaire à de rudes concurrents. Il y a, entre autres, un roué de coq qui appartient à un Chinois et qui n'en est pas à sa première bataille. Il a eu les honneurs et les piastres de la dernière fête. Ces maudits Chinois! faut-il donc que je les rencontre partout!....

A ce moment deux heures sonnèrent et nous entendîmes un bruit de cloche qui annonçait l'ouverture de l'arène. Je m'empressai de remonter dans ma loge pour assister au premier combat.

Un silence profond s'établit dans toutes les parties du cirque : chacun se rapprocha des balustrades, qui résistaient à peine à la pression des curieux; les jeunes femmes grimpaient sans façon sur les épaules de leurs maris ou de leurs frères, et ce second étage de figures fraîches et rieuses formait comme une galerie au-dessus du parterre. — Dans l'enceinte réservée où devait avoir lieu le combat se tenaient deux Tagals, l'un, armé d'une canne à pomme d'argent qu'il frappait de temps à autre sur le sol avec la gravité d'un homme habitué au commandement : c'était le président, le juge du camp; l'autre, chargé de régler les paris et de recueillir les piastres.

Un murmure de satisfaction parcourut les balustrades lorsque les deux coqs appelés à verser le premier sang sur l'arène firent leur entrée; mais l'émotion ne fut pas de longue durée, c'étaient de jeunes coqs inexpérimentés qui livraient leur combat de début. En quelques instants, la lutte se termina par la fuite de l'un des deux champions. La foule mécontente poursuivit de ses huées le lâche fugitif que son maître n'osa venir reprendre et abandonna, tout honteux, aux sifflets du parterre.

Plusieurs combats se succédèrent sans offrir beaucoup d'intérêt; dans l'intervalle de chaque duel, les cris recommençaient, les interpellations se croisaient en tous sens; on demandait tel ou tel coq, déjà connu par quelque triomphe, de même que sur le théâtre on demande un acteur en vogue. La canne du président imposait silence et donnait le signal d'un nouveau combat.

Ce fut un beau moment que celui où Domingo parut à son tour dans l'arène; à la vue du coq noir, la foule, émerveillée, battit des mains; mais l'enthousiasme monta à son comble lorsque, par l'autre entrée, se présenta un vieux Chinois portant un magnifique coq rouge. Tous les spectateurs avaient reconnu le rude joûteur dont m'avait parlé Domingo, le Bayard des coqs.

Aussitôt les parieurs, qui jusqu'alors s'étaient montrés tièdes et indifférents, s'empressèrent autour de la balustrade; une pluie de piastres, entremêlée de quadruples, tomba sur l'arène. Le Tagal préposé aux paris ne savait auquel entendre.— Cinq piastres pour le rouge. — Dix pour le noir. — Un quadruple pour le Chinois. —Tenu pour Domingo. — C'était un cliquetis assourdissant d'argent, d'or et de paroles. Chacun parlait à la fois et vidait ses poches. Les femmes, qui s'étaient d'abord contentées de crier, selon leur habitude, plus haut que les hommes, se mirent aussi de la partie et jetèrent colliers, bracelets, bagues, etc., etc. : elles se seraient engagées elles-mêmes, si la chose eût été possible. — Lorsque la première ardeur parut calmée, on ramassa les gages, qui furent rangés séparément par piles égales de 10 piastres. Il se trouva que le coq rouge avait, en fin de compte, un avantage de trois ou quatre piles sur son concurrent. Domingo se hâta de faire l'appoint.

A voir tant d'argent jeté ainsi aux hasards d'un combat de coqs, on se croirait, en vérité, sur les rives du Pactole ou en Californie, et pourtant le peuple tagal est, en général, pauvre. Mais tous les gains de son industrie ou de son commerce, tous les revenus de son champ, sont invariablement dévorés par l'insatiable passion du jeu, et il n'a d'autre caisse d'épargne que le tapis vert de l'arène.

Le président annonça à haute voix que les paris étaient

clos et commanda le silence. Domingo et le Chinois, tenant chacun dans les bras leurs coqs, qui se débattaient d'impatience et faisaient effort pour conquérir leurs libres mouvements, s'approchèrent l'un vers l'autre et mirent en présence les deux champions. Ceux-ci, tendant le cou, hérissant leurs plumes, se lançant des regards furieux, brûlaient d'entamer la lutte. Le Chinois détourna avec la main la tête de son coq et permit au coq de Domingo de donner un premier coup de bec. Domingo en fit autant et le coup de bec fut rendu avec usure. Il y eut ainsi plusieurs attaques, à la suite desquelles la rage des deux coqs s'enflammait aux applaudissements de la foule. Mais ce n'était que le prologue du grand combat.

Après cette première escarmouche, le Chinois et Domingo s'éloignèrent chacun de leur côté pour attacher l'éperon d'acier aux ergots de leurs coqs. Cet éperon est à peu près de la longueur d'une lame de canif. Domingo, qui était venu s'établir au-dessous de ma loge, procéda à l'opération aussi gravement que s'il eût armé un chevalier. Cependant il était facile de deviner son émotion; le pauvre homme allait jouer toutes ses épargnes et presque son honneur sur la tête de son coq. — Courage, Domingo, lui criai-je, j'ai parié pour vous. Le vieillard, dans un moment aussi solennel, ne put me répondre que par un regard de remercîment.

Dès que la cérémonie des éperons fut terminée de part et d'autre, le président donna un signal : Domingo et le Chinois posèrent leurs coqs à terre et sortirent de l'enceinte. Enfin, la minute décisive était arrivée, et toute la foule laissa échapper, comme malgré elle, de joyeuses exclamations.

Devenus libres au milieu de l'arène, les deux champions, la crête droite et le bec au vent, se cherchèrent un instant des yeux, puis se précipitèrent avec impétuosité l'un sur l'autre. Le coq rouge, emporté par son élan, passa sur la tête du coq de Domingo sans l'atteindre, mais, se retournant vivement, il se retrouva en présence de son rival... Alors les deux ennemis, immobiles, le cou tendu, s'observèrent pendant quelques secondes, comme s'ils ferraillaient avec leurs regards, et tentèrent une nouvelle rencontre en rejetant violemment la patte en arrière pour se porter le coup d'éperon. Cette fois on vit tomber sur le sable quelques gouttes de sang et l'on remarqua une légère tache rouge sur le plumage d'ébène du coq de Domingo.

Le marchand de *chinellas* pâlit tout à coup, pendant que le Chinois s'épanouissait de joie en lançant un regard avide sur les monceaux de piastres, dorées à ce moment par un rayon de soleil.

Je tremblais pour Domingo. — Le coq noir est bien malade, disait-on autour de moi. — Le coq rouge est vainqueur! — Ces gueux de Chinois! ils ne jouent qu'à coup sûr. — Attention! voici le dernier choc; ce sera sans doute le coup de grâce.

— Les coqs n'ont donc pas de mémoire! pensai-je. Si cette malheureuse bête pouvait se rappeler le fameux coup que Domingo lui faisait répéter tout à l'heure encore avec tant de succès!

J'eus la satisfaction de voir que j'avais eu la même pensée que le coq. Car, au même moment, le digne élève de Domingo se lança en l'air, opéra un rapide mouvement de conversion et planta son éperon dans la poitrine de son adversaire, qui tomba expirant sur l'arène.

Le combat était terminé; il avait duré à peine trois

minutes. Trois minutes de silence, d'anxiété, d'émotions, de vives jouissances pour toute cette foule qui avait fait plusieurs lieues, mis ses plus beaux habits de fête, risqué jusqu'à la dernière piastre pour assister au duel de deux coqs !.... Le juge proclama la victoire du coq noir, et aussitôt le cirque retentit de cris de joie et de bravos; car la lutte avait été digne et pleine d'intérêt; les deux champions avaient combattu avec une égale vaillance, et l'heureuse manœuvre inventée par Domingo, si habilement exécutée par son coq, avait produit la plus vive sensation. Ceux-là mêmes qui avaient parié pour le vaincu applaudissaient au triomphe du vainqueur, et, oubliant leur perte d'argent, ils ne songeaient qu'à la joie du spectacle; ce n'étaient plus des joueurs, c'étaient des Tagals... Et puis, il y avait là presque une question de patriotisme : la foule était toute fière de voir que Domingo, un compatriote, avait battu le Chinois.

Mais revenons à l'arène, où, pendant cette explosion d'enthousiasme, se passait une scène des plus pathétiques. Le Chinois vint ramasser son malheureux coq, gisant sur le sable au milieu d'une mare de sang. Quant à Domingo, dès que le résultat de la lutte avait été proclamé, il s'était élancé par-dessus la balustrade et était accouru auprès de son élève chéri. Hélas! la pauvre bête saignait encore de sa blessure : elle se tenait à peine sur ses pattes; son œil était devenu terne; sa noble crête s'abaissait languissamment; à la vue de Domingo, elle poussa un faible cri; ce n'était pas le chant du coq victorieux, c'était le chant du cygne! elle tomba aux pieds de son maître. La blessure reçue dans le combat était mortelle!

Domingo, désespéré, prit son coq dans ses bras et

sortit de l'arène sans même attendre qu'on lui eût donné les piles d'argent qu'il venait de gagner. Je le vis se diriger vers la porte du cirque, pendant que la foule impatiente et insatiable d'émotions demandait déjà le spectacle d'un autre combat.

Pour ma part, ma curiosité se trouvait complétement satisfaite. Je ne suis pas né, comme le Tagal, avec la passion des combats de coqs. Après avoir jeté un dernier coup d'œil sur les mille détails de cette scène animée et pittoresque, je quittai ma loge et regagnai mon *birlocho* qui m'attendait à la porte. Mais j'eus toutes les peines du monde à retrouver le postillon ; le drôle, fidèle à ses instincts de Tagal, s'était faufilé dans le cirque, où la vue des coqs l'intéressait beaucoup plus que la garde de ses chevaux.

Je quittai San-Miguel et repris la route de Binondo. A moitié chemin, je rejoignis Domingo, qui marchait lentement et la tête baissée ; il portait à la main un paquet enveloppé dans un mouchoir : c'était son coq. Je l'invitai à monter dans ma voiture, et nous arrivâmes ensemble à l'hôtel. Pendant toute la route le vieillard demeura silencieux et son visage était triste. Je respectai sa douleur et ne cherchai point à la distraire. — Pleurer ainsi la mort d'un coq ! me dira-t-on : qu'eût-il donc fait, s'il avait perdu son fils ? — Ne jugeons pas ainsi les douleurs d'autrui. Qu'importe l'instrument qui a porté la blessure, si le sang coule ? Après tout, ce coq, que Domingo avait élevé, qu'il avait instruit au combat, qu'il venait de relever mourant après un si beau triomphe, ce coq était pour le vieux Tagal plus qu'un ami et presque un fils ! J'ai vu des Tagals qui donnaient leur femme et leur fille ; je n'en ai pas rencontré qui consentissent à se séparer de leur coq de combat.

— Journée maudite! s'écria Domingo en descendant de la voiture. Adieu, señor; soyez plus heureux! Et il s'éloigna.

IV.

Volcans de Luçon. — Laguna de Bay. — Mariquina. — San-Mateo. — Mœurs et gouvernement tagals. — Fête de village. — Cavite.

L'île de Luçon porte partout les traces des révolutions volcaniques. Ce sont les laves qui ont engraissé ses champs fertiles que la nature a recouverts ensuite de la plus riche végétation : ce sont elles aussi qui ont produit çà et là ces phénomènes étranges que la science explique à peine, ces montagnes de rochers, ces grottes, ces lacs, vomis hier par une éruption et destinés peut-être à s'engloutir demain dans une éruption nouvelle. — On peut bien dire de la population tagale qu'elle danse sur un volcan; qu'elle s'endort sur la bouche d'un cratère. Mais peu importe à son caractère insouciant. Les registres des paroisses, sur lesquels, depuis la conquête, les moines ont soigneusement écrit l'histoire des éruptions et leurs ravages, — ravages terribles qui ont parfois coûté la vie à des milliers d'âmes, — ne troublent les Tagals ni dans leurs fêtes, ni dans leur sommeil de la nuit, ni dans leur sieste du jour. Le voyageur seul demande des nouvelles de la lave et va feuilleter curieusement, au presbytère, dans les procès-verbaux du curé, l'état civil du volcan.

Le plus célèbre des volcans de Luçon est celui de Taal, situé au milieu d'un grand lac, la *laguna de Bay*, d'où sortent, pour se rendre à la mer, les eaux tranquilles du Pasig. Bien que les laves éteintes de Ténériffe et les laves enflammées de l'île Bourbon m'eussent suffisamment édifié sur les volcans, je regrettai vivement de ne pouvoir remonter le cours du fleuve et visiter la *laguna*. L'époque de notre départ approchait ; je préférai voir de plus près encore les mœurs tagales et faire les courses de San-Mateo, petit village à une dizaine de lieues de Manille, où, me disait-on, se trouvait une grotte superbe qui attire la curiosité de tous les étrangers. Je devais, en outre, pour m'y rendre, traverser de riches *pueblos* et de belles plantations.

Je me disposai donc à aller à San-Mateo, et, d'après les conseils qui me furent donnés, j'eus soin de prendre sur moi des lettres d'introduction pour les curés des villages tagals. Dans l'intérieur de Luçon, plus encore qu'à Manille, il faut avoir les curés pour soi.

Après être sorti de Binondo et avoir dépassé San-Palos, village qui touche presque aux derniers faubourgs, j'entrai dans une vaste plaine couverte de cultures. Les cannes à sucre, les indigofères, les cafiers se succédaient à mes yeux sur les deux côtés de la route que parcourait rapidement mon birlocho ; mais ces plantations semblaient abandonnées : il n'y avait pas une âme dans les champs ; à peine, de temps à autre, quelque case tagale endormie à l'ombre de quelques cocotiers ; les cannes à sucre poussaient à la grâce de Dieu. Le Tagal a trop de foi dans la Providence ; il est trop amoureux de la paresse et des combats de coqs pour consacrer aux cultures, qui l'enrichiraient pourtant, sa journée et ses peines. — Vers deux heures de l'après-midi, j'entrai à Mariquina, et mon cocher arrêtait ses chevaux devant la maison du curé, chez lequel je comptais faire une courte halte.

Un domestique tagal vint m'ouvrir la porte, se chargea de ma lettre et alla de suite la remettre au curé. J'arrivais à une mauvaise heure, à l'heure de la sieste. Cependant, au bout de quelques minutes seulement, je vis entrer dans la salle à manger où l'on m'avait introduit, un homme encore jeune, portant le costume des moines augustins de Manille, et dont la physionomie douce et fine me promettait à l'avance le plus gracieux accueil : c'était le *padre*. Nous fûmes rejoints presque aussitôt par un de ses confrères du *pueblo* voisin.

Le *padre* se hâta de me faire toutes ses offres de service, et, en me récitant la phrase sacramentelle que j'avais entendue déjà en mainte autre rencontre : *la casa es a la disposicion de usted,* il sut relever, par l'expression bienveillante et distinguée de son geste, la banalité de cette formule. Il ordonna qu'on me servît à déjeuner; puis, après m'avoir présenté une soucoupe remplie de cigares de Cagayan, il me proposa la sieste ou une promenade dans Mariquina. J'optai naturellement pour la promenade.

Mariquina est un des plus jolis pueblos du district de Manille; il renferme une nombreuse population tagale et quelques familles espagnoles ou métisses, propriétaires du sol, et s'adonnant au commerce. Autour d'une assez grande place s'élèvent l'église et plusieurs maisons en pierre ou en briques; mais la rue principale, ombragée par des cocotiers et des bananiers, est bordée de cases tagales en bambou, recouvertes de chaume, et de construction tout à fait semblable à celle des cases de San-Miguel. Dans ces pays exposés tantôt au soleil le plus ardent, tantôt à des pluies torrentielles, l'architecture a dû se plier plus qu'ailleurs aux exigences du climat. Les cases sont élevées de quelques pieds au-dessus du sol, à l'abri de l'humidité, et soutenues par des pieux que relie un léger treillage, comme la haie d'une bergerie. L'enceinte ménagée ainsi au-dessous de la maison sert de basse-cour. Le toit, terminé en pointe très-aiguë, descend presque jusqu'à terre, et forme, à sa partie inférieure, une espèce d'auvent, à la fois parapluie et parasol, sous lequel s'étend une longue galerie. Cette architecture simple, mais bien appropriée au climat, s'harmonise gracieusement avec le cadre de verdure sombre et vigoureuse que décrivent autour du toit les cocotiers, les manguiers, les bambous, éventails remués à la moindre brise. Toutes les cases n'ont qu'un étage auquel on monte par un petit escalier en bois pratiqué à l'extérieur et protégé par la dernière bordure de chaume; elles ne diffèrent que par la largeur de leur façade. L'ensemble de cette régularité symétrique donne à cette longe rangée de palais de chaume une apparence de grande ville qui n'enlève rien à la grâce modeste du village.

Le soleil commençait à descendre vers l'horizon, et l'heure de la sieste était passée. La rue, déserte pendant le milieu du jour, reprenait son animation. Le passage du curé amenait sur le seuil des portes les femmes et les enfants, s'inclinant, faisant le signe de la croix, ou même s'approchant avec respect pour baiser la manche de la soutane : la vue d'un étranger excitait aussi la naïve curiosité des Tagals. Tous les visages, d'ailleurs, semblaient me sourire; car, en compagnie du *padre*, je devais être le bienvenu.

De temps en temps passaient auprès de nous quelques

buffles conduits par un enfant. Il fallait alors nous tenir un peu à l'écart. Dès qu'ils aperçoivent un visage européen, les buffles raidissent le cou, enflent les naseaux, et il serait parfois dangereux de se trouver à leur portée. Ce sont, du reste, des animaux fort utiles pour les transports et les travaux des champs, et ils forment la principale richesse d'un propriétaire tagal.

Le curé me fit entrer dans plusieurs cases : sa visite était toujours accueillie par des démonstrations de joie. Nous nous asseyions pendant quelques instants dans le salon, grande pièce carrée dont les parois, blanchies à la chaux, sont tapissées de portraits, d'images de saints et de saintes que surmonte la branche de buis cueillie à l'église le jour des Rameaux. — L'ameublement est des plus simples : quelques bancs, une table en bois et une natte étendue par terre, où l'Indien dort la nuit et se repose le jour; le lit est toujours fait. Lorsque le Tagal ne dort pas, il fume, soit dans une petite pipe de terre jaune dont le tuyau est en bois, soit avec des cigarettes, soit encore, s'il est riche, avec d'énormes cigares grossièrement roulés qui lui durent plusieurs jours. Les femmes fument également. Nous les trouvions occupées aux soins du ménage, filant le coton du pays ou blanchissant leur linge qu'elles renouvellent très-fréquemment, aussi bien par coquetterie que par hygiène. Ces habitudes de propreté, communes à tous les Indiens, contribuent à leur donner cette bonne mine et cette apparence de bien-être que l'on remarque chez les populations soumises des Philippines. — Quant au travail, il en est rarement question. En quelques heures, le Tagal gagne de quoi suffire aux besoins de sa famille, et il s'en tient là : encore ne consent-il guère à cultiver son champ que pour amasser quelques piastres qu'il va doubler ou perdre aux combats de coqs de la fête prochaine ou qu'il dépensera à s'acheter une belle chemise d'abaca. Le sol, du reste, fournit abondamment, et presque sans culture, les bananes, les cocos, le riz, le tabac; la basse-cour, garnie de volaille et surtout de porcs, complète les repas des dimanches et des jours de fêtes.

Après cette promenade dans le village, nous reprîmes le chemin du presbytère. Je me proposais de partir de suite et de profiter des dernières heures du jour pour gagner San-Mateo; mais le ciel se couvrit subitement de nuage, la pluie commença à tomber à larges gouttes. — Rentrons au plus vite, me dit le *padre*, voici un déluge pour toute la soirée; il faudra remettre votre départ à demain et vous résigner à passer la nuit dans notre village de Mariquina. Nous étions à peine rentrés qu'en effet un effroyable orage se déchaîna sur le *pueblo*. Dix minutes auparavant le ciel était bleu et resplendissant de soleil.

Grâce à l'amabilité du curé, je n'eus qu'à me féliciter du contretemps inattendu qui me retenait forcément à Mariquina. J'avais déjà vu les moines espagnols de Manille : répandus dans les campagnes, ces moines jouissent à juste titre du respect et de la vénération de leurs nombreux paroissiens; cela suffit à leur foi, à leur conscience évangélique : mais leur intelligence demeure solitaire; il se fait autour d'elle un vide que ne sauraient combler les pieuses, mais monotones préoccupations d'une vie passée au milieu d'un peuple superstitieux et crédule. — Dans cette disposition d'esprit, la visite d'un Européen devient pour les exilés une heureuse rencontre qui leur procure l'occasion d'épancher leurs sentiments intimes, d'échanger quelques idées, quelques émotions sympathiques. Comment en douter, à voir l'empressement de leur accueil, la complaisance et presque la coquetterie de leur hospitalité?

Plusieurs voyageurs ont cru devoir peupler la solitude des moines espagnols aux Philippines par l'image gracieuse de quelque jeune Indienne élevée plus ou ou moins pieusement au service du presbytère et du curé. Ce sont de petites aventures auxquelles on se laisse trop facilement entraîner pour les besoins d'une narration pittoresque. La conduite du clergé européen est, en général, irréprochable; s'il y a des exceptions, elles sont rares. On ne doit point confondre les moines espagnols avec les curés tagals, qui desservent une partie des paroisses de l'intérieur et chez lesquels le voyageur a pu trouver, en effet, bon souper, bon gîte et *le reste*.

Le curé de Mariquina voulut bien me faire la grâce d'une longue veillée. Originaire de Catalogne, il parlait parfaitement le français. Tout le *pueblo* dormait depuis plusieurs heures, et nous causions encore. J'appris ainsi d'intéressants détails sur l'organisation des villages tagals, sur les mœurs indigènes, et je pus apprécier avec quelle sollicitude le clergé des Philippines a toujours veillé, sinon au développement intellectuel, du moins au bien-être des populations indiennes.

Il n'est peut-être pas, en effet, de peuple plus heureux que le peuple tagal. Pourvu que l'Indien se reconnaisse catholique et sujet du trône d'Espagne, l'administration le laisse parfaitement tranquille et libre de vivre à sa guise avec ses chères habitudes d'indolence et de *far niente*. Excepté dans les chefs-lieux de province, où réside l'alcade, et sur quelques points où stationnent les détachements chargés de protéger le pays contre les tribus sauvages des montagnes et de réprimer la contrebande, la domination espagnole ne se fait guère sentir aux populations que par l'action paternelle du moine. — Chaque *pueblo* s'administre par voie d'élection et par une sorte de gouvernement constitutionnel qu'il est curieux de retrouver fonctionnant à l'aise et régulièrement à côté de l'absolutisme monacal et chez un peuple que son caractère docile, ses habitudes, ses goûts sembleraient disposer à une forme de gouvernement moins laborieuse et, par conséquent, moins libre. Ainsi le village a son *gobernadorcillo* ou petit gouverneur, élu chaque année par les douze plus anciens de la communauté indienne. Ces électeurs présentent trois candidats entre lesquels le capitaine général est tenu de fixer son choix. Le *gobernadorcillo* porte une canne à pomme d'argent comme insigne de sa dignité : il prend le *don* et le titre de *capitan* : ce sont souvent les seuls mots espagnols qu'il ait appris; mais il en connaît toute la valeur; et il en est fier; ce sont les lettres de noblesse qu'il doit transmettre à sa famille.

Après le *gobernadorcillo* viennent les *cabezas de barangay*, ou chefs de famille, nommés par l'alcade de la province sur la présentation des membres du *pueblo*. C'est toujours, comme on voit, le principe de l'élection qui prévaut. Il existait, avant la conquête, chez les peuplades encore sauvages. Les Espagnols ont respecté cette antique institution; mais ils l'ont habilement rattachée à l'administration métropolitaine en chargeant les chefs de famille de la perception des impôts dans leurs *barangay* respectifs. Les *cabezas de barangay* sont, comme le *gobernadorcillo*, investis des honneurs du *don*, et forment dans le village une noblesse héréditaire.

Il n'y a pas de colonie où les indigènes jouissent, dans le fond comme dans la forme, d'institutions aussi libérales.

J'écoutais avec intérêt ces renseignements que voulait bien me donner mon hôte sur les formes de l'administration tagale, et je ne faisais aucune difficulté de féliciter avec lui les Philippines d'être échues en partage à la couronne d'Espagne, lors de cette immense distribution de richesses, de territoires, de peuples que le génie de la navigation aux 15e, 16e et 17e siècles a partagés entre les conquérants aventureux lancés par la vieille Europe au milieu de l'archipel d'Asie. Je savais pourtant que ce tableau si séduisant avait aussi ses teintes sombres, que ce mécanisme en apparence si parfait était embarrassé par de mauvais rouages, que ce bien-être était acheté bien cher au prix de la superstition et de l'ignorance!... Le bon curé ne m'avait point parlé de *l'alcade*, premier fonctionnaire du district, trop occupé de s'enrichir pour avoir le temps de tyranniser ses dociles sujets : *l'alcade*, chargé d'administrer le pays et de lever les divers impôts au nom du gouvernement central, se livre presque exclusivement au négoce; ses hautes et nobles fonctions ne sont, entre ses mains, qu'un instrument de fortune. Il accapare toutes les affaires, et au lieu de développer autour de lui les sentiments de travail, au lieu de stimuler l'indolence trop naturelle des indigènes, il ne songe qu'à ruiner, en abusant de ses pouvoirs, toute concurrence qui lui ferait ombrage et tenterait de partager ses profits. Peu importe que le pays demeure pauvre, sans culture, sans commerce, sans industrie, pourvu que l'alcade s'enrichisse au plus vite! Il y a là un vice très-grave que le gouvernement devra réformer dans l'administration des Philippines.

J'aurais bien pu aussi demander à mon aimable curé l'explication de cette défiance extrême, et de notre temps si déplacée, qui semble vouloir encore repousser les colons européens, et ne leur permet qu'à grand'peine de s'établir, avec leurs capitaux et leur intelligence, dans les fertiles campagnes de Luçon. Pourquoi refuser ainsi la semence à ces vastes plaines que l'incurie des Tagals laisse en friche ou dont la culture imparfaite ne donne que des produits presque insignifiants, tout à fait indignes et de la terre qui les porte et du soleil qui pourrait les féconder? Pourquoi cette politique étroite et soupçonneuse, qui écarte avec tant de précautions l'intervention étrangère, alors que la vraie politique consiste à ouvrir le territoire d'une colonie à tout ce qui doit le peupler, le fertiliser, l'enrichir? — Les moines craindraient-ils encore pour la vertu douteuse et la superstition trop réelle des Tagals le contact d'une civilisation plus avancée?

A mes objections, le curé aurait sans doute répondu : — Voyez ce peuple, n'est-il pas heureux; et que voulez-vous de plus? Vous avez parcouru avec moi tout le *pueblo*, vous êtes entré dans les cases : y avez-vous trouvé la misère? N'avons-nous pas raison de marcher sur les traces de nos prédécesseurs et de répéter les mêmes sermons? — Pour beaucoup de gens, cette réponse serait péremptoire, aujourd'hui surtout où notre civilisation a enfanté tant de périls et ouvert tant de plaies. Mais comment! un peuple naturellement vif, intelligent, presque artiste, comme le peuple tagal, ne peut-il être heureux qu'avec la naïveté de l'ignorance et sous le voile de la superstition ?

Cette discussion nous éloignerait singulièrement des Philippines et du *pueblo* de Mariquina, où les moments me sont comptés. Le curé, cédant à un sentiment de prédilection dont je ne devais pas être étonné, en revenait toujours à me parler de ses ouailles, de leur caractère facile, de leurs qualités et même de leurs défauts. Les Tagals sont orgueilleux, joueurs, vindicatifs, mais ils se confessent, ils écoutent le prône, ils portent des scapulaires, et ces mérites, aux yeux d'un curé surtout, effacent bien des péchés. Leur foi est-elle bien vive? Je ne sais; ils ont bien conservé quelques pratiques traditionnelles, quelques croyances puisées ailleurs que dans les livres saints : les Espagnols ont pu leur apporter le vrai Dieu, mais ils n'ont pas chassé tous les diables! L'orthodoxie des moines ne s'en effarouche guère. Dans d'autres pays leur fanatisme intolérant a allumé les bûchers de l'inquisition pour convertir de vive force des populations entières : à Luçon, ils s'y sont pris d'une façon tout à fait paternelle, et leur œuvre a parfaitement réussi. Sur une population de cinq millions d'âmes qui habitent l'archipel des Philippines, près de quatre millions sont catholiques ou du moins passent pour catholiques.

Le reste de la population, un peu plus d'un million, se compose de Negritos, d'Ygorrotes et de Chinois ou métis chinois. Les Negritos, dont le nombre n'excède pas 25,000, ont la taille petite, les cheveux noirs crépus, les lèvres épaisses; ils mènent une vie presque sauvage et se nourrissent du produit de leur chasse. Ils sont très-agiles et très-adroits au maniement de l'arc. C'est une race qui n'a aucun rapport avec les autres

Indiens, et qui semble s'éteindre. — Les Ygorrotes sont idolâtres; ils vivent divisés en tribus qui se font souvent la guerre ou qui se réunissent pour attaquer les *pueblos* soumis à la domination espagnole. Le gouvernement a plusieurs fois envoyé contre eux des expéditions militaires. — D'autres Indiens, les Tinguianes, entretiennent au contraire quelques relations de commerce avec les Européens et paient même un léger tribut. — Quant aux métis chinois, ils sont clairsemés dans l'île de Luçon : on les rencontre sur tous les points, dans l'intérieur comme sur la côte. Il est facile de les reconnaître aux traits de leur visage, et notamment à la conformation de leurs yeux, ainsi qu'à la supériorité de leur intelligence et à leurs instincts mercantiles. — La propagande catholique ne chemine que très-lentement au milieu des Ygorrotes, qui occupent le centre de l'île, et le curé de Mariquina s'en affligeait. — Heureusement le temps n'est plus où l'on employait les grands moyens.

...... Le lendemain matin, je dis adieu au presbytère et je pris la route du village de San-Mateo, où j'arrivai en deux heures. Je demandai au premier Tagal que je rencontrai de quel côté était la grotte. Le Tagal, pour toute réponse, me mena à la demeure du curé; curé tagal, cette fois, que je trouvai très-agréablement établi au milieu d'un groupe de jeunes femmes. — J'ai dit déjà que les prêtres indigènes n'ont pas encore, sur beaucoup de points, les mêmes scrupules que les moines espagnols. — Le *padre* de San-Mateo voulut bien m'accorder quelques instants d'audience; mais lorsque je le priai de me donner des renseignements sur la grotte : — Allez chez le *gobernadorcillo*, me dit-il, il en sait là-dessus plus long que moi. — Le *gobernadorcillo*, chez lequel je me rendis aussitôt, était un petit vieillard, appuyé sur une canne à pomme d'argent, insigne de sa dignité. Il me reçut avec solennité, croyant avoir affaire à un fonctionnaire espagnol venu de Manille; puis, quand il eut appris le sujet de ma visite, il me répondit que la grotte était à deux lieues de marche de San-Mateo et que je devais prendre un guide : il m'indiqua un Tagal du *pueblo*. — J'avais déjà parcouru deux ou trois fois San-Mateo pour recueillir ces quelques paroles d'information; mais quand on voyage en pays tagal, il faut, à l'avance, s'armer de patience. — Le guide qui m'avait été désigné n'avait pas la moindre envie de se déranger pour un curieux : il m'assura que l'orage de la veille avait rendu la route impraticable pour plusieurs jours et qu'il me serait impossible d'arriver jusqu'à la grotte. — Je courus encore le village pour obtenir une réponse plus favorable à mes projets ou plus complaisante; mais ce fut en vain : je désespérai d'avoir un guide, et, d'ailleurs, les nuages revenaient au ciel et annonçaient encore de fortes ondées. — Je me vis donc obligé de remonter tristement dans mon birlocho et de revenir à Mariquina, et de là à Manille. Le soir, j'étais rentré à l'hôtel de la Escolta. — Partie manquée! mais, dans de pareilles excursions, la route est souvent plus intéressante que le but.

Deux jours après mon retour de San-Mateo, je partis de Manille pour assister à la fête d'un *pueblo* voisin. J'arrivai le soir, au moment où l'illumination de l'église commençait à répandre ses lueurs rougeâtres sur les cabanes du pueblo. Les habitants de Manille s'étaient rendus en grand nombre à cette fête, comme à une partie de campagne; on voyait une longue file de birlochos rangée sur un des côtés de la place, tandis que les bords du Pasig qui coule auprès du village étaient couverts d'embarcations venues de Binondo. Vers huit heures, une longue procession se promena dans la principale rue. En tête marchaient deux géants, véritables figures de carnaval, ayant près de douze pieds de haut et représentant l'un, un homme, l'autre, une femme ; ils étaient chargés d'écarter la foule pour le passage du cortége et remplissaient fort bien leur rôle de sapeurs, aux applaudissements des Tagals : derrière eux, venait la musique, jouant des fanfares : ce n'était rien moins que la musique d'un régiment de ligne, envoyée tout exprès de Manille. — Voilà, certes, un gouvernement plein de condescendance pour les plaisirs de ses sujets! — On voyait s'avancer, ensuite, une statue de carton dorée (celle du saint qu'on fêtait) portée entre deux rangs d'hommes qui tenaient des cierges. C'étaient deux Chinois qui conduisaient la colonne. Des Chinois en procession et avec des cierges! Je ne m'attendais pas à être témoin d'un spectacle aussi édifiant, et ce n'était pas, à coup sûr, le trait le moins curieux de cette cérémonie, moitié religieuse, moitié grotesque. — La statue du saint était suivie d'une autre musique, puis de la châsse de la sainte Vierge, entourée d'une troupe de jeunes filles tagales, vêtues de leurs plus brillants costumes, coiffées en nattes qui se relevaient gracieusement sur la tête et chaussées de *chinellas* à paillettes dorées. — Au passage de la sainte Vierge, il se faisait dans la foule un grand silence, chacun s'agenouillait, se signait; puis la gaieté et les éclats de joie bruyante reprenaient de plus belle, après cette dette de respect et de silence payée à l'image de la religion.

La fête se termina par un feu d'artifice tiré devant la façade de l'église : le ciel était pur et légèrement éclairé par le dernier quartier de la lune. Chaque fois qu'une fusée, éclatant sous cette belle voûte, laissait retomber ses étincelles de feu, on croyait voir un faisceau d'étoiles se détacher en même temps du ciel et tomber vers la terre en gerbes lumineuses. Les éclairs de chaleur qui, à chaque moment, embrasaient l'horizon, ajoutaient encore à l'éclat du feu d'artifice, tandis que les arbres, couverts de lucioles, semblaient injectés de lumière et agitaient mollement, au souffle d'une légère brise, leurs feuilles enflammées. Le gouvernement avec sa musique, le curé avec sa procession, la nature avec ses magiques tableaux, tout s'était mis en quelque sorte au service de la fête et secondait la joie des Tagals. — Les *pueblos* célèbrent ainsi chaque année leur fête patronale.

Je ne fis plus qu'une courte excursion aux environs de Manille : ce fut une visite à Cavite, ville espagnole située sur les rives de la baie. C'est à Cavite que se trouve l'arsenal militaire et naval des Philippines ; c'est dans ses chantiers qu'ont été construits autrefois les énormes galions employés aux relations de la colonie avec la Nouvelle-Espagne : on n'y voit plus aujourd'hui que des *faluas* ou chaloupes canonnières. — Une partie de la ville, bâtie dans le même style que Manille et occupée par la population espagnole, par la garnison, par la marine et par une grande manufacture de tabacs, s'élève sur une presqu'île réunie à la terre-ferme par une étroite jetée en pierre. A l'extrémité de la jetée commence le village tagal de San-Roche, dont la population est employée, en partie, à la fabrique de cigares. Les cigares de Cavite ont beaucoup moins de réputation que ceux de Manille : ils sont inférieurs en qualité, mais plus doux : il s'en fume, dans la colonie, des quantités considérables : on n'en exporte pas.

J'ai essayé de retracer, dans les pages qui précèdent, les mœurs et la vie de la population tagale. — Au point de vue purement matériel, les moines espagnols n'ont-ils pas raison de dire que les habitants des Philippines sont les êtres les plus heureux qui soient au monde? Assez de liberté, peu d'impôts, autant de fêtes que de saints, un bon curé : que leur manque-t-il? — Il est vrai que ce bonheur est stérile, improductif; qu'on voit avec peine l'Indien s'endormir nonchalamment auprès de ces plaines fertiles qui, en d'autres mains, créeraient la richesse et multiplieraient les produits. Mais à quoi bon invoquer ici les principes et les termes de notre économie politique? Le temps viendra où l'Espagne voudra les appliquer à son tour aux Philippines : la haute cheminée de l'usine à sucre remplacera un jour, dans le *pueblo*, le clocher de l'humble paroisse, et le curé cédera peut-être le pas au fiscal. On dira cela *progrès*. Sera-ce au profit des indigènes? Le *pueblo* que nous voyons aujourd'hui si paisible, si heureux dans sa paresse en sera-t-il plus fortuné? C'est peu probable. — La vie tagale actuelle semble bien celle que la Providence a eu dessein de faire aux hommes qu'elle a placés sous ces brûlants climats. A nous le travail, l'agitation continuelle qui nous tient échauffés et vivaces sous les ternes rayons de notre soleil du nord; à eux le repos, la nature spontanément féconde, les fruits mûrs, le bonheur dans l'inaction. Loi immuable que Dieu a voulue et qu'il a écrite en caractères ineffaçables sur le front des races blanches et des races cuivrées!

V.

Colonisation des îles Philippines depuis la conquête. — Influence des moines. — Administration, armée, marine. — Impôts directs et indirects. — Commerce.

Ce fut en 1521 que Magellan, après une navigation périlleuse, aborda à Mindanao, la plus méridionale des îles Philippines. La prise de possession au nom de l'empereur Charles-Quint se fit avec la solennité accoutumée; on dit la messe, on planta une croix, un drapeau; puis, la petite expédition reprit sa course vers le nord et débarqua à l'île Cébu, où, dans une rencontre avec les naturels, Magellan fut tué à coups de flèches, le 26 août 1521.

De nouveaux navires furent envoyés d'Espagne et poursuivirent, avec plus ou moins de succès, l'œuvre de Magellan. Une expédition fut mise sous les ordres du général Legaspi, qui partit avec les moyens d'établissement que l'on connaissait alors, — une bande de vaillants soldats et quelques moines. Legaspi découvrit Luçon en 1569, mais il n'en fit la conquête que l'année suivante, secondé dans le commandement par Juan Salcedo, son neveu.

L'histoire des premiers temps de la colonie est pleine de vicissitudes. Pendant que les Espagnols, sous les ordres de Salcedo, soumettaient les tribus des pays, un pirate chinois, Li-ma-hong, se présenta à la tête d'une nombreuse flotte dans la baie de Manille, brûla la ville, mais ne put s'emparer du fort qui se défendit vigoureusement. — En 1603, une révolte des Chinois établis dans l'île mit la colonie à deux doigts de sa perte : en

1645, un terrible tremblement de terre détruisit presque entièrement la ville de Manille.

Cependant les Espagnols étaient parvenus à se consolider dans leur possession ; une partie des indigènes, convertie au christianisme, s'était soumise, et le port de Manille devenait le centre d'un commerce florissant entre la Chine, l'Archipel oriental et l'Amérique; mais en 1762, une escadre anglaise, commandée par l'amiral Draper, vint mettre le siége devant la ville, qui dut se rendre après une longue résistance et un bombardement. Le chanoine Anda, nommé capitaine général, illustra son nom par la lutte qu'il soutint contre les Anglais dans les autres parties de l'île : il engagea contre eux cette guerre de partisans, qui, de tout temps, a été si favorable à l'héroïsme espagnol. Enfin, en 1763, à la suite de l'armistice conclu en Europe entre les puissances belligérantes, les Anglais évacuèrent Luçon, qui est demeurée depuis cette époque au pouvoir de ses premiers maîtres.

Les îles Philippines s'étendent sur un espace qui comprend 300 lieues du nord au sud et 180 de l'est à l'ouest : mais il s'en faut de beaucoup que toutes les îles soient entièrement soumises à la domination espagnole ; ainsi, Mindanao, la plus grande après Luçon, n'est occupée que sur deux ou trois points du littoral ; l'intérieur, couvert de forêts et de hautes montagnes, est habité par des tribus sauvages dont les Espagnols n'ont point encore entrepris la conquête. Le gouvernement des Philippines a trop à faire dans les pays qui relèvent directement de son autorité pour se charger de nouveaux sujets, et il a même été jusqu'ici plus souvent dans l'obligation de se défendre qu'en position d'attaquer.

On a droit de s'étonner du peu de progrès que l'Espagne a faits dans ces îles et de l'état si incomplet de sa domination, quand on compare les Philippines aux autres colonies européennes de l'Inde et de l'Océanie. Les Hollandais dominent presque exclusivement à Java, et si les Anglais prétendent n'être pas encore entièrement maîtres de l'Inde, c'est que, faisant violence à la géographie en faveur de leur politique ambitieuse, ils reculent chaque jour les bornes de la presqu'île indienne jusqu'au cœur de l'Asie. Seuls, les Espagnols, dans un archipel que les mers semblent défendre contre toute attaque extérieure, se sont arrêtés au pied des montagnes et sur la lisière des forêts. — Ce fait pourtant s'explique. Tant que l'Espagne a possédé le Mexique et les riches vallées de l'Amérique méridionale, les Philippines n'ont été considérées par la métropole que comme une terre perdue, oubliée aux extrémités de l'Océan, abandonnée au fanatisme de quelques moines et à l'ambition des aventuriers. C'est à peine si de rares ordonnances venaient rappeler à Manille qu'il existait un roi d'Espagne. Un seul navire par an, le galion d'Acapulco, entretenait les relations de la colonie avec l'Europe; encore ces relations n'étaient-elles qu'indirectes. C'était vers les mines d'or du Mexique, du Chili et du Pérou, vers les rives fertiles du Rio de la Plata que se dirigeaient les regards de la métropole ainsi que ces nombreuses émigrations qui, à la longue, appauvrissaient l'Espagne d'Europe du plus pur et du plus noble de son sang. Tout était pour elles, et elles ont tout gardé. Peu à peu ces colonies ont grandi, elles se sont créé une vie propre, elles ont proclamé leur indépendance; c'est le besoin et presque le destin de la force.— Disons-le en passant, malgré le dédain que des peuples plus pratiques ou plus heureux professent pour la colonisation espagnole, il y a eu quelque gloire à jeter sur un sol vierge les fondements d'une nation, d'une patrie, à donner au monde un peuple nouveau. Peut-on admirer les Etats-Unis sans songer à l'Angleterre? Ce sont comme les fruits qui, arrivés à maturité, rappellent, en se détachant de l'arbre, la main habile qui les a greffés.

Lors donc que les colonies de l'Amérique se furent détachées de l'Espagne, celle-ci dut s'inquiéter des possessions qui lui étaient demeurées fidèles et penser davantage aux Philippines : mais les guerres de l'Europe ne lui en laissèrent pas le loisir. Elle se vit obligée de défendre son indépendance : puis vinrent les troubles intérieurs, les guerres civiles dont elle est à peine délivrée. Aujourd'hui seulement elle peut reprendre l'œuvre de la colonisation, et elle se trouve distancée par ses rivaux, dans l'Océanie comme en Europe.

On a surnommé Luçon *la perle de l'Océanie :* on ne trouverait nulle part ailleurs terre plus fertile, végétation plus belle, productions plus variées. La nature y a jeté les trésors à pleines mains. A peine a-t-on effleuré la surface : que serait-ce si, pénétrant dans les profondeurs du sol, on y recherchait ces richesses souterraines qui, pendant un siècle, ont élevé si haut la fortune de l'Espagne ? Ce n'est pas tout : d'immenses forêts recèlent les bois les plus précieux, et les montagnes de l'intérieur laissent tomber d'innombrables cours d'eau. Au centre de l'île s'étend un vaste lac, le lac de Taal, communiquant avec la mer par le fleuve Pasig. La côte est accidentée de ports et de baies d'un accès facile et d'un mouillage sûr. La baie de Manille est une des plus belles du monde.

En revanche, et comme pour confirmer cette loi de nature qui place éternellement le mal à côté du bien, l'île est couverte de volcans dont les éruptions ont souvent occasionné de grands désastres : elle est ravagée par des tremblements de terre, par des pluies diluviennes, par des épidémies ; enfin la population est affligée d'un mal endémique et général, *l'inertie*, incapable de produire et de réparer ce que le temps ou la nature, dans ses terribles convulsions, a détruit.

Ce sont les moines qui, les premiers, sont entrés dans l'intérieur de Luçon. Après avoir marché à la tête des troupes et combattu vaillamment, ils ont entrepris l'œuvre pacifique de la conversion au christianisme. Les tribus les plus sauvages, les Negritos, les Ygorrotes, s'étant retirées dans leur montagnes ou au fond des bois, il ne resta dans la plaine que les Tagals, race douce et paisible, qui céda facilement à l'influence des moines, et reconnut, au milieu d'une messe ou d'une confession, l'autorité absolue du roi d'Espagne.

C'est donc au clergé que revient en grande partie la gloire de la conquête ; c'est la religion qui a soumis les Philippines. Plus habiles que les moines qui accompagnaient Pizarre et Cortez dans leurs aventureuses expéditions, les congrégations envoyées dans l'Océanie ont pu s'interposer efficacement entre les vainqueurs et les vaincus et conjurer à la fois les écarts de la tyrannie et les dangers de la révolte. Dans cette situation intermédiaire, les moines ont voulu faire le bien et ils l'ont fait. Soldats et missionnaires dans les premiers temps, ils sont devenus peu à peu agriculteurs et chefs politiques, maîtres du sol et de l'administration. Toutes les réclamations s'élevaient par eux jusqu'au trône du roi d'Espagne ; par eux, tous les ordres descendaient, consacrés en quelque sorte par la religion, au milieu des populations conquises; en un mot, le gouvernement de la colonie, au temporel comme au spirituel, était, soit directement, soit par influence, centralisé entre leurs mains.

Aujourd'hui encore, bien que ces temps de foi ardente et de croyances religieuses soient loin de nous, bien que l'Espagne se soit relâchée, elle aussi, de ces principes de piété fanatique qui ont allumé autrefois chez elle les bûchers de l'inquisition, les moines sont demeurés tout-puissants à Luçon. Les édits de Mendizabal, lancés dans une bourrasque révolutionnaire, sont à peine arrivés jusqu'aux Philippines.

Le gouvernement monacal semble définitivement jugé. Chose singulière! tandis qu'il n'est pas de religion qui, plus que le catholicisme, soit capable d'inspirer de nobles pensées et de propager les sentiments d'une pure morale, d'un autre côté, il n'est pas de gouvernement qui, appliqué au temporel, ait paru plus impuissant dans son action, plus étroit dans son absolutisme, que le gouvernement des prêtres. Dominé par une seule et unique pensée, la conversion au christianisme, le clergé a presque toujours sacrifié à ce travail particulier de son institution les intérêts de civilisation secondaire, ou, comme on dirait aujourd'hui, les intérêts matériels des sociétés qu'il a été, à certaines époques, appelé à régir. Pour éloigner les dangers de l'incrédulité et de l'hérésie, il empêchait tout contact avec les autres peuples; il élevait des murailles, fermait les portes et emprisonnait ses fidèles comme dans un couvent dont il gardait soigneusement la clef. Ces principes, que le clergé a voulu faire prévaloir tour à tour chez plusieurs nations de l'Europe, il les a mis en pratique dans les colonies espagnoles et portugaises de l'Amérique et de l'Asie ; nous les retrouvons en vigueur aux Philippines, tempérés aujourd'hui pourtant par les nécessités de l'époque et par l'invasion tardive, mais irrésistible, des idées nouvelles.

C'est par ce fait, sur lequel il est inutile d'insister, que s'expliquent l'infériorité des colonies soumises aux pouvoirs catholiques relativement à celles des nations protestantes, et en particulier l'état si arriéré encore de la colonie espagnole des Philippines.

Dans l'origine de la colonisation, lorsqu'il s'agit premièrement de soumettre les peuplades indigènes à l'autorité du conquérant, les armes spirituelles du clergé ont pu venir efficacement en aide à l'action du régime purement militaire, et souvent même, chez les peuples de mœurs douces et de caractère facile comme sont les Tagals, obtenir plus de succès que la force. — Une fois le but atteint, la terre conquise, il serait bon que l'influence religieuse rentrât dans ses limites naturelles et remît entre les mains de l'administration laïque les rênes du gouvernement colonial. Mais le clergé s'empare des esprits d'une façon si souveraine, il sait se concilier si complétement, soit par la crainte de la superstition, soit par les croyances d'une piété vraie, les consciences, les âmes, les pensées les plus intimes des peuples convertis, qu'après avoir été moyen de conquête, il demeure nécessité de gouvernement. Les nouveaux fidèles ne pourraient se passer de ses prédications pas plus que la métropole de ses services. Malgré les efforts que l'Espagne a tentés pour établir aux Philippines une administration civile, le clergé est réellement l'arbitre, le conservateur de la colonie : aucune institution ne serait encore assez forte, assez mûre pour le remplacer.

Après avoir signalé le fait le plus saillant, l'élément principal de la colonisation espagnole, c'est-à-dire l'influence exagérée du pouvoir religieux, nous passerons à l'examen de l'organisation administrative.

Les Philippines, auxquelles on réunit le groupe des îles Mariannes, sont placées sous l'autorité d'un capitaine-général qui exerce les fonctions de vice-patron ou vice-roi, et concentre dans ses mains toutes les attributions civiles et militaires. Il est à la fois chef de la justice et des finances, général des troupes, commandant de la marine. Ce gouverneur est pris ordinairement dans le cadre des officiers-généraux de l'armée d'Espagne; il reçoit un traitement de 13,000 piastres (près de 70,000 fr.).

Au-dessous de lui, l'administration civile est représentée par l'assesseur (*juez lego*), qui remplit les fonctions de premier ministre et prépare les décisions; — par la *real audiencia*, tribunal suprême de la justice; — par la *junta de acuerdo*, qui se compose des fonctionnaires les plus élevés de la colonie dans les diverses branches, et forme une espèce de commission consultative où sont discutées les affaires les plus importantes. — Il y a, en outre, des directions pour les finances et les principales sources du revenu, pour les douanes, les tabacs, etc.

Le gouverneur commande les armées de terre et la marine. Il délègue ses pouvoirs à un officier général sous ses ordres. Celui-ci est considéré comme le second chef (*segundo cabo*) de la colonie.

L'armée des Philippines se recrute parmi les indigènes que le sort désigne pour le service militaire. Il vient aussi quelques troupes d'Europe, notamment pour les armes spéciales, l'artillerie, le génie; mais le chiffre en est fort restreint, il ne dépasse pas 1,000 hommes en temps ordinaire. Presque tous les officiers sont Européens. — Indépendamment de l'armée régulière, que l'on évalue à 7,000 hommes, il faut compter la milice provinciale et plusieurs corps particuliers appelés dans les cas urgents; ce qui porte à 15,000 hommes environ le chiffre des troupes dont peut disposer le gouvernement colonial.

La marine du pays se compose de plusieurs *faluas*, espèces de chaloupes canonnières, construites dans l'arsenal de Cavite, et employées à la police des côtes, à l'exécution des lois sanitaires et des règlements du port, et quelquefois à la poursuite des pirates de Mindanao et de Soulou. Cette marine légère est tout à fait impuissante à remplir ce triple but. Aussi a-t-on fait venir d'Europe des bâtiments à vapeur qui sont appelés à rendre de grands services.

Les forces militaires des Philippines sont insuffisantes. Bien que le pays soit généralement tranquille et qu'on n'ait plus à craindre, au moins quant à présent, de révoltes graves parmi la population tagale, le gouvernement devrait toujours avoir sous la main assez de troupes pour poursuivre efficacement la conquête des provinces intérieures de Luçon, qui n'ont encore été explorées que par de rares expéditions, et aussi pour obtenir satisfaction des bravades continuelles des Mores, qui, débarquant à l'improviste sur les côtes des possessions espagnoles, emmènent des villages entiers en esclavage.

Les Philippines rapportent chaque année à l'Espagne, soit en espèces, soit en nature, c'est-à-dire par des envois de tabacs, une somme d'environ 10 millions de francs. Le développement du commerce et des cultures, quelques réformes administratives augmenteront facilement ce revenu, en même temps que l'Espagne, délivrée de la guerre civile, ne sera plus obligée de se réserver presque exclusivement le produit qu'elle retire des Philippines.

Voici quelles sont les principales branches du revenu actuel de la colonie :

Le seul impôt direct est le *tributo*. Cet impôt varie selon les races. Chaque famille indienne paie une capitation de 1 piastre 6 réaux (9 fr. 90 c.), y compris la cotisation annuelle pour les frais du culte ; — les métis, 3 piastres (16 fr. 50 c.), — et les Chinois, 6 piastres 6 réaux (37 fr. 90 c.). Mais cet impôt est très-difficile à percevoir à cause de l'aversion qu'il inspire aux populations : les Indiens essaient de s'y soustraire par tous les moyens possibles ; en outre, les chefs indigènes, chargés d'en centraliser la perception pour un certain nombre de familles et de verser la somme dans la caisse de l'alcade de la province, font souvent faillite, et c'est l'Etat qui en souffre. Le produit de l'impôt direct sur les Chinois rentre plus aisément ; il produit environ 550,000 fr.

L'impôt du tabac figure au premier rang parmi les contributions indirectes. Le tabac de Luçon est renommé. En Europe, on apprécie peut-être mieux celui de la Havane ; mais dans les colonies asiatiques, les cigares de Manille sont généralement préférés, et il est probable que si les premiers envois en Europe, et notamment en France, avaient été faits avec plus de goût et dans de bonnes conditions, ces mêmes cigares seraient aujourd'hui en grande faveur. La consommation du tabac aux Philippines est énorme ; tous les indigènes, hommes, femmes, enfants même, fument presque constamment, et, comme le gouvernement s'est réservé le monopole de la fabrication, il en retire d'immenses profits. On évalue à près de 7 millions de francs le produit net sur le tabac. La plante croît dans toutes les provinces; mais l'administration désigne les terres à cultiver, ainsi que les quantités qui doivent lui être livrées annuellement par les propriétaires du sol. Un de ses agents est chargé de recueillir les feuilles, qu'il paie un prix convenu et qu'il envoie à Manille dans les magasins de la direction. Une partie des feuilles est alors réunie en *fardos* ou colis pour être expédiée en Espagne; l'autre est remise aux manufactures de Manille et de Cavite, qui fabriquent des cigares ou des cigarettes. Les deux manufactures de Manille occupent près de 10,000 ouvriers, surtout des femmes : celle de Cavite, pour les qualités inférieures, emploie 3,000 ouvrières. Les cigares de première qualité, dits *terceira*, se vendent pour l'exportation ou pour la consommation intérieure 8 piastres (44 fr.) le mille : ceux de deuxième qualité, dits *cuarta*, 6 piastres et demie (39 fr.). On estime que tous frais faits, le gouvernement gagne près de 125 pour 100. — Beaucoup de personnes pensent que si la culture et la fabrication du tabac étaient libres, le produit augmenterait, d'abord par suite du développement que prend naturellement toute industrie délivrée des liens du monopole, puis à cause de l'économie que ferait le gouvernement sur les frais de surveillance et de perception, frais considérables et encore insuffisants pour réprimer la contrebande dans les provinces intérieures. Ce raisonnement paraît juste. Toutefois, on doit tenir compte de la nature indolente de l'Indien, qui, abandonné à lui-même, se contenterait peut-être de produire la quantité nécessaire à la consommation, ou du moins n'apporterait pas à la fabrication des cigares les soins que réclame la vente à l'étranger et surtout en Europe.

Après le monopole du tabac, l'impôt le plus productif est celui que le gouvernement tire de la vente, également monopolisée, du vin de coco et de nipa. Ce vin se fabrique en pratiquant une incision à la tige de l'arbre et en y introduisant un tuyau de bambou qui reçoit le suc de la sève. Le liquide, recueilli toutes les vingt-quatre heures, est versé dans un cylindre de bambou, où on le laisse fermenter pendant huit jours, puis la distillation s'opère. — Le vin de coco et de nipa est fort goûté des Indiens, et il s'en vend des quantités considérables. Le gouvernement perçoit, sur ce monopole, environ 300,000 piastres (1,650,000 fr.).

La douane donne à peu près le même revenu que l'impôt sur les vins.

Le droit de tenir les arènes pour les combats de coqs est affermé; il produit par an 40,000 piastres (220,000 fr.). Chaque *pueblo* a son arène. Nous avons décrit plus haut la passion que les Tagals apportent à ces jeux; cette passion les détourne malheureusement de l'agriculture, des travaux utiles et réellement productifs. On a proposé déjà de supprimer les arènes; mais comment arriver à l'exécution d'une pareille mesure? Les Tagals, à coup sûr, s'insurgeraient!

Viennent ensuite d'autres impôts de moindre importance, dont une bonne part est consacrée à l'entretien du culte, à des œuvres pies.

En résumé, ces diverses branches d'impôt comporteraient un plus fort revenu; elles produisent environ 12 millions de francs, chiffre bien inférieur au rendement des colonies anglaises et hollandaises en Asie.

Mais si, au point de vue fiscal, l'Espagne n'a pas encore su tirer de sa conquête tous les profits que d'autres peuples, ses rivaux en colonisation, la Hollande, l'Angleterre, ont demandés au travail esclave, ou à peine salarié, des indigènes qui leur sont soumis, elle peut, du moins, invoquer en sa faveur le respect qu'elle a montré jusqu'ici pour les sentiments d'humanité et de liberté trop souvent méconnus par d'autres administrations coloniales. Quand on a vu le nègre d'Afrique, travaillant comme une bête de somme sous le fouet du commandeur, et ces millions d'hommes mourant de faim sous le joug de la philanthropie anglaise, on aime à s'arrêter devant un peuple que la conquête n'a pas encore transformé en machine à sucre et à coton, et qui vit heureux, presque libre, dans ce que nous appelons la servitude. Cette existence du Tagal, si douce, entremêlée de fêtes, de combats de coqs, de processions, d'amours faciles et de paresse insoucieuse, nous explique bien mieux que tous les calculs arides d'un revenu colonial le caractère de l'administration espagnole aux Philippines. Les principes d'humanité l'ont emporté sur l'exploitation égoïste. L'influence religieuse a moralisé la conquête. Dans les autres colonies, il n'y a que des esclaves; ici, nous voyons des hommes.

Je terminerai par quelques mots sur le commerce des Philippines.

Dès que la domination espagnole se fut consolidée à Luçon, des relations de commerce s'établirent entre Manille et la Nouvelle-Espagne. Manille devint l'entrepôt des marchandises de la Chine et de l'Inde qui s'échangeaient contre les piastres apportées d'Amérique. Les produits de la colonie étaient alors presque nuls:

jusqu'en 1780, l'exportation du sucre, la seule qui eût quelque importance, ne dépassa pas 30,000 péculs (1,860,000 kil.)

Un seul navire, le galion d'Acapulco, avait la permission d'effectuer les voyages entre Manille et l'Amérique; malgré la quantité limitée de marchandises qu'il lui était possible de transporter, l'industrie de la métropole, notamment celle de Cadix, se trouva lésée par la concurrence que lui faisaient sur les marchés de l'Amérique les soieries de la Chine. En 1604, le gouvernement décida que le galion ne pourrait charger des marchandises que pour une valeur de 250,000 piastres, et le droit de participer aux opérations de ce navire fut divisé en actions que l'administration devait répartir proportionnellement entre les divers négociants immatriculés dans la colonie. Quelques actions étaient réservées en faveur des militaires, des veuves et des pauvres qui les vendaient au plus offrant.

En 1712, un décret royal permit d'envoyer des marchandises en Amérique pour une valeur de 300,000 piastres et d'en rapporter, en argent, 600,000 piastres. — En 1736, l'exportation fut autorisée jusqu'à concurrence d'une somme de 500,000 piastres et l'importation en argent jusqu'à un million de piastres.

Mais la contrebande parvint facilement à dépasser ces limites. Un écrivain espagnol a calculé que, jusqu'en 1789, les galions de Manille avaient tiré d'Amérique plus de 350 millions de piastres, et, jusqu'en 1812, au moins 400 millions (2 milliards 200 millions de francs). Ce chiffre paraît exagéré; toutefois, l'immense quantité de piastres qui circule aujourd'hui en Chine, dans l'Inde et dans l'archipel d'Asie, permettrait de l'admettre.

Cependant l'Espagne voulut établir entre Manille et la métropole des communications directes; une frégate fut envoyée dans ce but en 1766; mais cette première tentative ne réussit pas.

En 1785 fut fondée la Compagnie des Philippines, avec privilége exclusif du commerce entre Manille et l'Espagne. Voici quels étaient les statuts de cette Compagnie : — 4 pour 100 devaient être employés à l'encouragement des cultures et de l'industrie indigène. La Compagnie ne pouvait acheter qu'à Manille les marchandises de l'Inde et de la Chine. Il ne lui était permis d'avoir aucun intérêt dans les opérations du galion d'Acapulco. Un cinquième de chaque navire était concédé aux négociants des Philippines, pour le charger à leur compte en payant un fret convenu. On réservait aux habitants de Manille la faculté de prendre dans l'entreprise 3,000 actions représentant une somme de 750,000 piastres. — Ces statuts étaient assurément fort sages et de nature à satisfaire les colons; mais toute innovation inspirait défiance. Aucune action ne fut placée à Manille. La Compagnie se laissa entraîner à de fausses spéculations de cultures, ses opérations languirent, et son privilége, expiré en 1834, ne fut pas renouvelé.

En 1789, le port de Manille fut ouvert aux navires étrangers pour l'introduction des marchandises de la Chine et de l'Inde. En 1814, des maisons de commerce françaises, américaines, anglaises, obtinrent la permission de s'établir à Manille, et cette première infraction au système d'exclusion pratiqué rigoureusement jusqu'alors produisit d'heureux résultats. D'ailleurs, le dernier galion d'Acapulco était parti en 1811, et les relations avec l'Amérique allèrent toujours déclinant jusqu'à l'époque de l'insurrection des colonies espagnoles.

Elles furent alors complétement interrompues : depuis quelques années seulement elles commencent à renaître.

L'ensemble du commerce actuel des Philippines avec tous les pays s'élève à environ 50 millions de francs. Ce chiffre est faible encore, relativement à l'importance que pourrait prendre la colonie; mais avec la paix dans la métropole, avec une administration plus intelligente, il s'accroîtra sans aucun doute dans un avenir prochain.

MACAO.

I.

Traversée de Manille à Macao. — Rencontre de la frégate *la Cléopâtre*. — Débarquement de l'ambassade. — Description de la colonie portugaise. — Les tankas et les tankadères. — Décadence de Macao. — La grotte de Camoëns.

Le 6 août 1844, *la Sirène* sortit de la rade de Manille pour faire voile vers la côte de Chine. La mousson de S.-O. était favorable. Nous allions donc arriver au terme de notre long voyage, nous touchions au but! et ce but si ardemment désiré, poursuivi depuis huit mois à travers tant de fatigues, tant de détours sur les vastes espaces de l'Atlantique et de l'Océan indien, c'était la Chine, la terre sainte de nos rêves!.... A Malacca, à Singapore, à Manille, nous avions vu déjà les colonies chinoises : nos yeux avaient pu se familiariser avec les traits les plus saillants de leurs mœurs étranges : mais ce n'était là qu'une image réduite du véritable tableau, une préface incomplète et lue à peine du grand livre qui allait enfin s'ouvrir pour nous.

Dès le 12 août, nous n'étions plus qu'à cinquante lieues de la côte; nous commencions à rencontrer de nombreux bateaux-pêcheurs, ces sentinelles errantes qui, de même que les oiseaux, annoncent au navigateur l'approche de la terre. Les bateaux chinois, très-effilés et bas à l'avant, carrés et élevés à l'arrière, pourvus de deux mâts qui supportent d'énormes voiles en nattes, étaient semés aux divers points de l'horizon, cheminant deux à deux pour s'aider mutuellement dans leur pêche et se secourir au besoin. Bien que la mer fût grosse et la brise très-fraîche, ils semblaient parfaitement à l'aise sur le lit agité des lames et manœuvraient sous toutes les allures. Nous étions émerveillés de voir un peuple que l'on dit si timide, s'aventurer avec tant de hardiesse sur des bâtiments aussi légers que des coquilles de noix, si loin du port et sous la menace incessante des typhons.

Le 13 août, au matin, nous découvrîmes la terre. Quel que soit le charme que certaines âmes éprouvent à la vue des scènes grandioses de la vie maritime et du spectacle imposant que présente l'horizon des flots, il faut reconnaître qu'après une longue navigation il n'est pas de satisfaction comparable à celle que procure la perspective de la terre, — cette terre signalée du haut des mâts par la vigie ne fût-elle qu'un rocher aride et désert. On en observe de l'œil tous les contours, les formes à chaque instant changeantes suivant les teintes du ciel et la marche du navire. Qu'est-ce donc, lorsque la terre aperçue est bien celle que l'on souhaite, sur laquelle on va poser le pied, où vous attendent le charme de la nouveauté et les mille surprises de l'inconnu!... Le jour de l'entrée dans un port est pour tous les habitants du navire un véritable jour de fête, et si je savais quelque âme blasée qui eût besoin d'émotions, je lui conseillerais de se donner la peine de partir pour avoir le plaisir d'arriver....

A une heure de l'après-midi, *la Sirène* jeta l'ancre dans la rade de Macao, à quelques encâblures de la frégate *la Cléopâtre,* qui depuis un an nous avait précédés dans les mers de Chine.

La Cléopâtre avait beaucoup souffert depuis son arrivée : la première chinoiserie qui se fût présentée à elle avait été un affreux typhon entre Manille et Macao, et la pauvre frégate démâtée, faisant eau de toutes parts, avait couru les plus grands dangers. En Chine, les maladies, les fièvres l'avaient décimée, et lors de notre rencontre, une partie de son équipage était encore hors de service. A ces maux il fallait ajouter l'ennui d'un séjour de treize mois dans la triste rade de Macao.

Ce fut le 15 août seulement, surlendemain de notre arrivée, que nous quittâmes *la Sirène* pour débarquer à Macao. Dès ce moment, l'ambassade française inaugurait en quelque sorte son rôle officiel; elle entrait sur le théâtre des négociations.

Le premier débarquement sur la terre de Chine se fit donc avec une certaine solennité. Toute l'ambassade et le corps d'officiers, en grande tenue, remplirent les canots des deux frégates, et la flottille franchit, à la voile d'abord, puis à l'aviron, les cinq ou six milles qui séparent du port de Macao le mouillage habituel des gros navires. Un salut de coups de canon, tiré par un des forts portugais, nous accueillit près du rivage, et, après une navigation d'une heure, nous mîmes pied à terre au débarcadère en présence d'une nombreuse foule de Portugais et de Chinois. L'ambassadeur débarqua le premier; il paraît qu'il eut la bonne inspiration de débarquer du pied droit, et les Chinois firent observer que ce début était de bon augure.

J'avais sans doute aussi débarqué du pied droit : car, dès mes premiers pas, j'eus la bonne fortune de rencontrer un négociant français, résidant à Macao, M. D..., pour lequel un de mes compagnons de voyage avait reçu des lettres de recommandation et qui nous offrit un logement dans sa maison.

Notre installation fut promptement terminée : en quelques instants, le domestique de M. D... m'avait procuré un jeune *boy* chinois, et il avait garni ma chambre de tous les meubles nécessaires, achetés dans un magasin de la rue voisine à un prix dont le bon marché m'étonna. — Le soir de mon arrivée, grâce à l'obligeance de mon hôte et à l'activité de ses Chinois et de mon *boy*, je me trouvais complétement délivré de toutes préoccupations de ménage, j'avais fait une promenade dans la ville, lié déjà quelques relations : j'étais devenu citoyen de Macao.

La diplomatie chinoise nous laissa pendant plusieurs jours les plus doux loisirs. Nous venions de faire plus de six mille lieues pour nous aboucher avec elle, et cependant elle demeura quelque temps, trop longtemps peut-être, sans donner signe de vie. Elle attendait, sans doute, non pas fièrement (ce ne sont pas les mœurs chinoises), mais avec une prudence qui paraissait excessive, que l'ambassade française lui adressât de solennelles interpellations. Quoi qu'il en fût et sans m'inquiéter autrement de savoir laquelle des deux diplomaties se déciderait à faire le premier salut, je profitai de ce calme dans les affaires pour visiter dans tous les détails la petite colonie portugaise.

Macao occupe une étroite langue de terre qui termine en pointe l'île de Heang-Shan. En arrivant de la pleine mer, on n'aperçoit d'abord que montagnes arides et nues; mais, à mesure qu'on s'approche de la rade, l'œil découvre un amphithéâtre de maisons blanches, construites à l'européenne, étagées les unes au dessus des autres et couronnées par plusieurs forts sur lesquels flotte le pavillon portugais. Chaque coup de rame écarte un des plis du rideau formé par l'angle des montagnes et par la proéminence des rochers. Enfin, après avoir traversé en faisant mille détours une épaisse rangée de bateaux chinois qui encombrent les abords de la terre, le canot accoste au quai de la *Praya-Grande*, auprès d'un fortin garni de quelques pièces de canon pour les saluts et d'un mât pour les signaux. En face du débarcadère, s'élève la maison du gouverneur.

A la vue des édifices réguliers qui bordent la Praya, et des dômes d'églises qui les dominent, on croirait arriver dans une ville d'Europe, si la population qui se presse au débarcadère, avec son costume étrange et ses cris inintelligibles, ne venait remplacer par des idées toutes chinoises l'illusion du premier moment.

Après avoir contourné la pointe de l'île, on arrive dans le port intérieur, que bordent le quai de la Praya-Manduco (plage de la Grenouille) et les bâtiments de la douane. La ville portugaise et la ville chinoise se trouvent ainsi resserrées entre l'angle formé par les deux Prayas.

Le port intérieur est parfaitement abrité contre tous les vents : avant 1846, il n'était ouvert qu'aux navires portugais et espagnols ainsi qu'aux jonques chinoises; depuis que le port a été déclaré *franc*, il accueille également tous les pavillons.

L'espace concédé aux Portugais a environ huit milles de tour; il est séparé du territoire chinois par une muraille en briques, percée d'une porte que gardent quelques soldats du Céleste-Empire. Auprès de Macao, s'élèvent trois petits villages : Monga, Patane et Lapa, dépendant de la colonie portugaise, mais dont la population, entièrement chinoise, est des plus misérables.

Il est assez difficile de déterminer, en droit, la nature et l'étendue de la concession faite aux Portugais. Ce fut vers le milieu du seizième siècle (1557) que ceux-ci obtinrent des autorités chinoises la permission de s'établir sur le territoire du Céleste-Empire et d'habiter l'île de Heang-Shan. Ils durent payer une redevance ou un tribut de 500 taëls (environ 3,750 fr.) qu'ils paient encore. A certaines époques, des démêlés s'élevèrent entre eux et les Chinois, et amenèrent des ruptures momentanées. Mais les Portugais se trouvaient au bout de peu de jours aux prises avec la famine (car le sol de Macao ne produit presque rien); les mandarins chinois, de leur côté, ne tardaient pas à se laisser corrompre par quelques présents; en sorte que la paix entre ces ennemis affamés ou avides, ayant également besoin l'un de l'autre, ne tardait pas à se conclure. Sans entrer dans le détail de ces relations plus ou moins régulières, on peut dire qu'aujourd'hui Macao appartient, de fait, aux Portugais, et que les mandarins, tout en percevant la redevance de 500 taëls, n'y ont conservé d'autorité que sur la population chinoise.

..... La maison que j'habitais était située sur la *Praya-Grande*, à peu de distance du débarcadère et de la maison du gouverneur. Une large *verandah* ou varangue (grand balcon couvert, dont le plafond est soutenu par des colonnes) s'étendait devant les fenêtres du salon et permettait d'embrasser d'un seul coup d'œil la promenade circulaire de la Praya, l'entrée de la rade, la rade elle-même remplie de bateaux de passage, et, dans le fond, les hautes terres de deux îles entre lesquelles s'ouvre le mouillage de la Typa occupé par des navires à opium ou par les bâtiments dont le pavillon n'était pas encore admis dans le port intérieur. Rien de plus gai, de plus animé que cette vue. J'avais devant les yeux l'arrivée et le départ des nombreux voyageurs qui circulent entre Hong-Kong, Canton et Macao. Canots européens ou bateaux chinois se croisaient en tous sens et à toute heure pour se rendre, soit en grande rade où se tiennent les navires de guerre et les bâtiments de commerce de fort tonnage, soit au mouillage de la Typa, soit dans le port intérieur. J'avais, en outre, le spectacle d'une ville flottante, composée d'une foule de petits bateaux, qu'habitent des familles entières, misérables pour la plupart, vivant du produit de leur pêche, ou s'employant au transport des marchandises et des passagers entre les navires et la terre.

Dès qu'il arrive un *fast-boat* (on nomme ainsi les bateaux chinois de vingt à trente tonneaux qui font les traversées entre les divers points de la côte) ou une goëlette européenne, on voit immédiatement s'ébranler toute la ligne de ces petites embarcations qui luttent de rapidité pour offrir leurs services. Ce sont alors des cris, des supplications : on ne sait plus auquel entendre. Il faut presque soutenir un assaut pour défendre ses bagages et ne pas se laisser enlever soi-même par cette nuée d'envahisseurs, qui, ne pouvant se partager l'infortuné voyageur, finissent par se partager ses paquets et ses malles, et portent le tout au débarcadère. On en est quitte pour quelques sapèques (petite monnaie de cuivre) distribués à chaque bateau. Cet accueil si empressé pour le voyageur qui arrive, n'est pas, du reste, une particularité chinoise. Nous avons, dans certaines villes de France, des portefaix qui ne sont pas moins polis ni moins ennuyeux. Il faut bien que tout le monde vive et que le nouveau débarqué paie sa bienvenue.

On donne le nom de *tanka* (maison en forme d'œuf) à ces bateaux de passage qui composent la ville flottante. Leur longueur n'excède pas trois ou quatre mètres; une natte, fixée aux deux bords et mobile à volonté, couvre, pendant le jour, une partie du tanka; la nuit, elle s'abaisse vers les deux extrémités et recouvre entièrement la coque en lui donnant, en effet, la forme d'un œuf.

C'est là qu'est née, vit et doit mourir toute une famille. Pendant le jour, les hommes vont à la pêche sur de plus grands bateaux ou se rendent à terre pour porter les fardeaux dans les magasins ou au bazar chinois; les femmes seules restent dans la frêle barque qu'elles savent manœuvrer avec beaucoup d'adresse. Deux femmes suffisent; l'une, assise à l'avant, fait mouvoir deux rames; l'autre, debout à l'arrière, tient la godille et assure la direction. Le passager se met à l'abri du soleil sous le toit du bateau, dans le salon qui n'a pour meubles que quelques pliants et des nattes servant de lit à la famille. Les habitants des tankas forment une race ou plutôt une caste particulière, descendant d'émigrés de Formose, qui obtinrent, dit-on, la permission de se réfugier dans la province de Canton, à condition qu'ils ne s'établiraient jamais à terre. Ce serait donc une population condamnée à une quarantaine perpétuelle. Exposées sans cesse au soleil, maniant constamment la rame ou la godille, les malheureuses femmes ont le teint fortement hâlé; mais cette couche de hâle ne nuit pas, chez les plus jeunes, à la vivacité des yeux ni à la régularité des traits. On les trouve, d'ailleurs, toujours gaies, prévenantes, provoquantes même, comme il convient à des batelières qui passent leur vie à solliciter les bonnes grâces des étrangers pour leurs bateaux, et, souvent aussi, pour elles-mêmes.

Les tankadères portent un costume d'hommes, — un large pantalon qui descend à mi-jambe et une casaque, ordinairement bleue, à manches courtes. Leurs pieds et leurs bras sont nus, ornés quelquefois de bracelets en verre de couleur ou en métal. Un mouchoir à carreaux sombres encadre leur visage et couvre leurs cheveux, noués en une seule touffe au-dessus de la tête. — Ce costume est parfois complété par un lourd paquet enveloppé de linge et attaché derrière le dos. Ce paquet est tout simplement un enfant qui n'a d'autre berceau que les épaules de sa mère et s'endort au mouvement régulier de la rame. De temps à autre on voit la batelière laisser aller sa godille pour donner le sein à ce pauvre petit être, condamné, comme elle, à toutes les rigueurs de la vie aquatique.

Nous retrouverons à Canton les tankas et les tankadères, — population bizarre et complétement distincte au milieu de ce peuple, si étrange lui-même, qui, dans son hospitalité soupçonneuse, lui a refusé la *terre* et ne lui a laissé que l'*eau*. Soir et matin, du balcon de la verandah, je suivais avec intérêt les mouvements de la la ville flottante, j'étudiais ses mœurs, et je voyais souvent quelque veste blanche d'Européen se glisser sous la natte du tanka qui se prêtait assez volontiers au rôle anacréontique des célèbres *bateaux de fleurs*....

Mais je ne veux pas troubler davantage les mystères des tankas, et je reviens sur la terre-ferme. — De la Praya, on monte, par plusieurs ruelles, dans l'intérieur du quartier portugais. Les rues sont étroites, pavées de larges dalles ou simplement cailloutées ; de grandes maisons bien construites, percées de hautes fenêtres, rappellent encore les souvenirs de l'opulence; mais les plus belles sont aujourd'hui désertes, d'autres s'écroulent et ne se relèveront pas. Il n'y a quelque animation que dans les rues où se sont établies des boutiques chinoises.

Macao dut longtemps à sa situation privilégiée une grande importance commerciale, et son port devint l'entrepôt des marchandises qui s'échangeaient entre l'Europe et la Chine; mais les Portugais, dominés par l'idée religieuse et par l'élan chevaleresque, s'épuisèrent à élever des forteresses, des églises, de vastes couvents, et, tandis que leurs missionnaires se répandaient dans le Céleste-Empire, où ils ont eu la gloire de jeter les fondements de la foi chrétienne, le commerce se retira peu à peu de la colonie, et passa entre les mains plus habiles des Anglais et des Hollandais.

Un moment, pendant la guerre de Chine, Macao avait paru se relever; les Anglais, ne pouvant plus habiter Canton où les factoreries venaient d'être brûlées, avaient demandé asile au pavillon portugais. La contrebande donna alors à la petite colonie un mouvement extraordinaire; il se fit des fortunes inespérées, et le trésor s'enrichit à tel point que le Portugal s'empressa d'envoyer à Macao ses bricks de guerre usés et ses équipages sans solde, pour que les réparations et l'arriéré demeurassent à la charge de la colonie, devenue plus riche que la métropole! La paix, signée sous les murs de Nankin à bord de l'escadre anglaise, mit fin à ce développement factice. Macao ne prit aucune mesure pour retenir le commerce étranger; et, tandis que la colonie anglaise proclamait la franchise de son port, le gouvernement portugais maintint les droits de douane et de navigation. L'insalubrité de Hong-Kong et les embarras d'un premier établissement retardèrent de deux à trois années l'heure de l'abandon général; aujourd'hui cette heure a sonné; les Américains sont partis à Canton, et les Anglais se sont résignés à habiter leur rocher de Hong-Kong, assaini par les soins d'une administration intelligente. Au dernier moment, les Portugais ont ouvert les yeux : ils ont essayé, en proclamant enfin la franchise du port de Macao (1845), d'arrêter cette fatale désertion; mais il était trop tard. Il ne reste plus aujourd'hui dans la ville portugaise qu'un petit nombre de maisons de commerce de second ordre.

La population européenne ne dépasse pas 5 à 6,000 âmes, dont la majeure partie se compose des descendants des anciens colons. Les *Macaïstes* ne sont plus même, à vrai dire, des Portugais : ils forment une caste distincte, tenant le milieu entre le type européen et le type chinois, et se rapprochant chaque jour davantage de la race asiatique. Comment reconnaître la vaillante race des compagnons d'Albuquerque en voyant le teint douteux et tirant sur le jaune, le nez épaté, les lèvres épaisses, les yeux ternes et presque bridés d'un visage macaïste! Ces malheureux colons vivent retirés au fond de leurs maisons : ils ne se livrent à aucune industrie; sauf de très-rares exceptions, on ne les voit mêlés à aucune affaire; ils paraissent à peine dans les rues de la ville. Le dimanche seulement, on les rencontre se rendant aux églises avec les dames macaïstes, dont une longue pièce d'indienne à dessins de couleur, descendant depuis le sommet de la tête jusqu'au talon, enveloppe presque tout le corps, et pourrait, sans qu'on y perdît, couvrir tout le visage.

On trouve pourtant dans la colonie quelques familles

portugaises, riches, considérées, faisant le commerce avec Lisbonne, ou engagées dans le trafic de l'opium. Il y a aussi quelques fonctionnaires venant d'Europe. — Mais toute la *fashion* portugaise pourrait tenir dans un salon. Elle est, d'ailleurs, très-bienveillante pour les étrangers ; je conserve le souvenir de soirées très-agréables passées dans le salon de M. de P..., homme instruit, excellent musicien, très-distingué à tous égards, et faisant le plus noble usage de sa grande fortune.

Ainsi que je l'ai dit plus haut, les Anglais et les Américains ont presque tous abandonné Macao : ils ont transporté à Hong-Kong ou à Canton leurs magasins et leurs comptoirs ; mais ils reviennent, pendant l'été, prendre quelques moments de vacances dans leurs anciennes habitations, où ils retrouvent un air très-sain et une température agréable, tandis que les fièvres s'abattent sur Hong-Kong et que la chaleur devient intolérable à Canton. Ils viennent à Macao comme nous allons aux Pyrénées ou aux bains de mer.

Des Hollandais, des Espagnols et des Français, mais en très-petit nombre, complètent l'effectif de la population européenne. On peut y joindre les Parsees de Bombay qui se sont établis à Macao ou à Canton, et font le commerce entre la Chine et l'Inde ; ce sont des hommes très-intelligents, très-respectables pour leur probité ; mais ils vivent très-retirés, et on ne peut avoir avec eux que des relations d'affaires.

Il y a à Macao une garnison de 300 ou 400 cipayes de Goa, commandés par des officiers européens.

Un gouverneur, dépendant du vice-roi de Goa, administre la colonie, assisté de l'*ouvidor* ou chef de justice, de l'évêque, et d'un sénat composé des huit principaux fonctionnaires.

Je me suis hâté de consacrer ces premières pages de mon récit à l'étude et à la description de la colonie portugaise. Malgré mon impatience de placer enfin le lecteur en présence des mœurs chinoises, j'ai voulu m'incliner respectueusement devant ces vieilles pierres qui rappellent encore tant de glorieux souvenirs. C'est à Macao que sont apparues pour la première fois, sur les côtes du Céleste-Empire, les flottes européennes, fières alors de voguer sous le noble pavillon du Portugal; c'est sur la Praya-Grande qu'a débarqué le célèbre Albuquerque avec ses matelots aventureux et ses moines enthousiastes. On voit encore les assises solides du premier fort que le grand capitaine a construit, les ruines vénérables de la première église que la foi, cet infatigable architecte, a élevée sous les cieux les plus reculés de l'Asie. Forteresses, églises, tout cela est aujourd'hui devenu presque désert; la domination portugaise, si puissante au seizième siècle, n'est plus qu'une ombre, et son pavillon, après avoir flotté avec tant d'orgueil sur ces mers lointaines, ne couvre plus que la majesté d'un souvenir. Triste contraste de la misère présente avec les splendeurs du passé! Le Portugal ne se relèvera plus. Peut-être, si Macao eût été vendu, comme une vieille masure, à quelque peuple entreprenant et habile, aux Anglais ou aux Américains, la presqu'île de Heang-Shan aurait conservé son importance commerciale, et continué de représenter l'Europe sur le seuil rebelle de l'empire chinois. On y a pensé plus d'une fois. Les Anglais auraient sans doute préféré Macao à Hong-Kong, et il se serait trouvé des spéculateurs yankees pour acheter les débris de la colonie portugaise et diviser en actions la noble ruine! La France même aurait pu tenir à honneur d'abriter sous son drapeau catholique le berceau de la foi chrétienne dans l'extrême Orient... Toutes ces spéculations n'ont pas eu de suite. Macao est resté aux mains de ses anciens maîtres; il suivra jusqu'au bout la fortune du Portugal.

... Au milieu d'un vaste jardin situé dans la partie supérieure de la ville et appartenant à M. Marquez, s'élève une petite grotte formée par des blocs de granit. De cette grotte, que surmonte un belvéder de construction moderne, la vue s'étend sur toute la presqu'île et se perd au loin dans les horizons de la pleine mer. C'est là que Camoëns, exilé d'abord à Goa, puis nommé, par une insigne faveur, curateur des successions vacantes à Macao (1), a composé, dit-on, les derniers chants des *Lusiades*. Je n'imiterai point ces voyageurs qui, s'asseyant à la place où s'est assis le poète, ont froidement tiré de leur poche un crayon ou un couteau pour écrire sur le roc leurs noms ignorés ou des vers ridicules. Impertinente profanation que la vanité inflige aux monuments consacrés par le génie !

La grotte de Camoëns sera peut-être un jour le dernier vestige de la domination portugaise : la poésie de l'exil survivra aux monuments de la conquête et de la foi.

Comment le Portugal pourrait-il abandonner une terre qui renferme toutes ces gloires?

---

(1) Camoëns arriva à Macao en 1559; il repartit en 1560 pour Goa. Pendant cette traversée du retour, il échoua sur les côtes de Cochinchine, et il parvint à gagner la terre sur une planche brisée, ne sauvant de ce naufrage que le manuscrit des *Lusiades*.

(*Vie de Camoëns,* par M. Ch. Magnin.)

II.

La ville chinoise de Macao. — Les domestiques chinois : le comprador—Le cuisinier.—Le coolie. — Le boy.— Portrait d'Ayann. — Les rues du bazar. — La maison du mandarin. — La pagode des rochers. — Population de la ville chinoise.

La ville chinoise de Macao n'est que la continuation de la ville portugaise ; il n'y a point de barrières ni de *grande muraille ;* les deux peuples se connaissent depuis longtemps ; ils sont habitués à vivre ensemble, et, bien que l'intérêt ait beaucoup plus de part que l'inclination dans leurs relations communes, — ou, si l'on veut, à cause de cela, — ils font assez bon ménage.

Déjà, dans le quartier européen, nous avons vu quelques boutiques chinoises ; mais ces boutiques sont occupées en général par des marchands d'éventails, d'écrans, de laque, de jeux d'échecs, de porcelaine de luxe, etc., et autres chinoiseries destinées aux voyageurs et aux matelots qui viennent passer quelques jours dans le port. — Les Européens ne fréquentent guère le bazar ; leurs affaires ne les y appellent pas, et leurs plaisirs encore moins ; ils ne se trouvent d'ailleurs presque jamais en relations directes avec les marchands ; quand ils veulent faire quelque emplette, ils envoient leurs domestiques.

Dès les premiers jours de mon arrivée, je m'empressai d'aller visiter la ville chinoise, sous la conduite d'Ayann, mon jeune *boy*. — Mais, avant de partir, je prendrai la liberté de vous présenter ce nouveau personnage que mon récit met en scène. Il faut bien, s'il vous vient quelque jour l'idée d'une excursion dans le Céleste-Empire, que vous sachiez à quelle variété de Crispins vous aurez affaire.

Avis essentiel : gardez-vous d'emmener un domestique européen ; il ne vous serait d'aucun service. Il ne s'entendrait pas avec les Chinois qui l'attraperaient autant qu'un *gentleman*, c'est-à-dire que vous seriez doublement attrapé. Et puis, il ne faut pas laisser croire aux Chinois qu'un Européen puisse servir un Européen. Parmi mes compagnons de voyage, quelques-uns avaient cru devoir montrer la Chine à leur domestique : ce ne fut pour eux qu'un embarras, et un embarras très-coûteux ; car, au bout de quelques jours, ils se virent obligés de prendre un *boy* de plus pour servir l'*Européen* qui les accompagnait.

Il est d'ailleurs peu de pays où l'on soit mieux servi qu'en Chine. Toutes les affaires de la maison sont placées sous la surveillance d'un *comprador*, espèce d'intendant qui règne de la cave au grenier, se charge de l'exécution des ordres, achète tout ce qui est nécessaire, vous épargne, en un mot, tous les ennuis du ménage. Vous donnez au comprador 10 à 12 piastres par mois (55 ou 60 fr.), et vous convenez à l'avance de la somme que vous voulez dépenser chaque jour pour les dépenses de table, non compris le vin, pour lequel les Chinois sont tout à fait incompétents. — Cela fait, vous n'avez plus à vous occuper de rien. Vos repas sont servis à l'heure dite ; vous pouvez à toute heure demander des tasses de thé ; un génie invisible est là qui veille à vos moindres désirs, satisfaits à l'instant même. — Mettez donc un domestique européen en concurrence avec cet indispensable factotum ! — Le métier de *comprador* est, au reste, un excellent métier, à en juger par la fortune, parfois considérable, que ces intègres intendants finissent par amasser après quelques années de service dans une bonne maison. — Ils volent, cela est clair; mais vous êtes beaucoup moins volé que si vous traitiez directement avec les marchands du bazar; et, puisqu'il faut en passer par là, vous avez du moins la consolation et la satisfaction d'être servi comme un pacha.

Après le comprador vient, dans l'ordre hiérarchique que j'établis d'après le taux des salaires, le cuisinier, que l'on paie 8 à 10 piastres par mois (44 ou 55 fr.). Il y a à Macao et à Canton un certain nombre de cuisiniers qui ont appris les principes de la cuisine anglaise à l'école des artistes que la Compagnie des Indes faisait venir à grands frais de Londres pour le service de ses agents. Les marmitons sont devenus maîtres à leur tour, et ils s'acquittent fort convenablement de leurs importantes fonctions. Ils ont eu le bon goût de rompre avec les traditions de la cuisine chinoise, et ils assaisonnent des plats de roast-beef, de poisson, de kari, qui n'ont aucun rapport avec les préparations culinaires qui figurent sur les tables des grands mandarins. Leur talent excelle dans les rôtis. — Les Chinois naissent rôtisseurs : que peut-on dire de plus?—Mais ce qui étonne surtout, c'est la simplicité de leurs procédés, et, si je puis m'exprimer ainsi, le peu d'embarras qu'ils font. Tandis que nos cordons bleus ne sauraient se passer d'une vaste cuisine garnie de plusieurs enfilades de casseroles, de pots de toute grandeur, etc., le cuisinier chinois se charge, sans la moindre difficulté, de préparer un dîner pour vingt personnes avec deux ou trois fourneaux, quelques pots de terre et une misérable broche qu'il tourne avec la main dans ses moments perdus. Il ne se croit pas obligé non plus de changer de costume, de prendre le tablier et le bonnet de coton, et de s'armer la ceinture d'un large coutelas : il se contente de rouler sa longue queue autour de sa tête pour n'être pas gêné dans ses exercices, et il s'expose sans défense au feu de ses fourneaux.

Voici maintenant venir le *boy* et les *coolies* : ces derniers sont chargés de toute la grosse besogne : ils balaient, ils frottent, ils font les commissions, portent les lourds fardeaux, et le soir, lorsque le maître sort, ils l'accompagnent avec la lanterne : — un *coolie* se paie environ 5 piastres par mois (22 fr. 50 c.). — Le concierge (ordinairement vieillard à barbe blanche) est un *coolie* en retraite; il transmet à ses anciens collègues les ordres du comprador. — Quant au *boy*, c'est, après le *comprador*, le personnage le plus important du logis; c'est le valet de chambre, le domestique intime qui monte jour et nuit la garde aux ordres de son maître, avec une exactitude et un zèle irréprochables. Au bout de très-peu de temps, il connaît toutes vos habitudes, vos manies, si vous en avez, — et qui n'en a pas? — Il s'y conforme scrupuleusement, et il vous forcerait presque à les garder, s'il vous venait la fantaisie d'en prendre d'autres. Chaque matin il entre dans votre chambre à la même heure, et vous présente l'inévitable tasse de thé; il dépose ses vêtements sur la même chaise, puis se tient debout à la même place pour attendre vos ordres; il procède ensuite au rangement, et vous auriez beau mettre chaque jour votre appartement sens dessus dessous, il remet obstinément tout en ordre, sans qu'il soit besoin de lui donner la moindre indication. Pendant les repas, il s'occupe exclusivement de vous, et de votre assiette; vous êtes sûr de le trouver toujours à votre portée et comme attaché au dos de votre chaise ; il vous accompagne quand vous dînez en ville, et ne laisserait pas à d'autres l'honneur ou le soin de vous servir ; en un mot, c'est une ombre, un véritable frère siamois dont il devient, à la longue, impossible de se passer.

Les *boys* ont ordinairement de dix-huit à vingt-cinq ans ; il y en a même de plus jeunes. Ils appartiennent en général à des familles pauvres, et les 5 piastres (22 fr. 50 c.) qu'ils gagnent par mois sont pour eux une excellente aubaine. Ils parlent le patois anglo-chinois, espèce de langue franque usitée en Chine dans les rapports entre Européens et indigènes. A Macao, un grand nombre parle également le portugais.

Ayann, mon *boy*, était un garçon de dix-sept ans, de taille moyenne, d'une figure douce et timide, avec une paire d'yeux en coulisse et une magnifique queue nattée qui lui pendait jusqu'au bas des reins ; il portait une veste de coton blanche descendant jusqu'à la cuisse, et attachée sur le côté par de petits boutons en cuivre jaune ; une culotte collante, blanche, noire ou verte, lui serrait les jambes et les genoux, et était recouverte d'une grande paire de bas blancs qui dessinaient sans le moindre artifice la maigreur de ses mollets. Enfin, il était chaussé de souliers en soie noire garnis d'une semelle en bois d'un pouce et demi d'épaisseur et se relevant à leur extrémité en forme de bateau.

Maintenant que je vous ai présenté mon fidèle Ayann, je le prierai de prendre les devants et de nous conduire dans la ville chinoise.

On entre dans le bazar par de petites rues sombres, sales, larges de quatre à cinq pieds, bordées de maisons en bois ou en briques à un seul étage. Jamais un rayon de soleil ne descend jusqu'aux dalles humides qui pavent les rues. Les toits des maisons, en se rapprochant, forment parasol, et, au besoin, ils sont réunis par des treillages sous lesquels on étend d'épaisses nattes. Une fourmilière d'hommes et d'enfants s'agite incessamment dans ces étroits espaces, où des magasins de toute espèce se pressent les uns contre les autres, sans compter les boutiques ambulantes, barricades mobiles qui ajoutent à l'encombrement et autour desquelles la foule s'amoncelle en vociférant pour obtenir le passage. — Aussi, se ferait-on difficilement une idée de l'air lourd et méphitique qui emplit ces tristes ruelles ; poissons, légumes, viandes, drogues, vieilles défroques, etc., toutes les marchandises entassées dans chaque magasin exhalent un mélange d'odeurs plus ou moins désagréables que développe encore l'intensité de la chaleur. On ne s'explique pas que les Chinois puissent se condamner à vivre dans une température aussi malsaine !

A l'une des extrémités du bazar se trouve une espèce de place convertie en halle pour la vente des poissons et des légumes, et dont un côté est occupé par la maison du mandarin. Un pan de mur en plâtre, couvert de dessins qui représentent des dragons ou autres animaux fantastiques, s'élève devant le vestibule que recouvre un toit relevé à ses extrémités, et sous lequel sont suspendues de grandes lanternes circulaires. Au-delà de la porte qui est toujours ouverte, comme pour indiquer que le magistrat est prêt à recevoir à toute ehure les demandes et les réclamations de ses administrés, on aperçoit une cour, et dans le fond une maison en briques et en bois d'assez triste apparence ; c'est là que réside le mandarin de Macao. Autrefois, ce mandarinat ne manquait pas d'importance ; il avait dans ses attributions la surveillance des Portugais et il représentait, en face de l'étranger, l'ancienne domination chinoise, si jalouse de ses droits sur toute l'étendue de la presqu'île de Heang-Shan. Le mandarin de Macao était alors, en quelque sorte, le douanier politique et moral du Céleste-Empire, et il occupait un rang élevé parmi les dignitaires de la province de Canton; mais aujourd'hui son rôle se trouve singulièrement amoindri, et il n'est plus chargé, en réalité, que de la police du bazar, les Chinois demeurant soumis à leurs lois, tandis que les Portugais ont établi leur juridiction pleine et entière dans le quartier européen. Le mandarin n'est donc plus qu'un pauvre sire, vivant très-retiré au fond de son palais de bois, et plus occupé à s'enrichir à force d'exactions sur les marchands du bazar, qu'à défendre contre les empiétements de la politique des *barbares* le territoire sacré du Céleste-Empire.

Ayann me fit traverser les principales rues du bazar en m'indiquant les plus belles boutiques, ou plutôt celles qui appartenaient aux plus riches marchands; car, quant à l'apparence, elles se ressemblent à peu près toutes, et les magasins en renom sont aussi sales, aussi encombrés que les moindres échoppes. Les marchands chez lesquels j'entrais me recevaient avec empressement et m'offraient invariablement une tasse de thé : c'est la politesse chinoise. Je fis ainsi connaissance avec plusieurs habitants du bazar, me réservant de revenir étudier de plus près, pendant le séjour de l'ambassade à Macao, leurs mœurs et leur commerce. Je terminai ma première course, faite un peu à la hâte, par une visite à la pagode qui est située sur le bord de la mer, à l'entrée du port intérieur. Cette pagode se compose de plusieurs petits temples creusés dans de gros blocs de rochers qui s'élèvent en amphithéâtre sur le versant d'une colline dont la vague vient baigner le pied; elle est connue sous le nom de *Pagode des Rochers*. Sa situation pittoresque et les heureux accidents du terrain ont épargné aux Chinois tout travail d'architecture : on s'est borné à planter çà et là quelques arbres, à couvrir de légères charpentes en bois sculptés les rocs destinés à recevoir les idoles et les vases sacrés, et on a obtenu ainsi un ensemble des plus gracieux. Quelques bonzes vivent dans la pagode qui est fréquentée surtout par la population des tankas.

La ville chinoise est d'un tiers environ moins grande que la ville portugaise, mais elle est beaucoup plus peuplée; elle renferme plus de 20,000 âmes. Les rues sont si étroites, les maisons si serrées, et une famille chinoise tient si peu de place, qu'on ne s'étonne plus de la densité extraordinaire de cette population comparée aux populations européennes.

On ne rencontre pas dans le bazar un seul oisif; la classe bourgeoise n'y existe pas : il n'y a que des marchands de détail, des artisans et un grand nombre de *coolies* ou hommes de peine qui transportent les marchandises. Après tout, ce premier échantillon d'une ville chinoise n'avait rien qui pût me transporter d'admiration. — Allons, pensai-je, nous verrons Canton, la grande cité; Macao n'est qu'une bicoque. — On a souvent comparé la vie à un voyage; la comparaison est exacte; l'homme passe sa vie à espérer un sort meilleur : le voyageur fatigue ses jambes et son imagination à espérer des cieux plus doux, des femmes plus belles, des scènes plus grandioses ou plus étranges que celles qu'il a sous les yeux !

III.

Le sing-song.

Un matin, Ayann entra dans ma chambre plus tôt que d'habitude. Il était magnifiquement habillé : — jaquette en satin, pantalon en soie verte, souliers neufs en soie ; — mon humble *boy* s'était presque métamorphosé en mandarin. Sa queue, longue, luisante, parfaitement nattée, se confondait avec le satin de son vêtement ; elle était surmontée d'une petite toque noire à gland rouge, qui couvrait légèrement le sommet de la tête. — Ayann s'approcha de mon lit et me présenta la tasse de thé avec un empressement qui ne lui était pas habituel (car les Chinois mettent de la gravité et de la mesure dans tout ce qu'ils font). Ses yeux brillaient ; son visage, naturellement jaune-citron, était passé à l'orange, et ses lèvres demeuraient entr'ouvertes comme celles d'un coupable qui a quelque délit à avouer et qui n'ose. — Eh bien, Ayann, lui dis-je, que se passe-t-il de nouveau ?

Il me répondit en marmottant, dans son patois anglo-chino-portugais, quelques phrases, parmi lesquelles j'entendis à plusieurs reprises le mot *sing-song*. C'était évidemment le mot de l'énigme.

— *Sing-song ?*

— Yes, yes, *sing-song*. — Et mon jeune boy rougissait de plus en plus en baissant les yeux et en roulant entre ses doigts les dernières tresses de sa natte. Charmante attitude de Chinois timide !

C'était la première fois que j'entendais le mot *sing-*

song. Chaque jour il me fallait faire connaissance avec de nouveaux monosyllabes plus ou moins rauques qui représentent l'élément local dans le patois des *boys*. En pareil cas, je procédais par signes et je me laissais expliquer tant bien que mal le sens des mots qui m'étaient inconnus. J'apprenais ainsi la langue sous forme de charades.

Ayann continua à m'étourdir avec ses *sing-song* qui me tintaient aux oreilles comme des sons de cloche, mais sans réussir à me mettre au fait. Je compris seulement qu'il me demandait congé pour toute la journée sous prétexte de *sing-song*, et le luxe inusité de son costume, l'impatience de sa physionomie m'indiquaient assez qu'il tenait beaucoup à ne pas éprouver un refus.

J'accordai immédiatement le congé; mais j'insistai pour savoir enfin ce que c'était que s*ing-song*. Alors, Ayann, pressé sans doute de partir, et recourant aux grands moyens, me fit signe de le regarder avec attention. Il se plaça à quelques pas devant moi et se mit à entonner une chanson chinoise; puis il déclama d'une voix solennelle, comme s'il adressait un discours à une nombreuse foule; ensuite il exécuta rapidement plusieurs tours dans la chambre, lançant des coups de pied, agitant les poings comme s'il avait à soutenir une lutte. Pour terminer la pantomime, il se livra, avec une agilité que je ne lui soupçonnais pas, à une longue série de cabrioles qui annonçaient les plus belles dispositions pour la gymnastique. Quand tout cela fut fait, il s'inclina modestement en me répétant une dernière fois *sing-song* d'un air qui voulait dire : « Vous désiriez l'explication? Voilà! » Ayann avait merveilleusement joué la charade; et, après l'avoir vu, il aurait fallu avoir l'intelligence aussi dure qu'un son chinois pour ne pas comprendre que *sing-song* devait se traduire par *théâtre*. La leçon valait bien le congé. — Mon *boy* me remercia en joignant les mains, et se retira.

J'appris, quelques instants après, qu'en effet il y avait grand spectacle dans l'île de Lappa; c'était la corporation des *compradores* qui en faisait les frais.—Les Chinois ont très-peu de jours fériés; mais il arrive de temps en temps qu'une corporation de tel ou tel métier se cotise pour donner une fête publique, soit en l'honneur de quelque événement heureux, soit simplement dans un but de spéculation. — Je priai le *comprador* de la maison de me retenir une place, et je me préparai à rejoindre Ayann.

Il fallait traverser le port intérieur pour gagner l'île Lappa : aussi était-ce une bonne journée pour les tankas et les tankadères. Les petits bateaux chargés de monde ne faisaient qu'aller d'une rive à l'autre pour transporter la foule des curieux : tout le bazar s'était donné rendez-vous à la fête; on se doutait bien que la corporation des *compradores* n'avait pas reculé devant la dépense, sauf à se rattraper plus tard sur la bourse des Européens. Je pris place dans un tanka où je me trouvai en compagnie de plusieurs marchands; et, après un trajet d'environ dix minutes, je débarquai sur l'autre rive.

J'étais assez intrigué de savoir où le spectacle pouvait se jouer; il n'y a, sur l'île Lappa, qu'un petit village, des collines et des champs de riz; et, dans une promenade que j'avais faite de ce côté deux jours auparavant, je n'avais remarqué aucune construction qui dût servir de théâtre. Grande fut ma surprise lorsque mes yeux découvrirent un vaste bâtiment carré parfaitement couvert, qui semblait être sorti de terre par enchantement. — En moins de vingt-quatre heures, une centaine de Chinois avaient bâti avec une charpente en bambous et des murailles en nattes un immense édifice qui pouvait contenir plusieurs milliers de personnes. Tout cela devait être jeté bas après la fête pour être relevé à la première occasion. On mettait dehors et on rentrait ces innombrables pièces de charpente aussi aisément qu'un jeu de cartes.

L'intérieur de la salle était divisé en trois parties : la scène d'abord, occupant un côté du carré et élevée de quelques pieds au-dessus du sol; puis le parterre, où la foule entrait gratuitement; enfin une galerie assez large qui dominait le parterre et à l'entrée de laquelle il fallait payer quelques sapèques. Ma place avait été retenue dans un compartiment séparé de la galerie, vis-à-vis de la scène; c'était une loge de face. On avait eu l'attention de disposer quelques chaises pour les Européens; dans le reste de la galerie comme au parterre, les spectateurs étaient obligés de rester debout.

Au moment où j'entrai, la salle se trouvait déjà comble; le parterre surtout était curieux à voir. — De ma loge, mes regards plongeaient sur une multitude de têtes chauves, constamment foulée et refoulée par le mouvement continuel des entrées et des sorties. Cette mosaïque de crânes nus sur chacun desquels se détachait une touffe noire formée par la racine de la queue, produisait, vue de haut, un tableau des plus singuliers. Je remarquai qu'un grand nombre de spectateurs tenaient en main la queue de leur voisin, soit pour ne pas être séparés d'un ami, soit pour garder un point d'appui au milieu de cette houle qui les entraînait en tous sens. Du reste, le plus grand silence régnait dans les diverses parties de la salle; il n'y avait d'yeux et d'oreilles que pour la scène.

A la gauche du théâtre, sur la scène même, s'élevait une petite estrade sur laquelle était placé l'orchestre. Le violon à deux cordes, la flûte, le tambour, le tamtam, les cymbales, un cercle en os sur lequel on frappe comme sur un tambour avec deux petites baguettes en bois très-dur, voilà quels étaient les instruments que je pouvais, de ma place, distinguer entre les mains des virtuoses. Les acteurs occupaient le reste de la scène, qui était complétement dépourvue de décors. Au moment de mon arrivée, ils achevaient la représentation d'un grand drame qui avait produit, au dire de mes voisins, la plus vive impression. Je réservai toute mon attention pour la pièce suivante, et j'employai mes premiers instants à demander quelques renseignements sur les acteurs et sur les procédés scéniques des Chinois. Je me trouvais heureusement placé auprès d'un Anglais, qui, depuis longtemps, habitait Macao et avait assisté à plusieurs représentations du même genre.

— Il n'y a pas, en Chine comme en Europe, me dit mon voisin, de théâtre fixe et régulier. Dans les grandes villes, on a construit quelques salles de spectacle, mais elles ne s'ouvrent que rarement et à intervalles très-inégaux. Les maisons des riches mandarins renferment ordinairement un théâtre sur lequel on donne des représentations les jours de gala; vous aurez sans doute occasion d'en voir à Canton. Dans les petites villes et dans les villages, on a bientôt fait, comme vous le voyez ici, de bâtir une salle; le bambou et les nattes suffisent. Quant aux acteurs, ils vont par troupes nomades, comme des bohémiens, et parcourent continuellement les divers points de la province, se portant ou s'arrêtant partout où l'on a besoin d'eux. Chaque troupe a son répertoire, son attirail de costumes, son arsenal d'armes, sa collection de fausses moustaches et de queues postiches, et vous pourrez vous convaincre que c'est une lourde charge; car une troupe chinoise est organisée pour jouer tous les genres : la haute comédie, la tragédie aussi bien que les farces et les tours de force. Mais, grâce aux nombreux canaux qui sillonnent la Chine, elle peut se transporter facilement d'un point à un autre sur une grande jonque qui lui sert de demeure habituelle. Le théâtre est parfaitement libre ; il n'y a contre lui ni interdiction ni censure : vous verrez des rois, des dieux mêmes, tournés en ridicule; le peuple s'en amusera et la police ne s'en fâchera pas. Du reste, la plupart des sujets sont empruntés à l'histoire des anciennes dynasties, en sorte que le souverain actuel aurait très-mauvaise grâce à se formaliser de ces moqueries tout à fait rétrospectives, qui ne sauraient diminuer en rien, dans l'esprit des spectateurs, le respect aveugle et la vénération d'automate que les habitants du Céleste-Empire conservent à l'égard de l'Empereur, père et mère du peuple, comme ils l'appellent. Le répertoire chinois est extrêmement riche : ici vous ne verrez guère représenter que des farces ou des mélodrames, qui se prêtent à une bruyante mise en scène et s'accommodent mieux au goût de ces masses populaires; mais sur les théâtres particuliers des mandarins, les acteurs jouent des pièces d'un tour plus noble et plus délicat, du genre de celles qui ont été traduites en langues européennes par nos sinologues et par les vôtres.... Mais, attention! voici une autre pièce qui commence. Vous y trouverez, je n'en doute pas, plus d'intérêt qu'à tous mes discours.

Des cris d'approbation : *Aïa! aïa!* se firent entendre

dans l'enceinte de bambou ; une partie du parterre se retira et laissa la place à de nouveaux arrivants. Les acteurs sortirent tumultueusement par l'un des côtés de la scène, tandis que de l'autre côté un homme, vêtu d'un riche costume, s'avançait lentement....

— Comment! demandai-je à mon cicerone, pas d'entr'acte?

— A quoi bon un entr'acte, puisqu'il n'y a pas de décors? Vous ne voyez pas non plus de rideau. Les Chinois ne connaissent pas tous ces raffinements : une pièce est finie, une autre commence. On a soin seulement de changer les écriteaux qui sont pendus des deux côtés du théâtre pour indiquer le titre de la pièce que l'on joue, absolument comme à Epsom, où l'on fixe au poteau les numéros des chevaux de course qui vont paraître en lice... Tenez, l'acteur, sans doute un des principaux personnages de la pièce, récite le prologue... En effet, l'acteur qui venait de paraître en scène se mit à entonner une espèce de récitatif, moitié parlé, moitié chanté, pendant lequel l'orchestre l'accompagnait, mais lentement et à sons voilés, pour que les spectateurs pussent entendre très-distinctement la voix, d'ailleurs très-criarde, du personnage. — Le prologue est une des parties les plus importantes du drame; il tient lieu d'exposition, et donne à l'avance le sens de l'intrigue plus ou moins compliquée, dont les diverses péripéties vont se dérouler successivement sur le théâtre. — Cela me rappelait les prologues de Plaute et de Térence, ou les prologues des tragédies grecques, lorsque l'acteur se présentait devant l'auditoire et lui disait naïvement : « Je suis Oreste ou bien Agamemnon; je vais vous dire pourquoi je suis ici et ce que j'y viens faire. » Cette confession n'annonce pas assurément beaucoup d'art :

on ne saurait entrer plus simplement en matière; mais le procédé semble tout naturel, et c'est le premier dont la comédie ait fait usage. Les Chinois en sont demeurés là; ils n'ont pas même découvert le perfectionnement des confidents.

Le prologue terminé, le drame commença réellement; de nombreux acteurs entrèrent sur le théâtre et se placèrent avec un certain ordre, les uns à droite, les autres à gauche, laissant au milieu d'eux un espace libre destiné aux principaux personnages.

Ce qui me frappa d'abord, ce fut la richesse des costumes. La plupart des personnages étaient vêtus de longues robes de soie couvertes de broderies et de dorures. La forme de ces robes, la coiffure et la chaussure des personnages ne ressemblaient en rien aux modes actuelles, et suffisaient pour indiquer que le sujet de la pièce était emprunté à l'histoire des anciennes dynasties. Je fus en vérité surpris de voir tant de luxe sur les planches d'un théâtre populaire et sur le dos d'acteurs ambulants. Je ne crois pas exagérer en affirmant que ces costumes, par leur beauté, par le goût des broderies, par la vivacité des couleurs disposées avec beaucoup d'art, n'auraient pas été indignes de figurer sur la scène de l'Opéra.

Il me faudrait faire aujourd'hui une grande dépense d'imagination, pour être en mesure de raconter exactement le sujet de la pièce et d'écrire le feuilleton du *sing-song*. Je ne comprenais pas un mot de ce qui se disait ou se chantait sur la scène; et, d'ailleurs, mes yeux étaient trop occupés du spectacle, pour qu'il me vînt à l'esprit de chercher à saisir le fil, très-simple peut-être, de l'intrigue chinoise.

Je vis pourtant que dans la pièce il y avait un roi;

que ce roi avait une fille; que cette fille avait plusieurs amoureux, des princes sans doute; que chacun de ces princes avait une nombreuse suite, et que le cœur ou la main de la fille du puissant monarque était le pivot autour duquel tournaient l'ambition ou l'amour des princes et l'intérêt du drame. — Je ne prétends pas que ce plan soit très-original; mais donnez à tous ces sentiments, à tous ces personnages l'accoutrement chinois, et vous obtiendrez, au bout du compte, quelque chose d'assez bizarre.

Autant que je pus le remarquer, le roi avait la manie des discours. Monté sur une estrade qu'on apportait exprès sur le théâtre lorsqu'il entrait en scène, entouré d'une foule de mandarins et de soldats, il débitait de longues harangues, et, à entendre les sons rudes, saccadés, hachés que les monosyllabes chinois produisaient en sortant de son gosier, on eût pu croire que Sa Majesté avait le hoquet. Tantôt sa voix seule se faisait entendre; tantôt elle était accompagnée par l'orchestre, et le discours devenait un chant dont notre langue ne saurait imiter la singulière harmonie. — A certains moments, les mandarins, debout auprès de l'estrade, répondaient et chantaient des chœurs, toujours avec le secours de l'orchestre.—Lorsque la fille du roi s'avança pour la première fois sur le théâtre, il se fit dans toute la salle un grand silence. L'actrice qui jouait ce rôle était coquettement vêtue d'une robe de soie brodée; sur sa tête s'élevait un échafaudage de magnifiques cheveux noirs, soutenu par des épingles d'or; elle avait aux bras et aux jambes de riches bracelets, et elle se balançait, comme une tige flexible, sur de petits pieds qui eussent été admirés dans le royaume de Lilliput; aussi était-elle soutenue par deux femmes, ses servantes, ou plutôt ses dames d'honneur (puisqu'il s'agit d'une princesse), portant, l'une un écran, l'autre un éventail. Sa figure paraissait des plus gracieuses, et les cils de ses yeux fendus en amandes allaient rejoindre ses tempes, grâce à l'artifice très-connu d'une ligne noire tracée au pinceau. — Que dites-vous de ce personnage? me dit mon voisin.

— Mais il me semble qu'elle a tout à fait bon air, et qu'elle joue la princesse à merveille.

— Eh bien, cette princesse est tout simplement un Chinois.

— Un Chinois!

— Oui, un Chinois qui s'est fait femme. Les dames en Chine ne paraissent jamais sur la scène. Tous les rôles sont remplis par des hommes.

— Que me dites-vous là?..... Passe encore pour les cheveux; pour bien d'autres choses encore; l'art explique tout. — Mais cette figure, mais ces pieds microscopiques!.... A moins que les Chinois n'aient des idées particulières sur les sexes (et je doute qu'ils poussent à ce point la fantaisie du paradoxe), je me résoudrai difficilement à croire que cette jeune princesse ne soit point une femme; j'ajouterai même, si j'y vois clair, une jolie femme.

— Je vous répète et vous affirme que cette femme est un homme.... Mais écoutez sa voix; c'est à son tour de chanter.

Le violon à deux cordes joua une ritournelle, puis une voix extrêmement fine et délicate se fit entendre à la reprise de l'air dont le rhythme, lentement mesuré, exprimait la plainte et le désespoir. C'était apparemment la scène la plus pathétique de la pièce, et je dois dire qu'en ce moment la musique chinoise me parut presque harmonieuse.... Mais je ne pouvais revenir de ma surprise; mon *cicerone* ne cessait de me répéter que cette voix de femme, si parfaite, si naturelle, sortait d'une poitrine d'homme ; mes yeux et mes oreilles protestaient contre la vraisemblance d'un déguisement aussi complet !

La jeune fille sortit à pas lents; et les autres acteurs qui s'étaient retirés pendant l'entrevue rentrèrent sur le théâtre. Alors recommença le tapage de l'orchestre et des chants. — Ce n'était probablement pas sans intention que l'auteur avait placé une scène d'émotion calme au milieu des scènes bruyantes et désordonnées qui formaient le fond de son drame. S'il n'avait point cherché à créer un contraste, du moins avait-il jugé nécessaire de donner quelques instants de répit aux oreilles et aux yeux du spectateur, qui, tout grossier qu'on le suppose, doit être ménagé dans les élans et dans les fatigues de son enthousiasme. Quoi qu'il en soit, l'auditoire, reposé par l'apparition de la jeune fille comme par le silence d'un entr'acte, accueillit avec plaisir le retour des grandes robes brodées et des longues moustaches.

— Observez bien tous les détails, me dit mon Anglais; il ne faut rien perdre.... Voyez-vous cet acteur qui s'est séparé du groupe et qui fait le tour de la scène en courant avec une petite jonque en bois qu'il tient sous le bras?.... C'est un messager du roi. Il est en mission, et la jonque signifie qu'il traverse la mer... Le voici qui s'arrête : il est arrivé... Bien !... Maintenant il refait deux tours en sens contraire; cela veut dire qu'il revient et rapporte la réponse.... Il se prosterne devant le roi; il rend compte de sa mission, et le roi satisfait lui accorde un bouton de mandarin.... Les Chinois se prêtent très-volontiers à ces fictions, et ils comprennent merveilleusement la pensée de l'auteur. Avouez que le procédé est commode!

— Assurément. Les Chinois ne connaissent guère Aristote ni les trois Unités.... Après tout, c'est affaire de convention, et le drame n'en est peut-être pas plus mauvais.... Mais il me semble que de grands événements se préparent. Voici tous les acteurs qui se mettent en mouvement et se divisent en deux bandes. Le roi sort précipitamment..... Attendons!..... Les guerriers tirent leurs sabres; il paraît que nous allons assister à quelque parade ou à une bataille.... Pourquoi ces hommes, qui sont à la gauche de la scène, s'avisent-ils de tenir entre leurs jambes ces grands pieux en bois? Cela n'a rien de gracieux, à ce qu'il me semble.

— Ayez, je vous prie, un peu plus de respect pour cette vaillante troupe. C'est l'escadron de cavalerie. Les pièces en bois sont chargées de représenter les chevaux. Invention de mise en scène, absolument dans le même goût que la jonque du messager.

— A la bonne heure. J'avoue, du reste, que je ne m'attendais pa à voir une bataille sur un théâtre chinois. Les Chinois se battent donc? Ils n'ont pourtant pas la réputation d'être très-belliqueux.

— Ils se sont battus autrefois, et beaucoup, à ce qu'il paraît; car un grand nombre de pièces de l'ancien répertoire renferment quelque scène tout à fait guerrière, semblable à celle que nous allons voir. Il y aura toujours des héros de comédie... L'orchestre entonne le chant de guerre, et la cavalerie s'ébranle.

En effet, le chant de guerre remplit tout le théâtre d'un affreux tintamarre de tam-tam, et surtout de gong; c'était à se croire dans une ville de chaudronniers. —

Les pieux de bois se cabrèrent, et le combat commença sur toute la ligne.

Cette partie du drame me donna la plus haute idée de l'habileté des Chinois dans l'art de la gymnastique et des tours de force. Les guerriers brandissaient leurs sabres avec une adresse extrême, se portaient et paraient les coups les plus terribles, tournaient incessamment sur eux-mêmes, faisaient des sauts et des cabrioles à rendre jaloux les plus habiles de nos clowns, et déployaient dans tous leurs mouvements une rapidité, un entrain, un esprit inimaginables. Le parterre riait aux éclats, et il avait raison. Cette parade de foire était, assurément, ce qui lui plaisait le plus dans toute la pièce, et elle n'avait été introduite dans le sujet que pour fournir l'occasion d'une scène à tours de force. — Mais encore l'idée d'encadrer ainsi une scène purement grotesque dans l'intrigue même du drame et de la rattacher, comme incident, au développement général du sujet, indique-t-elle chez les Chinois une certaine délicatesse de goût et d'intelligence qu'il est impossible de ne pas remarquer. En France, le peuple s'amuse à voir Auriol grimpant sur des bouteilles; il n'en demande pas davantage pour rire et applaudir. Les Chinois seraient plus exigeants : ils voudraient qu'Auriol eût une raison pour se tenir en équilibre sur des bouteilles, et que le tour de force se trouvât amené par l'action naturelle du drame.

Le genre bouffe est d'ailleurs très-apprécié des Chinois; dans la plupart des pièces, il y a un rôle de bouffon.

Le combat dura près d'un quart d'heure; puis le roi revint, et je crus comprendre qu'il accordait la main de sa fille au prince dont la troupe était demeurée maîtresse du champ de bataille. C'était le dénoûment. Tous les acteurs sortirent de la scène, et un nouvel écriteau annonça le commencement d'une autre pièce.

Je vis plusieurs autres drames présentant à peu près les mêmes caractères, c'est-à-dire le même mélange de pathétique et de grotesque, accompagnés par la même musique, joués par les mêmes acteurs ; — chacun sait que la Chine n'est point le pays de la variété. — Après quatre heures de *sing-song*, je me déclarai satisfait, et je sortis de la galerie avec mon voisin l'Anglais.

— Déjà ! s'écria le comprador que je rencontrai à la porte du théâtre.

— Comment, déjà ! Mais il me semble que j'ai fait là une assez bonne séance et qu'il est temps d'aller dîner.

— Aïa ! vous partez avant la plus belle pièce.... Un drame magnifique, dans lequel il y aura les plus riches costumes de la dynastie des Ming, des chasses, des combats ;... c'est un spectacle pour lequel on nous a promis merveille. De nouveaux acteurs paraîtront, et l'orchestre sera doublé !... Ce drame durera bien trois heures, ajouta le comprador dans son admiration toute chinoise. Jamais le peuple de Macao n'aura rien vu de pareil.

Malgré cette séduisante perspective, je persistai à quitter le *sing-song*.

— Vous avez raison, me dit l'Anglais ; en voilà bien assez pour aujourd'hui. Si votre curiosité n'est pas encore satisfaite, vous pourrez revenir demain et après-demain ; car, pendant trois jours et trois nuits, le *sing-song* sera en permanence, et la salle ne désemplira pas. Mais, croyez-moi, vous avez vu dans tous ses détails le drame populaire ; vous trouverez sans doute l'occasion d'assister plus tard à quelque représentation de mandarin; réservez votre curiosité et ménagez vos oreilles.

Je rentrai donc à Macao.

Je ne revis Ayann que le lendemain matin. Il avait passé une grande partie de la soirée au *sing-song*. Je lui demandai des nouvelles de la fameuse pièce dont le comprador m'avait parlé. Le succès avait été immense, et l'admiration de mon jeune boy me fit presque regretter d'avoir trop tôt cédé à la fatigue. Cependant je n'aurais pas entendu ce charmant DÉJA! qui m'accueillit à la sortie du *sing-song* où j'étais resté quatre heures. DÉJA! — Une nation qui est aussi patiente a bien le droit de se croire éternelle!

IV.

Promenade aux eaux minérales de Young-Mak. — Visite d'un village chinois.

— Voulez-vous aller à la chasse aux bécasses? nous dit un soir dans son salon M. de P.

La proposition fut acceptée avec empressement. La chasse n'est qu'une variété de promenade, et, à défaut de bécasses, nous avions la chance de rencontrer des Chinois.

— En outre, poursuivit M. de P., je vous ferai voir des eaux minérales.

Le lendemain, à l'heure convenue, nous étions réunis sur la praya, où M. de P. nous attendait dans son canot de chasse, c'est-à-dire dans une longue embarcation très-confortable, couverte en partie d'un léger toit en planches et pouvant armer vingt avirons. Dès que les rameurs chinois eurent garni les bancs, la barque se mit en route dans la direction du nord-est, vers le fond du port intérieur.

— Mais nous voici en pleine contravention! Que diront les Chinois s'ils voient les *barbares* s'aventurer ainsi sur leurs terres? Nous mangeons le fruit défendu?

— Calmez vos scrupules, répondit M. de P. — Les Chinois se garderont bien de nous chercher chicane. D'ailleurs, mon bateau est connu dans le pays, et les mandarins, qui m'ont fait plus d'une fois épier par leurs satellites, savent très-bien que je n'en veux qu'au gibier.

.... Après avoir traversé le port intérieur, nous entrons dans un large canal, formé par un des bras de la rivière de Canton. Les rives, plantées en rizières, sont protégées contre l'inondation par une digue en maçonnerie très-solidement construite et parfaitement entretenue. Nous suivons, pendant environ une heure, ce canal, qui, en France, aurait mérité, par sa largeur et l'abondance de ses eaux, le nom de rivière, puis notre bateau fait un détour dans un autre canal très-étroit, où l'extrémité des avirons touche presque les deux rives. Nous changeons ainsi plusieurs fois de route, nous trouvant tantôt au milieu d'une large nappe d'eau qui forme lac, tantôt dans d'étroits ruisseaux qui établissent la communication entre les nombreuses branches du fleuve Chou-Kiang. — Chacun sait que la Chine est le pays des canaux. On peut aller du nord au sud, de l'est à l'ouest du Céleste-Empire sans mettre pied à terre, et cette disposition merveilleuse des voies fluviales, dont les Chinois ont multiplié partout l'utilité par la construction de leurs canaux, ne facilite pas seulement la circulation des voyageurs et des produits; elle répand aussi l'abondance et la fertilité sur le sol et procure aux champs de riz l'arrosage qui leur est nécessaire. Au moyen de digues que l'agriculteur relève ou abaisse à volonté, l'on peut diminuer ou augmenter, suivant les besoins, le volume d'eau que réclament les plantations. Cette canalisation si complète est un chef-d'œuvre d'intelligence et de soins; elle témoigne d'immenses travaux, elle donne en même temps le secret de la supériorité réelle de l'agriculture chinoise.

Du reste, dans la plupart des provinces de Chine, il n'y a pas d'autres voies de communication que les routes par eau. Les routes par terre existent à peine; du moins ce ne sont que d'étroits sentiers où la circulation ne serait point praticable pour des voitures. Les Chinois sont trop avares de leur sol pour admettre qu'on doive le fouler aux pieds : s'ils le sacrifient, c'est pour y creuser un canal dont les eaux doubleront la fécondité des terres voisines.

La rapidité avec laquelle nous entraîne le canot de M. de P. ne nous permet de jeter qu'un coup d'œil très-incomplet sur la campagne. Souvent, d'ailleurs, la vue est arrêtée par l'exhaussement des deux rives, que l'on a dû relever en forme de digues ou même fortifier par un rempart de pierre, sur les points où le niveau du sol est inférieur à celui de l'eau. — Presque toute la plaine est cultivée en rizières; sur quelques hauteurs verdissent des bouquets de bambous; les villages sont rares et paraissent peu habités; nous ne rencontrons qu'un très-petit nombre de barques. M. de P. nous explique qu'il nous a fait prendre à dessein les passages peu fréquentés, afin d'avoir les coudées plus franches pour notre promenade.

Environ quatre heures après notre départ de Macao,

le canot nous débarque à quelque distance d'un petit monticule au pied duquel jaillissent les eaux thermales. — Nous laissons à M. Itier le soin de constater la nature de la source; pour nous, après avoir trempé notre doigt dans l'eau pour nous assurer qu'elle est très-chaude et porté quelques gouttes à nos lèvres pour reconnaître qu'elle est très-mauvaise à boire, nous nous dirigeons vers un village qui se dessine à un mille de nous.

Nous suivons un étroit sentier qui serpente au-dessus des champs de riz. Les plants, disposés en lignes droites parallèles, sont espacés à égale distance les uns des autres : l'eau, détournée du canal voisin, couvre le terrain sur une profondeur d'environ deux à trois pouces, et baigne entièrement le pied de la plante, qui ouvre gaîment ses feuilles aux rayons du soleil. — Quelques Chinois, enfoncés dans la vase jusqu'à mi-jambe, portent secours aux tiges trop faibles et veillent à ce ce que l'irrigation se distribue régulièrement dans toutes les parties du champ.

A peu de distance du village, nous voyons venir dans notre direction une petite procession d'hommes et de femmes accompagnant un grossier palanquin en bambou, dans lequel est assise une jeune Chinoise, vêtue d'une robe à broderies et parée de fleurs blanches.

— Voici une noce, nous dit M. de P.; ce sont de pauvres gens. N'ayons pas l'air de faire trop grande attention à eux; de peur de les effrayer. Surtout pas un mot, pas même un regard aux femmes!

A mesure que nous nous rapprochons du groupe chinois, celui-ci ralentit le pas, nous examine, se trouble, puis tout d'un coup fait volte-face et reprend en toute hâte le chemin du village. Cependant, au bout de quelques minutes, nous rattrapons les fuyards, qui se rangent modestement pour nous laisser passage. Malgré nos signes d'amitié et quelques paroles bienveillantes de M. de P., les pauvres Chinois ne paraissent pas trop rassurés; les femmes surtout, entourant le palanquin de la jeune mariée pour la protéger contre l'indiscrétion de nos yeux, se couvrent le visage avec leurs éventails, tandis que les hommes, immobiles comme des statues, paraissent tout stupéfaits de cette invasion d'Européens. A cet effet de crainte produit sur les premiers habitants que nous rencontrons, nous pouvons juger de l'émoi que notre arrivée va répandre dans le village.

Comme il ne faut jamais rien brusquer, surtout en terre chinoise, M. de P. nous engage à nous arrêter quelques instants sous un massif d'arbres, à une petite portée de fusil des maisons. Derrière ces arbres, s'étend une plaine inculte parsemée de tombeaux.

Après un quart d'heure d'attente et en même temps de repos (car grâce aux nombreux détours des chemins dessinés au milieu des rizières, nous avons fait une bonne lieue en plein soleil depuis notre départ de la source), nous commençons à nous apercevoir que le village a eu vent de notre approche. Ce sont les enfants qui se montrent d'abord; une bande de ces gamins à figure éveillée et narquoise, — gamins de tous les pays, — s'avance de notre côté, se grossissant à chaque minute et criant à tue-tête le mot *fan-kwaï* (*diable étranger*), synonyme habituel d'*Européen* dans la langue populaire du Céleste-Empire. La curiosité les amène insensiblement auprès de nous, et, à l'aide de quelques sapèques (piécettes de cuivre), les rapports ne tardent pas à s'établir. — M. M... tire son album et crayonne rapidement le portrait de deux de nos gamins qui consentent très-docilement à poser devant lui. Les portraits finis, il leur demande leurs noms ; mais voici les pauvres enfants qui se mettent aussitôt à fondre en larmes, croyant que nous venons pour les *acheter*. Les autres s'éloignent à distance respectueuse. — Ils reviennent pourtant, rappelés par nos sapèques, mais lentement et avec plus de défiance. — A ce moment, un oiseau passe, et l'un de nous, un chasseur, un maladroit, ne trouve rien de mieux que de lâcher son coup de fusil. — Cette fois, nos gamins s'enfuient à toutes jambes, emportant nos sapèques et notre dernière espérance d'entrer paisiblement dans le village. — Le malheureux coup de fusil venait de rompre bien mal à propos l'entente cordiale que nous avions eu tant de peine à former avec les gamins.

— Attendons encore, nous dit M. de P. ; tout n'est pas perdu. Ils reviendront : mais pas d'imprudence ! vous voyez à quelles gens nous avons affaire. Nous sommes épiés, et, si nous restons tranquilles, la curiosité ramènera tout ce monde. D'ailleurs, le bruit du coup de fusil a dû donner l'éveil au mandarin.

En effet, quand la première émotion fut calmée, les enfants reparurent ; mais ils n'étaient plus seuls : une troupe nombreuse d'hommes et de femmes les suivait. Il fallut alors recommencer la distribution des sapèques, procédé infaillible, en Chine peut-être plus qu'ailleurs, pour calmer toute crainte et apprivoiser les préjugés les plus farouches.

.... Dès que nous croyons pouvoir franchir sans encombre le seuil du village, nous nous mettons en marche au milieu d'une nuée d'enfants, qui, tout en persistant à nous crier à chaque pas : *fan-kwaï*, *fan-kwaï* (diables), n'en sont pas moins devenus nos alliés les plus intimes et les plus bruyants : or, quand on a les gamins pour soi, la partie est gagnée. — Mais, à la première maison, nous sommes arrêtés de nouveau par un groupe de Chinois, dont la physionomie sérieuse et contrainte indique un certaine défiance.

— Allons, nous dit M. de P., encore une barricade !... ne nous décourageons pas : ce sera sans doute la dernière...

Un vieillard se détache aussitôt du groupe en joignant les mains avec forces salutations, et nous sommes tout étonnés de l'entendre adresser à M. de P. quelques paroles portugaises. — J'ai habité Macao : j'avais une boutique d'orfèvre : je suis retiré ici avec le bouton jaune de petit mandarin. Nous sommes de bien pauvres gens, nous ne demandons qu'à vivre tranquilles...

— Eh mais, *foki* (camarade), lui répond M. de P., qui donc pense à venir troubler votre tranquillité ? Je me promène avec ces messieurs, qui sont des mandarins français de mes amis, et nous n'avons pas d'intentions hostiles. Soyez donc sans crainte et accueillez-nous.

— Des mandarins *fa-lan-çè* (français) ! Pourquoi apportent-ils leurs fusils ?

— Pour tuer les oiseaux.

Cette simple réponse ne paraît pas satisfaire notre vieillard, qui se retourne vers les Chinois et leur rapporte la conversation ; puis il reprend :

— Notre territoire est de peu d'étendue ; nous ne produisons que du riz ; nous sommes pauvres, bien pauvres. Les *Fa-lan-çè* ne tireraient rien de nous !

— Il paraît, nous dit M. de P. en souriant, que ces braves gens vous soupçonnent d'avoir des idées de conquête ! Me permettez-vous de les rassurer ?

Il faut dire ici que, dès l'arrivée de l'ambassade,

certaines personnes avaient fait courir le bruit que la France avait l'intention de demander au gouvernement chinois la cession d'un territoire à l'embouchure de la rivière de Canton, pour fonder un établissement en regard de la colonie anglaise de Hong-Kong. Ce fait expliquait la question malicieuse de M. de P. ainsi que la frayeur des bons Chinois, auxquels on avait peut-être communiqué à dessein la nouvelle de nos idées conquérantes.

A force de protestations, M. de P. parvient à convaincre le mandarin de nos intentions très-pacifiques; et le pauvre vieillard, reprenant confiance, nous conduit enfin à travers le village dans sa propre maison, où il nous offre du thé, des bonbons, des cigarettes, des fruits, etc.

Le village est en effet des plus misérables; sa population se compose presque exclusivement de cultivateurs auxquels le séjour humide et malsain des rizières donne une physionomie maladive et fiévreuse. Ses maisons, ou plutôt ses cabanes, construites en pieux de bambou qu'affermissent de grossières maçonneries en briques, annoncent une extrême pauvreté. Je n'ai rien de plus à en dire, sinon qu'il ne saurait, à coup sûr, tenter l'ambition du plus modeste conquérant.

Après une halte d'un quart d'heure dans la maison du vénérable mandarin, nous quittons le village pour nous mettre en chasse; nous trouvons beaucoup d'oiseaux d'espèce encore nouvelle pour nous, mais pas de gibier; nous regagnons vers quatre heures notre embarcation, qui reprend le chemin de Macao. En traversant un petit lac formé par l'embranchement de plusieurs canaux, nous sommes fort étonnés d'apercevoir une jonque de guerre, pleine de soldats. Est-ce que par hasard les mandarins du voisinage auraient cru que nous étions réellement partis à la conquête du district, au nom de la France? Mon Dieu! cela est bien possible. En fait de défiance, il est permis de s'attendre à tout de la part des Chinois.—La jonque nous laisse passer tranquillement, et nous rentrons à Macao, remerciant M. de P. de son aimable obligeance.

Peut-être me suis-je étendu trop longuement sur tous les détails de cette petite excursion. Il me semble cependant que ces détails, recueillis fidèlement, reproduits dans leur succession naturelle, donnent la meilleure et la plus juste idée du caractère chinois. Jugez maintenant combien il faut de prudence, de circonspection pour entrebâiller seulement les portes de cet immense cloître qu'on appelle la Chine. Si nous n'avions pas eu pour nous guider l'expérience de M. de P., la connaissance parfaite que notre bienveillant cicerone avait acquise des mœurs de la population, nous eussions pénétré dans le malheureux village sans y mettre tant de façons, la tête haute, le sourire moqueur sur les lèvres, le fusil sur l'épaule; mais quelle épouvante pour ces pauvres gens! quel scandale! Notre excursion, fort innocente assurément, eût été considérée comme une odieuse violation de territoire, comme une insulte aux lois du pays, à la majesté du Céleste-Empire! M. de P. savait son monde; il calma, par ses recommandations et par son exemple, l'effervescence de notre curiosité; il condamna sagement notre *furia francese* à se résigner aux lenteurs et aux tactiques d'un siége en règle pour obtenir enfin l'entrée presque triomphale dans la bourgade chinoise. Les enfants d'abord, puis les femmes, puis les hommes, puis le vieux mandarin, autant de bastions qu'il nous fallut emporter successivement avant de demeurer maîtres de la place! — Que de craintes à apaiser! que de préjugés à combattre! — Pour ces paisibles habitants, un Européen n'est autre chose qu'un barbare, un *fan-kwai,* un diable. Cela est imprimé dans les vieilles annales, affirmé par les mandarins, répété par les vieillards. Voilà les idées que le gouvernement entretient parmi le peuple; peuple crédule, qui hérite ainsi des préjugés de ses pères et les transmet pieusement à ses enfants. — Que l'on s'étonne maintenant des difficultés sans nombre qui se sont opposées jusqu'ici au rapprochement des Chinois et des *barbares.*

V.

Arrivée des mandarins chinois. — Leur première visite à l'ambassade française. — Ky-ing et ses quatre conseillers, Houan, Tsao, Toun et Pan-tseu-tchen.

Nous étions depuis un mois et demi à Macao, et nous attendions encore l'arrivée des plénipotentiaires chinois. Ky-ing ne venait pas. Il était permis de s'étonner qu'il montrât si peu d'empressement à se mettre en communication directe avec une ambassade venue de si loin.

Ce fut seulement le 29 septembre que Ky-ing arriva à Macao. Les autorités portugaises et la garnison allèrent à sa rencontre. Le vice-roi prit ses logements dans une pagode située hors de la ville. — Les pagodes sont ordinairement les hôtelleries des grands mandarins. Ces illustres voyageurs prennent sans façon les appartements des dieux. — Ky-ing avait déjà habité la même pagode, deux mois auparavant, pendant la conclusion du traité avec l'envoyé des États-Unis, M. Caleb Cushing.

Mardi, 1ᵉʳ octobre, eut lieu la première conférence officielle entre le commissaire impérial Ky-ing et l'ambassadeur de France, M. de Lagrené. Ky-ing s'était fait précéder de sa carte de visite; il avait envoyé son portrait deux ou trois jours avant à M. de Lagrené.

Tous les membres de la mission, ainsi que les officiers de l'escadre, ayant à leur tête l'amiral Cécille, se trouvaient réunis, dès midi, à la maison de l'ambassadeur où Ky-ing devait arriver à une heure. Les diplomates chinois sont exacts; vers une heure nous entendîmes dans le lointain des sons de gong et de tam-tam, qui annonçaient l'approche du cortége.

La rue principale de Macao était pleine de monde. Portugais et Chinois se pressaient sur le passage du commissaire impérial. En moins de trois mois, la petite ville de Macao avait eu l'honneur de recevoir deux fois dans son enceinte le vice-roi de la province et l'homme le plus considérable de la Chine après l'empereur. Ky-ing, négociateur des traités conclus avec les Anglais sous les murs de Nankin, et avec les Américains à Macao, Ky-ing, qui avait inauguré la politique nouvelle du Céleste-Empire à l'égard des *barbares*, jouissait en effet, comme homme d'État et comme diplomate, de la plus haute réputation. Son nom se trouvait mêlé aux événements les plus mémorables des deux dernières années, à l'histoire d'une époque qui marquera à jamais dans les annales de la Chine.

Et cependant, rien de moins imposant que le cortége de ce grand personnage. En tête s'avançait sans ordre une bande de soldats, et quels soldats! — Ils étaient armés les uns de piques, les autres d'une lance, dont le fer, grossièrement taillé, rappelait la hallebarde d'un suisse de paroisse; un petit nombre seulement portait de longs fusils à mèche. Leur costume, généralement rouge avec bordures blanches, était sale, usé, presque en haillons. Dans la main droite ils tenaient un bouclier en rotin tressé, sur lequel était peinte une figure plus grotesque que terrible, avec des yeux flamboyants, une bouche grande ouverte et des dents prêtes à dévorer. Au milieu des soldats s'avançaient quelques coolies à peine vêtus, qui portaient de petites enseignes en coton rouge, couvertes d'inscriptions ordonnant au peuple de se ranger et de faire silence au passage du vice-roi. Venaient ensuite cinq ou six individus vêtus de longues robes rouges et coiffés d'une espèce de treillage en fer. Ces personnages, qui marchent si gravement, dont les Chinois semblent fuir les regards, ce sont les bourreaux; c'est la loi qui marche à côté du souverain; c'est le glaive prêt à frapper au premier signe. — Voici enfin le commissaire impérial porté dans un palanquin. Il est suivi de ses quatre conseillers, Houan, Tsao, Toun et Pan-tseu-tchen. Les palanquins des cinq dignitaires sont entourés d'une faible escorte de soldats tartares, montés sur des chevaux dont les formes caricaturales semblent tout à fait en rapport avec la tenue des cavaliers. Un second piquet de fantassins compose l'arrière-garde.

. La vue de ce cortége ne répondait nullement à l'idée que je m'étais faite, ou plutôt que les voyageurs et leurs livres m'avaient donnée sur la gravité solennelle et cérémonieuse des mandarins chinois! Tout cela ressemblait assurément plus à une mascarade qu'à un cortége de vice-roi.

Le palanquin de Ky-ing s'arrêta devant la porte de l'ambassade; les soldats firent mine de se ranger pour former la haie; un assourdissant bruit de gong retentit, et le commissaire impérial, ainsi que ses quatre conseillers, mirent pied à terre. Ils furent reçus par le premier secrétaire de l'ambassade. M. de Lagrené les attendait au haut de l'escalier, vêtu de son costume officiel, dont l'éclat contrastait avec la mise simple et trop modeste peut-être des mandarins chinois. Ceux-ci, en effet, au lieu de nous montrer, comme il était assez naturel de s'y attendre dans une entrevue aussi solennelle, leur costume de cérémonie, nous arrivaient en longues robes de soie noire unie, sans autres insignes de leur dignité que le bouton et la plume de paon fixés à leur bonnet. Ce sans-façon était-il calculé? Etait-ce une marque d'intimité que les Chinois voulaient donner dès la première rencontre? N'était-ce pas plutôt un sentiment tout contraire, une sorte de mépris affecté pour les *barbares?* – Les pensées des Chinois sont aussi difficiles à traduire que leur langue.

Ky-ing fut introduit dans le salon où nous nous tenions tous debout. Il prit place sur un canapé entre l'ambassadeur et l'amiral. Les mandarins s'assirent sur des fauteuils. Quant aux domestiques de l'escorte, porte-éventails, porte-pipes, porte-pinceaux, ils jugèrent à propos de faire irruption dans le salon à la suite de leurs maîtres, et se répandirent dans les pièces voisines sans plus de cérémonie que s'ils se trouvaient dans une maison ouverte à tout venant. Ky-ing n'y prit pas garde et laissa faire.

Il y eut alors entre l'ambassadeur français et le commissaire impérial une conversation qui dura environ une demi-heure, par l'intermédiaire de M. Callery, interprète du consulat. On se demanda, de part et d'autre, des nouvelles de l'illustre empereur de la Chine et de l'illustre empereur des Français. Puis vinrent quelques réflexions très-générales sur la distance qui sépare la France de la Chine, sur l'étendue et la géographie de l'Europe, etc.

Ky-ing avait été charmé de voir son portrait déroulé sur la muraille du salon. M. de Lagrené lui présenta le portrait du roi Louis-Philippe, que les mandarins regardèrent avec le plus profond respect, puis il conduisit ses hôtes dans une pièce voisine qui avait été transformée, pour la circonstance, en une espèce de musée où étaient exposés, entre autres objets de prix, un beau service en porcelaine de Sèvres et un tableau en soie tissée à la Jacquart.

J'étais assez curieux de saisir, sur la physionomie des Chinois, l'impression laissée par la vue de ces magnifiques produits que tous les connaisseurs eussent admirés en Europe. Bien que la Chine ait acquis une très-haute réputation pour ses fabriques de porcelaines et de soieries, je n'avais rien aperçu, dans les magasins de Macao, qui dût rivaliser avec les échantillons de Lyon et de Sèvres, que nous pouvions mettre orgueilleusement sous les yeux des mandarins... Pourtant Ky-ing regarda les produits français avec une certaine indifférence; ses conseillers firent de même. Ils se bornèrent à quelques signes d'adhésion, plutôt pour remercier de la politesse que pour témoigner leur admiration. Peut-être préféraient-ils réellement les dessins grotesques des grands vases de Chine aux fines et délicates peintures qui décoraient les tasses de Sèvres; ou bien, par un sentiment exagéré de vanité nationale, ne voulaient-ils pas reconnaître publiquement la supériorité d'une industrie étrangère.

Après cette exhibition, on vint annoncer que la collation était servie. Les cinq mandarins et une partie de l'ambassade se rendirent dans la salle à manger. On resta près d'une heure à table. Nos mandarins se trouvaient assez désorientés devant nos plats et nos bouteilles. Ils étaient aussi fort peu à leur aise avec nos cuillers et nos fourchettes, dont la manœuvre leur semblait beaucoup plus difficile que celle des petits bâtons dont ils font usage. Ils en vinrent à se servir tout simplement de leurs doigts, et, malgré quelques grimaces, dont ils étaient les premiers à rire, ils firent honneur aux friandises et aux vins de France. La pantomime éloquente des verres tour à tour remplis et vidés et des santés portées et rendues d'un bout de la table à l'autre, ne tarda pas à remplacer les entretiens confus et bruyants, très-difficiles à saisir au milieu du cliquetis des verres et des joyeuses exclamations des convives. A table, on n'a plus besoin d'interprète. Ky-ing prenant son verre à deux mains, l'élevant au-dessus de sa tête, l'avalant tout d'un trait, puis le renversant sur son ongle pour montrer qu'il avait tout bu, en disait plus par la précipitation de son geste et l'expression de ses yeux que s'il avait envoyé à son interlocuteur les hyperboles les plus fleuries du Céleste-Empire.

Pendant le repas, la suite des mandarins était restée dans le salon à examiner curieusement les meubles, les ornements, les tableaux, les porcelaines. L'impression des valets paraissait tout autre que n'avait été celle des mandarins. Le domestique chargé de la pipe de Ky-ing prenait le plus grand plaisir à s'asseoir sur le canapé, qu'il trouvait beaucoup plus doux que les siéges en bois ou en rotin qui meublaient la demeure du vice-roi; il n'hésitait pas à reconnaître l'excellence des fauteuils, et il allait de l'un à l'autre avec une joie d'enfant. Plusieurs de ses compagnons s'extasiaient devant la hauteur des glaces, et profitaient de l'occasion pour remettre en ordre leur costume, régulariser la tresse de leur queue et s'admirer ensuite. Les officiers de l'escorte étaient également montés dans l'appartement, et ils comparaient assez tristement leurs dagues chinoises avec les sabres de nos officiers. Bref, toute cette foule de domestiques et de soldats, plus franche dans ses étonnements naïfs que le vice-roi et ses nobles conseillers, rendit au moins justice à la supériorité de notre civilisation et de notre industrie. L'admiration fut même portée au-delà des bornes : car je dois dire qu'après le départ du cortége, on s'aperçut que quelques objets avaient disparu, entre autres, l'agrafe dorée d'un ceinturon.

En faisant ses adieux pour retourner à la pagode, Ky-ing, pris d'un beau mouvement, sauta presque au cou de l'ambassadeur et l'embrassa. La glace était rompue. La France et la Chine venaient d'écrire le premier article de leur contrat d'amitié. Les deux nations s'étaient jetées dans les bras l'une de l'autre.

Ky-ing est un homme de taille moyenne ; il peut avoir environ soixante ans. Son nez épaté, ses pommettes saillantes, ses yeux petits et bridés, et l'expression plutôt spirituelle que distinguée de sa physionomie appartiennent au type pur de la race tartare. La queue qui tombe du sommet de sa tête est petite, grêle et mal fournie ; sa moustache grisonne et devient rare ; une barbiche très clair-semée descend sous son menton et allonge l'ovale de sa figure. Ky-ing parle lentement ; sa démarche, son maintien, ses gestes sont empreints de gravité et annoncent la réflexion. On reconnaît de suite en lui un homme habitué à traiter les grandes affaires et dont toutes les paroles, tous les signes sont autant de décisions accueillies avec respect et obéies avec soumission. Ky-ing est membre de la famille impériale : ce titre seul suffirait pour lui donner beaucoup d'influence à la cour de Pékin. Mais c'est surtout au talent dont il a fait preuve dans les circonstances les plus difficiles, notamment lors de la conclusion du traité de Nankin avec les Anglais, qu'il doit la haute position qu'il occupe : vice-roi de Canton, chargé de l'administration des deux provinces Kwang-tong et Kwang-si, surintendant des cinq ports ouverts au commerce étranger, il exerce, de fait, les fonctions de ministre des affaires étrangères du Céleste-Empire. Les ambassadeurs et consuls européens qui se sont trouvés en rapport avec lui ont eu à se louer de ses sentiments de conciliation, en même temps qu'ils ont apprécié la finesse de son esprit et la distinction de son caractère.

Houan, le premier conseiller de Ky-ing, est un homme encore jeune; il appartient à l'académie des Han-lin. Il y a, dans toute sa personne et dans ses manières, une élégance, une recherche poussée même jusqu'à l'affectation. Sa longue queue, noire, parfaitement nattée et lustrée, lui descend au milieu du dos : sa moustache est soigneusement peignée. Ses yeux sont plus vifs, sa physionomie plus animée que celle de Ky-ing : il parle avec abondance et multiplie les gestes, peut-être pour montrer ses mains, qu'il a fort belles. Ky-ing a la plus entière confiance dans l'habileté et dans la science de son conseiller qui, sorti des derniers rangs du peuple, s'est élevé au grade de mandarin à bouton rouge et à plume de paon.

Tsao, secrétaire particulier du vice-roi, est également un lettré, mais ce n'est qu'un lettré. Il n'a point l'élégance de Houan, et son visage, marqué de la petite vérole, est complétement dépourvu d'intelligence et de distinction. On le dit très-fort grammairien, sinologue très-érudit; il connaît, dit-on, plus de la moitié des caractères chinois (ce qui est beaucoup dire); il joue le rôle de dictionnaire ambulant à l'usage de Ky-ing.

Toun, officier tartare, est un robuste gaillard à face réjouie, mais de tournure vulgaire. Il ne porte que le bouton de cristal de mandarin de sixième classe.

Quant à Pan-tseu-tchen, il mérite plus d'attention. Son père était un des principaux négociants de Canton et membre de la corporation des Hanistes, c'est-à-dire de la compagnie exclusivement autorisée à commercer avec les Européens. Pan-tseu-tchen a hérité d'une immense fortune, qu'il a encore augmentée dans les affaires, et dont il a consacré une partie à se créer une position politique. Ses relations avec le commerce anglais l'ont rendu très-utile au gouvernement et l'ont amené à servir d'intermédiaire officieux entre les autorités chinoises et les étrangers. — A force d'intelligence, d'intrigues et d'argent, il a obtenu le bouton de mandarin. Pan-tseu-tchen a environ quarante ans. Son gros ventre et ses joues pleines lui donnent tout à fait l'air d'un *good fellow*. Il cause volontiers et paraît assez au courant des habitudes européennes. Ky-ing le consulte souvent; mais il conserve, en lui parlant, la réserve hautaine d'un grand seigneur à l'égard d'un marchand enrichi et d'un parvenu.

Tels sont les personnages qui doivent représenter le Céleste-Empire pour la conclusion du traité.

VI.

Visite rendue à Ky-ing. — Entrevue à la pagode. — Conversation diplomatique. — Dîner. — Nids d'hirondelles. — Calligraphie chinoise. — Négociation du traité.

Le surlendemain, 3 octobre, nous rendîmes visite au commissaire impérial. Les membres de l'ambassade, le consul, l'amiral et les officiers de l'escadre, tous en uniforme de grande tenue, montèrent dans des palanquins portés par quatre Chinois et prirent le chemin de la pagode. Ce devait être un singulier spectacle que celui d'une vingtaine de palanquins défilant à la suite les uns des autres dans les rues étroites de Macao, et traînés au pas de course par des coolies chinois, dont le costume misérable contrastait avec la dorure de nos costumes. Niché dans l'une de ces petites boîtes en sapin, je me rappelais ces processions de Rio-Janeiro où j'avais vu tous les saints du paradis, habillés et dorés, portés solennellement dans leurs châsses sur les épaules des mulâtres brésiliens. — Il eût été, d'ailleurs, impossible de déployer un plus grand luxe d'équipages : les voitures sont à peu près inconnues à Macao, et, du moment que nous ne cheminions pas à pied, la dignité de l'ambassade était sauve. Et puis n'était-ce rien qu'un palanquin à quatre chevaux figurés par quatre Chinois?

Je dois dire, cependant, que le palanquin n'a rien d'agréable. L'étroit compartiment dans lequel on est assis se ressent à chaque instant des secousses de la marche et rebondit sans cesse sur les épaules des porteurs. Ceux-ci, pour régulariser autant que possible leurs mouvements et diminuer les brusques secousses, marquent le pas en chantant; mais alors quelle musique !

En moins d'une heure nous étions rendus à la pagode qu'habitait Ky-ing. Les soldats s'étaient rangés en haie sur notre passage, et une foule assez nombreuse, venue des villages voisins, se pressait en face de la porte d'entrée pour assister à notre descente de palanquin. Le tableau était assurément plus pittoresque que solennel.

A peine eûmes-nous mis pied à terre que plusieurs mandarins arrivèrent à nous : Ky-ing attendait l'ambassadeur sous le péristyle. La rencontre fut des plus amicales : poignées de mains, sourires gracieux, exclamations, saluèrent notre bienvenue. Après nous avoir fait traverser une petite cour et un long corridor, le commissaire impérial nous introduisit dans une salle carrée, garnie de plusieurs rangs de chaises en bois plein. Devant chaque chaise était une table destinée à recevoir les tasses de thé. Ky-ing alla prendre place sur une espèce d'estrade où des siéges avaient été préparés pour l'ambassadeur, l'amiral, le consul et les commandants. Chacun s'assit et l'entrevue commença.

Les premières minutes furent, selon l'usage, consacrées au thé. Des domestiques nous apportèrent des tasses en porcelaine assez fine, posées sur des soucoupes en métal semblable à de l'étain et garnies d'un couvercle en porcelaine. Chaque tasse contenait quelques grains de thé vert et de l'eau bouillante : l'infusion se fait ainsi sous le couvercle, et l'on boit lorsque la couleur de l'eau annonce que le thé est assez fort. Les Chinois n'y mettent jamais de sucre.

Après un moment de silence, qui ne fut troublé que par le bruit des tasses et des soucoupes, Ky-ing entama la conversation.

— Santé de l'empereur des Français!

— Santé de l'empereur de Chine!

— Les Anglais sont plus gras que les Français, observe Ky-ing.

— Grandeur de Paris et de Nankin. Tour de Nankin. Il y a à Paris des maisons de six et sept étages.

— Aïa! répondent en chœur Ki-ing et les mandarins.

— Pourquoi ne voudriez-vous pas faire un tour en France?

— Les affaires politiques m'empêchent de m'éloiguer.

— Au moins, donnez-nous un de vos fils. Nous l'emmènerons.

— Mais la France est bien loin, bien loin!

Ici une digression sur la difficulté de la langue chinoise, sur la langue tartare. Le lettré Tsao prend part à l'entretien.

— Pourquoi, dit Ky-ing, avez-vous les uns des broderies en or, les autres des broderies en argent? — On lui explique, tant bien que mal, la distinction.

— Et pourquoi le chapeau de l'ambassadeur a-t-il des plumes, tandis que les autres n'en ont pas?

— C'est que les plumes sont les insignes d'une haute dignité.

— Je comprends; comme, en Chine, la plume de paon. Mais quelles sont ces plumes?

— Des plumes d'autruche.

A propos d'autruche, une discussion très-vive s'élève entre Ky-ing et les mandarins sur la question de savoir si les autruches ont deux ou quatre pattes. La science française vient au secours des mandarins, et il demeure entendu que les autruches ne possèdent que deux pattes.

Les domestiques remplacent nos tasses de thé.

La conversation reprend et roule sur la chasse. Ky-ing est, à ce qu'il paraît, un grand chasseur. Il raconte ses exploits avec beaucoup d'animation.

Au bout d'une heure de causerie, Ky-ing se leva, offrit la main à M. de Lagrené et nous invita à le suivre dans une salle voisine où était préparé un festin de cérémonie.

Le couvert était mis à l'européenne. Il y avait assiettes, verres de toute grandeur, bouteilles, cuillers, fourchettes; mais le milieu de la table était garni d'une foule de plats dont l'odeur et l'apparence appartenaient exclusivement à la cuisine chinoise. De plus, à côté des fourchettes, étaient placés les deux petits bâtonnets dont les Chinois se servent d'habitude. C'était un mélange de Chine et d'Europe qui semblait inspiré par une attention délicate et qui devait satisfaire tous les goûts.

Ky-ing s'assit, ayant à sa gauche, à la place d'honneur, M. de Lagrené, et, à sa droite, l'amiral. Il n'y avait que cinq mandarins admis à la faveur de dîner avec nous. Je me trouvai, pour ma part, en face du lettré Tsao, dont la physionomie annonçait les meilleures dispositions d'appétit et de belle humeur.

On a bien raison de dire que les Chinois sont, en toutes choses, nos antipodes. Nous avons vu tout à l'heure que, dans leur cérémonial, la place d'honneur est à gauche. Voici maintenant qu'ils commencent leur dîner par le dessert.

En effet, les premiers plats que l'on fit circuler autour de la table furent des confitures, des fruits confits, des petits gâteaux, que nous présentaient des officiers chinois à boutons d'or ou de cristal, — des capitaines, peut-être. — Un certain gâteau, qui nous fut particulièrement signalé par le lettré Tsao, portait inscrits à sa surface quatre caractères chinois, dont le sens était : « Amitié de dix mille ans entre la France et l'empire du Milieu (la Chine). »

On nous versa, pour arroser ce premier service, du sherry et du vin de Champagne. La pâtisserie chinoise est en général assez bonne.

Après les gâteaux vint un potage à l'européenne. Le potage n'existe pas dans les repas chinois.

Puis des mets chinois de toute sorte, — des ailerons de requin, des nids d'hirondelles, des vers frits, des œufs durs salés, des viandes épicées, du poisson, et mille autres plats dont le nom m'échappe. Heureusement Ky-ing avait eu la précaution de faire préparer des jambons, des poulets, des légumes cuits à l'eau, et nous avions ainsi la satisfaction de voir apparaître de temps à autre quelques plats de connaissance, qui nous procurèrent, en définitive, un dîner très-confortable.

On s'explique bien que le langage, le costume, les mœurs de deux peuples se trouvent en complet désaccord ; — que les habitudes de la vie et les formes de la civilisation diffèrent dans tel et tel pays ; mais on comprend moins facilement que ce désaccord et ces différences se produisent d'une manière aussi marquée dans les goûts et les préférences de la vie matérielle. Conçoit-on, par exemple (et ici il ne s'agit plus d'Européens ni de Chinois), qu'on puisse avoir le moindre plaisir à avaler des vers de terre qu'on a fait frire dans la poêle, ou à manger des œufs pourris ? Les Chinois ont-ils donc le palais autrement conformé que le nôtre ? Ils admettent sur leur table des gigots de chien ou de chat, des salmis de rats ou de chauve-souris, et nos meilleurs mets ne leur inspirent souvent que les plus franches grimaces. Ces goûts nous paraissent bizarres ; on s'est pris bien souvent à douter de la véracité des voyageurs qui ont décrit le menu des dîners chinois, et on a supposé qu'ils abusaient de la crédulité de leurs lecteurs, lorsqu'ils se livraient à l'énumération de tous ces plats étranges. Eh bien, non! ils ne disaient que ce qui est vrai. En Chine, tout se mange, et, grâce à la fantasmagorie très-perfectionnée des sauces et des assaisonnements, les viandes les plus dégoûtantes à nos yeux figurent avec honneur sur les tables des mandarins.

— Comment! les Chinois se nourrissent de nids d'hirondelles! singulière idée! Manger des nids! — Voilà une des mille et une questions auxquelles ont à répondre vingt fois par jour les malheureux revenants de Chine.

— Oui, le fait est très-exact : les Chinois mangent les nids d'hirondelles ; ce plat est même très-recherché ; il coûte extrêmement cher et n'est accessible qu'aux bourses des grands mandarins ou des riches négociants.

Il y a dans plusieurs îles de l'Archipel indien, notamment à Java, d'immenses grottes, dans lesquelles les hirondelles de mer construisent leurs nids. Ces nids sont formés de plumes, de débris d'algues, de pailles, et ces divers matériaux sont reliés entre eux par une substance blanchâtre et visqueuse qu'on attribue aux éléments marins dont l'hirondelle se nourrit, ou à une espèce de salive que l'oiseau tire de son gosier. A certaines époques on s'empare des nids et on les apporte en Chine. Là ils sont débarrassés avec soin des plumes, des algues, des pailles, et nettoyés de telle sorte qu'il ne reste plus que la matière visqueuse qui s'est solidifiée et conserve exactement la forme du nid. On les fait cuire dans de l'eau avec certains assaisonnements ; les nids se délaient en longs filaments et ont ainsi quelques rapports avec un potage d'épais vermicelle. Voilà l'histoire de ces fameux nids qui excitent encore en Europe tant de curiosité.

Ce plat mérite-t-il en effet la réputation dont il jouit en Chine? — J'avouerai que je n'y ai pas trouvé grand goût. Il paraît que les Chinois recherchent les nids d'hirondelles, parce qu'ils leur attribuent les mêmes vertus qu'aux cantharides : en outre, le plat, comme je l'ai dit, est d'un prix très-élevé; c'est un plat aristocratique. Quoi qu'il en soit, un dîner de mandarin ne saurait se passer de la soupe aux nids d'hirondelle.

Il est temps de revenir au dîner de Ky-ing. La table était fort animée; nous nous consultions réciproquement sur chacun des plats qui défilaient devant nous, et les mandarins, laissant à part tout sentiment de nationalité à l'endroit de la cuisine chinoise, s'amusaient beaucoup de nos grimaces et nous envoyaient, pour nous consoler, des tranches de mouton ou de bœuf cuit à l'anglaise. C'était, de tous côtés, un échange de gaîté et de courtoisie parfaite. Le lettré Tsao mangeait et buvait intrépidement. A chaque instant, il remplissait son verre, proposait innocemment des santés à l'un et à l'autre et avalait coup sur coup bière, sherry, champagne, bordeaux, sans s'apercevoir de l'ivresse qui le gagnait peu à peu. Vers le milieu du dîner, il avait déjà dépassé les bornes de *l'happy state*. Derrière lui se tenait un jeune Chinois à bouton d'or, son secrétaire, qui, tout honteux de l'état où il voyait son malheureux maître, nous adressait les regards les plus suppliants pour nous engager à ne plus verser à boire au lettré. De temps à autre, il se penchait à l'oreille de Tsao et lui murmurait le plus humblement du monde quelques paroles que Tsao n'entendait pas ou recevait fort mal. Le sort en était jeté ! Le mandarin allait tristement rouler sous la table quand son fidèle secrétaire vint à son secours et, avec l'aide de deux officiers chinois, l'emporta du champ de bataille. — Et on dit que les Chinois, habitués à leur *sam-chou*, détestable eau-de-vie de grain, ne sauront jamais apprécier les vins de France !

A un autre bout de table, le général tartare eut le même sort que notre savant; il fut obligé, avant la fin du dîner, de battre en retraite entre les bras de son aide-de-camp.

Quant à Ky-ing, il se montra beaucoup plus soigneux de sa dignité. Il faisait mille gracieusetés à l'ambassadeur et à l'amiral, ses deux voisins, et il épuisait à leur égard toutes les formules de la politesse chinoise. Tantôt, il s'emparait du verre de M. de Lagrené et le vidait à longs traits en signe d'amitié : une autre fois je le vis prendre dans son assiette un morceau de viande qu'il présenta fort adroitement du bout de ses bâtonnets à l'interprète, M. Callery, et que celui-ci fut obligé d'avaler avec reconnaissance. C'était, en effet, une grande marque d'amitié et d'estime.

Nous restâmes ainsi près de deux heures à table. Après le repas, on revint dans la salle d'audience où les principaux membres de l'ambassade furent successivement présentés au commissaire impérial. Pendant ce temps, le mandarin Pan-tseu-tchen faisait remarquer à plusieurs d'entre nous une grande feuille de papier chinois déroulée le long de la muraille et ornée d'une inscription en caractères majuscules. Cette inscription était, nous dit-il, l'œuvre de Ky-ing, qui passe pour un excellent calligraphe. — Il faut savoir qu'en Chine la calligraphie est en grand honneur et que les hommes les plus éminents tirent vanité d'une belle écriture (1).

La visite se termina par les plus chaudes protestations de part et d'autre, et nous reprîmes, dans nos palanquins, le chemin de Macao.

Peu de jours après, on entama la discussion du traité que l'ambassadeur français était venu conclure. J'ignore si les négociations donnèrent lieu à de graves difficultés, je regrette de ne pouvoir décrire les incidents, curieux sans doute, qui se produisirent dans le cours de ces débats. Je sais seulement que le traité fut aussi avantageux pour nous qu'il pouvait l'être et que notre diplomatie obtint des Chinois toutes les concessions que réclamaient les intérêts de notre commerce et de la foi catholique.

VII.

Les missions catholiques à Macao. — Promenade à Casa-Branca.

Macao est le centre des missions catholiques en Chine. La France y est représentée par les lazaristes et par l'é-

(1) Voici la traduction d'une pièce de vers écrite de la main de Ky-ing sur un éventail dont celui-ci fit présent à M. de Lagrené.

« Dans cet endroit, il y a des montagnes élevées, de hautes collines, des forêts épaisses et des bambous gigantesques. On voit aussi à droite et à gauche un embellissement de ruisseaux limpides qui s'entremêlent avec bruit. Un courant d'eau qui serpente sert à nous apporter les coupes dans lesquelles nous buvons. Quand nous nous asseyons en rangs dans cet endroit de délices, nous chantons un couplet à chaque verre, tout privés que nous soyons d'un grand nombre de flûtes et de guitares. Et cela suffit pour égayer nos esprits dans la vie intime que nous menons. Ces jours-là, le temps est magnifique et souriant, la température est pleine de douceur.

« Ecrit par Kɪ, précepteur du prince impérial. »

tablissement des missions étrangères. Chacune des deux maisons est dirigée par un délégué de l'autorité supérieure qui réside en Europe. Elle reçoit les prêtres qui arrivent; lorsque ceux-ci ont appris les premiers éléments de la langue et se sont mis au courant des habitudes du pays, elle les envoie dans la province où ils peuvent être le plus utiles pour les progrès de la foi. Elle possède, en outre, un collége pour les jeunes Chinois qui se destinent au sacerdoce, et une imprimerie qui reproduit les ouvrages composés en chinois par les jésuites du dernier siècle sur les dogmes de la religion chrétienne, ainsi que les traductions des principaux livres saints. Ces brochures sont répandues par toute la Chine, et on les retrouve souvent dans les bibliothèques des mandarins lettrés.

Les missions françaises, espagnoles, italiennes, portugaises luttent, depuis deux siècles, de foi, d'énergie, d'abnégation pour conquérir à la religion chrétienne les vastes et populeux empires de l'Asie orientale. On ne saurait dire que ces généreux efforts soient demeurés stériles. Mais, il faut bien le reconnaître, les longues et vives querelles qui ont éclaté, au dernier siècle, entre les divers ordres religieux, lazaristes, jésuites, franciscains, dominicains, ont arrêté, pendant longtemps, les progrès du catholicisme. Ces ordres se disputaient l'influence au milieu des peuples qu'ils venaient convertir : ils dépensaient en discussions de dogme et de pratiques religieuses le temps qu'ils auraient consacré plus utilement à l'œuvre exclusive de leur pieux apostolat; ils se faisaient, en quelque sorte, concurrence les uns aux autres, concurrence de nationalité, concurrence de congrégation. Ils savaient tous mourir pour la foi qu'ils prêchaient; ils recherchaient les mêmes périls, s'honoraient également par de glorieux martyrs; mais les passions humaines, qui ne se sacrifient jamais entièrement, mêlaient à cette œuvre sainte leur élément profane; les rivalités, les jalousies de l'homme amoindrissaient, aux yeux des infidèles, l'autorité, la dignité du missionnaire. Le paganisme résistait par la force de ses propres traditions et profitait des discordes qui éclataient dans les rangs de ses courageux ennemis.

Aujourd'hui, cette concurrence funeste n'existe plus. Le pape a partagé entre les diverses congrégations les peuples que la foi veut convertir. Telle province appartient aux jésuites, telle autre aux lazaristes. Il y a, pour ainsi dire, une géographie catholique de la Chine et des pays environnants. L'harmonie règne; il n'y a plus d'autre émulation que celle du succès et du martyre, ce couronnement suprême, et si ardemment envié, du missionnaire chrétien.

Pendant mon séjour à Macao, j'allais souvent rendre visite aux lazaristes et aux prêtres des missions étrangères. Nous y trouvions tous l'accueil le plus bienveillant et la conversation la plus instructive : car, il faut qu'on le sache bien, les prêtres qui s'exilent volontairement pour affronter cette vie rude, ignorée, désespérée sont, pour la plupart, des hommes d'une rare distinction d'esprit; quelques-uns même ont connu la richesse, les jouissances et les délicatesses du monde, et le monde, qu'ils ont oublié, les reconnaîtrait encore, sous la soutane, au charme modeste de leur langage et de leurs manières.

Un jour, le P. Guillet, procureur des lazaristes, nous proposa d'aller visiter la ville de Casa-Branca, chef-lieu du district chinois voisin de Macao. Cette ville est interdite aux Européens. Il y a quelques années, avant la guerre, un Anglais qui s'y était aventuré fut retenu prisonnier, et on n'obtint qu'à grand'peine sa mise en liberté. Maintenant la situation est bien changée. J'ai déjà dit ce que valent, pour les Européens, les défenses chinoises.

Casa-Branca est situé à cinq milles environ de Macao, sur la rive qui fait face à la presqu'île portugaise. Chef-lieu de district, la ville est entourée de murailles et administrée par un mandarin d'assez haut rang.

Nous nous embarquons, le matin, dans un tanka, avec le P. Guillet et un autre missionnaire. Un vent favorable vient en aide à nos pauvres rameuses, qui manœuvrent aisément sur les eaux calmes de la rade leur frêle bateau. Au bout d'une heure, nous mettons pied à terre dans une petite crique où nous trouvons quelques barques de pêcheurs échouées sur le sable et gardées seulement par des enfants qui s'enfuient à toutes jambes en nous voyant arriver.

La ville est encore à un quart d'heure de marche. Nous suivons les sentiers étroits, exhaussés au-dessus des rizières ou traversant des champs de légumes. Les Chinois que nous rencontrons manifestent quelque étonnement et nous font signe de retourner sur nos pas. C'est l'usage; le premier mouvement d'un Chinois est toujours de fermer sa porte.

Nous arrivons au pied des murailles, ou plutôt des pans de murs crevassés qui pouvaient, en d'autres temps, passer pour une fortification aussi solide qu'un mur d'octroi; et bientôt nous nous trouvons à l'une des portes, devant laquelle un soldat chinois, auprès de deux canons rouillés, monte la garde. Les canons et le soldat nous laissent entrer sans difficulté; nous voici donc dans la ville.

— Suivez bien mes instructions, nous dit le P. Guillet. Nous n'allons pas tarder à être entourés par la foule. Ne parlons pas trop vivement entre nous. Pas de brusquerie, si notre marche se trouve parfois embarrassée. Surtout pas de curiosité indiscrète. Ne cherchons pas à entrer dans les maisons dès qu'il y aura la moindre difficulté. Pas un mot aux femmes. Ayons toujours à la main quelques sapèques pour donner aux enfants. Les parents seront bientôt tout disposés en notre faveur.

Bien pénétrés de ce catéchisme à l'usage de tous les étrangers qui visitent une population chinoise, nous prenons la première rue qui se présente à nous.

Nous ne tardons pas, en effet, à être environnés et suivis d'une bande d'enfants, de curieux qui nous obligent à nous arrêter presque à chaque pas : mais un simple geste suffit pour nous ouvrir le passage.

— Où demeure le mandarin? demande le P. Guillet.

Personne, d'abord, n'ose répondre.

— Nous allons voir le mandarin; il est de nos amis.
— Et en même temps le P. Guillet montre une petite pièce d'argent.

Un Chinois prend l'argent et marche devant nous. Il nous fait suivre plusieurs rues longues, étroites, bordées de maisons en bois et en briques. Les boutiques sont peu nombreuses; rien n'annonce la richesse ni le luxe.

Cependant notre passage dans les rues ordinairement calmes et peu populeuses attire sur le seuil des portes les femmes chinoises, que nous pouvons ainsi voir tout à notre aise. Elles sont, en général, vêtues fort simplement d'une grande robe de coton ou de soie, noire ou bleue, attachée sur le côté par des boutons en cuivre : presque toutes ont le petit pied et sont obligées de s'appuyer sur leur parapluie, qui leur sert de canne. Leurs cheveux sont très-artistement arrangés : ils forment, sur le sommet de la tête, une double coque parfaitement lisse, retenue par des épingles en cuivre et quelquefois entremêlée de fleurs. Assurément les dames chinoises doivent passer à leur toilette au moins autant d'heures que nos dames. Leurs joues sont couvertes de fard que recouvre une espèce de poudre blanche. Nous remarquons de très-jolies personnes, et la plupart ont, dans leur maintien comme dans l'expression de leurs traits, beaucoup de distinction. Nous avançons lentement, toujours suivis de notre escorte, regardant, regardés, et ce n'est qu'au bout d'une demi-heure environ que nous arrivons sur une place où notre guide nous indique le palais du mandarin. Des deux côtés de la porte principale sont pendues deux grosses lanternes, couvertes d'inscriptions rouges et noires, et devant la porte, à quelques pas, s'élève un pan de mur, sur lequel est peinte à grands traits la figure fantastique d'un dragon. Le dragon est l'emblême de l'autorité.

— Entrons, dit le P. Guillet. Nous serons, au moins, débarrassés de la foule, et nous présenterons nos respects au mandarin que je vais faire prévenir...

Mais notre guide ne s'était engagé qu'à nous conduire à la porte du palais, et il se refuse obstinément à aller plus loin. La cour qui s'étend devant l'habitation est déserte : personne pour nous annoncer au mandarin. Nous montons quelques marches et nous nous arrêtons sous un vestibule au fond duquel brille un petit autel, l'autel des ancêtres sans doute. Là, nous apercevons un vieux serviteur faisant la sieste.

— Voilà un mandarin assez mal gardé !

— Oh ! reprit le P. Guillet, les Chinois ne connaissent

guère les embarras des états-majors. On entre chez eux comme vous voyez, et la porte est ouverte à tout le monde. Il y a chez ce peuple un profond respect pour l'autorité, une antique tradition de hiérarchie, et cela vaut mieux que tous les uniformes du monde... Il faut absolument que nous réveillions ce pauvre diable et que nous l'envoyions auprès de son maître. Je serais bien étonné, pourtant, que le mandarin ne soit pas déjà prévenu de notre arrivée : il a sa police qui n'aura pas manqué de l'en instruire, et il y a peut-être plus de calcul que nous ne le pensons dans l'indifférence que notre entrée dans la ville paraît lui inspirer. Nous allons avoir quelque scène de comédie.

Nous réveillons le domestique, qui se lève, se frotte les yeux, et, sans attendre nos explications, s'enfuit précipitamment dans l'intérieur de la maison.

Cette fois, il ne nous reste plus personne pour porter au mandarin notre carte de visite. Nous nous disposons donc, quoique à regret, à reprendre notre promenade par la ville sans avoir reçu audience, lorsque nous voyons venir un Chinois très-modestement vêtu et armé d'une longue pipe, semblable à celles que fument ordinairement les *coolies*. Le nouveau venu s'avance vers nous, salue fort humblement, et, s'adressant au P. Guillet : — Que demandez-vous? dit-il.

— Nous demandons le mandarin.
— Le mandarin?...

Notre interlocuteur nous regarde l'un après l'autre, hésite quelque temps et finit par répondre : — Le mandarin est sorti.

Ce prétendu domestique pouvait bien être le mandarin en personne, venant nous dire lui-même qu'il n'y est pas... — Et pensez-vous que le mandarin tarde à rentrer?

— Je n'en sais rien, répond le Chinois... Que lui voulez-vous?

— Nous désirons le voir, lui présenter nos respects et lui demander la permission de parcourir la ville.

— Je lui rendrai compte quand il rentrera.

— Pouvez-vous, en attendant, nous donner un guide?

— Cela ne me regarde pas.

— Dites-nous, du moins, s'il y a quelque monument curieux que nous ayons à visiter.

— Il n'y a rien de curieux.

Cela dit, le Chinois nous fait un dernier salut et se retire.

— Maintenant, reprend le P. Guillet, nous n'avons plus qu'à nous en aller. Le Chinois a parfaitement joué son rôle : il ne s'est pas compromis; mais il ne m'a point paru très-charmé de notre visite, et nous serons surveillés de très-près. Ainsi, comportons-nous très-prudemment, de peur de quelque esclandre.

Au sortir du palais, nous retrouvons la foule, qui s'était considérablement grossie pendant notre station chez le mandarin. La présence d'Européens à Casa-Branca était, je l'ai déjà dit, un événement fort inattendu pour les habitants de la ville. Je supposais que peut-être la vue des soutanes de nos deux missionnaires inspirerait quelque défiance. — Il faut bien, répond le P. Guillet, que les Chinois s'habituent à nous voir ainsi. Nous saisissons toutes les occasions de nous introduire parmi eux sans dissimuler le caractère extérieur de notre mission. Il y a, d'ailleurs, ici un certain nombre de familles chrétiennes; notre soutane seule est un signe de ralliement qui peut avoir son utilité et qui, en tous cas, ne saurait nous nuire. Je saurai dans quelques jours à Macao, par la correspondance des catholiques, quel effet aura produit notre visite.

Jamais le missionnaire chrétien ne perd de vue le but de son apostolat.

La population ne cesse de nous accompagner, mais sans donner le moindre signe d'hostilité ou de défiance : il y a, au contraire, sur toutes les figures une expression naïve de bienveillance, qui me confirme dans l'opinion que je m'étais faite précédemment sur les dispositions réelles du peuple chinois envers les étrangers. Il n'existe pas, comme on l'a dit souvent, de haine instinctive contre les Européens, mais simplement un préjugé peu favorable, habilement entretenu par le gouvernement, qui, sur ce point, se conforme aux traditions d'une politique séculaire. Avec le temps, avec des relations plus suivies, ce préjugé disparaîtra, et la propagation de la foi chrétienne aidera puissamment au rapprochement des deux races, qui n'ont aucune raison de se considérer comme ennemies l'une de l'autre. C'est ainsi que l'œuvre des Missions catholiques en Chine n'est pas seulement une œuvre de religion et de morale que la sainteté du but et le dévouement des missionnaires recommandent à nos respects : elle sert encore les intérêts de notre politique, de notre commerce, de la civilisation européenne.

... Nous revenons à nos tankas, et avant de rentrer à Macao, nous débarquons à une petite île située au milieu de la rade et qui élève au-dessus des eaux son massif bouquet d'arbres. On l'appelle l'*île Verte*. Elle est habitée par quelques missionnaires portugais.

VIII.

Signature du traité de Whampoa (24 octobre 1844).

Les négociations du traité étaient arrivées à leur terme. Le jeudi 24 octobre fut le jour fixé pour la signature de l'acte diplomatique destiné à consacrer l'union politique et commerciale de la France avec la Chine.

La cérémonie devait se passer à bord de la corvette à vapeur *l'Archimède*, sur laquelle Ky-ing, retournant à Canton, allait s'embarquer pour remonter le Tigre jusqu'au Bogue. L'ambassade avait reçu l'ordre de se réunir dès le matin à bord de la corvette pour reconduire solennellement le plénipotentiaire chinois dans les eaux du Céleste-Empire et assister à la signature du traité.

L'Archimède avait été merveilleusement parée pour la cérémonie. A l'arrière du navire, on avait dressé une vaste tente recouverte de pavillons dont l'étamine transparente adoucissait, en les colorant de diverses teintes, les rayons d'un beau soleil. Des trophées disposés avec goût dissimulaient l'emplacement des manœuvres : des canapés, des fauteuils, des tables meublaient l'intérieur de la tente qui formait ainsi un salon des plus convenables.

Vers huit heures du matin, Ky-ing, les mandarins et leur nombreuse suite montaient à bord de *l'Archimède*, qui appareilla immédiatement. La frégate la *Cléopâtre* était mouillée à peu de distance : dès que nous arrivâmes par son travers, elle envoya, en l'honneur du plénipotentiaire chinois, une bruyante salve d'artillerie que répétèrent les échos lointains de la rade. La mer était calme : nous filions à toute vapeur et, en moins d'une heure, nous doublions les îlots qui s'élèvent à l'entrée de la rivière de Canton.

Le pont de *l'Archimède* offrait un tableau des plus pittoresques : à l'arrière, sous la tente de pavillons que gonflait la brise augmentée par la rapidité de notre sillage, se tenaient les mandarins, l'ambassade française et les officiers. Le reste du navire était entremêlé de matelots et de Chinois. Ceux-ci, qui pour la plupart faisaient leur premier voyage sur un bâtiment de guerre européen, allaient de côté et d'autre, curieux et étonnés, furetant partout, poussant des exclamations incroyables devant les gros canons à la Paixhans et devant les mouvements de la machine, qu'ils voyaient marcher à travers les claires-voies, se communiquant mutuellement, dans leur langage inintelligible pour nous, leurs impressions, leur admiration naïve. Quelques-uns avaient le mal de mer et admiraient beaucoup moins. — Les matelots étaient pleins de prévenances pour leurs nouveaux hôtes : ils semblaient comprendre que ce n'était pas le moment de plaisanter le costume et la queue des Chinois, mais que ce voyage solennel leur imposait des devoirs plus sérieux.

Jamais, en effet, jusqu'à ce jour les mandarins n'avaient navigué sur des navires européens. Il y avait bien eu, à bord des bâtiments anglais, des entrevues et des conférences; mais toutes ces scènes diplomatiques s'étaient passées à l'ancre. Pour la première fois, la défiance chinoise s'aventurait aussi complétement sous le pavillon des *barbares!*

Le déjeûner fut servi à dix heures dans le salon des officiers; cette formalité, qui joue ordinairement un assez grand rôle dans les travaux des ambassades, s'accomplit assez vite. Le voisinage des fourneaux de la machine communiquait à la salle une chaleur étouffante ; la corvette, rudement secouée par le mouvement des roues, qui avaient à lutter contre un courant contraire, éprouvait de violentes secousses de tangage, et nos mandarins, peu sensibles d'ailleurs aux délicatesses de la cuisine européenne, avaient hâte de respirer le grand air du pont. Ky-ing s'installa sous la tente, but sa tasse de thé, fuma sa pipe et entama une conversation très-vive et très-gaie avec Houan et Pan-tseu-tchen.

Il y avait à bord un daguerréotype, dont le propriétaire ne pouvait laisser échapper l'occasion de reproduire une scène aussi étrange. Les mandarins se prêtèrent volontiers à la pose qu'il fallut exiger d'eux. Le soleil était très-favorable ; mais le tangage opposait à la netteté du dessin un obstacle presque invincible. On essaya pourtant : la seconde épreuve donna un résultat très-convenable, et les Chinois demeurèrent stupéfaits devant cette reproduction fidèle et rapide, dont ils ne pouvaient s'expliquer le secret.

Les Chinois nous étonnent parfois ; mais nous les étonnons bien plus encore avec ces merveilleuses inventions qui humilient singulièrement leur orgueil, quoiqu'ils en disent, devant la supériorité de la science européenne.

Mais cette journée tout entière fut pour Ky-ing la journée des étonnements.

Quand il eut achevé de fumer, l'amiral lui offrit de visiter la corvette. Les mandarins furent conduits d'abord dans la machine. Qu'on se figure la physionomie des Chinois devant ces énormes pièces de fonte se soulevant, s'abaissant par des mouvements à la fois réguliers et doux sous l'action d'un moteur invisible et donnant elles-mêmes l'impulsion au navire! Ky-ing n'osait descendre l'escalier qui conduit au pied des fourneaux : il se tenait debout, immobile sur le dernier échelon, et se couvrait le visage avec la main pour repousser les ardents reflets du charbon.

— Voulez-vous, lui fit demander l'amiral, que la machine s'arrête?

Ky-ing ouvrit de grands yeux.

— Dites ce seul mot : *stop*.

Ky-ing répéta machinalement *stop*.

Et aussitôt, les grandes bielles furent enrayées; la machine s'arrêta comme par enchantement; le bruit de fer cessa : on n'entendit plus que les crépitements du charbon et les sifflements de la vapeur s'échappant par les soupapes. — En moins d'une demi-minute, l'ordre venait d'être exécuté.

On sentait que peu à peu la corvette perdait sa vitesse acquise et s'arrêtait...

— Et maintenant, voulez-vous que le mouvement reprenne?... dites : *En avant!*

Ky-ing dit : *En avant!*

En un clin-d'œil, les grandes bielles se soulevèrent de nouveau, les roues tournèrent et le navire se remit en marche.

Ky-ing demeura stupéfait. Pan-tseu-tchen, plus familiarisé avec les sorcelleries européennes, ne put s'empêcher pourtant de laisser échapper une foule d'*aia!* Quant à Houan et au général Tsao, ils avaient pris la fuite.

Après la visite de la machine, vint le tour des canons.

L'Archimède était armée de quatre canons Paixhans de 80; on avait chargé l'une de ces pièces : l'amiral mit dans la main de Ky-ing le bout de la corde attachée au marteau qui frappe sur la capsule. Le Chinois tira la corde, et, immédiatement, une effroyable détonation fit craquer le bordage !...

Ky-ing, entouré de ses nombreux serviteurs, qui suivaient les mouvements de sa physionomie, ne savait plus quelle contenance faire. Il s'en tira en improvisant un quatrain qui nous fut ainsi traduit :

« *Comme des lions ardents, vous êtes venus jusqu'ici à travers les périls, et moi, agneau timide, je me sens troublé rien qu'en mettant le pied sur vos puissantes machines!* »

On revint sous la tente, où les mandarins se remirent de leurs émotions par d'abondantes libations de thé. Ky-ing paraissait pensif. Tout ce qu'il avait vu et entendu, cette fournaise ardente, ces machines puissantes, ces canons assourdissants, l'avaient transporté dans un autre monde et lui inspiraient sans doute de sombres préoccupations. Il songeait à la faiblesse des Chinois comparée à la force européenne; au moment de conclure avec l'une des plus grandes nations de l'Occident un traité d'amitié et de paix, il entrevoyait, entre les deux civilisations embarquées sur le même navire et dont l'une se personnifiait en lui, la lutte inévitable, prochaine peut-être. Le Céleste-Empire devait être vaincu. Triste rêve pour l'homme d'Etat devant lequel se relevaient ainsi, d'une façon si brusque, les plis du rideau qui, aux yeux du vulgaire, cache encore les événements de l'avenir. Il y avait, dans ce spectacle, un enseignement, une révélation profonde, qui était bien faite pour alarmer le patriotisme de Ky-ing et lui rendre triste cette grande journée.

Le général tartare dormait, étendu sur un canapé. Ce n'était pas le sommeil d'Alexandre : le brave général avait bu, selon son habitude, outre mesure. — Le lettré Tsao passait le temps à écrire des vers et à nous distribuer des autographes. — Quant au marchand Pan-tseu-tchen, il préférait la conversation. Il causait, riait et paraissait le plus heureux du monde.

Cependant *l'Archimède*, malgré vents et marée contraires, filait rapidement; nous approchions du Bogue : les rives du fleuve se resserraient; de temps à autre, nous apercevions de lourdes maçonneries blanches, destinées à servir de forts et empanachées de drapeaux de toutes couleurs; à notre passage, il en sortait des éclairs et des coups de canon. — Plusieurs jonques de guerre étaient mouillées sur notre route et nous saluaient de leur artillerie. La Chine nous rendait ainsi les honneurs militaires et faisait fête à notre glorieux pavillon.

Vers cinq heures, on se mit à table pour dîner. Au milieu du repas, *l'Archimède* arriva au mouillage du Bogue.

Voici enfin le moment solennel : le traité va être signé! C'est dans la salle à manger du commandant de *l'Archimède*, petite pièce de quelques mètres carrés, que la France et la Chine se préparent à conclure la paix de dix mille ans. Je ne cherche pas à plaisir la singularité des contrastes; mais, en vérité, n'y avait-il pas quelque chose d'étrange dans cette scène, si grande en elle-même, qui se passait sur un si étroit théâtre?

Les mandarins, l'ambassade, les officiers se pressent autour de la table qu'éclaire la lumière vacillante d'une lampe agitée par le roulis du navire. — Une simple bougie pour brûler la cire, une écritoire, quelques plumes, tout est prêt. — L'ambassadeur, M. de Lagrené, et le plénipotentiaire chinois Ky-ing prennent place au milieu de la table. On apporte les expéditions du traité en double texte français et chinois; une dernière fois, on les collationne, et les trois mandarins apposent leurs signatures au nom de la Chine. M. de Lagrené a, seul, l'honneur de signer pour la France. L'interprète, M. Callery, signe au bas du texte chinois pour certifier la concordance des deux textes.

Après les signatures, vient l'apposition des sceaux. Le sceau de la France n'est autre chose que le cachet aux armes de l'ambassadeur. Celui des Chinois consiste en un timbre carré long qui s'imprime à l'encre rouge; c'est un simple officier de la suite de Ky-ing qui l'applique sur chacune des expéditions du traité. A première vue, on n'aperçoit sur l'empreinte que de longues raies horizontales; mais, en regardant de près, on distingue d'anciens caractères chinois, tout à fait différents par leur dessin de ceux que l'on emploie aujourd'hui.

Les deux ambassadeurs se serrent les mains et s'embrassent dans une étreinte toute cordiale pour mettre le dernier sceau au traité.

Il semble que tout soit fini. Mais nous n'avons encore eu ni toasts ni discours! On remonte sur le pont de *l'Archimède*, où l'amiral a fait préparer le vin de Champagne. Les verres se remplissent; l'amiral prononce un discours pour célébrer l'union des deux pays. Ky-ing répond; son secrétaire Houan ajoute quelques paroles, et les verres se vident aux cris de : *Vive le roi!* répétés par les matelots. En même temps, le maître canonnier fait partir plusieurs fusées; les bateaux chinois venus à la rencontre de Ky-ing, brûlent des pétards : quelques jonques de guerre, entraînées par l'exemple, déchargent leurs canons; l'émulation des feux d'artifice se communique de proche en proche, et en peu d'instants toute la rade de Whampoa s'illumine de fanaux, de lanternes, de fusées. « Le ciel et la terre, s'écrie Ky-ing, « se réjouissent de la paix qui vient d'être conclue entre « les deux peuples ! »

Les mandarins, après avoir échangé les derniers adieux, descendent dans la jonque qui doit les ramener à Canton. — Les matelots enlèvent les pavillons de la tente, remettent en place toutes les manœuvres, rendent à *l'Archimède* sa tenue de guerre. Nous passons la nuit à l'ancre, et, au point du jour, nous reprenons à toute vapeur la route de Macao.

Ainsi fut signé le traité de Whampoa (24 octobre 1844) entre la France et la Chine.

CANTON.

I.

Départ de Macao pour Canton. — *Le Sylph.* — Les pirates. — Les forts du Bogue. — Whampoa. — Le fleuve Chou-Kiang.

Je ne demeurai que peu de jours à Macao. La conclusion et la signature du traité nous faisaient à tous des loisirs qui nous permettaient enfin de visiter Canton. Macao était devenu pour nous presque monotone. Plus d'une fois, il est vrai, nous avions réussi à nous aventurer au-delà des limites prescrites et à lever un coin du voile sous lequel s'abrite si discrètement la pudeur chinoise; mais nous étions, par le fait, condamnés à une sorte de quarantaine et nous aspirions naturellement à sortir de notre lazaret.

Les communications entre Macao et Canton sont continuelles. Il y a entre les deux villes un va-et-vient presque régulier de bateaux qui transportent les marchandises et les correspondances. Ces bateaux, très-solidement construits, quoique chinois, et très-bons voiliers (on les nomme *fast boats*, bateaux rapides), prennent aussi des passagers qui y trouvent, dans une vaste chambre placée à l'arrière, une installation assez commode. Mais plusieurs négociants de Macao possèdent des goëlettes jaugeant de 20 à 50 tonneaux et montées par des matelots portugais ou métis. Ces petits navires sont mouillés dans la première rade. Leurs formes gracieuses et élégantes, leurs voiles blanches et fines, leur coque aussi luisante que celle d'un bâtiment de guerre, en un mot leur physionomie aristocratique contraste agréablement avec la coupe irrégulière, les voiles en nattes de rotin, la mâture fantasque et l'extérieur généralement sale des bateaux chinois. Le propriétaire de chaque goëlette arbore le pavillon de sa nation; on voit ainsi les pavillons anglais, américain et même français flotter librement dans la rade de Macao.

C'était sur l'une de ces goëlettes, *le Sylph*, appartenant à M. D***, que je devais m'embarquer pour Canton.

La veille du départ, j'entendais les ordres que donnait M. D*** au capitaine de sa goëlette : — Qu'on passe en revue tout le gréement. — Qu'on porte dans la chambre une caisse de vin de Bordeaux. — Qu'on s'assure si les fusils sont en bon état, et qu'on les charge. — Une demi-livre de balles dans le pierrier. — Nous allons à Canton; nous partirons demain matin, avec la marée.

Ces précautions militaires me paraissaient d'une prudence exagérée. — Ne croirait-on pas que nous allons en guerre? Visiter le gréement, c'est tout simple; le vin de Bordeaux s'explique encore; mais les fusils, mais la demi-livre de balles dans le pierrier; à quoi bon?

— Ne plaisantez pas; nous pourrions bien faire rencontre de pirates...

— Des pirates chinois!

— Très-chinois et très-dangereux. Et j'imagine que vous n'êtes pas désireux de raconter dans vos souvenirs de voyage, si vous les écrivez quelque jour, l'histoire du *Sylph* pris et pillé par les pirates. Nous aurions bien du malheur si nous étions attaqués : mais les précautions ne sont pas inutiles.

M. D*** est un des hommes les plus déterminés que j'aie rencontrés; je commençai donc à croire sérieusement aux pirates chinois. J'avais bien entendu parler de quelques mésaventures arrivées à des jonques dans la traversée de Macao à Canton; mais je ne pensais pas que des Chinois pussent avoir l'idée de courir sus à un bâtiment portant pavillon européen.

Le lendemain au point du jour, *le Sylph* mit à la voile. Nous sortîmes de la rade en compagnie d'une nombreuse flottille de bateaux pêcheurs qui partaient avec la marée pour revenir le soir. En peu de temps la légère goëlette dépassa tous ses concurrents et se trouva seule à l'entrée de l'archipel qui ferme l'embouchure du Chou-Kiang. Nous prenions la route que nous avions déjà suivie à bord de *l'Archimède*, lors de notre premier voyage au Bogue; mais la brise, interceptée par les îles, ne nous arrivait plus que par faibles risées que *le Sylph* allait chercher près de terre. Vers la tombée du jour, le calme nous prit et nous fûmes obligés de jeter l'ancre à l'entrée du fleuve.

La soirée était magnifique; la mer dormait; on n'entendait pas un souffle de brise. Plusieurs bateaux chinois, retenus comme nous par le calme, étaient mouillés à quelque distance du *Sylph*; nous n'apercevions que la masse noire de leur coque, faisant tache sur l'eau.

— Voyez, nous dit M. D***, tous ces bateaux ont manœuvré pour se rapprocher les uns des autres et passer la nuit ensemble. Le mouillage n'est pas très-sûr, et les jonques s'arrangent toujours pour naviguer de conserve, afin de se défendre en cas d'attaque.

— C'est pendant la nuit, ajouta M. D***, que les pirates font leur coup. Ils profitent des calmes, sortent des criques qui entourent les îles et s'approchent à la rame, par escadrilles de six, huit, dix bateaux, vers les jonques sur lesquelles ils ont jeté leur dévolu. Chacun de leurs bateaux peut porter trente à quarante hommes, quelquefois plus, armés de longues piques et même de fusils achetés à Hong-Kong dans les magasins anglais. Les pirates sont très-lestes à l'abordage, et il ne faut pas se laisser surprendre. Dès qu'ils ont réussi à mettre le pied sur une jonque, celle-ci est perdue. L'équipage est ordinairement massacré et les marchandises enlevées en un clin-d'œil. Quand il y a résistance, les pirates se retirent le plus souvent, de crainte que le bruit de la fusillade ne signale leur présence et ne facilite les recherches.

— Et comment le gouvernement chinois ne fait-il pas mieux la police de ses côtes?

— Par l'excellente raison que les jonques de guerre seraient probablement battues par les pirates, si le combat venait à s'engager. Et puis, quelques Chinois de plus ou de moins, cela importe peu au gouvernement. Il faudra que les Anglais s'en mêlent. Les bateaux qui naviguent entre Macao, Hong-Kong et Canton ont à bord de riches cargaisons, de l'opium ou des piastres, et il y a là de quoi tenter les pirates. Avant peu d'années, si l'on n'y prend garde, la piraterie sera organisée ici sur une large échelle.

— Est-ce qu'il y a exemple de goëlettes qui aient été attaquées?

— Cela est arrivé très-rarement; mais le prestige européen se perd de jour en jour, et, comme les pirates savent que les goëlettes portent ordinairement des caisses d'opium, la certitude d'un riche butin finira par leur donner plus d'audace. Récemment, une goëlette américaine a failli être enlevée. Quant à nous, nous ne courons pas aujourd'hui grand risque, car les pirates ont des intelligences à Macao, et, si on les a prévenus de notre départ, on leur aura en même temps fait savoir que nous n'avons pas de marchandises à bord.....

La nuit se passa fort tranquillement; les pirates ne vinrent pas; la brise ne se leva qu'au point du jour. *Le Sylph* reprit sa route vers le Bogue, et, vers midi, nous étions par le travers des forts qui s'élèvent sur les deux rives pour défendre l'entrée du fleuve. Obligés de louvoyer pour franchir cet étroit passage, nous eûmes à virer au pied même des fortifications de la rive droite.

— Voulez-vous voir une forteresse chinoise? nous dit M. D*** L'occasion est bonne. Au lieu de courir ici des bordées qui ne nous donnent que peu de route, nous pourrons, sans perdre trop de temps, attendre que la brise fraîchisse. Je ne sais cependant si le mandarin nous permettra d'entrer. Essayons.

Le Sylph mouilla donc une seconde fois, et, en trois coups de rames, le canot nous déposa à terre. Nous fîmes signe à la sentinelle qui ne savait trop que penser de notre manœuvre. Un officier à bouton blanc vint sur le rempart, et, après s'être bien convaincu de nos intentions très-pacifiques, il nous ouvrit une petite porte par laquelle nous pénétrâmes dans l'intérieur du fort.

Notre premier soin fut d'aller rendre nos devoirs au mandarin. Les Chinois, qui sont toujours très-polis ou plutôt très-cérémonieux avec les étrangers, tiennent particulièrement à l'étiquette. Le mandarin nous accueillit sans montrer trop de défiance. C'était un gros homme (tous les mandarins ont plus ou moins d'embonpoint), très-simplement vêtu et n'ayant d'autre insigne que le bouton de cristal qui surmontait son bonnet de paille fine. Nous pûmes très-facilement lui faire comprendre que notre désir était de visiter ses canons et son arsenal. Il nous offrit d'abord, suivant l'usage, des tasses de thé et des pipes, puis il chargea un de ses officiers de nous accompagner.

Le fort du Bogue est assurément classé, en Chine, parmi les forts de première classe. Par sa situation, il commande l'entrée du Chou-Kiang et défend la route de Canton. Avec une garnison européenne et quelques caronades, la position serait inexpugnable. Mais, que peut-on attendre d'une artillerie chinoise? Une frégate anglaise, *l'Alceste*, a bravement essuyé le feu de sa longue rangée de batterie sans recevoir un seul boulet.

Le côté qui fait face à la rivière est solidement construit en maçonnerie. D'étroites ouvertures, pratiquées dans la muraille à intervalles égaux et assez rapprochées, laissent passer les bouches d'énormes canons. Vu de l'extérieur, l'appareil est réellement formidable. Mais ces pauvres canons, de fabrique chinoise, se trouvent presque tous hors de service, et, de plus, ils sont fixés de telle manière qu'ils ne peuvent tirer que dans une seule direction : quelques boulets rouillés, de différents calibres, sont jetés négligemment auprès de chaque pièce.

Sur les trois autres côtés, le fort n'est défendu que par une simple muraille qui s'élève ou s'abaisse en suivant les ondulations du sol. Au milieu s'étendent de vastes bâtiments où sont logés les officiers et les soldats, et qui renferment les provisions de poudre et de projectiles. Au moment de notre visite, la garnison préparait son repas de riz dans les cuisines qui occupent certainement plus de place que l'arsenal.

Derrière le fort s'élève un mamelon d'où l'on pourrait tirer sur la garnison sans craindre la moindre riposte. C'est ce qu'ont fait les Anglais, pendant la dernière guerre, au grand étonnement des Chinois, qui, uniquement préoccupés du passage du fleuve, n'avaient pas prévu cette savante manœuvre.

Un petit nombre de soldats, armés de fusils à mèche, se tenaient en faction à la porte des principaux bâtiments. Tout paraissait fort tranquille; on pouvait se croire dans une maison de campagne.

Telle est la description exacte et peu effrayante d'un fort chinois.

Nous revînmes auprès du mandarin pour le remercier et lui faire nos adieux; nous ne manquâmes pas de le complimenter sur le bon état de sa forteresse, et il nous fut facile de voir, à son air de majesté, qu'il prenait nos compliments fort au sérieux. La terrible leçon que les Chinois ont reçue des Anglais n'a point affaibli leurs vieilles et inébranlables convictions sur la supériorité du Céleste-Empire : ce qui serait ridicule chez un homme devient vertu chez une nation. Ne faut-il pas respecter, même dans son orgueil, la foi nationale? Et, à cet égard, tous les peuples, y compris le peuple francais, ne sont-ils pas un peu chinois?

Le patron du *Sylph* attendait impatiemment notre retour; au calme avait succédé une jolie brise et le courant était pour nous. Notre légère goëlette eut bientôt gagné le moulllage de Whampoa, où s'arrêtent les bâtiments européens qui trafiquent avec Canton. Au-dessus de ce mouillage, la rivière n'est plus navigable pour les gros navires. Whampoa peut être considéré comme le port européen de Canton. Avant que le traité de Nankin eût abaissé les droits de douane sur les marchandises étrangères importées en Chine, ce port n'était qu'un vaste foyer de contrebande, et les mandarins de la douane s'accommodaient très-volontiers de ce genre de commerce qui laissait dans leurs mains peu intègres la plus grande partie des sommes qui auraient dû être versées dans les caisses du trésor impérial. Aujourd'hui que les taxes de douanes sont relativement assez modiques, la contrebande n'offre plus autant d'attrait ; cependant la population de Whampoa continue de s'y livrer : c'est une vieille habitude.

Nous n'avions rien à faire à Whampoa; nous passâmes donc, sans nous arrêter, devant un vingtaine de bâtiments européens rangés en ligne régulière sur les deux rives afin de ne pas intercepter la route. Ces bâtiments portaient les pavillons hollandais, danois, suédois, américain, anglais ; *le Sylph* seul dépliait, au milieu de cette Europe flottante, le pavillon de notre pays. Et pourtant, c'était là que, peu de jours auparavant, j'avais assisté à la signature d'un traité de commerce et de navigation entre la France et le Céleste-Empire. Pas un navire, pas un ballot qui pût invoquer ce solennel traité ! Ouvrez les registres de la douane de Whampoa : à peine deux ou trois fois par an y constaterez-vous la venue d'un navire français. La Hollande, le Danemarck sont placés, dans l'estime des contrebandiers de Whampoa bien au-dessus de la France. Sommes-nous donc devenus si grands à l'Occident que nous puissions nous consoler du rôle presque nul que joue notre marine dans le commerce de l'Orient !

Après avoir quitté Whampoa, *le Sylph* franchit la troisième barre du fleuve. Le Chou-Kiang se resserrait de plus en plus ; ses rives, plantées en champs de riz, égayées par de nombreux villages, nous renvoyaient ces parfums de terre si connus des marins, et je ne sais quelle odeur particulière qui s'échappe du pays de Chine. — Par intervalle, nous apercevions, soit au bord de l'eau, soit à quelque distance dans la campagne, des tours blanches à sept étages, plantées, comme des arbres solitaires, au milieu de la verdure. Le Chou-Kiang était sillonné en tous sens par une foule d'embarcations, dont les voiles jaunes, disposées en éventail, figuraient les décors mobiles de cette scène animée et charmante. — A certains endroits du fleuve, les piquets des pêcheries nous forçaient d'arrondir notre sillage et de changer d'allure. — A mesure que nous approchions de Canton, les villages se multipliaient sur les deux rives, la flottille de bateaux se grossissait à vue d'œil, tout nous annonçait la grande ville. Mais la nuit vint, et, pour ne pas exposer *le Sylph* aux dangers d'un abordage presque infaillible dans ce pêle-mêle de barques ou dans les pieux des pêcheries, nous fûmes obligés de jeter l'ancre, remettant au lendemain notre dernière étape.

II.

Arrivée à Canton. — Le consulat français. — Les factoreries. — Les Européens à Canton.

En me réveillant, j'entendis, de la cabine, un vacarme effroyable. *Le Sylph* marchait, ou plutôt il semblait se traîner péniblement à travers mille chocs qui ébranlaient ses frêles bordages. Je me hâtai de monter sur le pont. Nous naviguions littéralement sur une mer de bois : l'eau disparaissait sous un plancher de bateaux, et *le Sylph* ne savait plus comment se gouverner au milieu de ces écueils mouvants qui l'enserraient de toutes parts. Le patron avait fait fausse route; au lieu de suivre le chenal qui conduit, après de nombreux détours, devant le mouillage des factoreries, il avait voulu couper droit, et il était tombé sur un quartier de la ville flottante. Ce fut à grand'peine que nous parvînmes à sortir d'embarras et à rentrer dans la bonne voie. Après une navigation des plus pénibles, qui ne fut qu'une longue et assourdissante succession d'abordages, nous mouillâmes, vers huit heures du matin, devant le mât de pavillon de la factorerie américaine.

Le Sylph fut aussitôt entouré de bateaux tankas qui s'offraient pour nous mettre à terre. En un clin-d'œil, notre bagage fut enlevé par les tankadères qui étaient montées sans façon à bord de la goëlette, et qui se disputaient nos malles et presque nos personnes, en nous saluant à qui mieux mieux du titre de *Falançè, Falançè* (Français), que leur enseignaient les trois couleurs de notre pavillon. — Comment ces pauvres femmes purent-elles aussi lestement nous transporter, sans encombre et sans abordage, jusqu'au quai, c'est leur secret, ou plutôt leur habitude. Armées d'une seule godille, elles manient leur petite barque avec une habileté qui défierait celle de nos meilleurs patrons. Quoi qu'il en soit, après avoir passé au-dessus ou au-dessous d'un rempart de bateaux amarrés sur la rive du fleuve, nous fûmes à terre, et tout notre bagage nous rejoignit fidèlement.

Le consulat français est heureusement à très-petite distance du débarcadère : j'y arrivai tout étourdi; jamais de ma vie je n'avais entendu pareil bruit, ni vu pareille foule.

J'étais enfin à Canton !

Plusieurs personnes de l'ambassade, arrivées depuis quelques jours, étaient déjà installées dans la maison du consulat. Pauvre consulat, qui n'est le plus souvent habité que par le concierge (1).

... Lorsque les Européens obtinrent la permission de s'établir à Canton, chaque nation choisit un quartier distinct; de là les factoreries anglaise, américaine, française, danoise, etc. Aujourd'hui, l'emplacement et les maisons des factoreries existent encore; ils ont conservé leurs anciens noms; mais les habitants des diverses nations ne demeurent plus confinés dans leur quartier spécial. Ainsi, la factorerie française ne renferme plus qu'un ou deux Français; la plupart des maisons sont occupées par les Parsis, marchands de l'Inde, qui dépendent du consulat anglais. Il n'y a plus, à vrai dire, ni Américains, ni Anglais, ni Français : les nationalités se confondent dans un intérêt commun contre une autre nationalité jalouse, exclusive, toujours prête à se montrer ennemie : il n'y a plus que des Européens en regard des Chinois,— des hommes de l'Occident en présence du peuple oriental. D'ailleurs, la factorerie anglaise a été déjà plusieurs fois brûlée; il a donc fallu que ses habitants vinssent demander asile dans les autres factoreries. La distinction nominale de ces quartiers n'est plus qu'une distinction purement topographique, sauf cependant en ce qui concerne les Américains, qui se trouvent presque tous logés dans leur factorerie, la plus vaste et la plus belle de toutes.

M. D***, dont l'infatigable obligeance nous fut d'un grand secours pendant notre séjour à Canton, entre-

(1) On a supprimé, depuis, le loyer de cette maison. La France n'a donc même plus un pied à terre à Canton. Le chargé d'affaires réside à Macao.

tenait d'intimes relations d'amitié et d'affaires avec plusieurs négociants des États-Unis, notamment avec le consul, M. Forbes, l'un des chefs de la grande maison *Russell and C°*; il nous offrit donc de nous conduire chez M. Forbes, et de nous mettre ainsi en rapport avec l'aristocratie de cette petite Europe, assise sur les bords du Chou-Kiang. Nous n'avions que quelques pas à faire pour nous rendre du consulat à la factorerie.

—Voyez, nous dit M. D***, ce mur en briques que les Américains viennent de construire autour de leur jardin, c'est toute une histoire. Il a fallu mettre la factorerie en état de soutenir un siége, et figurez-vous bien que nous allons entrer dans une place forte.

— Comment! Les factoreries ne sont-elles pas placées sous la protection des traités?

— Les traités! ne vous y fiez pas, — pas plus en Chine qu'ailleurs. — Le traité de Nankin, conclu sous le feu des canons anglais, — le traité de Macao, conclu avec les Américains, — le traité de Whampoa, que Ky-ing a signé solennellement, tout cela, croyez-le bien, n'a guère, aux yeux des Chinois, d'autre valeur que celle du morceau de papier jaune sur lequel a été calligraphiée la paix de dix mille ans; ce sont les traités de 1815 de la Chine, et, tôt ou tard, ils seront plus ou moins violés. La plèbe de Canton pourra bien ne pas contresigner à perpétuité l'œuvre de nos diplomates...

— Cependant, jusqu'ici, tout s'est passé fort tranquillement, et les maçons chinois reconstruisent la factorerie anglaise...

— Que le peuple a déjà brûlée deux fois, et qu'il brûlera peut-être encore.

— Mais le commerce reprend, les affaires marchent, les thés et les soieries se vendent, et, en vérité, les

Chinois ont tout à gagner au maintien de la paix.

— Voilà bien vos préjugés européens! Est-ce que les Chinois n'ont pas aussi leurs préjugés?... Il n'y a pas plus de trois mois, vous auriez pu voir ici même une populace furieuse, ameutée contre la factorerie américaine; et tout cela venait d'une girouette! Le mât de pavillon qui s'élève au milieu du jardin était surmonté d'une innocente girouette; les Chinois ne se sont-ils pas figuré que toutes les fois que la pointe était tournée du côté de la ville, elle jetait un sort sur Canton! Dès qu'il survenait un incendie (et cet accident est des plus fréquents dans les quartiers construits en bois), on accusait la girouette; une maladie, girouette; une mort, girouette, etc. Enfin, un beau jour, la foule a envahi le jardin avec des torches pour incendier la factorerie, et les Américains ont dû charger leurs fusils et faire feu. Quelques Chinois ont été tués, et les mandarins n'ont réussi que très-difficilement à contenir le peuple. Il n'y a plus de girouette, et le consul a pris des mesures pour défendre la factorerie contre de nouvelles attaques. Voilà la sécurité dont jouissent les Européens sous la foi des traités!

M. D*** avait raison, et l'exemple de la girouette suffirait pour démontrer sur quelle base fragile reposent les relations, officiellement amicales, que la diplomatie vient d'établir entre l'Europe et la Chine. A la moindre occasion, au plus léger prétexte, le peuple se soulèverait encore et se porterait aux derniers excès. Peu de jours avant notre arrivée à Canton, un coup de canne donné par un Anglais à un gamin qui le poursuivait de *fan-kwai*, avait failli amener une émeute.

..... Une pelouse, quelques arbres, deux ou trois allées, le mât de pavillon, voilà le jardin de la factorerie américaine. Ce jardin n'a de remarquable que l'absence de la girouette. Mais la maison est vaste, bien construite et d'un style à la fois simple et opulent.

Il était environ quatre heures quand nous entrâmes dans la factorerie. Les commis sortaient de leurs bureaux où ils étaient demeurés tout le jour, et allaient se préparer pour le dîner. M. D*** nous présenta à M. Forbes, qui nous accueillit avec la politesse froide dont les Américains ont le secret, je dirai presque le charme; car on sent que cette réserve, imposée par les convenances d'une première rencontre, doit bientôt faire place à une cordialité d'autant plus franche qu'elle n'aura pas été trop empressée. D'ailleurs, entre Français et Américains, la glace se rompt vite, beaucoup plus vite qu'entre Américains et Anglais.

Après cette visite d'introduction, M. D*** nous conduisit dans les divers quartiers de la factorerie. Le rez-de-chaussée est occupé par de vastes magasins remplis de marchandises européennes, tissus, métaux, etc.; sous le hangar, se trouvent de grandes balances, auprès d'un bureau où se tient le comprador chargé de faire les paiements et de marquer les piastres. Les coolies apportent d'énormes sacs de piastres que l'on vide dans l'un des plateaux de la balance, et les sommes sont calculées d'après le poids. Quand le poids a été reconnu, le comprador prend les piastres une à une, et les marque avec un poinçon dont l'empreinte forme ordinairement un caractère chinois. Chaque négociant a son poinçon particulier. Cette formalité a dû être adoptée pour déjouer les fraudes des faussaires; aussi les piastres, après avoir circulé quelque temps et passé de main en main, sont-elles couvertes de marques qui les défigurent complétement; on les nomme piastres *shoppées*. Si, après le paiement, le vendeur rapporte une piastre fausse qu'il dit avoir reçue de l'acheteur, celui-ci ne rembourse qu'autant qu'il reconnaît l'apposition de sa marque. C'est affaire de convention entre les négociants européens et chinois, et la précaution ne paraît pas inutile, l'industrie de la fausse monnaie étant très-habilement exploitée en Chine, où le poinçonnage factice permet de dissimuler complétement, sous des marques multipliées, l'effigie des piastres. Mais, d'autre part, les compradors sont passés maîtres dans le maniement de l'argent, et bien rarement ils se trompent; à la vue, au toucher, au son, presque au flair, ils distinguent la piastre fausse qui se sera glissée entre mille autres. Le comprador est donc, pour les transactions du négoce, comme pour les affaires du ménage, le personnage le plus important. On lui donne un salaire assez élevé, et on peut être assuré qu'il ne se paiera pas en fausse monnaie.

Au premier étage de la factorerie, se trouvent les bureaux, grandes salles très-simples d'ameublement, mais rendues aussi confortables que possible par le soin avec lequel on s'est attaché à ménager la libre circulation de l'air et à repousser, au moyen de stores épais, les rayons trop ardents du soleil.

Les appartements se partagent entre les deux étages. Partout ce que nous appelons le luxe cède le pas au confortable, qui est d'ailleurs, dans ces pays à températures extrêmes, le véritable luxe. A quoi bon les délicatesses et les raffinements de notre luxe dans des maisons qui ne sont habitées que par des hommes n'ayant d'autre souci que celui de leurs affaires, d'autre espoir que la perspective d'un prompt retour dans la mère-patrie? Les dames européennes ne résident pas ordinairement à Canton, où elles ne pourraient faire la moindre promenade que dans la prison strictement close d'un palanquin. Le petit nombre de négociants qui sont mariés laissent leurs femmes à Macao et à Hong-Kong, dont le séjour est, à tous égards, beaucoup plus convenable.

— La vie que mènent ici les Européens paraît, en vérité, bien triste !

— Très-triste, nous répondit M. D***. On travaille, on s'enrichit, mais on s'ennuie, on s'ennuie beaucoup, sans compter les fatigues du climat, très-chaud pendant l'été, et souvent plus rigoureux en hiver que celui de l'Europe. Confinés dans les factoreries et dans les faubourgs, les Européens, qui viennent ici chercher fortune, ont bientôt fait connaissance avec le pays et rassasié leur curiosité première ; on se blase vite des chinoiseries et surtout des Chinois, peuple défiant, peu sociable, avec lequel les étrangers ne peuvent guère entretenir que des relations de négoce. Sauf les rendez-vous d'affaires, les Européens ne se rencontrent qu'à table, et encore le climat abrège singulièrement les causeries du *pass-wine*. De plus, les Anglais et les Américains apportent ici, comme partout ailleurs, leurs sentiments de jalousie réciproque ; ils s'observent les uns les autres, et se croient obligés de soutenir, même à Canton, dans les habitudes extérieures de la vie, leur réputation d'austère puritanisme. Enfin, les dames manquent ; dès lors, point de salons, point de bals. Ce n'est pas une colonie ; c'est plutôt une Thébaïde, où quelques négociants mènent la vie de moines et défilent peu gaîment des chapelets de piastres. On n'a ici d'autre endroit pour prendre l'air que le jardin des factoreries, quelques arpents ; dans les faubourgs, les rues sont trop étroites et trop encombrées pour la promenade. Les excursions dans la campagne sont interdites, non seulement par la loi chinoise, mais aussi par l'ordre des consuls, qui doivent veiller à la stricte exécution des traités et éviter, autant que possible, tout prétexte de discussion avec les mandarins. A défaut de chevaux et de voitures, on se sert de bateaux pour aller respirer sur le fleuve, où l'espace est plus libre. La plupart des négociants possèdent une petite yole qu'ils entretiennent avec la plus soigneuse coquetterie et qu'ils manœuvrent eux-mêmes ; c'est presque leur seul luxe, et en même temps un exercice et une distraction. Le matin ou après la sortie des bureaux, c'est-à-dire vers quatre heures, on part en barque et on remonte le Chou-Kiang à la distance de quelques milles, sans que les mandarins s'en formalisent. Cependant, il ne se passe pas d'année qu'il n'arrive quelque accident, un assassinat ou simplement une bastonnade ou *bambouade*, qui donne lieu à un échange de notes officielles et de menaces diplomatiques. — A certaines époques, ont lieu les *régates*, qui remplacent, pour les Anglais, les courses de chevaux ; le programme des régates est rédigé selon les formes usitées en Angleterre ; les paris s'engagent ; les prix sont distribués avec solennité ; les noms des vainqueurs sont enregistrés ponctuellement dans les journaux de Canton et de Hong-Kong ; en un mot, il ne manque rien à cette contrefaçon de régates, jouée le plus sérieusement du monde sur les eaux du Chou-Kiang, et au grand ébahissement des Chinois, qui ne comprennent pas que des *gentlemen* si riches prennent plaisir à ce rude métier de matelots. Voyez-vous la figure d'un mandarin, reposant la dignité de son abdomen sur les coussins d'une jonque, lorsqu'il rencontre les Anglais s'épuisant et suant à grosses gouttes sur leurs avirons !

..... Les maladies, surtout les dyssenteries et les

fièvres, font repartir pour l'Europe, si ce n'est pour l'autre monde, un certain nombre de colons. En revanche, on se ruine ou on s'enrichit assez vite. Les gens ruinés vont chercher fortune ailleurs ; les heureux laissent une partie de leurs capitaux entre les mains de leurs successeurs et transforment l'autre partie en un chargement de soie ou de thés qu'ils réalisent à New-York ou à Londres. Depuis quelques années, la concurrence est devenue très-vive ; la conclusion des traités a amené en Chine beaucoup d'aventuriers qui ont essayé de fonder des maisons de commerce ou de commission ; mais la plupart ont échoué faute de capitaux. Quant aux anciennes maisons, qui sont demeurées les plus solides, elles ont en général une organisation très-simple qui offre la perspective d'une rapide fortune. Elles sont dirigées par trois ou quatre associés (*partners*) appartenant à la même famille. Les jeunes gens remplissent d'abord l'office de commis. Lorsqu'ils sont au courant des affaires, ils deviennent à leur tour *partners*, et, d'après le contrat, ils ne conservent la position que pendant un nombre d'années fixé à l'avance et le même pour tous. Le délai est, par exemple, de quatre, cinq, six ans. Si leurs années de *partnership* ont été favorables, tant mieux pour eux ; ils retournent en Europe ou aux Etats-Unis avec leur fortune faite ; si les affaires et les bénéfices ont diminué, ils doivent également céder la place aux plus jeunes qui attendent et qui ont accompli leur stage de commis. Quelquefois, avant l'expiration du délai, l'un des associés désire se retirer ; il cède alors à son successeur les années d'association qui lui resteraient à courir et les bénéfices éventuels auxquels il aurait encore droit. — De cette manière, toute une famille peut successivement s'enrichir, et ses membres, après avoir passé en quelque sorte à l'or de Chine, rentrent au sein de la mère-patrie à un âge qui leur permet de jouir longtemps encore de l'opulence acquise dans le commerce de l'opium et du thé. Parmi les maisons qui ont adopté cette organisation, je vous citerai celles des Russell, des Matheson, des Dent, dont les capitaux accumulés représentent d'immenses valeurs.

— Et les Français?

— La France envoie ici des frégates, des corvettes, des steamers, mais très-peu de navires de commerce; elle envoie des consuls, des ambassadeurs, mais pas de négociants; elle envoie des Evangiles et des ornements sacrés pour les missions catholiques, mais pas de marchandises. Cela nous fait peut-être beaucoup d'honneur, mais nous donne peu de profits!

III.

Comshong. — *Old China street.* — *New China street.* — *Physic street.*

Dès le second jour de notre arrivée à Canton, nous étions pourvus d'un linguiste. Un Européen entre les mains d'un linguiste représente la plus parfaite image de l'exploitation de l'homme par l'homme. Le *boy*, le *comprador*, le linguiste, voilà un personnel à peu près complet, dont le rôle consiste à faire rendre à l'Européen, comme à un impôt, tout ce qu'il peut rendre. Le comprador siége au degré le plus élevé de la domesticité; c'est l'intendant, le chef du matériel dans l'exploitation parfaitement organisée, qui s'alimente avec les capitaux étrangers. Le linguiste, qui est un homme lettré, secrétaire présent, passé ou futur, de quelque mandarin, s'offre beaucoup plutôt comme un cicerone officieux et de bonne compagnie que comme un domestique. Le comprador achète les poulets, la vaisselle, des meubles. Le linguiste se charge des livres, des albums et des petites fantaisies qui excitent à notre retour en Europe l'étonnement assez naïf de nos concitoyens, après avoir réjoui l'œil des douaniers. Le linguiste ne vous vole pas précisément; il soustrait le prix chinois du prix européen et s'adjuge le *reste*. Son gain se calcule par une simple opération d'arithmétique, dont vous n'avez pas la preuve, et qui se liquide à vos dépens. Que voulez-vous qu'un Européen, qu'un *fan-kwai* fasse contre tant de Chinois? — Qu'il paie, qu'il paie encore. Peu importe que le linguiste prélève pour sa commission une somme plus ou moins ronde. Vous êtes, de toute façon, condamné à payer la dîme.

L'essentiel est de rencontrer parmi la foule des linguistes qui se portent à l'affût des nouveaux arrivants, un homme intelligent, actif, au courant des boutiques et connaissant bien la limite si délicate en Chine, qui sépare la chose permise des mille et une choses défendues. Maître Comshong, qui était venu nous offrir ses services, paraissait avoir toutes les qualités de l'emploi. Il se disait secrétaire du mandarin Pan-tseu-tchen; il parlait l'anglais assez couramment; il avait, de plus, assez bon air; sa queue était soigneusement nattée; son costume, presque recherché; ses ongles, longs et taillés d'une façon tout aristocratique. Il fut convenu que chaque jour il viendrait se mettre à notre disposition pour nous accompagner dans nos promenades.

J'ai déjà dit que l'espace dans lequel les Européens

peuvent circuler à Canton est assez restreint. La ville tartare et la ville chinoise demeurent complétement interdites à la curiosité des fan-kwai; de hautes murailles, percées de portes strictement gardées, opposent un obstacle plus que suffisant; et d'ailleurs, si l'on s'aventurait à franchir l'une des portes, on serait immédiatement arrêté par les clameurs de la population. Quant aux faubourgs qui entourent la ville chinoise, on aurait à la rigueur le droit de s'y promener librement; mais il serait imprudent de remonter trop avant au-delà du faubourg qui borde le fleuve. Toutefois, les rues sont si nombreuses et si étroites que l'on peut, dans ces limites si resserrées, marcher pendant deux ou trois heures sans passer par les mêmes chemins. Les magasins et les fabriques qui entretiennent le plus de relations avec les étrangers se sont naturellement établis à portée des factoreries, de sorte qu'en définitive les échanges entre les deux peuples ne souffrent pas des entraves qui, en dépit des traités et des réclamations maintes fois présentées par le gouverneur anglais de Hong-Kong, enchaînent encore la liberté des Européens.

Notre première sortie avec le linguiste Comshong eut pour but de nous faire visiter les quartiers voisins de la factorerie. Comshong nous mena d'abord sur la petite place que nous avions traversée pour nous rendre à la factorerie américaine... Il allait entreprendre l'histoire de la girouette, de l'émeute et des coups de fusil; c'était son devoir de *cicerone;* mais, comme nous la connaissions déjà, nous lui fîmes grâce du récit. Il manifesta la plus profonde pitié pour la superstition de ses compatriotes et se crut obligé de nous expliquer la théorie de la girouette, pour nous convaincre apparemment qu'il était versé dans les sciences européennes

Les Chinois lettrés se passent volontiers ces innocentes pédanteries, lorsqu'ils se trouvent en présence d'étrangers. Il n'est donc pas exact de dire, comme on l'a affirmé souvent, qu'ils dédaignent absolument toute science autre que la science chinoise. Ils sont très-fiers, au contraire, quand ils peuvent avoir ramassé çà et là, dans leurs conversations avec les Européens, quelque lambeau de science barbare, et ils ne manquent pas de s'en parer à toute occasion.

La place, dont un côté est ajourd'hui limité par le mur de défense des Américains, ressemble, pendant le jour, à un champ de foire. Elle est ordinairement très-populeuse : les marchands de fruits et de légumes, les barbiers, les diseurs de bonne aventure, les chanteurs publics, les charlatans qui montrent la lanterne magique ou des animaux savants laissent à peine passage pour les curieux et pour les coolies qui portent les ballots de marchandises dans les magasins des factoreries. Toutes les foires se ressemblent : c'est le même bruit, le même pêle-mêle, le même public d'acheteurs ou d'oisifs qui vont de l'une à l'autre boutique, de l'une à l'autre parade, se pressant, se poussant, se disputant pour se rapprocher du marchand le mieux achalandé ou du charlatan le plus bavard. Malgré les bons soins de Comshong, nous eûmes toutes les peines du monde à fendre cette foule à laquelle notre figure et notre costume d'étrangers fournissait un spectacle de plus. Notre linguiste parvint cependant à nous frayer passage auprès d'un marchand de volailles qui montrait orgueilleusement une poule à laquelle il avait ajusté une patte de canard. La suture était pratiquée avec assez d'habileté, et les Chinois paraissaient admirer beaucoup ce rare phénomène. Comme ce n'étaient point là les curiosités que nous étions venus voir en Chine, nous laissâmes le marchand exhiber sa poule à la foule des badauds et nous entrâmes dans la rue qui termine la place et à laquelle les Anglais ont donné le nom de *Old China street*.

Cette rue ressemble assez à l'un de nos passages ; elle peut avoir 150 mètres de long sur 6 de large, dimension presque exceptionnelle pour une rue chinoise ; elle est couverte d'une sorte de charpente en bambous, sur laquelle on étend des nattes en rotin pour servir, selon l'occasion, de parapluie ou de parasol. Des deux côtés sont les boutiques. Chacune d'elles occupe à peine 4 à 5 mètres de façade. Les magasins de *Old China street* sont fréquentés principalement par les Européens ; ils renferment des soieries, des laques, des peintures, des objets en ivoire, des orfévreries, des écrans, des éventails, en un mot, ce que l'on est convenu d'appeler *chinoiseries*. Ils présentent à peu près tous le même aspect. La façade extérieure est découpée en boiseries à jour que recouvrent des couleurs rouges ou vertes entremêlées d'or. Ces ornements ne manquent pas de goût et laissent voir, à travers leurs découpures, les nombreux objets étalés dans les boutiques. A l'intérieur, se trouve un comptoir en bois derrière lequel s'élèvent de hautes armoires avec ou sans vitres, suivant la nature plus ou moins délicate des marchandises. Dans le fond de la boutique, on remarque ordinairement un petit autel que surmonte la statue en bois doré d'un gros poussah qui représente le dieu de la richesse. Une ou deux chandelles illuminent la face rubiconde et heureuse du Plutus chinois. — Le marchand se tient à son comptoir, près de la porte : il a auprès de lui ses mesures, son *souan-pan* (machine à calculer), sa pierre à encre, ses pinceaux, son registre en papier jaune et sa pipe à eau.

Nous étions trop occupés d'examiner, pendant cette première visite, l'ensemble des boutiques pour nous arrêter dans chacune d'elles. Cependant Comshong nous indiqua les magasins les mieux achalandés et nous présenta aux principaux marchands du passage. Une foule assez nombreuse nous suivait. Bien que les Cantonnais doivent être aujourd'hui blasés de voir les Européens, il y a toujours parmi eux quelques vagabonds (et surtout les enfants) qui se donnent l'innocent et facile plaisir d'escorter les étrangers, d'épier leurs mouvements, leur moindre geste, de crier, de rire, d'applaudir selon que l'on a le bonheur ou le malheur d'être ou de ne pas être à leur goût. Dès que nous entrions dans une boutique, il se formait un rassemblement devant la porte que le marchand était obligé de fermer pour n'être pas exposé à une invasion de curieux. Souvent même, il nous fallait passer dans une arrière-boutique pour nous soustraire à tous les yeux braqués sur nous et sur nos piastres, au travers des boiseries de la façade. A notre sortie, nous retrouvions la même foule grossie encore par un renfort de badauds. On doit s'y résigner. On ne se promène pas autrement à Canton.

Parallèlement à *Old China street*, et à peu de distance, a été construit, il y a peu d'années, un autre passage absolument semblable, *New China street*.

A mesure que l'on pénètre dans le faubourg, les rues reprennent leur physionomie toute chinoise. Elles sont, en général, longues, légèrement sinueuses, larges seulement de trois à quatre mètres, pourvues, à chacune de leurs extrémités, de portes en bois que l'on ferme le soir. Les habitants de chaque rue se cotisent pour payer la police de nuit. Les incendies, même depuis que la girouette américaine ne se tourne plus du côté de la ville, sont très-fréquents, la plupart des maisons étant construites en bois et en charpentes de bambous. De distance en distance, s'élèvent au-dessus de la rue, et appuyées sur le toit de deux maisons, de petites baraques en pieux couverts de nattes, qui servent d'observatoires aux gardiens chargés, pendant la nuit, de veiller aux incendies.

Décrire le mouvement des rues de Canton, le va-et-vient continuel des passants, des palanquins, des ballots, c'est réellement chose impossible. Non qu'il faille croire à ces chiffres fabuleux de population que beaucoup de voyageurs se sont plu à entasser à Canton, comme dans toutes les villes chinoises; mais on comprendra facilement que l'encombrement est inévitable dans des rues aussi étroites et dans un faubourg exclusivement habité par le commerce.

Il est à remarquer qu'on ne rencontre guère que des hommes; les femmes, même celles de la classe inférieure, sortent très-rarement; les dames ne se promènent qu'en palanquin. Sauf quelques pauvres marchandes de légumes et de poissons qui tiennent boutique au coin des rues, on croirait qu'il n'y a pas de femmes à Canton. Cette absence presque complète de tout un sexe donne à la ville une physionomie singulière.

.... Comshong nous conduisit dans *Physic street*. Cette rue est la plus curieuse et la plus originale de Canton; c'est aussi la plus fréquentée de tout le faubourg. Elle doit son nom à ses nombreuses boutiques de pharmaciens et d'herboristes. En Chine comme en Europe, les pharmacies se distinguent par le luxe de

leur devanture et par le charlatanisme de leur étalage.
A l'extérieur, pend une grande enseigne perpendiculaire, couverte, sur ses deux faces, d'inscriptions coloriées ou dorées qui indiquent le nom du pharmacien et celui des principales drogues. Intérieurement, la disposition est à peu près la même que celle des autres boutiques; mais les armoires vitrées sont remplacées par une rangée de vases en porcelaine bleue et par une série de petits tiroirs qui contiennent les remèdes chinois, et Dieu sait quels remèdes! Sur les murailles, on lit une foule de sentences dans le goût de celles-ci (1) : « La « pierre est éternelle; l'arbre vit plusieurs siècles; en « étudiant ces objets de la nature, l'arbre et la pierre, « je donnerai à l'homme une vie égale à la leur. » — « Il faut deux yeux au pharmacien qui achète des drogues; il n'en faut qu'un au médecin qui les emploie. « Le malade qui les prend doit être aveugle. » — Le pharmacien, homme grave et pourvu d'une énorme paire de lunettes, selon la formule, se tient à son bureau auprès d'une petite bibliothèque qu'il consulte chaque fois qu'on vient lui demander un remède; ses élèves, occupés à moudre le *gin-seng* (plante qui fait vivre) ou à nettoyer des nids d'hirondelles, sont assis autour de la boutique qui reçoit de nombreux visiteurs. La plupart des pharmacies de Canton sont établies dans *Physic street*. Cette concentration d'une industrie ou d'un commerce dans la même rue paraît très-habituelle en Chine. Je l'ai remarquée à Canton et dans les autres villes que j'ai visitées. Il y a la rue des pharmacies, celle des verreries, celle des pipes, celle des lanternes,

(1) Citées par le docteur Yvan, médecin attaché à la mission de Chine, dans une brochure fort intéressante qu'il a publiée en 1847. (Lettre sur la pharmacie en Chine.)

celle des parapluies, etc. L'acheteur y trouve tout avantage ; car il peut, dans ces boutiques rapprochées les unes des autres, choisir précisément l'objet qu'il désire, et les marchands, obligés de se faire concurrence, ont soin d'être toujours complétement approvisionnés.

Physic street est aussi le quartier des plus riches magasins de curiosités en laque, en jade, etc. Comshong nous conduisit dans la boutique la plus renommée, celle d'un vieux Chinois auquel les Européens ont donné le sobriquet de *Toki-true* (qui dit vrai).

La boutique de *Toki-true* renferme la plus singulière collection de bric-à-brac que l'on puisse imaginer. Vieux meubles, vieux bronzes, vieilles porcelaines, vieilles peintures, vieilles médailles, vieux livres; tout ce qui est vieux est entassé dans une petite pièce qui forme le rez-de-chaussée d'une des plus vieilles maisons de *Physic street*. Toki-true lui-même est vieux; il porte de vieilles lunettes, de vieux habits, une vieille queue postiche; c'est un marchand bric-à-brac parfaitement approprié à son emploi, et ce n'est pas une des moindres curiosités de la boutique. Dans une seconde pièce, où les privilégiés seulement sont admis, on voit rangés avec ordre un certain nombre d'objets de fabrication récente et d'un grand prix; des ornements en jade et en ivoire, des laques noires et rouges, des pièces de marqueterie, etc. On passerait toute une journée à visiter en détail cette merveilleuse collection. Aussi la maison de *Toki-true* est-elle le rendez-vous des voyageurs européens qui viennent à Canton. On n'en sort jamais les mains vides ni la bourse pleine. Comment résister à l'éloquence ou au silence de *Toki-true?* Il n'y a pas de Chinois plus rusé, d'Arabe plus patient, de Juif plus rapace que ce marchand-type, qui sait deviner dans vos regards la moindre tentation et qui l'exploite avec une sagacité et une habileté prodigieuses! La plupart des raretés qui s'étalent dans les cabinets de nos amateurs en Europe ont séjourné plus ou moins longtemps sous la poussière de Toki-true.

Dès notre entrée dans sa boutique, le vieux marchand nous offrit un siége et une tasse de thé; puis il nous laissa regarder de côté et d'autre, sans avoir l'air de faire la moindre attention à nos gestes, à nos préférences; il allait et venait, déplaçant ou replaçant quelque vieillerie; mais, sous ses lunettes, il ne perdait aucun de nos mouvements. Au bout de quelques minutes, nous lui demandâmes le prix de divers objets. Il répondait en quelques mots de son patois anglais; et, à l'aide de ses doigts qu'il ouvrait et fermait comme des ressorts mécaniques, il nous demandait dix, vingt, trente piastres. — Oh! c'est bien cher! — Toki-true ouvrait alors un de ses tiroirs et il y prenait un objet de même forme, mais de l'espèce la plus commune, et il ne réclamait plus qu'un prix assez modeste. — Mais celui-ci est trop laid! — Toki-true reprenait l'autre et faisait en souriant la comparaison; puis il recommençait le jeu des doigts et redemandait les piastres par dizaines. — Décidément, c'est beaucoup trop cher. Autre chose! — Alors recommençait de part et d'autre la même scène. Quand nous avions ainsi marchandé plusieurs objets, Toki-true, sachant bien que la première tentation est toujours la meilleure, revenait à ceux qui avaient, dès le début, attiré notre attention; il commençait à parler; il racontait l'histoire de chacune de ses vieilleries.—Un beau bronze, coulé au temps de la fameuse dynastie des Ming! Un magnifique tableau d'un célèbre peintre du règne de Kang-hi! Un pinceau qui a appartenu à Pan-hoei-pan! etc., etc. Vieilleries authentiques! — Toki-true voulait trente piastres. Comshong, de notre part, en offrait cinq. Toki-true refusait. Silence. Deux minutes après, Toki-true ne voulait plus que vingt piastres. Comshong allait à huit. Refus énergique. Toki-true nous reprenait la vieillerie des mains et la serrait résolument au fond d'un tiroir. Nous nous levions pour partir.—Allons, dix piastres! disait Comshong. — Non. — Nous étions dans la rue. Toki-true alors se décidait, et il acceptait nos dix piastres en poussant un gros soupir, et il fallait lui arracher des mains la chinoiserie comme si on lui arrachait l'âme. — Sans doute, on marchande en tous pays; en tous pays le boutiquier demande cent et l'acheteur offre dix; mais nulle part ce duel entre les exigences du premier et les desirs du second ne présente les épisodes dramatiques, tour à tour grotesques et élégiaques, qui accompagnent la moindre emplette chez Toki-true. Impossible de décrire la figure, les poses, les inflexions de voix, les colères ou les séductions du boutiquier! Le vieux marchand de *Physic street* vivra dans la mémoire de tous les Européens qui ont visité Canton; mais, on peut le dire à sa gloire, peu de souvenirs coûtent aussi cher!

IV.

La ville de bateaux. — Les bateaux de fleurs. — Les jardins Fa-ti. — Le fort.

On ne s'accorde pas sur le chiffre de la population cantonnaise qui vit sur les bateaux et ne connaît d'autre sol que le lit souvent agité du fleuve Chou-Kiang. Certains voyageurs n'ont pas hésité à porter ce chiffre à

300,000. Je ne veux pas donner de démenti à cette appréciation : non que j'aie, pour les récits des voyageurs, la bienveillance ou le respect d'un complice, mais j'avoue qu'en pareille matière le calcul me paraît assez hasardé et que je n'ai pas eu sous les yeux les statistiques chinoises. Quoi qu'il en soit, il y a, en effet, à Canton un nombre considérable de bateaux, sur lesquels vivent des familles entières et qui forment une véritable ville, dont la population peut être raisonnablement évaluée à plus de cent mille âmes. Ce chiffre, qui est plutôt au-dessous qu'au-dessus de la vérité, suffit assurément pour constituer un fait singulier, exceptionnel, qui n'existe nulle part ailleurs, pas même à Venise, la ville des gondoles.

Un matin, accompagné de Comshong, je m'embarquai dans une *tanka* pour visiter la ville des bateaux. Malgré le désordre apparent qui règne au milieu de cet assemblage de maisons flottantes, on peut assez facilement circuler sur le fleuve, pourvu qu'on suive les rues. Les rues d'un fleuve! L'expression est juste. Il s'agit réellement d'une ville avec ses quartiers, ses rues, ses carrefours. Les bateaux sont amarrés bord à bord, suivant leur forme et leur dimension. Les plus grands (et il en est qui jaugent 50 à 60 tonneaux) forment l'extrémité de chaque rangée, et leurs masses solides protègent les barques plus légères placées au centre. Notre tanka, manœuvrée par deux femmes, s'engagea à l'aventure dans le premier passage qui s'ouvrit devant nous. Comshong m'expliqua l'espèce et en quelque sorte la profession de chaque bateau. Ici, un bateau pêcheur, partant à la descente de la marée et revenant avec le flot, pour passer la nuit, sécher ses filets et se préparer à la pêche du lendemain ; — là, le bateau-boutique, où les habitants de la ville flottante, peuvent, sans se donner la peine d'aller à terre, s'approvisionner de comestibles, d'habits, etc.; — plus loin, le bateau de canards, autour duquel barbotte un troupeau de ces volatiles que l'on élève pour les marchés de Canton; — le bateau contrebandier, que l'on reconnaît à sa coupe plus fine et qui, à l'occasion, fait le voyage de Whampoa aux factoreries; — le bateau bourgeois, dont les habitants, sans profession aucune, ont adopté la rivière comme domicile, et vivent là en famille, sur les eaux du Chou-Kiang. Les jonques occupent le milieu du fleuve, où il y a le plus de fond. Elles ne sont pas régulièrement amarrées comme les bateaux de la ville; mais elles se classent en général par provenances. Un œil exercé reconnaît les jonques de la province de Canton, celles du Fokien, celles du Petchili. Les *fast boats*, les goëlettes, ainsi que les navires européens auxquels leur faible tonnage permet de franchir la dernière barre, sont mouillés vis-à-vis des factoreries. Plus haut, s'étendent par longues rangées les bateaux qui remontent dans l'intérieur de la Chine et qui apportent des diverses provinces le bois, le charbon, le riz, toutes les denrées nécessaires à l'immense consommation de Canton. La forme de chacun de ses bateaux indique le genre de transports auquel il est employé : le bateau qui apporte le riz est surmonté d'un grenier en rotin qui n'existe pas sur celui qui est consacré aux charges de bois. Il faudrait faire tout un cours pour distinguer ces diverses nuances, parfaitement appropriées à la destination de chaque bateau. On comprend d'ailleurs combien dans un pays où il n'y a d'autres grandes routes que les rivières et les canaux le nombre de ces barques doit être considérable. On s'explique également l'animation que les communications continuelles entre le fleuve et la terre, les chargements et déchargements de marchandises, entretiennent sur le Chou-Kiang. Cette animation ne peut se comparer qu'à celle des rues de Canton.

Notre tanka nous fit successivement passer en revue toute la flottille. A la descente du courant, quelques coups de godille suffisaient pour diriger la frêle barque à travers les rues, souvent étroites et toujours encombrées, de cette ville étrange. A la remonte, nos rameuses rentrèrent leurs avirons, et, prenant une longue gaffe, se halèrent sans peine le long d'une rangée de bateaux. Nous pûmes ainsi plonger nos regards, parfois indiscrets, dans l'intérieur de chaque maison. Les plus petites barques contiennent toute une famille, mari, femme, enfants, installés avec un art infini dans une chambre étroite où sont rangés soigneusement les meubles les plus usuels et les divers ustensiles du ménage. Il y a place pour tout, même pour l'autel du dieu qui veille incessamment sur le pauvre logis. Des nattes sont étendues au fond de l'embarcation, et, quand la nuit vient, un traversin en rotin recouvert de coton les transforme en lits ; on dirait des hamacs reposant sur la surface du fleuve et que rend presque moelleux la légère élasticité du flot. Des pliants en toile, que l'on serre aussitôt qu'on se lève, servent de siéges. La cuisine, c'est-à-dire un simple réchaud, est installé à l'arrière. Si le bateau va en course, la rameuse peut, en maniant la godille, veiller sur la pitance de riz qui cuit dans un pot de terre. Les enfants montrent leurs jolies petites têtes, éveillées et rieuses, par toutes les ouvertures du bateau ; ils vont et viennent sur les cordes, sur les avirons, sur les planches glissantes de l'avant ; ils se penchent curieusement vers l'eau, et, pendant que les parents font la sieste ou travaillent, on les voit se livrer à toutes les fantaisies d'une gymnastique sans péril : une double calebasse, fixée au corps par une ficelle, les soutient sur la vague quand ils tombent, et ils sont toujours repêchés à temps. Quelle pépinière de matelots, si jamais la Chine, empruntant aux Européens leur science, leurs arts, leurs constructions, s'imaginait de créer une marine et de remplacer ses lourdes et impuissantes jonques par des frégates !

Mais, en vérité, elle a essayé d'accomplir ce grand prodige, ou plutôt un de ses mandarins, Pan-tseu-tchen, le riche marchand de Canton, l'ami des barbares, a essayé pour elle. Voici précisément que notre tanka passe par le travers d'un grand navire à trois mâts, parfaitement assis sur l'eau, percé de sabords, et surmonté d'une gerbe de pavillons bleus, verts, rouges, jaunes, comme une jonque.

— Marine chinoise ! s'écria Comshong. Ce sont des ouvriers chinois qui ont construit ce navire.

— Fort bien ; mais que fait-il ici ? Il n'a ni équipage, ni cargaison. Il paraît complétement abandonné.

— C'est qu'il ne navigue pas. Les charpentiers se sont trompés. — Et Comshong d'expliquer, aussi clairement qu'il le put, comment le malheureux bâtiment, qui, à l'extérieur, paraissait irréprochable, n'avait pas assez de quille pour porter un chargement et s'aventurer en mer. Pan-tseu-tchen a dépensé beaucoup d'argent et s'est donné beaucoup de peine pour une misérable contrefaçon qui fait honneur à son esprit d'initiative et à son ardeur d'imitation européenne plutôt qu'à l'intelligence de ses ingénieurs. La frégate chinoise pourrira sur le Chou-Kiang.

Mais je n'ai pas encore parlé de tous les bateaux ; j'aurais dû signaler les bateaux de douane, qui ne le cèdent en légèreté et en élégance qu'à ceux des contrebandiers (cela doit être) ; — les bateaux de police, que l'on reconnaît à la ceinture de boucliers en rotins qui entoure leurs bordages ; — les bateaux de plaisance des mandarins, dont la chambre est ornée avec le confortable et le luxe qui conviennent à la dignité officielle ; — enfin, les bateaux de fleurs. Que n'a-t-on pas dit, en Europe, sur les bateaux de fleurs ? — Les bateaux de fleurs, les petits pieds des dames chinoises et les nids d'hirondelles, voilà les trois points d'interrogation que les questionneurs posent invariablement à quiconque arrive du Céleste-Empire. Et, quand vient le tour des bateaux de fleurs, la question se fait presque à voix basse et d'un air mystérieux, comme si la réponse devait fournir l'occasion d'un petit scandale qu'on attend et qu'on désire. Un petit scandale chinois n'est pas compromettant.

Il faut donc aborder l'histoire des bateaux de fleurs.

Le bateau de fleurs n'a ni mâts, ni rames : c'est une maison en bois posée sur une coque de jonque. La muraille extérieure est formée d'un treillage de bambou, très-élégamment découpé et peint en couleurs vives, en rouge ou en vert entremêlé d'or. Les Chinois excellent dans ce genre d'ornementation. Derrière cette muraille à jour est un autre mur en bois plein qui interdit toute communication entre l'intérieur du bateau et les regards curieux du dehors. L'arrière est pavoisé de plusieurs pavillons triangulaires de diverses couleurs, et au-dessus du vestibule qui s'ouvre à l'avant sont rangés plusieurs vases en porcelaine où l'on a soin d'entretenir de belles touffes de fleurs.

Mais que se passe-t-il dans ce bateau?— On sait qu'il y a des dames, et l'on a deviné sans peine le genre de vie que mène cet équipage féminin. Les voyageurs moralistes, après avoir admiré l'aimable allégorie qui se cache sous ce joli nom, *bateau de fleurs*, ont disserté à perte de vue sur la délicatesse de l'édilité cantonnaise qui reléguerait sur le fleuve Chou-Kiang les maisons habitées par les courtisanes et respecterait ainsi la pudeur de la cité. La supposition n'est pas exacte; car la ville de Canton n'est pas aussi pure qu'on paraît le croire; les libertins n'ont pas besoin de s'embarquer, et les bateaux de fleurs n'empêchent pas qu'il n'existe des maisons de fleurs. Les Chinois cherchent leur plaisir sur la terre et sur l'onde; voilà tout. Les bateaux de fleurs sont donc des établissements plus ou moins luxueux, où l'on boit le thé, où l'on fume, où l'on joue, et où la théière, la pipe et les cartes sont tenues, si l'on veut, par une courtisane. Tous les Chinois, jeunes ou vieux, maris ou garçons, mandarins, lettrés, marchands, entrent, sans la moindre honte, dans les bateaux de fleurs, absolument comme nous entrons dans un restaurant. Ils y passent un quart d'heure, une heure, la soirée, quelques-uns la nuit; mais ils peuvent dire qu'ils n'y ont pris qu'une tasse de thé; leur réputation de vertu demeure tout à fait sauve.

L'entrée des bateaux de fleurs est sévèrement interdite aux Européens. Les Chinois ont accepté, jusqu'à un certain point, l'intervention des barbares dans leurs affaires de commerce, mais ils la repoussent pour leurs plaisirs. Les barbares se sont vengés de cet ostracisme en calomniant les bateaux de fleurs et ceux qui les fréquentent.

On raconte plusieurs tentatives faites par les Européens pour s'introduire dans la place. Ces tentatives n'ont jamais réussi ; et, toutes les fois qu'on demande à un linguiste quel serait le moyen d'entrer dans le bateau, le Chinois secoue la tête et cite l'histoire lamentable d'un jeune fils d'Albion qui fut rudement fustigé à coups de bambou pour avoir tenté l'aventure. On assoupit l'affaire ; car la diplomatie aurait-elle pu s'émouvoir pour une dispute de bateaux de fleurs ?

Des bateaux de fleurs aux jardins Fa-ti la transition est toute naturelle. Nos tankadères, fatiguées de la longue visite que nous venons de faire aux divers quartiers de la ville flottante, nous déposent dans une autre barque, manœuvrée par deux hommes qui s'engagent, moyennant un quart de piastre, à remonter le courant du fleuve jusqu'aux jardins, situés sur la rive droite, à un mille environ au-dessus des factoreries. Les jardins *Fa-ti* (littéralement : *terre des fleurs*) sont à la fois une pépinière et un marché aux fleurs. Les Chinois aiment beaucoup les fleurs ; ils les répandent à profusion dans leurs appartements et les disposent avec beaucoup de goût dans ces jolis vases en porcelaine bleue et blanche qui sont si recherchés en Europe ; les pauvres gens, qui ne pourraient pas renouveler leur parterre, achètent des dessins qui représentent des fleurs, des fruits, des oiseaux, et ils en tapissent la principale pièce de la maison ; leurs yeux, au moins, sont satisfaits. En un mot, le nom d'*empire des fleurs,* que l'on donne souvent à la Chine, d'après les Chinois eux-mêmes, est très-bien mérité. Il y a à Fa-ti plusieurs jardins, séparés seulement par des haies et appartenant à divers propriétaires. Notre linguiste Comshong nous fit entrer dans le plus grand de ces jardins. L'enclos était coupé d'allées longues et surtout étroites (car les Chinois ne gaspillent pas le sol). Chaque carré contenait une espèce de fleur; je reconnus la plupart de nos fleurs d'Europe, camélias, jasmins, géraniums, etc.; la terre était cultivée et arrosée avec le plus grand soin.

— C'est ici, me dit Comshong, que les mandarins et les riches marchands de Canton achètent les plantes destinées à leurs jardins et même les bouquets qui parfument leurs appartements. J'ai vu, par vos dessins d'Europe, que vous possédez aussi de très-belles fleurs; mais nous avons une espèce d'arbres que vous ne connaissez certainement pas, et qui excite l'admiration de tous les *fan-kwai*.

— Eh bien! allons voir ces arbres; où sont-ils?

— Ici même, sous vos yeux.

J'avais beau ouvrir les yeux, je ne voyais pas un arbre, pas même un arbuste, pas une plante qui s'élevât à hauteur d'homme.

— Des arbres ici?

— Oui, et de très-grands arbres: des ormes.

Le jardinier, qui entendait notre conversation, confirma par un signe de tête les paroles de Comshong.

On me montra alors, dans de petites caisses en bois, des arbres, et, en vérité, des ormes qui n'avaient pas plus de deux ou trois pieds; et cependant la couleur de l'écorce, le nombre et le développement des branches, la variété des feuilles, la mousse attachée au tronc, indiquaient que ces arbres avaient atteint l'âge de leur plus grande croissance. Les Chinois affectionnent particulièrement ces tours de force et ces merveilles de patience. Ils ont un procédé pour fabriquer ainsi des arbres nains auxquels ils conservent leur caractère distinctif, leurs formes, leurs justes proportions. Ils arrêtent le développement des racines en même temps que celui des rameaux, et ils pourraient en quelque sorte servir sur un plat un orme de toutes pièces, presque une forêt.

Comshong me fit voir en outre des buissons et des arbustes taillés de manière à représenter assez exactement, mais sans aucune grâce, des formes d'animaux ou de fleurs. Toujours ce système de petits soins, de minuties, d'excentricité, qui obtient tant de faveur en Chine! Dans l'agriculture, dans l'industrie, leurs procédés les plus usuels se rapprochent le plus du naturel et de la simplicité ; mais, quand ils veulent faire de l'art, ils se croient tenus de se créer les difficultés et de chercher la solution de l'impossible.

En descendant le fleuve pour revenir aux factoreries, nous passâmes au pied d'un fort circulaire percé de quelques ouvertures sans canons. J'avais déjà une certaine idée de l'intérieur d'un fort chinois par la visite que j'avais faite à celui de Bogue. Cependant je demandai à Comshong si nous pourrions pénétrer dans la citadelle.

— Assurément, répondit notre linguiste. D'abord, je ne vois pas trop qui nous empêcherait d'entrer.

— Comment! il n'y a donc pas de garnison?

— La garnison se promène; que ferait-elle dans le fort, puisqu'il n'y a pas de guerre?

Il faut aller dans le Céleste-Empire pour entendre de pareilles réponses. Les Chinois ferment hermétiquement leurs bateaux de fleurs, mais ils laissent bravement entrer dans leurs forteresses. Après tout, l'art de la guerre et de la défense des places est demeuré chez eux si primitif, qu'en vérité ils n'ont aucun mystère à cacher.

Comshong ne se trompait pas : le fort était presque désert; deux ou trois soldats jouaient aux cartes près de la porte, quelques autres dormaient ou fumaient. Nous entrâmes dans la cour, où il n'y avait absolument rien à voir, pas même des canons.

L'armée chinoise est très-nombreuse sur les cadres; mais, pour l'étranger, elle est presque invisible. Je n'ai pas vu cent uniformes pendant mon séjour à Canton. Les soldats restent dans la ville; ils exercent leur profession, comme tous les autres citoyens, et ne se rendent qu'aux appels, fort rares, de l'exercice ou de la faction. La raison des Chinois n'admet pas qu'une armée soit utile en temps de paix. C'est un système fort simple, mais qui prépare au Céleste-Empire d'inévitables défaites, toutes les fois qu'il aura à se mesurer avec les Européens.

V.

Marchands chinois. — Exposition des produits français au consulat. — Fabrication de la laque. — Lanternes, cannes, pipes. — Tissage de la soie. — Gare!...

Chaque matin, nous recevions au consulat les marchands de Old et de New China street qui venaient visiter les échantillons de produits français apportés par MM. les délégués du commerce. Ces visites étaient, en général, assez divertissantes. Les Chinois nous étonnent, et nous étonnons les Chinois. Nous croyons que les Chinois ne nous valent pas, et les Chinois, de leur côté, demeurent convaincus qu'ils nous sont supérieurs. Notre industrie, appelant à son aide toutes les découvertes de la science, toutes les délicatesses de l'art, produit des chefs-d'œuvre contre lesquels nous nous indignerions qu'on osât protester. L'industrie chinoise, avec ses procédés traditionnels et beaucoup plus simples, arrive également à de merveilleux résultats qu'exalte encore la vanité nationale, si excessive, si exclusive chez les habitants du Céleste-Empire. Placez donc un Chinois en présence des marchandises françaises; il s'étonne quelquefois, il demande à quoi servent cette foule de petits objets dont il ne connaît pas l'usage; il rit même volontiers de l'explication qu'on lui donne; rarement il admire; mais, quel que soit son sentiment, il y a grand intérêt à saisir sur sa physionomie, tour à tour satisfaite ou dédaigneuse, l'impression qu'il éprouve à la vue de la plus simple bagatelle venue d'Europe.

MM. les délégués du commerce étaient donc en relations continuelles avec les principaux marchands du faubourg. Nous profitions naturellement de l'occasion pour nous mettre également en rapport avec nos visiteurs, pour obtenir d'eux toutes sortes de renseignements et de bons offices, et surtout pour être admis dans leurs boutiques avec plus d'empressement et d'abandon que si nous n'avions été que des acheteurs ordinaires. Souvent même les marchands prenaient les devants et ils nous invitaient à les aller voir, promettant de nous montrer leurs fabriques. Ce fut ainsi que nous pûmes examiner de près la préparation de la laque, dans l'atelier du marchand Fi-qua.

Fi-qua vint nous chercher un matin au consulat : il nous conduisit d'abord dans sa boutique de Old China street. Tout le monde connaît ces jolies boîtes en laque couvertes de dessins chinois, que les voyageurs rapportent de Canton. — Boîtes à thé, boîtes à ouvrage, boîtes pour contenir l'encre de Chine, etc. Fi-qua nous fit voir de grands panneaux de paravent, des guéridons, des meubles de toute espèce qu'il devait prochainement envoyer en Europe. Le travail de la laque et les dessins, mélangés d'or et de rouge, étaient d'une exécution très-délicate. — Les boutiques de laque contiennent ordinairement les divers objets de curiosité que les Euroréens achètent à Canton ; la collection des articles en nacre ou ivoire, éventails et écrans de toute sorte, parasols, cornes de rhinocéros élégamment taillées, jeux d'échecs dont chaque pièce représente un personnage plus ou moins fantastique, cachets, figurines, etc. Dans une seule boutique bien garnie, l'Européen peut faire toutes ses emplettes. Le magasin de Fi-qua est au premier rang ; il soutient presque la concurrence avec celui d'Hip-qua, le plus fameux marchand de laques de Canton.

Fi-qua s'empressa de nous étaler toutes ses richesses ; il poussa même la confiance jusqu'à nous montrer certains détails que les Chinois tiennent d'habitude très-soigneusement éloignés des regards profanes : la pureté des mœurs chinoises n'est pas précisément proverbiale, et s'il faut en juger par les curiosités et par les gravures obscènes dont ils font trafic, la réputation peu honorable dont jouissent à cet égard les habitants du Céleste Empire ne paraît pas usurpée. Notre civilisation, quelque corrompue qu'elle soit, n'a pas atteint, Dieu merci, ce degré de raffinement honteux que laissent deviner certains mystères des boutiques de Canton. Ne nous arrêtons pas davantage à ces méprisables efforts d'une imagination dévergondée. D'ailleurs, les Chinois ont, au moins, la pudeur du mal, et ce n'est qu'à la dérobée, avec des précautions infinies, dans l'arrière-boutique, que les marchands ouvrent aux étrangers ces livres de débauche qui sont vendus aux riches mandarins.

Après que nous eûmes visité en détail toute la boutique, Fi-qua prit son parasol et son éventail, et nous invita à le suivre à ses ateliers. Il marchait devant nous. Je remarquai que, pendant la route (il nous fallut traverser les rues les plus populeuses du faubourg), Fi-qua évitait de nous adresser la parole et faisait semblant de ne pas entendre nos questions pour n'être pas obligé de répondre. Pourquoi cette froideur, cette défiance de la part d'un homme qui, dans l'intimité, affectait de nous donner tant de marques de dévouement? Nous ne pouvions douter du bon vouloir de notre marchand de laques; mais Fi-qua tenait à ne pas paraître, aux yeux de ses concitoyens et des amis qu'il pouvait rencontrer, trop prévenant avec des Européens. Il aurait perdu, aux yeux de bien des gens, sa considération, sa bonne renommée de patriote. Un Chinois ne saurait encore avouer trop ouvertement ses relations avec les barbares, ou du moins ne faut-il pas que ces relations aillent au-delà des strictes convenances du commerce. Comme acheteur, l'Européen est toujours le bienvenu ; comme ami, il serait suspect : on lui prend ses piastres sans le moindre remords; on le vole consciencieusement, on l'accueille dans la boutique, terrain neutre où l'instinct national se courbe devant l'intérêt du marchand ; mais il est rare que ces relations dépassent le seuil de la boutique et se prolongent au-delà du marché conclu. Tel Chinois qui vient de vous offrir avec une grâce parfaite la pipe à eau, la tasse de thé, etc., ne vous saluera même pas, s'il vous rencontre dans la rue. — Fi-qua pressait donc le pas sans avoir seulement l'air de s'apercevoir que nous le suivions, et, à vrai dire, nous ne cherchâmes pas à lutter contre son indifférence hypocrite, dont il souffrait peut-être plus que nous.

Nous arrivâmes aux ateliers : ils se composent de quatre à cinq pièces petites, basses, mal éclairées : les Chinois diminuent autant que possible les frais industriels ; c'est ce qui leur permet de fabriquer à si bas prix. On ne voit pas chez eux ces vastes établissements dont l'Europe est si fière. Leur industrie n'a point de palais. Voici Fi-qua qui fabrique chaque année des meubles en laque pour une somme très-considérable : ses ateliers, pourtant, ressemblent à une misérable échoppe. Nous ne pûmes nous empêcher de lui en faire la remarque : il se contenta, pour toute réponse, de nous montrer du doigt plusieurs pièces de laque qui venaient d'être achevées et qui étaient de véritables merveilles pour la pureté des formes et l'élégance des décors. Il n'y avait rien à répliquer.

Voici, en peu de mots, comment se fabrique la laque chez Fi-qua :

Le bois auquel on a donné la forme de l'objet que l'on veut fabriquer reçoit une première couche de poussière d'un grès particulier ; on polit cette couche avec une pierre qui est promenée avec soin sur toute la surface. On applique ensuite une couleur noire qu'on laisse sécher : enfin on étale la résine-laque qui sèche naturellement en vertu des éléments qu'elle contient. Quand la laque est sèche, l'objet est livré aux doreurs et décorateurs qui fixent la dorure et les couleurs avec un pinceau.

Il y a d'autres procédés de fabrication qui sont beaucoup plus lents et plus coûteux. Fi-qua ne nous fit voir que les plus simples, ceux qu'il emploie pour la fabrication courante. Mais, quand il s'agit d'objets d'un grand prix, on applique successivement plusieurs couches de laque et le travail est d'autant plus parfait que ces couches sont plus nombreuses (1).

La visite à l'atelier de Fi-qua nous avait menés très-loin dans le faubourg. Nous profitâmes de l'occasion pour visiter au retour plusieurs bazars. J'ai déjà dit qu'à Canton chaque fabrication, chaque genre de marchandises est, pour ainsi dire, parqué dans le même quartier. Ainsi, *Physic street* est la rue des pharmaciens et des marchands de nids d'hirondelles. Il y a, de même, le quartier des lanternes et celui des pipes. Ces deux articles sont l'objet d'un très-grand commerce.

Plusieurs petites rues sont consacrées aux lanternes, et la division du travail est poussée, en Chine, à un tel point que chaque boutique a son genre spécial. Depuis la lanterne ronde recouverte d'un simple tissu gommé appliqué sur une légère charpente en bois, jusqu'à la lanterne de verre ornée de dessins, la variété est infinie. La lanterne ronde, la plus commune, est à l'usage des pauvres gens et des coolies; celle de verre est suspendue dans les maisons des mandarins. La première coûte à peine une centaine de sapèques (25 centimes); le prix de la seconde s'élève jusqu'à trois à quatre piastres (15 à 20 fr.), selon la richesse des ornements et la finesse du verre.

Le mécanisme des lanternes chinoises est fort simple; la chandelle, de cire blanche, jaune ou rouge, est enfoncée dans le clou fixé au morceau de bois qui se di-

---

(1) On trouvera des détails très-complets sur la fabrication de la laque dans le livre qu'ont publié MM. les délégués du commerce, sous ce titre : *Etude pratique du commerce d'exportation de la Chine.*

rigeant vers la partie supérieure est vissé au bas de la lanterne : le tissu gommé, se pliant à volonté, arrête l'air extérieur, et la fumée s'échappe par une ouverture laissée au sommet, entre les tiges de bois qui forment la charpente.

Il n'y a pas dans les rues de Canton, comme dans nos villes, d'éclairage fixe : le gouvernement ne se croit nullement obligé de descendre dans ces détails ; que ceux qui ont envie ou besoin de sortir quand le soleil s'est couché, prennent la peine de s'éclairer eux-mêmes; c'est la théorie du *self-light*. Au lieu d'un bec de gaz à chaque coin de rue, ce sont mille lanternes, allant, venant, se croisant. Les lanternes, suspendues à la devanture des magasins et celles que portent les passants, forment une illumination plus que suffisante. Le Chinois riche ou aisé est précédé d'un *coolie* qui tient sa lanterne accrochée à un petit morceau de bois. Ordinairement, le tissu gommé des lanternes est recouvert de dessins ou de caractères chinois qui indiquent le nom du maître.

Quant aux lanternes de verre, elles prennent différentes formes, qu'il serait difficile de décrire avec détails. Beaucoup de voyageurs en ont rapporté à Londres et à Paris. La forme la plus ordinaire représente une charpente en bois rouge se divisant en cinq ou six côtés dont les intervalles sont remplis par autant de verres ornés de peintures. Des glands de soie ou des bandelettes en perles sont suspendues aux parties saillantes de la charpente et retombent avec élégance vers le sol. L'intérieur est disposé pour recevoir une ou plusieurs chandelles de cire. En général, les lanternes chinoises éclairent assez mal.

Les boutiques de cannes offrent les plus curieuses

collections de bois et de formes. En Chine, les hommes n'ont pas ordinairement d'autre canne que leur parapluie ou le tuyau de leur longue pipe : mais les malheureuses femmes, avec leurs pieds coupés que nous avons la galanterie ou l'ignorance d'appeler de *petits pieds*, ne peuvent marcher qu'avec un soutien : et encore, à voir les mouvements douloureux de leurs jambes maigres, doit-on dire qu'elles *marchent!* — Les femmes ont donc toujours une canne à la main pour se traîner dans leurs appartements; ces cannes sont en bambou noir ou blanc, en bois de thé, en figuier, en laurier, en lianes, etc. Elles sont surmontées d'une pomme sculptée en magot, en tête d'animal ou en tout autre dessin fantastique. Elles se vendent, en général, à très-bas prix.

Entre les pipes et les cannes chinoises, il n'y a guère que la différence d'un trou. Les premières sont assez longues pour remplir, au besoin, l'office de cannes. Il y en a de toutes sortes et de toute grandeur. Elles sont percées à la main avec une très-grande habileté; leur bec est en ivoire, et leur fourneau en cuivre jaune ou blanc. Le fourneau ne contient que quelques pincées de tabac; les Chinois en sont quittes pour bourrer fréquemment leurs pipes. Ils fument très-peu à la fois, mais très-souvent. — Indépendamment des pipes en bois, les Chinois emploient les pipes à eau, en cuivre blanc, qui se fument dans l'intérieur des maisons. Ils ne connaissent pas les cigares, mais ils font grand usage de cigarettes qui se vendent toutes fabriquées dans les boutiques où se râpent, pour la consommation, les feuilles de tabac.

Je n'en finirais pas si je voulais ainsi prendre une à une les diverses industries de Canton et décrire en détail leurs procédés et leurs mille produits (1). Chacune des rues qui aboutissent à *Physic street*, cette grande artère du faubourg, contient autant d'ateliers que de maisons; — ateliers petits, sales, obscurs, mais toujours actifs et animés par le travail. Ceux-là même où se fabriquent les riches tissus de soie que nous admirons si justement en Europe et les châles de crêpe que l'industrie lyonnaise n'a pas encore égalés, ces ateliers qui renferment parfois une valeur de plusieurs centaines de mille francs, ne sont ni plus vastes ni plus luxueux que ceux du fabricant de lanternes ou de parasols. On ne s'explique pas que des étoffes si brillantes et si fraîches puissent sortir de l'atmosphère souvent fétide au milieu de laquelle elles sont fabriquées.

Les ateliers de soieries sont situés dans une partie assez reculée des faubourgs. De maison en maison, je m'étais avancé assez loin dans *Physic street*. Je revins sur mes pas pour regagner le voisinage du quartier européen; tout à coup j'entendis, au-dessus de ma tête, le sifflement d'une pierre, puis le bruit d'un carreau qui se cassait en mille pièces. C'était le carreau de la boutique d'un épicier. Evidemment, la pierre avait dépassé le but. L'accident attira la foule : un rassemblement, dans les rues de Canton, se forme vite; je profitai de la bagarre pour presser un peu le pas, et j'arrivai sans encombre dans une région plus sûre.

Une mauvaise tête de gamin et un caillou, il n'en faut pas davantage pour mettre à chaque instant en pé-

---

(1) Cette description a été faite, de la manière la plus complète et la plus exacte, par MM. les délégués du commerce dans leur *Etude pratique du commerce d'exportation de la Chine*, publiée par le ministère du commerce.

ril la bonne harmonie qui règne officiellement entre les Européens et la Chine!

VI.

Hog-lane. — Le docteur Parker. — Le peintre Lam-qua. — Une boutique d'orfèvre.

L'un des principaux négociants de la factorerie américaine m'avait invité à déjeûner. Je me rencontrai chez lui avec un Anglais, M. B., qui, à la suite du repas, — repas simple et rapide d'Américain et d'homme d'affaires, — me proposa de visiter l'hôpital du docteur Parker, missionnaire protestant et médecin, établi depuis plusieurs années à Canton.

On entre à l'hôpital du docteur Parker par la rue de Hog-lane, qui longe l'un des côtés de la factorerie américaine. Hog-lane est le rendez-vous des matelots européens qui viennent passer à terre quelques heures de permission; aussi n'y voit-on guère que des marchands de vin et d'eau-de-vie.

Il faut cependant passer au travers de cette orgie pour arriver à l'hôpital. On nous introduisit dans une petite salle dont la muraille est couverte de tableaux représentant les principales opérations pratiquées par le docteur Parker et par ses élèves. Quelques Chinois de toute classe attendaient là que leur tour vînt d'être admis dans la pièce voisine où le docteur donnait ses consultations.

M. Parker est un très-habile opérateur; c'est, de plus, un homme très-dévoué à son art, et il rend à la population de Canton et de la province les plus grands services. Tous les pauvres gens viennent le consulter; et les mandarins eux-mêmes, après avoir épuisé les ressources de la médecine chinoise, ont recours à lui; ils prennent mille précautions pour garder le secret de leurs relations avec le docteur américain, car les savants chinois ne manqueraient pas de les dénoncer comme suspects d'entretenir des intelligences avec les barbares.

Les maladies les plus communes à Canton sont les maux d'yeux et les maladies cutanées, surtout les loupes. Les vents violents qui règnent au commencement de la mousson de nord-est, multiplient les inflammations d'yeux. Les Chinois ont, en outre, l'habitude de se faire nettoyer les yeux, et cette opération, confiée aux barbiers, affecte vivement l'organe. Après avoir rasé la tête, les barbiers retournent la paupière inférieure et grattent la peau avec un petit instrument d'ivoire et de bambou. Les Chinois se prêtent assez volontiers à cette manœuvre, dont le chatouillement leur procure même une sensation agréable. Mais la paupière s'irrite et l'œil devient malade. On a beau faire remarquer aux Chinois les résultats de cette mauvaise habitude; c'est une *habitude,* et les barbiers, qui sont très-intéressés à ce qu'elle se maintienne, auront facilement raison contre les sermons hygiéniques du docteur Parker.

Quant aux loupes, on en rencontre d'effroyables dans les rues de Canton.

Mais je n'ai nulle envie de m'appesantir sur ces tristes infirmités. Je tiens seulement à signaler le rôle, bienfaisant et à la fois très-habile, du docteur Parker. Je ne sais si le docteur fait, comme missionnaire, de nombreuses conversions; j'en doute; mais, comme médecin, il a guéri beaucoup de Chinois, et il a conquis, par ses bienfaits, une grande influence.

L'exercice de la médecine est un puissant auxiliaire pour les Européens qui visitent la Chine. Un médecin est reçu partout; il est même admis dans les appartements des femmes. Le préjugé disparaît, la pudeur se dévoile devant celui qui sait guérir. On compte, parmi les missionnaires protestants, plusieurs médecins, et chacun des ports ouverts au commerce possède un hôpital (*medical missionary Society*). Les prêtres catholiques n'ont pas encore employé ce moyen si efficace de pénétrer dans l'intimité des populations qu'ils veulent convertir. Ils se donnent la peine d'apprendre le chinois; il leur serait, à ce qu'il semble, bien plus facile d'acquérir quelques notions de médecine usuelle et de chirurgie; leur apostolat en profiterait, sans abdiquer, pour cela, son caractère religieux et moral qui le recommande si justement à notre admiration.

..... Au sortir de l'hôpital de M. Parker, M. B. me déclara qu'il se rendait chez le peintre Lam-qua, qui lui faisait son portrait. Je lui demandai la permission de l'accompagner; j'étais très-désireux de visiter l'intérieur d'un atelier chinois.

Lam-qua habite une des petites maisons de *Old China street*. Sur sa porte, on lit cette enseigne, encadrée de caractères chinois : « *Lam-qua, english and chinese painter.* » — Lam-qua peut, jusqu'à un certain point, se recommander de l'école anglaise; car il a pris quelques leçons d'un peintre européen très-habile, M. Chinnery, qui a résidé longtemps à Macao.

Montés au premier étage, nous traversâmes une espèce de boutique tapissée de peintures et remplie de jeunes Chinois qui travaillaient pour le compte de Lam-qua. Dans une seconde pièce se tenait le maître, la palette et le pinceau en main, retouchant l'ébauche d'un portrait de mandarin.

Lam-qua nous reçut avec toutes les démonstrations de la politesse chinoise. Après une courte conversation, dans laquelle il épuisa l'invariable série de phrases anglaises qu'il avait apprises dans ses rapports assez fréquents avec les Européens, il reprit son pinceau et se mit au portrait de M. B.

Lam-qua peignait assez rapidement. Son esquisse était déjà faite; elle indiquait une grande sûreté de main et ne manquait pas de ressemblance. M. B... n'avait encore donné que trois séances.

Les couleurs chinoises sont de beaucoup inférieures aux couleurs européennes. Les fabriques de Canton ne réussissent guère que pour le vermillon, le lazulithe, le carmin de carthame et l'orpiment. Aussi les meilleurs peintres, notamment les peintres de portraits, achètent-ils aux Anglais les autres couleurs. Lam-qua avait auprès de lui une boîte à compartiments, dans laquelle étaient classées par ordre environ vingt couleurs différentes placées à l'avance dans des godets en porcelaine. Un tiroir contenait autant de petites fioles pour les mêmes couleurs simplement porphyrisées. Au fond de la boîte étaient rangés des pinceaux de toute grandeur et de toute finesse, des bâtons d'encre de Chine, un petit mortier avec le pilon en verre et plusieurs morceaux de gélatine pour épaissir et fixer les couleurs. Un apprenti se tenait derrière Lam-qua pour renouveler l'eau du godet et essuyer les pinceaux.

Par intervalles, Lam-qua s'arrêtait, quittait pinceaux et palette, et allait se placer à distance pour voir l'effet de sa toile, dont il paraissait, selon l'usage, très-satisfait. Avant de se remettre à l'œuvre, il avalait une tasse de thé et fumait deux ou trois bouffées de tabac dans une pipe à eau.

Quand la séance fut terminée, Lam-qua nous montra sa galerie. Il y avait, le long du mur, des portraits de toute sorte en cours d'exécution, — des mandarins, entre autres le général Tsao en grand costume de guerre; — des officiers anglais; — quelques dames chinoises, etc. C'était un pêle-mêle des plus curieux. Habitué aux types de figure et aux costumes du Céleste-Empire, Lam-qua est naturellement dépaysé devant les traits européens, et son pinceau s'oublie parfois à *en-chinoiser* les visages anglais ou américains qui viennent poser devant lui. On ne peut pas dire que ce soit une flatterie de peintre, mais du moins la caricature est fort innocente et donne même au portrait une teinte d'originalité qui ne se trouve pas toujours dans le modèle.

Lam-qua nous conduisit ensuite dans la pièce d'entrée, qui n'est, à vrai dire, qu'une boutique de peinture. Une vingtaine de jeunes gens sont là qui copient des dessins sur de grands rouleaux de papier blanc ou jaune, sur cette fine moelle que l'on s'obstine à appeler en Europe *papier de riz*, bien que le riz n'y soit pour rien (1). C'est là que se peignent ces petits albums recouverts en soie dont on fait de nombreux envois en Angleterre, aux Etats-Unis, en France, et qui représentent des séries d'animaux, de fleurs, de paysages, les diverses opérations des principales cultures ou fabrications chinoises; les costumes des mandarins de tous

---

(1) Le papier de moelle provient de la moelle de l'*æschynomene paludosa*, plante légumineuse qui croît dans les marais du Tse-tschouen, du Houang-si et du Fo-kien.

ordres; les supplices, les allégories mythologiques. Chaque série se compose ordinairement de douze peintures et se vend de 3 à 5 piastres (17 à 28 fr.), quand elle ne comprend que des sujets simples, exigeant peu de travail. Les séries dans lesquelles il entre beaucoup de personnages, notamment celles qui reproduisent des scènes de *sing-song*, coûtent beaucoup plus cher.

La peinture, en Chine, n'est pas un art, c'est une véritable industrie dans laquelle la division du travail est parfaitement entendue. Le même peintre fera toute sa vie des arbres, tel autre des figures, celui-ci les pieds et les mains; celui-là les costumes. Chacun acquiert ainsi, dans son genre, une certaine perfection, surtout pour la rectitude du trait et le fini des détails; mais nul ne serait capable d'entreprendre un tableau d'ensemble. — Lam-qua peut, à la rigueur, passer pour un artiste; ses élèves ne sont guère que des ouvriers.

Sur l'invitation de M. B., Lam-qua s'empressa de nous ouvrir tous ses cartons. La plupart des sujets se rapportent à des légendes chinoises qu'expliquent quelques caractères écrits en tête du tableau : parfois c'est un commentaire *illustré* d'une sentence de Koung-tseu (Confucius), ou une scène grotesque par laquelle le Gavarni chinois a traduit les vers d'un vieux fabuliste. La peinture du Céleste-Empire réussit beaucoup mieux qu'on ne serait tenté de le croire dans le genre comique. Peut-être l'étrangeté des accoutrements et des personnages est-elle, pour des yeux européens, une comédie de plus. Un Chinois sérieux est déjà un être fort bizarre. Qu'est-ce donc quand il a lui-même envie de rire? A en juger par les dessins bachiques et scandaleux dont les sujets sont fournis par la mythologie, il est permis de croire que les Chinois ne sont pas très-scrupuleux en fait de morale religieuse, et qu'ils ont singulièrement peuplé leur Olympe.

Il aurait fallu passer toute une journée pour examiner en détail les tableaux, rouleaux, albums amoncelés dans la boutique de Lam-qua. C'est un immense commerce que celui des peintures. Partout, dans les maisons, dans les boutiques, dans les pagodes, vous voyez les murailles recouvertes de dessins plus ou moins riches qui forment une partie indispensable du mobilier, et partout vous reconnaissez les mêmes sujets historiques, religieux, allégoriques, etc. Les Chinois ne se mettent plus en frais d'imagination; ils se contentent de copier leurs aïeux et s'en tiennent, pour la peinture, comme pour le reste, à leur vieilles traditions.

Dans la partie la mieux éclairée de la boutique de Lam-qua, quelques jeunes Chinois peignaient sur toile et à l'huile des vues de Macao et de Canton ou des scènes d'intérieur : ce sont des tableaux d'un nouveau genre que les Européens achètent en grand nombre et qui sont confiés aux élèves favoris de l'atelier. Il n'est pas d'Anglais qui, à son retour en Europe, ne rapporte une vue de Canton : — Tenez, me dit M. B..., en me montrant une toile qu'on copiait, voilà plus de dix fois que je fais remarquer à Lam-qua l'inexactitude de son tableau. Il s'obstine à laisser ici la factorerie anglaise qui a été brûlée pendant la guerre, et là une place où maintenant s'élèvent des maisons neuves. Impossible de lui faire entendre raison. Quelques coups de pinceaux suffiraient pour rendre la vue parfaitement exacte; mais le pli est pris, et, dans cent ans, ce sera encore le même modèle.

Lam-qua était près de nous et il comprenait fort bien le sens de la critique de M. B. Il se contenta de hausser les épaules et de pousser un superbe *aia!* qui semblait dire : « Ma foi! mon siége est fait! est-ce ma faute si votre factorerie s'est laissé brûler? »

A ce moment un violent coup de tam-tam retentit au bas de l'escalier; un palanquin s'était arrêté à la porte et nous en vîmes sortir un gros mandarin magnifiquement vêtu : c'était le général chinois qui, à son tour, venait poser. Lam-qua se précipita vers le palanquin. Nous profitâmes de cet instant de confusion pour nous retirer.

— Eh bien! me dit M. B..., vous avez vu le plus beau musée de Canton.

— J'en suis charmé : allons voir maintenant d'autres *boutiques*.

Précisément l'atelier ou la *boutique* du peintre Lam-qua est presque contiguë à un magasin où j'avais remarqué de très-riches objets en or et argent ouvrés : C'était un magasin d'orfévrerie. Nous y entrâmes et nous fûmes reçus au comptoir par un vieillard occupé à peser des lingots d'argent *sycee*. Les orfèvres de Canton ne travaillent ordinairement que sur commande; aussi n'ont-ils que très-peu d'articles en magasin. Nous pûmes cependant juger, par quelques belles pièces qui devaient être envoyées en Angleterre, combien les ouvriers chinois sont habiles dans l'art de sculpter sur métaux. Voilà de véritables artistes! Assurément leurs œuvres ne surpassent pas celles de notre industrie parisienne, qui demeure la première du monde. Mais il ne faut pas s'étonner que les Anglais et les Américains accordent une grande faveur aux produits chinois. Les formes des théières, des sucriers, des pots à bière, etc., calquées sur celles d'Europe, présentent une remarquable originalité de dessins, et les sujets chinois qui les décorent sont parfaitement rendus. Les orfèvres de Canton excellent également dans la fabrication du filigrane ; c'est une œuvre de patience et de délicatesse qui leur convient à merveille. L'orfévrerie et la bijouterie d'argent se fabriquent presque exclusivement pour les étrangers qui habitent la Chine ou pour l'exportation : les Chinoises préfèrent, en général, pour l'ornement de leur toilette, des objets en jade ou autres pierres précieuses. Les bracelets qu'elles portent aux bras, leurs boucles d'oreilles, les longues aiguilles à l'aide desquelles elles soutiennent l'échafaudage de leur coiffure, les agrafes pour robes et ces mille petits riens que la mode rajeunit et vieillit chaque jour (même en Chine), alimentent une industrie très-importante à Canton. En s'inspirant de la coquetterie des dames chinoises, les orfèvres ont su atteindre, plus facilement que les peintres, l'art véritable.

VII.

La maison de ville et la maison de campagne du mandarin Pan-tseu-tchen.

Une fois le traité conclu, Ky-ing et Houan étaient rentrés dans leurs palais de la ville intérieure. Le mandarin Pan-tseu-tchen, habitant du faubourg, nous recevait dans sa maison, ou plutôt dans ses maisons (car il en possède plusieurs), venait au consulat, nous invitait à dîner, etc. Les relations de commerce qu'il avait entretenues avec les principaux marchands européens, et la connaissance qu'il avait acquise de nos mœurs et de nos goûts, lui permettaient, plus qu'à tout autre, d'acquitter à notre égard la dette de l'hospitalité chinoise.

La maison qu'habite ordinairement Pan-tseu-tchen est située sur les bords de la rivière, à l'entrée de Canton. Nous n'en vîmes qu'un étage, qui est évidemment consacré aux réceptions européennes. La bibliothèque seule conserve la physionomie chinoise. — Les bibliothèques chinoises ne se composent pas, comme les nôtres, de rayons réguliers, sur lesquels les livres sont rangés perpendiculairement; elles sont partagées en compartiments plus ou moins grands, plats au sommet et à la base, mais irrégulièrement découpés et dentelés sur les côtés. Les ouvrages chinois, qui ne sont presque jamais reliés, et qui se composent le plus souvent de plusieurs volumes (car les volumes sont très-minces, et les écrivains du Céleste-Empire très-prolixes), sont entourés d'une couverture en carton qui se ferme à l'aide d'un petit crochet fort simple, et posés à plat sur la base du compartiment. Cette forme de bibliothèque est rendue très-gracieuse par la variété des dessins et par la finesse des sculptures. Mais, si le meuble se trouvait vide, l'Européen ne se douterait guère de sa destination.

Pan-tseu-tchen possède, à une autre extrémité du faubourg de Canton, une maison beaucoup plus curieuse qu'habite sa femme légitime. Les Européens n'y sont ordinairement pas admis. Mais l'un de nous, M. Itier, avait eu la bonne pensée d'emporter de France un daguerréotype et une pile électrique, que le mandarin était fort curieux de montrer à sa famille. La curiosité de Pan-tseu-tchen valut à quelques-uns d'entre nous la permission de pénétrer dans le domicile conjugal.

Je dois avouer que nous ne vîmes qu'une seule pièce de la maison, pièce fort simple, assez grande, ouvrant sur un petit jardin. L'ameublement indiquait qu'elle servait de salle de réception pour les visites familières. La muraille était, selon l'usage, tapissée de rouleaux de peinture ; et il n'y avait d'autres meubles que des siéges et quelques petites tables en bois pour le thé.

Pan-tseu-tchen nous accueillit sans aucune cerémonie ; il était même fort salement vêtu ; il portait une longue robe grisâtre, toute couverte de taches et fort usée, sa robe de chambre sans doute. Pour un mandarin aussi haut placé et aussi riche, ce négligé nous parut fort peu conforme à la gravité solennelle qu'affectent les dignitaires chinois, surtout lorsqu'ils se trouvent en présence des Européens.

Nous étions à peine arrivés et assis autour de petites tables couvertes de pipes à eau et de tasses de thé, qu'un coup de tam-tam annonça une nouvelle visite, et que la porte s'ouvrit pour un mandarin à bouton blanc. C'était un ami. Pan-tseu-tchen donna l'ordre de faire venir ses enfants, deux petites filles toutes jeunes, assez alertes, pouvant courir (on ne pratique l'opération des *petits pieds* qu'à dix ou douze ans), et deux garçons plus âgés. C'était la première fois que je voyais un tableau de famille chez un mandarin ; ce tableau n'avait, d'ailleurs, rien de particulier. Les deux amis causaient familièrement, les enfants jouaient, riaient, couraient. On est tellement habitué à trouver quelque singularité dans tout ce que les Chinois font ou ne font pas, que je me laisse aller à écrire ces détails, fort peu intéressants, je l'avoue.

Le mandarin au bouton blanc ouvrit de grands yeux devant le daguerréotype et la pile, dont M. Itier essaya, par l'intermédiaire de Comshong, de donner la description. Pan-tseu-tchen, plus familiarisé avec les machines européennes, paraissait comprendre quelques détails; mais son ami ne comprenait absolument rien; et, à chaque phrase, il se bornait à pousser force *aia*, terme habituel d'étonnement, d'admiration, d'ébahissement, de crainte, etc. Ce fut bien pis lorsque M. Itier lui mit dans la main les deux boules électriques et fit jouer la pile. Une première dose d'électricité, fort légère, ne lui causa qu'une faible et agréable sensation et l'engagea à tenir plus franchement les deux boules qui lui avaient inspiré d'abord une grande défiance. Une seconde dose lui secoua plus rudement les membres et lui donna une sorte de rire convulsif qui amusait beaucoup Pan-tseu-tchen, fort attentif au jeu de la pile. Le pauvre bouton blanc voulait lâcher les boules, mais tout à coup la dose fut augmentée dans une très-forte proportion; les mains du patient, serrées convulsivement, ne pouvaient se détacher de l'appareil. Ce furent alors les plus grotesques mouvements de corps, des contorsions de rire, peut-être aussi de douleur, que M. Itier n'eut pas la cruauté de prolonger.

Le bouton blanc, désireux sans doute de faire expier à Pan-tseu-tchen la joie que celui-ci avait manifestée à le voir ainsi sous le coup de la pile, lui passa aussitôt les deux boules en disant : *hao, hao*, « très-bon, très-bon, » en sorte que notre mandarin s'approcha de l'instrument avec toute confiance.

Pendant ce temps, les serviteurs et coolies de la maison, attirés par les rires de la salle, étaient entrés sans façon et vinrent se placer autour de la pile.

Pan-tseu-tchen eut sa dose et se tordit également à faire la joie de tous les assistants. Il prit fort bien la plaisanterie et se hâta de mettre les boules dans les mains d'un de ses serviteurs. Et ainsi de suite. Toute la maison, maître, ami, serviteurs, y passa. — Les Chinois étaient émerveillés; ils s'extasiaient surtout en voyant avec quelle facilité, en tirant ou en rentrant un petit compartiment, on pouvait augmenter ou diminuer l'énergie de la pile. Ils n'avaient jamais vu pareille chose de leur vie, et les domestiques, peut-être même les mandarins, croyaient à quelque sorcellerie.

Le temps n'était pas favorable pour le daguerréotype. M. Itier ajourna donc son expérience. Mais il n'y perdit rien, car, plusieurs jours après, il fut invité à revenir seul à la maison de Pan-tseu-tchen pour faire le portrait de la femme du mandarin, et, cette fois, il pénétra beaucoup plus avant que nous dans l'intérieur des appartements. — La médecine et le daguerréotype, voilà deux passe-partout très-utiles pour franchir le seuil des maisons chinoises.

La maison que nous venions de quitter était celle de l'épouse légitime: mais Pan-tseu-tchen, conformément à la tolérance chinoise, se permet le luxe des concubines. Il en possède une dizaine, et sa grande fortune laisse supposer qu'il possède autant de petites maisons. Ce nombreux train de femmes n'empêche peut-être pas le sensuel mandarin de fréquenter les bateaux de fleurs.

La maison de campagne de Pant-tseu-tchen est située sur la rive droite du Che-Kiang, à quelques milles au-dessus de Canton; nous nous y rendîmes dans un bateau que le mandarin avait mis à notre disposition. La maison est construite sur pilotis au milieu d'un marais planté de nénuphars; on y arrive par de longues galeries qui sont élevées au-dessus de l'étang et qui forment la seule promenade de l'habitation. — Une maison de campagne sans jardin! Mais si l'on voulait demander compte aux Chinois de toutes leurs contradictions, on n'en finirait pas.

Outre la maison principale, il y a plusieurs pavillons ou kiosques construits également sur pilotis et servant de boudoirs ou de lieux de repos. Comme ils se trouvaient sur notre route, nous les visitâmes successivement, avant d'entrer dans l'habitation. L'un d'eux surtout est, à l'intérieur, d'un goût délicieux. Les peintures qui se déroulent le long des murailles, les fines découpures en bambou qui se dessinent sur les cloisons, les meubles, ou plutôt les mille ornements qui remplissent la petite pièce du kiosque, tout annonce que le mandarin en fait son séjour de prédilection.

Les appartements du principal corps-de-logis présentent le même mélange de Chine et d'Europe, que nous avions déjà remarqué dans la maison de ville. A côté des lanternes chinoises sont suspendues des lampes anglaises; un canapé européen est tout étonné de se trouver flanqué de siéges en bambou; les vues coloriées de Venise, de la Tour de Londres, du Panthéon, etc., font pendant à quelques portraits de mandarins; enfin, dans le salon, un bateau à vapeur et une frégate, en petit modèle, sont posés sur des socles en racines, au milieu de porcelaines, de jades, etc.—Partout ce perpétuel contraste de mœurs chinoises et de fantaisie étrangère, qui répond parfaitement au rôle de trait d'union que le mandarin Pan-tseu-tchen semblait chargé de remplir dans les rapports officiels récemment établis entre la Chine et l'Europe.

Dans un corridor qui précède la chambre à coucher du mandarin, nous vîmes une collection d'arcs et de flèches fixés à la muraille en forme de panoplie et entourés de dessins qui représentaient des sujets de chasse.

Pan-tseu-tchen, au dire de Comshong, était dans sa jeunesse intrépide chasseur.

Dans la chambre, le lit est caché au fond d'une sorte d'alcove. Nous eûmes l'indiscrétion de lever une espèce de rideau qui tombait au pied du lit; et quelle fut notre stupéfaction de voir..... une femme en carton, couverte d'une robe blanche. Que peut faire Pan-tseu-tchen d'un pareil objet d'art?... Comshong nous avoua que le mandarin avait, toute sa vie, rêvé une femme européenne, et que, ne pouvant arriver à ses fins, il avait du moins cherché à consoler ses yeux par le spectacle de l'étrange statue qu'il avait placée dans son alcove.—Récemment, ajouta Comshong, il est venu à Macao une troupe de bateleurs, dans laquelle se trouvaient deux jeunes filles brésiliennes; l'une d'elles était assez jolie; bien qu'elle ne fût pas précisément de sang européen, Pan-tseu-tchen voulut en faire l'acquisition, et il entra en marché. On lui demanda 3,000 piastres (16,000 fr.). Mais le mandarin, qui a été marchand, et qui, malgré son immense fortune, a pris l'habitude de compter, n'a pas cru, à ce qu'il paraît, devoir débourser 3,000 piastres pour une Européenne douteuse, — et il attend encore.

Pendant que nous étions occupés à considérer la singulière fantaisie du mandarin, nous entrevîmes, à travers le grillage d'une cloison de bambou sculpté, un visage de femme dont les yeux étaient attentivement fixés sur nous. Dès que la curieuse s'aperçut que nous l'avions remarquée, elle se cacha la figure de ses deux mains et prit la fuite. Mais quelle fuite! Les petits pieds ne courent guère. En un instant, après avoir traversé une seconde chambre à coucher, nous nous trouvâmes devant une jeune fille de dix-huit ans environ, belle, parfaitement parée, fardée surtout, et, de plus, fort effrayée. Elle s'était adossée contre la muraille, et la rougeur timide de ses joues perçait l'épaisse couche de fard qu'elle avait, selon la mode des dames chinoises, ajoutée aux couleurs naturelles de son teint. Nous n'eûmes pas la cruauté de prolonger le supplice de la pauvre fille, qui paraissait si honteuse d'être ainsi exposée aux yeux des *barbares*. Comshong nous dit qu'elle était parente de Pan-tseu-tchen, et que, prévenue de notre visite, elle avait voulu nous voir, espérant bien ne pas être vue. — Enfin nous avions pu regarder en face une dame chinoise, et encore ne devions-nous cette bonne aubaine qu'au plus grand hasard.

Pendant près d'un an de séjour en Chine, je n'ai eu qu'une seule fois le spectacle d'une dame chinoise!

Je termine la description de la demeure de Pan-tseu-tchen. — Derrière la maison, il y a un pavillon qui se compose d'une grande salle servant de théâtre, et destinée aux représentations du *sing-song*. Les riches mandarins ont ainsi leur théâtre particulier; aux jours de grande réception, ils font venir une troupe de la ville. Quelques-uns possèdent un magasin de costumes et de décors. Pan-tseu-tchen a une collection d'armes de théâtre que nous vîmes rangée sur l'un des côtés de la scène. C'étaient, en général, des lances de diverses formes; les unes, semblables à des hallebardes, les autres à de simples crocs; d'autres se terminaient par une espèce de râteau en fer.

Enfin Pan-tseu-tchen nourrit une petite ménagerie dans laquelle figurent, renfermés dans des cases en fer, un daim, une biche, une autruche, des perroquets et un boa.

Ainsi la Chine connaît aussi les besoins et les délicatesses du luxe. Si la masse du peuple est pauvre, économe, simple à l'extrême dans l'arrangement intérieur de sa vie, les classes supérieures ne dédaignent pas plus en Chine qu'en Europe les objets qui plaisent aux yeux, soit par la richesse des ornements, soit par les gracieuses transformations de l'art. L'art chinois! En vérité, quand on a vu les dessins sans perspective, les sculptures souvent grotesques que chaque voyageur rapporte du Céleste-Empire, on est peu tenté de prendre le mot au sérieux. Cependant les Chinois, j'entends les Chinois lettrés, riches, élevés aux honneurs, sont réellement artistes. Entrez dans la demeure d'un riche mandarin, un simple coolie, vêtu d'une robe de coton bleu comme le mendiant de la rue, vous introduira; les tables où l'on prend le thé, les siéges, tout l'ameublement usuel présentera le même aspect de simplicité que chez le marchand du faubourg; mais le long des murailles sont étendus des tableaux de soie, œuvre patiente de la fabrication antique, des panneaux en bois précieux, incrustés de nacre ou de jade; la muraille elle-même est souvent un fin tissu de bambou découpé à jour avec les merveilleuses broderies de ses arabesques; plus loin, sur un socle de racines habilement contournées, repose un bloc de marbre, un vase historique, un dieu sculpté en pur jade, ou seulement une simple pierre qui doit à l'originalité de sa forme, aux dessins naturels de ses veinures un prix inestimable. Au plafond, sont suspendues d'immenses lanternes de soie brodée ou de verre peint, qui laissent tomber autour d'elles des bandelettes, des bouquets de fleurs, une éblouissante pluie de perles. Enfin, sur des rayons capricieusement sculptés, vous admirez les vieilles porcelaines de Chine, les meubles en laque, les éventails, les écrans ciselés. Vous avez alors une idée du luxe chinois. — Êtes-vous chez un lettré, il vous introduit dans sa bibliothèque, domaine de la science aussi sacré pour lui que l'asile de ses femmes et de ses voluptés sensuelles. Voici un livre imprimé sur du papier de bambou, recouvert d'un carton grossier, et qui, peut-être, lui a coûté plus d'or qu'il n'en a fallu pour construire et orner sa demeure ; c'est un livre où quelque sage a écrit avec le pinceau d'immortels commentaires, ou qui a eu l'honneur d'être feuilleté par une main impériale. Dans ce tiroir, sont de vieilles monnaies qui remontent à l'époque des plus antiques dynasties. On pourrait multiplier ces détails. Ce que je veux démontrer, c'est que les Chinois savent, comme nous, trouver dans la satisfaction de leurs goûts artistiques l'emploi d'immenses fortunes et qu'ils ne dédaignent pas les opulentes ou délicates superfluités de la vie.

Nous fîmes, peu de jours après, une seconde visite à la maison de campagne de Pan-tseu-tchen ; — visite officielle dans laquelle figura toute l'ambassade, invitée à un dîner et à un *sing-song*. En France, on a l'habitude d'aller au théâtre après dîner. C'est le contraire en Chine. Après tout, l'ordre des divertissements importe peu, pourvu que l'on s'amuse. Or, Pan-tseu-tchen avait pris toutes ses dispositions pour que le sing-song fût de notre goût. La salle de spectacle était ornée de fleurs. Les acteurs, appartenant sans doute à l'une des meilleurs troupes de Canton, portaient des costumes magnifiques en étoffes de soie brochée d'or. Les pièces, tantôt tragiques, tantôt comiques, tantôt même burlesques, avaient été choisies dans l'ancien répertoire. J'avais déjà vu un grand sing-song à Macao ; j'avais assisté aux émotions d'une immense foule pressée dans un vaste cirque de bambou ; ce spectacle, assurément, était plus vrai, plus naturel, plus populaire; c'était, en quelque sorte, le théâtre des boulevarts. Le sing-song de Pan-tseu-tchen, joué sur une petite scène, en présence d'une réunion peu nombreuse, dans la maison d'un riche mandarin, pouvait, moins quelques scènes trop pétulantes que ne réprouve pas le goût chinois, représenter ce qu'on appelle « un théâtre de société. » — Je ne comprenais malheureusement rien aux pièces qui se succédaient sur la scène; mais je puis emprunter le feuilleton qu'a publié, dans son intéressante relation de voyage, M. Itier, spectateur comme moi du sing-song de Pan-tseu-tchen, et spectateur beaucoup plus adroit, car il avait su se placer à portée d'un interprète.

« La seconde pièce, espèce d'opéra-comique mêlé de
« chants et de récitatifs, mérite d'être reproduite. Il
« s'agit d'un mari rentrant chez lui après vingt ans
« d'absence. Parti jeune et imberbe, il rapporte de la
« guerre un visage mâle et barbu. Il a le projet de pro-
« fiter de ce changement dans sa personne pour sur-
« prendre sa femme et s'assurer si elle est restée fidèle
« à ses premières amours; s'arrêtant donc à la porte de
« sa maison, il guette le moment où elle paraîtra. Ce-
« pendant l'épouse sort bientôt et s'avance sur la scène,
« de l'air distrait et ennuyée d'une amante abandonnée.
« Il l'aborde avec politesse et galanterie, et lui annonce
« que, compagnon d'armes de son mari, il est venu lui
« donner de ses nouvelles. La femme se répand en
« amers reproches contre son mari, qui, depuis vingt
« ans, la laisse dans l'oubli, sans daigner même lui
« écrire. Ce dernier fait tous ses efforts pour excuser
« son prétendu camarade, et rejette sur les occupations
« de la guerre le silence qu'il a gardé; la femme ne
« veut rien entendre et repousse toute explication.

« Flatté intérieurement de cette colère dans laquelle il
« croit trouver la preuve d'un grand amour, le mari
« déclare qui il est; mais sa femme se refuse à le re-
« connaître et se réfugie précipitamment chez elle, le
« laissant à la porte, de chaque côté de laquelle la scène
« continue. Comme preuve de ce qu'il dit être, la
« femme demande à voir l'écharpe, gage d'amour
« qu'elle lui donna à son départ. Le mari s'empresse de
« tirer l'écharpe de son sein et de la présenter à tra-
« vers la porte entr'ouverte. Cette preuve n'est pas
« jugée suffisante. — Mon époux, s'écrie-t-elle, était
« jeune, et vous êtes vieux. — Hélas! répond-il, j'ai eu
« le sort de ce tissu aujourd'hui terni et chiffonné. Mais
« le temps n'a-t-il pas aussi marqué son passage sur vos
« traits?—A ces mots, qui sont comme une révélation,
« elle s'élance vers un baquet d'eau et s'y regarde pour
« vérifier s'il est vrai qu'elle aussi ait vieilli. Il y a, dans
« cette naïve absence de coquetterie, qui, pendant
« vingt ans, lui a laissé oublier son visage, une idée
« fort originale qui peint d'un seul trait la vie triste et
« retirée de l'épouse fidèle. Elle constate, hélas! pour
« la première fois, les ravages de ces vingt ans d'ab-
« sence. Ne doutant plus qu'elle ne soit auprès de celui
« que le Yong-lao (le vieillard de la lune) a lié à elle
« par un cordon de soie, elle ouvre sa porte et se pré-
« cipite aux pieds de son seigneur et maître. Mais tant
« d'hésitation a vivement mécontenté ce dernier, qui
« repousse sa femme. Alors, le désespoir dans l'âme,
« elle déclare qu'il ne lui reste plus qu'à aller terminer
« dans la rivière prochaine sa malheureuse existence.
« Touché de tant douleur, l'époux la retient dans ses
« bras, le raccommodement est complet. Assis à côté de
« sa compagne, notre héros entreprend le récit de ses

« aventures de guerre. Il a fait la conquête d'un puis-
« sant Etat dont il est devenu l'empereur; sa femme
« s'aperçoit, en effet, qu'il porte dans son mâ-qua (es-
« pèce de camail) de riches vêtements.—C'est mon cos-
« tume impérial, dit-il, et votre rang d'impératrice
« vous en assure un semblable. La femme manifeste la
« joie la plus vive, et je dirais que la toile tombe, s'il y
« avait toile sur un théâtre chinois.....

« Le sujet de la dernière pièce appartient aux temps
« héroïques et encadre moins une action scénique que
« l'exhibition de beaux et riches costumes de l'antique
« monarchie, ainsi que des exercices gymnastiques et
« des tours de force prodigieux. Deux guerriers puis-
« sants, se disputant le sceptre impérial ou quelque
« autre hochet, en sont venus aux mains; leur rencon-
« tre donne lieu aux gambades les plus grotesques, aux
« culbutes les plus extravagantes, aux sauts les plus in-
« croyables; le tout au bruit d'une musique criarde,
« tempérée par les éclats stupéfiants du gong. »

Cependant le meilleur spectacle ne remplace pas un
dîner. A chaque instant, le mandarin Pan-tseu-tchen,
visiblement préoccupé, envoyait un de ses serviteurs
pour voir ce qui retardait le repas, que chacun attendait
impatiemment. Ce fut seulement vers huit heures que
l'on se mit à table. Le dîner, devenu souper, avait été
commandé à Canton, et les cuisiniers avaient, à ce qu'il
paraît, mal calculé leur temps. Pan-tseu-tchen ne voulait pas nous condamner aux plats chinois; par une attention dont nos appétits durent lui tenir compte, les
roast-beef, les poulets, les jambons, etc., couvraient la
table et ne laissaient que peu de place aux produits de
la cuisine chinoise. Après le dîner, qui ne présenta
aucun incident particulier, nous revînmes à Canton.

VIII.

Visite de Pan-tseu-tchen au consulat. — Retour à Macao par les canaux intérieurs.

Pan-tseu-tchen vint à son tour nous rendre visite au consulat. Ce qui l'attirait surtout, c'était le désir de voir les échantillons de l'industrie française qu'avaient apportés MM. les délégués du commerce. Il nous arriva donc, sans cérémonie aucune, dans un palanquin fort simple. Le thé pris, MM. les délégués introduisirent le mandarin dans leur musée. Pan-tseu-tchen, fils de marchand, et marchand lui-même avant d'être élevé aux honneurs du bouton, parut prendre un vif intérêt aux explications qui lui étaient transmises, par l'intermédiaire de Comshong, sur les principaux articles de notre industrie. Il ne se contenta pas de regarder les fusils, les épées, les lorgnettes, les boîtes à musique et autres objets de troque qui nous avaient valu, de la part des visiteurs ordinaires, tant d'exclamations naïves et de scènes grotesques. Il demanda surtout qu'on lui fît voir les échantillons de tissus ; il examina successivement, et avec une grande attention, les étoffes de coton, de laine, de soie, en indiquant avec beaucoup de tact les dessins et les couleurs qui convenaient ou ne convenaient pas aux marchés du Céleste-Empire. MM. les délégués recueillaient avec soin ses observations et en prenaient note.

Vers la fin de cette séance, qui fut très-longue et fort instructive, M. Hedde, délégué de l'industrie des soies, déroula devant Pan-tseu-tchen un admirable portrait de Jacquart qui avait été tissé à Lyon, et qui est, sans contredit, un chef-d'œuvre de notre manufacture. Le mandarin ne put contenir son admiration, je pourrais même dire son émotion. Les Chinois sont tellement convaincus de leur supériorité dans la fabrication des soieries, qu'ils n'admettent même pas qu'aucun peuple étranger ose tenter la concurrence. Pan-tseu-tchen tourna et retourna en tous sens le merveilleux tissu; il s'assura, plusieurs fois, que le dessin résultait du travail fait sur le métier et non d'une application extérieure. Peut-être en ce moment, où son orgueil de Chinois semblait forcé de s'avouer vaincu devant le travail des barbares, regrettait-il sa visite!.... Cependant, après quelques minutes d'un nouvel examen, il appela l'un de ses serviteurs, lui dit quelques mots à l'oreille, et quand le domestique fut parti, il nous prévint que, dans peu d'instants, il nous montrerait une merveille au moins égale à celle que nous avions sous les yeux.

Au bout d'une demi-heure, le domestique revint, porteur d'un grand rouleau enveloppé avec le plus grand soin. Le visage de Pan-tseu-tchen s'épanouit. En prenant le rouleau, le mandarin croyait tenir la victoire.—C'était, en effet, une très-belle pièce de soie dont le dessin représentait le dieu Bouddha traîné sur un char par un éléphant blanc. L'éléphant était conduit par un nègre, et sous ses pieds un Indien jetait des fleurs. — Les lignes du dessin étaient très-pures, les couleurs assez vives, quoique altérées par le temps; et, à première vue, l'ensemble du tableau chinois produisait peut-être plus d'effet que notre portrait de Jacquart. Nous nous empressâmes donc d'adresser nos sincères compliments à Pan-tseu-tchen, mais en lui faisant observer que la plus grande partie de son tableau était peinte sur le tissu et non pas tissée avec l'étoffe, ce qui diminuait singulièrement le mérite relatif du travail. Le mandarin, vaincu *in petto*, feignit de ne pas bien comprendre l'objection et replia son rouleau.

Cette visite de Pan-tseu-tchen devait être la visite d'adieux. Il faudrait habiter Canton pendant plusieurs mois pour voir en détail toutes les curiosités que renferment ses faubourgs, pour bien connaître ses fabriques et ses magasins, pour étudier les mœurs de sa population, la plus mêlée, la plus bizarre qui soit dans l'empire. Malheureusement, nos moments étaient comptés.

Par une faveur toute spéciale, nous obtînmes du viceroi la permission de prendre, pour notre retour à Macao, une route qui n'est pas ordinairement ouverte aux Européens, la route des canaux intérieurs. Seulement, on nous avertit de nous tenir sur nos gardes et de nous armer contre les pirates qui fréquentent ces parages où cependant la police devrait être facile. Mais, en Chine, les pirates ne se gênent pas, et la profession est si lucrative qu'elle a tout profit à braver la croisière, très-innocente d'ailleurs, des jonques impériales.

On loua deux *fast-boats*, et nous nous mîmes en route. J'ai déjà décrit l'aspect des canaux dans les environs de Macao. Ces canaux, assez profonds pour que de fortes jonques puissent y naviguer, varient très-souvent de largeur dans leur parcours. Ils sont, en général, bordés de vertes rizières; et, par intervalles, on rencontre de gros bourgs, dont la population se livre principalement à la pêche. De Canton à Macao, ces bourgs sont nombreux; quelques-uns paraissent très-peuplés.

Après une navigation de quarante-huit heures, nous débarquions sans encombre sur le quai de Macao.

PORTS CHINOIS.

Hong-Kong. — Amoy. — Foochow. — Chinhae. — Ning-Po. — Woosung. — Shanghai.

Après un séjour assez prolongé à Macao et à Canton, l'ambassade française s'embarqua sur la frégate *la Cléopâtre,* et visita successivement la colonie de Hong-Kong, ainsi que les ports de la côte de Chine, récemment ouverts par les traités au commerce européen (1).

Hong-Kong est une île très-haute que l'on aperçoit à grande distance. A mesure qu'on approche, on distingue des pics arides et nus, serrés les uns contre les autres, et ne laissant pas même entre eux l'espace d'une vallée. C'est sur le versant d'une de ces montagnes que la ville de Victoria est construite ; elle part de la mer et s'élève en amphithéâtre.

Il a fallu toute la persévérance et le génie colonisateur des Anglais pour accomplir ce qui a déjà été fait. Etant donné un bloc de rochers, y tailler une ville, tel

(1) Depuis cette époque (1845), Hong-Kong et les ports de la Chine ont été fréquemment décrits par les voyageurs anglais et américains. La *Revue des Deux Mondes* a publié sur ces divers points (1851 et 1852) une description très-intéressante écrite par M. Jurien Lagravière, qui commandait le corvette *la Bayonnaise,* en station dans les mers de Chine. Je me bornerai donc à présenter très-succinctement la situation des ports à l'époque où l'ambassade les a visités.

était le problème à résoudre. En moins de trois ans, la montagne avait été coupée, la mine avait partout fait brèche, une rue était construite, la plus large probablement de celles qui existent dans le Céleste-Empire ; et, de tous côtés, de nouvelles maisons semblaient sortir des flancs de la montagne. Victoria était fondée.

Le gouvernement de la colonie commença dès lors à fonctionner régulièrement ; Hong-Kong devint l'arsenal des forces militaires et de la marine. Les Chinois, attirés par l'appât du gain et par les promesses d'une administration libérale, y affluèrent en grand nombre, et les plus fortes maisons de commerce se virent bientôt obligées d'y établir le siége principal de leurs opérations.

Telle a été l'œuvre de trois années ; tout était obstacle, la nature du sol, l'insalubrité du climat développée dans les premiers temps d'une manière effrayante par les émanations d'un terrain fraîchement remué, la difficulté de détourner le commerce de ses vieilles habitudes et d'attirer la population sur un rocher stérile ; tous ces obstacles ont été surmontés. Il est, certes, peu d'exemples d'une colonie improvisée aussi rapidement.

La population européenne de Victoria augmente chaque année : on ne voit partout que maisons en construction et magasins qui s'élèvent. L'architecture est celle que les Anglais ont adoptée dans l'Inde et à Singapore ; des bâtiments à un seul étage, dont le toit, ordinairement plat, est soutenu par une rangée de colonnes. La principale rue s'étend parallèlement au rivage ; elle possède les plus beaux édifices, les casernes, un club, la *mess* des officiers et notamment l'hôpital, qui peut contenir plus de la moitié de la garnison, et qui, pourtant, ne s'est pas toujours trouvé assez vaste pour les fiévreux et les cholériques de la mousson de sud-ouest.

La ville est triste comme toute ville anglaise. On ne vit pas à Hong-Kong, on y vient chercher fortune pour aller au plus tôt vivre ailleurs. Tout y est fort cher, mais rien ne manque. Victoria, née d'hier, est mieux approvisionnée que Macao : on peut s'y procurer toutes les marchandises européennes de nécessité ou de luxe. Un service régulier de steamers relie la colonie et, par elle, les divers ports de la côte aux Indes et à l'Europe; en moins de deux mois, le voyageur parti d'Angleterre débarque sur la terre de Chine! — C'est un spectacle intéressant à observer, que les progrès successifs du peuple anglais dans l'extrême Orient, depuis le commencement du siècle. Il part de l'Inde, et en même temps qu'il consolide et étend sa puissance dans ce vaste empire, il fonde des comptoirs sur la côte malaise, il s'empare militairement du détroit par ses établissements de Malacca et de Pinang; il crée Singapore, qui s'élève en si peu de temps à une si haute fortune commerciale, et il concentre sur ce nouveau marché la production de l'Archipel indien. Enfin, le voici qui arrive en Chine, et Hong-Kong n'est qu'un point d'arrêt, de repos momentané, où il recueille ses forces et reprend haleine avant de s'abattre sur le Céleste-Empire. Rien ne paraît devoir s'opposer, dans l'avenir, à ce développement presque fatal. Manchester et Liverpool poussent en avant les flottes et les armées de la Grande-Bretagne à la conquête de nouveaux débouchés, et la Chine est une proie trop belle pour n'être point l'objet de leurs plus ardentes convoitises. Aussi l'Angleterre ne s'en tiendra certainement pas à Hong-Kong. Malheur à la Chine s'il survient quelque complication! Un rocher ne suffira plus alors à l'ambition des vainqueurs.

Dans les anciens temps, AMOY avait été visité par les Européens : les Portugais, les Anglais, les Espagnols s'y étaient tour à tour établis, mais ils n'avaient pu tenir contre les vexations continuelles des autorités chinoises. Depuis 1842, le traité de Nankin a définitivement ouvert ce port au commerce étranger.

Indépendamment de l'intérêt qui s'attache à l'extension de nos relations avec la Chine, l'étude des ports que nous sommes depuis si peu de temps admis à connaître excite naturellement en nous un vif sentiment de curiosité. — Dans ces vastes contrées, placées sous des latitudes si diverses, et entre lesquelles la nature a établi, comme ailleurs, par de hautes montagnes, par de larges fleuves, ces barrières qui séparent les intérêts politiques aussi bien que la physionomie particulière de chaque peuple, il semble que nous devions rencontrer, après avoir parcouru de longues distances, un pays nouveau, des mœurs différentes, un caractère original. Que nous passions seulement le Rhin ou les Pyrénées, aussitôt tout est changé autour de nous; il n'en est pas ainsi dans le Céleste-Empire. De Canton nous arrivons à Amoy, nous irons plus loin, à Ning-Po, à Shanghai, et partout nous retrouverons les mêmes hommes et les mêmes choses. Ce qui frappe le voyageur, ce ne sont point les contrastes, c'est une similitude presque parfaite; point de différences, des nuances à peine. On pourrait dire que le peuple chinois est comme sa langue, qui s'écrit partout avec les mêmes signes, et qui ne diffère que par la prononciation. C'est presque une bonne fortune quand on peut distinguer, dans cette uniformité si remarquable, un point saillant, et démêler quelque trait qui fasse relief et donne prise à l'observation.

Amoy est celui des nouveaux ports qui se trouve le

plus rapproché de Canton en suivant la côte vers le nord. Il est situé sur une petite île qui n'est séparée du continent que par un étroit chenal. La côte de l'île, que l'on prolonge avant d'arriver au mouillage, ne présente que d'énormes blocs de rochers s'élevant en montagne, et dont l'ensemble, affectant mille teintes diverses selon les reflets de la lumière, ne manque pas de pittoresque. Les côtes voisines sont arides et nues. Sur l'île de Koolongsou, à un demi-mille en face d'Amoy, on voit encore quelques restes des maisons occupées, après le traité de Nankin, par la garnison anglaise, qu'une mortalité effrayante a forcée de se retirer. Koolongsou devait être gardé, comme Chusan, jusqu'au paiement intégral des frais de la guerre.

L'arrivée au port d'Amoy n'offre pas cet aspect animé qui frappe à l'entrée de Canton. Le rivage s'avance et forme un coude, derrière lequel sont mouillées les jonques, à l'abri du vent et de la mer. Les navires sont rangés en ordre, bord à bord, selon l'habitude des ports chinois; ils sont en général d'un fort tonnage, Amoy faisant le commerce avec les pays les plus éloignés que la Chine connaisse, avec Manille, Batavia, Singapore et même Calcutta. On ne voit point, comme à Canton, de population qui vive exclusivement sur l'eau.

La cité d'Amoy, c'est-à-dire la partie entourée de murs, n'occupe qu'un espace très-resserré et ne comprend guère dans son enceinte que la maison du *taotai*, ou gouverneur, deux ou trois pagodes et quelques cabanes en bois; mais les faubourgs sont vastes; ils s'étendent autour de la ville, surtout du côté de la mer : l'ensemble peut avoir cinq à six milles de circonférence.

Il est impossible de voir, ailleurs qu'en Chine du moins, une ville plus sale, plus triste qu'Amoy. Les rues n'ont que cinq à six pieds de largeur, quelquefois moins ; elles sont obscures, tortueuses, et il faut à chaque instant monter ou descendre de mauvaises marches en pierres disjointes et glissantes. Chaque maison est une boutique ou plutôt une misérable échoppe. A l'exception de quelques rues occupées par de riches marchands, la ville n'est peuplée que de revendeurs et de pauvres artisans entassés avec une nombreuse famille dans une seule pièce basse, humide et mal close. Aussi le choléra, la peste, les fièvres font-ils chaque année de grands ravages. On évaluait à vingt mille le nombre des victimes pendant les six derniers mois de 1845. Si ce chiffre est exagéré, il faut au moins le prendre moralement comme l'expression d'une mortalité bien au-dessus de l'ordinaire. Du reste, la population d'Amoy a généralement triste mine ; on rencontre à chaque pas des mendiants, des lépreux, de ces figures jaunes, décharnées, qui sentent la fièvre. Cette vie misérable explique les fortes émigrations qui, chaque année, partent du port pour chercher à l'étranger une existence meilleure et un climat moins meurtrier.

Et pourtant, cette population ne manque pas d'une certaine énergie morale. Les habitants de la province de Fokien sont redoutés des mandarins et du gouvernement tartare. Demeurés fidèles à la vieille nationalité chinoise, ils gardent une haine implacable aux souvenirs de la conquête. Leur dialecte rude et rauque, celui peut-être qui s'éloigne le plus de la prononciation mandarine, semble avoir emprunté son caractère à la nature montagneuse et sauvage du pays et à la trempe vigoureuse de ses habitants.

Les Fokiénois ont une grande réputation de piété : on remarque, en effet, que, même dans les maisons les plus pauvres, l'autel des ancêtres, de ces dieux pénates de la Chine, est mieux orné, plus honoré qu'ailleurs. Les pagodes sont nombreuses, mais une seule, au sortir de la ville et en vue de la rade, mérite d'être mentionnée. Devant la pagode s'élèvent quatre pavillons qui renferment chacun deux grandes pierres de granit debout, couvertes d'inscriptions et supportées sur le dos de tortues sculptées, également en pierre : ce sont probablement des tombeaux. On entre dans une cour assez vaste dont le centre est occupé par un pavillon d'architecture chinoise, aux toits recourbés et superposés, aux découpures symboliques, etc. Là se trouve l'autel principal, sur lequel on voit l'image dorée de la Kouan-Yn, à qui le temple est dédié. Les Chinois ont pour cette déesse la plus profonde vénération ; son image apparaît dans presque toutes les pagodes : elle est représentée assise sur des feuilles de lotus, les bras modestement croisés sur la poitrine, la figure calme et le regard bienveillant. Dans cette pagode d'Amoy, elle est l'objet d'un culte particulier. Pendant que les Anglais bombardaient la ville, plusieurs obus vinrent tomber autour du temple ; l'un d'eux arriva même jusque sur le pavillon sacré, mais ne fit aucun dégât. Les Chinois attribuèrent naturellement ce miracle à la présence tutélaire de la déesse, et aujourd'hui les bonzes s'empressent de montrer aux visiteurs l'innocent boulet, qui fait désormais partie inséparable du mobilier de la pagode et des ornements du culte.

Amoy a joué jusqu'ici un rôle à part dans les relations de la Chine avec l'Europe. C'est le grand point d'émigration du Fokien, et, chaque année, de nombreuses jonques sortent du port chargées de colons. La Chine a ainsi peuplé successivement les îles de l'Archipel indien. Dans l'espace compris de l'est à l'ouest, entre Manille et l'Indostan, et du nord au sud, entre le Tong-King et les îles de la Sonde et Sooloo, elle a fondé des colonies florissantes. Partout où les Chinois se sont établis, leur industrie, leur esprit commercial, leur travail opiniâtre les ont rendus, en quelque sorte, les maîtres du pays. On s'étonne aujourd'hui des agrandissements insensibles de ce peuple au milieu des tribus quelquefois sauvages devant lesquelles le génie entreprenant du commerce européen a lui-même échoué, et, d'une autre part, il est curieux de voir, dans les colonies européennes, à Manille, à Java, de quelle façon il s'est imposé à la longue comme condition de prospérité industrielle ou comme nécessité de culture.

Le Chinois qui émigre conserve l'esprit de retour, il garde religieusement ses habitudes, ses préjugés; il ne se dépayse pas au contact des populations qu'il est venu chercher; il ne leur emprunte que ce qui est absolument commandé par les intérêts de son commerce ou par les lois de nature, c'est-à-dire leur langue, dont il fait un patois, et une femme qu'il laisse, ou plutôt qu'il rend en partant. Une communauté chinoise est partout la même, quelque part qu'on la prenne, et cette fidélité en tout des Chinois à la Chine fait que cette dernière possède, malgré elle et contrairement à ses lois, mais sans frais, sans embarras, les meilleures colonies qu'un gouvernement puisse ambitionner et des débouchés assurés, toujours croissants. Ajoutons que si les Chinois, à l'extérieur, répugnent constamment à se servir des produits étrangers, ils ont su maintes fois substituer aux objets en usage dans les pays où ils s'établissent les produits économiques et souvent plus avantageux de l'industrie chinoise.

Cet approvisionnement continuel des colonies chinoises et le transport des émigrants ont, depuis de longues années, développé au port d'Amoy la navigation du Fokien. Les marins de cette province sont les plus habiles et les plus entreprenants du Céleste-Empire; il suffit de voir leurs bateaux pêcheurs, à grande distance des côtes, au milieu des flots toujours agités du canal de Formose, pour se convaincre qu'ils sont familiarisés avec la mer et qu'ils n'en craignent pas les dangers. Les jonques partent vers le sud au commencement de la mousson du nord-est, et la mousson du sud-ouest les ramène. Un seul voyage par an à Singapore, Batavia, Manille, donne bénéfice. Toutefois, l'introduction du commerce européen au port d'Amoy doit nécessairement porter atteinte à cette navigation au long cours de la Chine. A mesure que les navires étrangers se multiplient, les jonques diminuent. Les pavillons anglais et américain chassent, en quelque sorte devant eux le pavillon chinois, et déjà ils l'ont presque ramené dans les *eaux intérieures*. Que peuvent, en effet, ces jonques lourdes, lentes, mal construites, organisées pour un seul voyage, menacées par les typhons et par les pirates, contre les navires légers, rapides, toujours en course, que leur oppose l'Europe? Les voici désormais condamnées au cabotage et obligées de laisser la mer libre. Les négociants chinois, chez lesquels l'intelligence commerciale et l'amour du gain détruisent peu à peu les préjugés de leur pays, commencent à fréter les navires européens pour leurs expéditions lointaines, et ils reconnaissent les avantages de l'innovation. C'est là un progrès réel, qui profitera aux étrangers dans chacun des ports récemment ouverts, particulièrement à Amoy, où l'émigration entretient dans les transports un mouvement considérable.

Foochow est la capitale de la province du Fokien. Il est situé sur la rivière Min, à 30 milles environ de l'embouchure. La ville s'étend sur les deux rives que réunit un pont de pierre, célèbre en Chine et qui fait proverbe.

Foochow est le seul des ports ouverts que la légation française n'ait point visité. La navigation de la rivière Min est des plus difficiles et déjà plusieurs bâtiments s'y sont perdus. En outre, les dispositions des habitants ont été jusqu'ici hostiles aux étrangers, et on ne saurait espérer de ce côté un prompt changement. L'Angleterrre, aux termes de son traité, a établi à Foochow un consulat; mais les efforts du gouvernement n'ont point réussi à y attirer le commerce. Cependant, ce port semble le mieux situé pour l'exportation des thés noirs Bohea, qui croissent sur des montagnes peu éloignées et dont le transport s'opérerait à peu de frais par les canaux et les rivières de l'intérieur.

Nous quittons le Fokien et nous entrons dans le Chekiang. Cette province est une des plus fertiles et des plus industrieuses de la Chine; le coton, le thé, l'indigo, le blé, le riz, croissent facilement et en abondance dans ses vastes plaines arrosées par plus de cent cours d'eau. Sa température est très-favorable à la culture du mûrier et à l'élève des vers à soie : Han-Cheou, sa capitale, est célèbre en Chine par ses manufactures de soieries.

La population de la province, d'après les tableaux statistiques dressés sous l'empereur Kienlong, s'élève à 26 millions d'âmes.

A l'entrée de la rivière Ta-Kia, qui conduit à Ning-Po, se trouve la petite ville de Chinhae où, dans la dernière guerre, les Chinois voulurent opposer quelque résistance à la flotte anglaise; cette circonstance est trop rare pour qu'on ne la cite pas. Le combat fut court, et Chinhae, malgré ses murailles et deux forts admirablement placés sur des hauteurs, qui, défendues par une poignée d'Européens, eussent été imprenables, fut emportée au premier assaut. Les Anglais la livrèrent au pillage et détruisirent plusieurs pagodes dont on voit les ruines. Chinhae est, du reste, une ville peu commerçante, assez triste, médiocrement peuplée, surtout pour une ville de Chine; elle n'offre de remarquable qu'une longue digue en pierres de taille qui la protége contre la mer et dont le beau travail rappelle les splendeurs d'un autre âge. Les Européens y pénètrent facilement, bien que les traités ne l'aient pas comprise au nombre des ports ouverts au commerce.

Pour se rendre à Ning-Po, on remonte le Ta-Kia pendant l'espace d'environ 15 milles. La rivière coule, avec de nombreux détours, au milieu d'une immense plaine couverte de rizières et de cotonniers. De temps à autre, quelques bosquets de bambous annoncent un village, une ferme ou simplement une pagode qui varie le paysage et l'anime. La campagne est partout cultivée avec une régularité parfaite. — Ramenez maintenant vos regards vers la rivière; ce sont autour de vous jonques aux mille couleurs, bateaux de pêche, bateaux mandarins, bateaux de la douane, bateaux de contrebande, bateaux-canards, etc., embarcations de tout genre et chacune de forme différente, qui passent et se croisent en tout sens et d'où sortent pêle-mêle les cris de la manœuvre, le son retentissant du gong, l'explosion des pétards et parfois le bruit du canon. Vous naviguez au milieu de ce mouvement perpétuel avant d'arriver à Ning-Po, dont vous apercevez depuis longtemps le clocher, c'est-à-dire une vieille tour très-haute que nous visiterons tout à l'heure.

Ainsi qu'Amoy, Ning-Po a été autrefois visité par les Européens. Les Portugais s'y établirent vers le seizième siècle, et, s'il faut en croire les annales chinoises, leur commerce devint bientôt très-florissant; mais peu à peu leurs prétentions démesurées, et sans doute aussi le zèle exagéré de leurs missionnaires, les rendirent suspects aux autorités chinoises, qui parvinrent à les expulser. Au commencement du dix-huitième siècle, les Espagnols et les Anglais firent quelques tentatives d'établissement sans plus de succès; et, dans la lettre que l'empereur de Chine adressa au roi d'Angleterre lors de l'ambassade de lord Macartney en 1793, il est dit expressément que les Anglais ne seront admis qu'au port de Canton; Ning-Po resta donc fermé à l'Europe jusqu'au temps de la guerre de Chine. En 1841, les Anglais s'en emparèrent, l'occupèrent militairement pendant six mois, et le traité de Nankin en ouvrit l'accès au commerce étranger.

Ning-Po passe parmi les Chinois pour une des plus belles villes de Chine; c'est donner à un Européen une triste idée de la beauté des villes du Céleste-Empire. Pour la construction, pour l'apparence extérieure, pour la propreté et la disposition des rues, Ning-Po ne serait pas même comparable à une de nos villes de second ordre. Quand on a vu une maison chinoise, on les connaît toutes; c'est le même plan, la même distribution intérieure. L'édifice est en général peu élevé, il n'a qu'un étage; il est ordinairement construit en briques ou seulement en bois dans les quartiers les plus pauvres; les maisons de pierre sont fort rares. Le toit est arrondi sur le sommet et se relève aux extrémités par une courbe plus ou moins prononcée; les architectes mettent tous leurs soins au dessin et à la forme de ce relèvement, élégant par lui-même et souvent original; ce sont des dragons ou autres animaux fantastiques, des images de divinités qui terminent le toit par de fines découpures. Les ouvertures percées dans la muraille sont recouvertes de briques à jour, dont les dessins varient à l'infini et forment certainement le détail le plus intéressant à étudier et le plus fécond de l'architecture chinoise. A l'intérieur, ce sont de petites pièces en enfilade, sans autres meubles que le lit, des siéges en bois et des tables disposées autour de la chambre pour poser la tasse de thé ou la pipe à eau. L'étranger qui se trouve en présence de ces constructions est frappé d'abord de cet air de singularité qui s'attache à un objet nouveau, en Chine particulièrement; mais le premier moment de surprise passé, il ne voit plus qu'un assemblage monotone de maisons toutes semblables et dépourvues de ce caractère de grandeur que donnent à nos constructions leur élévation, la masse imposante des matériaux, la régularité et la sévérité du plan. Si, maintenant, on examine les rues, que doit penser un Européen de ces allées étroites, sales, boueuses, toujours encombrées, où le soleil pénètre à peine? On ne s'explique pas cette disposition dans un pays où, pendant les trois quarts de l'année, la chaleur est très-supportable.

Admettons pourtant, puisque les Chinois le veulent ainsi, que Ning-Po soit une belle ville et visitons-le plus en détail. La muraille qui l'entoure a environ quinze pieds de hauteur; elle est dégradée sur beaucoup de points et incapable d'opposer la moindre resistance. Elle est percée de cinq portes, deux à l'orient, qui donnent sur la rivière, et une à chacun des autres points cardinaux ; c'est un usage chinois. La muraille a six milles de tour, mais elle est loin de comprendre toute l'étendue de Ning-Po. De vastes faubourgs environnent la ville, et leurs extrémités vont rejoindre les villages de la campagne, en sorte qu'on ne saurait trop facilement leur assigner une limite. La rivière Ta-Kia se divise en deux bras, sur l'un desquels est un pont de bateaux formé de seize barques liées ensemble par des chaînes en fer : ce pont réunit la ville à celui de ses faubourgs qui est le plus commerçant. Du reste, on pourrait presque dire qu'un immense pont de bateaux couvre la surface de la rivière, tant il y a de jonques qui en occupent toute la largeur.

Les rues de Ning-Po, surtout aux environs du fleuve, sont bordées de boutiques et de vastes magasins ; chaque quartier semble avoir sa destination spéciale et son commerce particulier. Ainsi dans l'un ce sont les soieries qui dominent ; dans l'autre, les tissus de coton ; ici, les tapis et fourrures ; là, les magasins de meubles. Ces diverses fabrications, considérées à part, pourraient donner lieu à d'intéressantes comparaisons avec les nôtres. Sans aucun doute, nos moyens sont plus perfectionnés, et nos produits, en général, plus parfaits ; mais, si l'on tient compte de la simplicité des procédés qu'emploient les Chinois, du peu de place qu'il leur faut pour monter un établissement, et, si l'on peut s'exprimer ainsi, du peu d'embarras qu'ils font, on s'étonne à bon droit des résultats qu'ils obtiennent, et on comprend avec quelle difficulté l'Europe introduira sur leur marché un grand nombre d'articles pour lesquels la différence du prix n'est pas en rapport avec la différence du travail.

Nous ne pouvons, dans une excursion rapide, nous arrêter devant chaque boutique : pourtant il y aurait profit à étudier ces petits détails de la grande ville, à saisir sur le fait les goûts et les habitudes du peuple qui achète et qui consomme, à reconnaître souvent entre les Chinois et nous des similitudes auxquelles on ne s'attend pas. Ainsi, pour donner quelques exemples, nous citerons les pharmaciens, où les médicaments, plus nombreux peut-être que dans les pharmacies européennes, sont rangés avec le même soin et dans un ordre aussi parfait; les librairies, où le Chinois le plus pauvre achète, pour un prix très-modique, les livres de Confucius ainsi que les papiers sacrés qu'il va brûler à la pagode voisine en l'honneur du grand philosophe; les fabriques de dieux, où chacun vient choisir l'image qu'il adorera sur l'autel domestique; les magasins de curiosités, où le riche promène ses capricieuses fantaisies sur une foule de vieilles porcelaines, de bronzes antiques, de médailles effacées par le temps; les ateliers de peinture, dont les dessins, déroulés avec goût, sont destinés à orner l'intérieur de toute maison chinoise; les boutiques de friperie, fréquentées par le pauvre; les magasins de chaussures, de lanternes, de tabac; les changes de monnaies, et aussi des monts-de-piété, où l'on prête sur gages! Le luxe a partout les mêmes exigences, et la misère, les mêmes besoins. On voit également un grand nombre de restaurants et de thés, la plupart dans le voisinage des portes et dans les faubourgs. N'en est-il pas ainsi dans nos villes?

Il faut pourtant bien, si nous voulons être exact, que nous nous décidions à dire quelques mots d'un autre genre de commerce auquel tous les habitants prennent part et dont l'agriculture profite. Les rues les plus populeuses possèdent, dans l'intervalle laissé entre deux maisons, des fosses à l'usage des passants, et à chaque instant on rencontre des coolies, chargés de seaux dont nous n'avons plus besoin de désigner le contenu et qui vont les vider dans les champs ou dans de vastes dépôts. C'est une véritable industrie. Heureux le propriétaire qui peut avoir auprès de sa maison un emplacement convenable! On nous pardonnera ce détail; il peint, mieux qu'aucun autre, la nature soigneuse, économe, patiente du peuple chinois. Rien de ce qui est utile ne lui répugne. Et, en définitive, quel résultat? Les champs les mieux cultivés qui soient au monde.

On peut toutefois, malgré quelques mauvaises rencontres, faire à Ning-Po une promenade agréable et presque artistique. La ville est fort ancienne; elle renferme de vieux monuments, dont les débris attestent la puissance des siècles passés; la tour, d'abord, aussi célèbre en Chine que la fameuse tour en porcelaine de Nankin. La tour de Ning-Po est hexagone; elle compte six étages et cent cinquante marches, ce qui donne une hauteur d'environ quarante-cinq mètres. Elle est construite en briques, et percée sur chacun des côtés et à chaque étage d'une fenêtre de moyenne grandeur. Aujourd'hui ce n'est plus qu'une ruine; les briques se détachent, et l'herbe, cette lèpre du temps, pousse sur les murailles. Un vieux bonze déguenillé garde le monument et ouvre la porte. On voit de suite que les Anglais ont passé par là : les parois sont couvertes de noms, de dates; chaque soldat de l'armée conquérante a cru devoir s'inscrire sur ce vieux livre dont la dernière page aura été salie par la main des barbares.

A l'extrémité des plus anciennes rues s'élèvent des

portes en pierre sculptées. Les bas-reliefs représentent des personnages dont le costume est de beaucoup antérieure au temps de l'invasion tartare : peut-être ont-ils précédé la sculpture grecque. Rien ne semble impossible en Chine quand il s'agit de vieillesse. Ces portes sont les merveilles de Ning-Po ; mais, comme la tour, elles tombent en ruines.

Entrons maintenant dans quelques pagodes d'une époque plus récente, ou du moins dont l'âge est coquettement caché sous les couches de vernis que renouvelle la superstition d'un petit nombre de croyants. La plus remarquable est celle des Fokienois. Les marins du Fokien, que l'on retrouve dans tous les ports de la Chine, se cotisent pour entretenir à Ning-Po une pagode consacrée à la déesse Kouan-Yn qu'ils révèrent particulièrement. Cette pagode a été élevée sous le règne de l'empereur Tai-Tsou, de la dynastie des Sung. Elle se compose d'un temple principal entre deux cours, auxquelles sont attenants divers petits autels. Elle n'a point l'aspect grandiose de la pagode d'Honan que l'on voit à Canton; mais elle est supérieure par le fini des détails et la beauté des ornements. Les cloches, les vases en bronze destinés à recevoir les papiers sacrés que l'on brûle devant l'autel, les trépieds dans lesquels sont placés les bâtons d'encens, en un mot les divers ustensiles qui composent invariablement un temple chinois, sont disposés avec goût et même avec art. Dans la cour dallée en granit, on admire des colonnes de pierre parfaitement sculptées en forme de dragons et autres animaux fabuleux. Des inscriptions en lettres d'or, tirées des livres sacrés, couvrent les murailles dont les vives couleurs sont relevées par un vernis très-brillant, particulier à la Chine. Cette pagode est sans contredit la plus belle de **Ning-Po**, et elle est citée dans le reste de l'empire.

Le temple de Confucius se distingue par de plus vastes dimensions; mais il a eu le triste privilége de servir de garnison aux troupes anglaises et il a été fort dégradé. C'est là que se passent tous les trois mois les examens des lettrés, et cette solennité y attire, à époques fixes, un grand concours de monde : habituellement l'autel est presque désert. Il est juste de faire remarquer que les Chinois se réunissent rarement dans les temples pour les cérémonies religieuses; ils préfèrent accomplir leurs dévotions à l'autel des dieux domestiques.

L'Européen peut se promener ainsi par la ville et visiter en toute liberté ces vieux monuments. Il n'est pas suivi, comme à Canton, par une foule compacte, qui gêne les mouvements, épie les démarches et devient quelquefois hostile. La curiosité à Ning-Po est naïve et presque discrète. Partout on est accueilli dans les magasins, invité à s'asseoir, à prendre le thé, à fumer la pipe à eau : on peut se croire en pays ami. Cependant aucune ville en Chine n'a plus souffert que Ning-Po des malheurs de la guerre. On y montre des rues longues et étroites où les Anglais ont mitraillé à coups de canon le peuple un instant révolté; le carnage a été horrible. Plusieurs édifices publics ont été détruits par les vainqueurs, qui, pour se procurer du bois pendant l'hiver de leur occupation, ont abattu les palais des mandarins et les édifices publics. Le souvenir de cette époque de désastres ne peut être encore effacé, et la crainte entre pour beaucoup, sans doute, dans les dispositions bienveillantes du peuple; mais à Ning-Po, plutôt qu'ailleurs, le temps viendra d'un rapprochement plus sincère et d'une plus franche sympathie.

Ning-Po n'a point encore réussi à attirer le commerce étranger dans son port. Sa situation sur les rives d'un fleuve qui reçoit un grand nombre d'affluents, son voisinage des manufactures de soieries et des districts où croît le thé vert, les mœurs faciles de ses habitants, tout semblait, au premier abord, lui assurer une large part dans les profits que les ports récemment ouverts devaient tirer du commerce direct avec l'Europe. Jusqu'ici ces prévisions ne se sont pas réalisées. Le voisinage de Shanghai a nui à Ning-Po. Situé à peu de distance vers le nord et sur la dernière limite des échanges permis entre la Chine et l'Europe, Shanghai peut rayonner exclusivement sur un plus grand espace, et Ning-Po s'est trouvé englobé dans le vaste cercle des opérations de son ancienne rivale. En outre, la plus importante culture et la principale industrie du pays, le coton et les tissus vendus comme étoffes de Nankin, ont aujourd'hui à lutter contre la concurrence des cotons du Bengale et des tissus anglais; il est hors de doute que les produits européens finiront par l'emporter sur ceux des manufactures arriérées du Céleste-Empire.

Enfin, un dernier tort pour Ning-Po : alors que la faculté de trafiquer avec l'étranger était réservée à Canton seulement, toutes les marchandises européennes ou autres qui remontaient ou descendaient la côte de Chine s'arrêtaient dans chacun des ports du littoral. La navigation, par suite des anciennes habitudes et de la construction des jonques, était uniquement une navigation de cabotage. Chaque port alimentait, par les fleuves, par les nombreux canaux de l'intérieur, la zone que sa situation lui assignait, et recevait en quelque sorte un droit de passage des marchandises destinées à aller plus loin. Mais aujourd'hui que les communications peuvent être directes, que les navires européens tendent de plus en plus à se substituer aux jonques et à s'emparer des transports, chacun des anciens ports de relâche doit éprouver une diminution sensible dans l'importance de sa navigation, et Ning-Po se trouve, à cet égard, dans la pire des conditions, puisqu'il occupe sur la côte un des points intermédiaires entre Canton et Shanghai.

Shanghai appartient à la province du Kiangsou. D'après les tableaux statistiques de l'empereur Kienlong, le Kiangsou aurait 40,000 milles carrés de superficie et une population de près de 38 millions d'âmes. Si ces chiffres sont exacts, ils donnent une moyenne de 946 habitants par mille carré, et font de cette province le pays le plus peuplé du monde relativement à son étendue.

Le Kiangsou passe pour la province la plus riche de Chine; c'est un pays de plaines parfaitement arrosé, traversé dans toute sa longueur par le Yang-tse-Kiang, un des plus beaux fleuves de l'Asie. Les productions sont à peu près les mêmes que celles du Chekiang; le riz, le coton et notamment le coton jaune, les thés verts, le mûrier sont les principales. Les fabriques de soieries sont très-florissantes. Il suffit d'ailleurs de citer les noms de quelques-unes des villes du Kiangsou, Nankin, l'ancienne capitale de l'Empire, Sou-tchou, surnommé le Paradis de la Chine, et Shanghai, une des places de commerce les plus célèbres de tout temps, pour voir que cette province possède les éléments d'une grande prospérité agricole, industrielle et commerciale.

Le Yang-tse-Kiang se jette dans la mer de Chine par une embouchure très-large, divisée au milieu par la grande île Tsoung-Ming, qu'ont formée peu à peu les dépôts vaseux du fleuve. Ces dépôts accumulés soulèvent chaque jour des bancs nouveaux qui rendent la navigation très-difficile. Le fleuve reçoit un grand nombre d'affluents; le premier que l'on rencontre sur la gauche est la rivière Woosung, sur laquelle est situé Shanghai. Au confluent est un petit village auquel les Anglais ont donné le nom de Woosung, et où l'on voit encore aujourd'hui les amas de terre et les palissades derrière lesquels les Chinois avaient dressé leurs vastes, mais inutiles batteries. Ce village paraît misérable.

Woosung est le point choisi par les Anglais et les Américains pour la station d'opium qui doit approvisionner Shanghai. Chacun des ports ouverts possède une espèce de succursale pour la contrebande. Le gouvernement chinois a lancé édits sur édits contre l'opium, il en a prohibé l'usage sous les peines les plus sévères, et, même après la défaite de ses armées, il a constamment refusé d'en légaliser l'introduction. Mais la force lui manque : les mandarins chargés de veiller à l'exécution des édits sont les premiers à les enfreindre, et les navires contrebandiers, mouillés à Woosung, poursuivent leur trafic dans une sécurité parfaite. Chaque jour, il arrive des bricks ou *clippers*, qui remplissent de caisses d'opium les bâtiments de la station, à bord desquels la vente se fait en détail aux négociants chinois. Les jonques de guerre qui passent pour se rendre à Shanghai ou à Nankin, assistent à cette violation effrontée des lois chinoises, sans même tenter d'y mettre obstacle; les navires d'opium sont armés de canons et de nombreux équipages, qui défieraient, en cas d'attaque, les escadres du Céleste-Empire. Mieux vaudrait certainement lever l'interdit, que le maintenir dans de telles conditions.

De Woosung à Shanghai on compte 25 milles. Les

rives du fleuve sont très-basses et ont besoin d'être protégées par des digues. Sur certains points, les digues sont doubles : l'une est en pierre; l'autre, à quelques mètres plus loin, consiste en une élévation de terre battue, seconde barrière contre l'inondation. C'est un immense travail.

Avant d'arriver à Shanghai, on peut juger de son commerce sur la magnifique et large route qui y conduit. Quand on remonte le fleuve, on est frappé du nombre prodigieux des navires qui le sillonnent dans toutes les directions. Ce ne sont pas seulement les flottilles de bateaux pêcheurs portant une famille misérable et des filets, ce sont de grosses jonques, chargées des riches produits de la province, et dont les formes diverses, particulières soit au Chantung, soit au Fokien, au Kwangtong ou à Siam, suffisent pour indiquer la multiplicité et l'éloignement des relations commerciales. Au milieu de cette flotte chinoise, plus considérable encore qu'aux approches de Ning-Po, on aperçoit par instants les voiles blanches du navire européen, nouvellement admis dans les eaux de ce fleuve magnifique. A mesure qu'on avance, les rives se resserrent, le tableau se rétrécit, les navires se pressent, jusqu'à ce qu'enfin la route se trouve presque entièrement barrée par une forêt de mâts qui annonce sur la rive gauche le port de Shanghai. Les bâtiments de fort tonnage peuvent remonter en tout temps; quand la brise leur manque, la marée les porte : ainsi, placé sur un affluent, à près de 40 milles de l'embouchure du Yang-tse-Kiang, Shanghai jouit de tous les avantages d'un port de mer.

La cité, c'est-à-dire l'espace entouré de murs, est séparée de la rivière par un vaste faubourg très-commerçant, très-populeux, à rues étroites, bordées d'immenses magasins et sans cesse encombrées par les marchandises, qui sont portées à dos d'hommes jusqu'aux débarcadères. Ce faubourg, resserré entre les murailles et la rivière, est le seul qui dépende de Shanghai; sur les autres points s'étend la plaine cultivée en rizières et couverte de villages.

On entre à Shanghai par cinq portes; les murailles sont hautes, épaisses, construites en pierres et en briques; elles peuvent avoir 4 à 5 milles de tour; mais l'espace qu'elles embrassent n'est pas entièrement habité. Quand on s'éloigne des quartiers voisins du faubourg, le nombre des magasins diminue, l'activité disparaît; de vastes jardins entourent les maisons; on se croirait hors des murs. C'est ici le lieu d'examiner et de débattre ces chiffres énormes de population que les géographes ont toujours été portés à donner aux villes du Céleste-Empire. Sans nul doute, la Chine passe avec raison pour le pays le plus peuplé du monde, et l'on peut admettre les 300 millions d'habitants du recensement opéré sous l'empereur Kienlong : mais cela tient à ce que la campagne est habitée partout et qu'à chaque pas on aperçoit des fermes et des bourgs. Quant aux villes chinoises, il ne faut point juger de leur population d'après l'encombrement des rues, qui sont fort étroites; on doit considérer que les maisons n'ont ordinairement qu'un étage, et qu'à l'intérieur elles renferment une ou plusieurs cours. Si, enfin, l'on tient compte du terrain occupé par les édifices publics, par les pagodes, par les canaux qui traversent les villes, on verra qu'en somme l'espace réellement habité se réduit à peu de chose et que même en supposant une population relative trois fois plus élevée que celle de nos villes de France, on sera loin encore de ces évaluations qui entassent dans chaque ville de Chine des millions d'âmes. Shanghaï, par exemple, qui compte au moins 300,000 habitants, ne peut guère passer ailleurs que dans son faubourg pour une ville très-populeuse.

On ne voit point dans la cité de monument remarquable. Ning-Po, avec sa vieille tour, ses portes sculptées, ses pagodes, a beaucoup plus d'originalité et de caractère. Il y a pourtant à Shanghaï un jardin, désigné par les Européens sous le nom de Jardin de Thé (*Tea Garden*), promenade publique qui n'existe pas dans les autres villes chinoises que nous sommes admis à visiter.

Le Jardin de Thé occupe une place de forme irrégulière, longue environ comme le jardin du Palais-Royal, plantée d'arbres en divers endroits et parsemée de kiosques en rocailles dont la structure singulière et les dessins variés forment un point de vue des plus pittoresques. Les Chinois excellent dans l'arrangement de ces kiosques que l'on retrouve dans les jardins de mandarins opulents; ils savent disposer un bloc de rochers, une touffe d'arbres, un accident de terrain avec un art qui, tout en imitant la nature, se prête merveilleusement à leur amour du fantastique et porte ce cachet particulier que nous remarquons dans leurs objets les plus vulgaires. — Vers le centre de la place est un étang au milieu duquel s'élève un pavillon à plusieurs étages, à toits superposés et de forme élégante : on y arrive par un petit pont de pierre qui serpente sur l'eau; dans toute espèce de construction, les Chinois ont horreur de la ligne droite. Les côtés du jardin sont bordés, soit de riches boutiques, soit de restaurants et de thés, constamment remplis de monde. C'est là que nous pouvons observer un instant le Chinois dans sa vie presque intime, loin du bruit du commerce et du faubourg. Le jardin est le rendez-vous des oisifs, des curieux, des promeneurs, des enfants échappés de l'école, et de cette classe, nombreuse dans une grande ville, de gens qui n'ont d'autre affaire qu'une journée à passer. Lorsque, sortant du faubourg et après avoir traversé la ville, nous entrons dans le jardin, il semble que nous soyons tout à coup transportés d'un marché au milieu d'une fête. Nous ne voyons plus les immenses magasins remplis de ballots de soie ou de coton ; ce sont les boutiques de luxe, où nous admirons la fine porcelaine, les éventails et écrans brodés, les peintures des plus habiles artistes, les bambous élégamment sculptés, en un mot, ces mille objets de fantaisie à l'usage de l'homme riche qui a le temps de regarder et de choisir. Quant aux thés, ils ont tous absolument le même aspect; le mandarin et le marchand enrichi sont assis à la même table, à côté de l'homme du peuple, du coolie à demi nu qui vient se reposer un instant des fatigues de la journée. Dans une société où les rangs sont si minutieusement classés, où les devoirs des inférieurs envers les supérieurs ont été si rigoureusement décrits, on s'étonne à bon droit de voir ainsi les rangs confondus, les classes mêlées, et d'observer une si intime familiarité de mœurs, là où dans nos sociétés européennes la richesse et l'éducation élèvent des barrières presque infranchissables. Le même spectacle vous frappera, si vous entrez dans la maison d'un riche mandarin. Vous trouverez le maître entouré de ses serviteurs, qui boivent son thé, fument son tabac, s'entretiennent familièrement avec lui, sans que jamais l'ordre ni l'obéissance en souffre. Ce sont des mœurs vraiment patriarcales et qui font honneur au caractère chinois.

Dans l'intérieur du jardin, la foule est arrêtée et

amusée par des lanternes magiques, qui, pour la plupart, il faut le dire, représentent des obscénités révoltantes, par de petits théâtres ambulants, par des escamoteurs qui excellent dans les tours de boules et de gobelets, par des diseurs de bonne aventure, par des marchands d'oiseaux savants, bref, par tous ces exploiteurs de la curiosité et de la bourse populaire, qui ont au moins autant de succès et font autant de dupes en Chine qu'ailleurs.

Shanghai offre du reste à l'étranger plusieurs de ces lieux de réunions publiques qui annoncent dans une population une certaine aisance et des habitudes d'oisiveté et de flânerie. On y rencontre des gens qui ne craignent pas de perdre quelques minutes à lire les proclamations des autorités du district, ni de s'arrêter curieusement aux boutiques, ni de prendre longuement une tasse de thé dans les jardins. La flânerie paraît entrer parfaitement dans le caractère chinois. Les Chinois sont curieux à l'extrême; ils sont avides de toute espèce de spectacles; ils aiment les plaisirs et tout ce qui ressemble à une fête. La classe bourgeoise, que les Européens ne voient pas à Canton, existe, avec son caractère le plus complet, au fond des grandes villes comme Ning-Po, comme Shanghai, loin du port et des faubourgs, dans les quartiers retirés, dans les jardins, aux théâtres, etc.

Cette population est en général douce et bienveillante envers les étrangers. Les préjugés disparaissent devant l'intérêt, et les marchands chinois, qui ont tous dans leurs boutiques un autel consacré au dieu de la fortune, ont apprécié de suite les avantages d'un commerce direct avec les pays lointains.

Les négociants européens, de leur côté, ont compris l'importance du nouveau marché. Pendant qu'ils négligeaient les autres points, ils se sont portés en grand nombre à Shanghai. Toutes les fortes maisons de Chine y sont représentées par des agents ou des associés.

Les missionnaires catholiques se sont établis à Sanghai et dans les environs. Sous la direction d'un évêque distingué, Mgr. de Bési, ils ont converti plusieurs villages et peuvent impunément ériger des églises, fonder des écoles et exercer leur saint ministère. Depuis que l'heureuse insistance de notre ambassadeur en Chine est parvenue à régulariser les progrès de la foi chrétienne, les conversions se multiplient, et l'Eglise acquiert chaque jour de nouveaux fidèles. C'est par la religion que nos idées pénétreront plus avant dans le Céleste-Empire; les missionnaires qui s'aventurent courageusement au milieu des populations de l'intérieur, iront porter jusque dans les provinces les plus reculées le nom de l'Europe et continuer ces communications plus étroites que le commerce a déjà inaugurées dans les cinq ports. OEuvre morale, politique même, à laquelle l'appui de la France ne faillira pas !

COCHINCHINE.

Baie de Touranne. — Les montagnes de marbre. — Délivrance de l'évêque d'Isauropolis.

..... Pendant que l'escadre était mouillée à Singapore (mai 1845), on apprit qu'un missionnaire, Mgr. Lefèvre, évêque d'Isauropolis, avait été arrêté en Cochinchine; qu'il était depuis plusieurs mois en prison, soumis aux traitements les plus durs, et que les réclamations d'un commodore américain, récemment venu à Touranne, étaient demeurées sans résultat.

Aussitôt la nouvelle reçue, une corvette, *l'Alcmène*, fut détachée de l'escadre avec ordre de se rendre dans la baie de Touranne et de négocier la liberté du prisonnier. Par un heureux hasard, je me trouvai à bord de *l'Alcmène* pendant cette courte, mais intéressante expédition.

Nous partîmes de Singapore le 16 mai 1845. — En peu de jours, la mousson du S.-O. nous poussa jusqu'à la hauteur des côtes de la Cochinchine; mais, presque au terme du voyage, les calmes, les faibles brises, et surtout les courants du nord, nous retardèrent longtemps. Par intervalles, nous apercevions la côte, qui ne présente que montagnes arides, irrégulièrement découpées, d'un aspect triste. Cette ceinture de rochers ou de sables amoncelés se déroule sur toute l'étendue du littoral, ne laissant que de rares ouvertures aux rivières sorties des montagnes de l'intérieur. La plupart des villes sont situées sur le versant opposé, à une certaine distance de la mer.

Le 31 mai, après avoir longé les îles Collao-Cham où le gouvernement français a voulu, à diverses époques, fonder un établissement militaire pour prendre pied en Cochinchine, nous franchissions lentement l'étroite passe qui donne accès dans la baie de Touranne. Cette passe est commandée sur ses deux rives par des forts qui ont été construits à l'européenne, et dont les feux, bien dirigés, pourraient interdire l'entrée de la baie; mais ils sont défendus par des Cochinchinois !

La corvette mouilla près de terre, à côté de plusieurs navires cochinchinois qui nous parurent médiocrement satisfaits du voisinage. Ils étaient sans doute encore sous l'impression des souvenirs qu'avait laissés le passage de la frégate américaine venue avant nous dans la baie de Touranne. — Dès son arrivée, le commodore, pressé d'en finir, était descendu à terre et avait réclamé l'évêque prisonnier. Le mandarin le reçut avec toutes sortes de politesses : « Mais, dit-il, l'évêque est à Huéfou, et il faut que je demande les ordres de l'empereur. »

Plusieurs jours se passèrent, et pas d'évêque. Le commodore, impatienté, provoqua une seconde entrevue qui ne lui rapporta, comme la première, que des compliments, des tasses de thé et des promesses.

Enfin, une troisième fois, notre Yankee, furieux d'avoir attendu si longtemps, prit avec lui cinquante matelots armés jusqu'aux dents, pénétra brusquement dans le palais du gouverneur, fit une razzia sur tous les mandarins, grands et petits, qui lui tombèrent sous la main, et les emmena prisonniers à son bord.

Le malheureux mandarin se vit alors obligé d'avouer que S. M. Thieu-Thri ne voulait rendre Mgr. Lefèvre qu'à un officier français.

Le commodore n'était point d'humeur à se payer d'une pareille réponse, bien qu'elle fût, en définitive, conforme au droit des gens. Il déclara la guerre, arma ses canots, et fit courir sus à toutes les embarcations cochinchinoises qui entraient dans la baie. En moins de deux jours, la frégate américaine était pleine de prisonniers comme un ponton.

L'empereur, fort tranquille dans sa capitale, se souciait très-peu des bravades du commodore, — encore moins du sort de ses infortunés mandarins. Il laissait faire et gardait l'évêque. Il envoya seulement à Touranne un mandarin de rechange, avec ordre d'expulser les barbares.

Cependant les jours s'écoulaient. Le commodore vit bien qu'il perdait son temps et sa peine; il ne s'agissait, après tout, que d'un papiste. Un beau matin, il jeta dans les barques amarinées autour de la frégate son paquet de prisonniers et remit à la voile.

Une fois le navire hors de vue, le mandarin se hâta d'écrire à l'empereur que les barbares étaient en fuite.

On comprend qu'après une pareille équipée, — bien qu'elle se fût terminée à leur honneur,—les Cochinchinois ne nous voyaient pas arriver sans inquiétude. Dès que *l'Alcmène* eut jeté l'ancre, les remparts des forts, le pont des navires et le rivage voisin de la ville se couvrirent de monde. Quelques bateaux, occupés à pêcher au milieu de la baie, se hâtèrent de lever leurs filets, et de gagner, à force de rames, la rivière de Touranne.

Dans le lointain, nous aperçûmes quelques mouvements de troupes.

Afin de calmer les inquiétudes, nous envoyâmes au pavillon de S. M. Thieu-thri un salut de trois coups de canon (nombre réglementaire en pays chinois). Le salut nous fut rendu immédiatement par l'un des forts; et, peu après, nous vîmes se diriger vers la corvette une embarcation dans laquelle un habitant du pays, tenant à la main un papier plié en forme de lettre, criait, gesticulait, suppliait, pour témoigner à l'avance de ses pacifiques intentions. On lui fit signe d'approcher. Arrivé sur le pont, il fut quelque temps à se remettre de l'acte de courage qu'il venait d'accomplir.

Le malheureux n'était autre qu'un serviteur du mandarin. Celui-ci, n'osant s'aventurer lui-même, avait chargé son domestique de nous demander le but de notre visite. Aucun mandarin, civil ou militaire, n'avait voulu se charger d'une pareille corvée. On s'était donc décidé à nous envoyer ce pauvre diable comme un ballon d'essai.

On pense bien que ce n'était point par un tel intermédiaire qu'il convenait au commandant d'engager l'affaire dont il était chargé. Le domestique du mandarin fut renvoyé à terre avec ordre d'annoncer à son maître la visite prochaine du commandant.

Grâce à la fermeté du commandant, M. Fornier-Duplan, et à la connaissance parfaite qu'il avait acquise du caractère chinois pendant un long séjour dans ces mers, la délivrance de Mgr. Lefèvre fut convenue à la conférence qui eut lieu le lendemain; il fallait seulement attendre, pendant quelques jours, l'arrivée du prisonnier et la réponse officielle de l'empereur.

Ce délai était pour nous une bonne fortune. Il nous permettait de visiter Touranne, de parcourir un pays encore peu connu des Européens, et sur lequel l'imagination de quelques voyageurs s'est donné libre carrière. Nous avions hâte surtout de voir les Montagnes de Marbre qui ont une si grande réputation en Orient. De la rade, nous les apercevions à une distance de plusieurs milles, dressant leurs masses immobiles au milieu d'une plaine de sable et présentant à l'œil mille teintes diverses, — tantôt recouvertes des noirs manteaux de l'ombre, tantôt blanches et brillantes sous les rayons du soleil qui éclairait leurs surfaces hardiment veinées. Les Montagnes de Marbre sont comme un lieu de pélerinage pour le voyageur qui aborde à Touranne. Notre excursion fut donc résolue.

Mais, avant de nous engager si loin, visitons d'abord les rivages de la rade.

La rade de Touranne est de forme presque circulaire; elle mesure environ trois milles de long sur deux milles de large. De nombreux bas-fonds y rendent la navigation difficile, et les bâtiments d'un fort tonnage ne peuvent mouiller que dans un espace très-resserré. Les eaux sont ordinairement calmes comme celles d'un lac, la brise de mer se trouvant interceptée sur presque tous les points par un rempart de montagnes entièrement boisées et par les collines qui dominent la passe. Les chaleurs sont suffocantes; et le soleil a beau jeu, lorsque, du haut d'un ciel qui ne connaît point de nuages, il darde verticalement ses rayons sur cette espèce d'entonnoir où la lumière se concentre, reflétée par les eaux et par une plage de sable. De là, des maladies, des fièvres qui déciment les équipages des navires européens et leur interdisent un séjour prolongé dans la rade. Il y eut peu de malades à bord de *l'Alcmène*, grâce aux précautions qui furent prises; nous dûmes cependant payer aussi notre tribut au climat. Peu de jours après notre départ de Touranne, un officier de la corvette mourut de la fièvre.

La rive la plus voisine du mouillage est habitée par quelques familles qui vivent, dans de misérables cabanes, du produit de quelques mètres de terre enlevés aux forêts de la montagne. On n'y remarque qu'un hangar sous lequel sont abrités quelques embarcations, des poutres à peine équarries, des ancres de bois, de grossiers cordages, et deux ou trois canons sans affûts, confiés à la garde d'une dizaine de soldats cochinchinois : c'est l'arsenal militaire de l'empereur.

En peu de temps nous eûmes visité cette partie de la baie. Les chasseurs poussèrent plus loin; ils s'engagèrent dans la montagne et revinrent à bord après avoir fait un grand massacre de singes. Ces singes, d'une espèce particulière à la Cochinchine, méritent à coup sûr une description. — Leur taille s'élève jusqu'à cinq pieds; leur corps est très-gros, couvert de poils gris et blancs entremêlés; leur queue, blanche et longue; sur les reins on remarque une tache tout à fait blanche et en forme de triangle; les pattes, jusqu'à l'articulation du genou, sont garnies d'un poil entièrement rouge; puis elles deviennent noires. Le visage, légèrement coloré, est entouré d'un collier de barbe grise assez soyeuse, et la bouche présente une longue rangée de dents, ordinairement noircies par l'usage du tabac et du bétel. Ces singes vivent en troupes, par familles, et la facilité avec laquelle ils se laissent approcher prouve que les habitants demeurent en parfaite intelligence avec eux. Par leurs habitudes, par le teint et les traits de leur visage, ils offrent une grande analogie avec l'homme; — sauf la queue, ce seraient presque des Cochinchinois.

Ces excursions, qui n'étaient fatales qu'aux singes, nous permirent d'établir quelques rapports avec les indigènes que notre arrivée avait d'abord fort effrayés. Quelques menues pièces de monnaie, distribuées à propos, achevèrent de dissiper toutes les préventions. — Après avoir fait ainsi nos courses dans la forêt, il nous prit envie de gravir la colline qui conduit au fort. Mais, quand il fut question d'avoir un guide, nous n'obtînmes pour toute réponse que des gestes d'épouvante. Que diraient les mandarins?...

Nous voici donc obligés de partir seuls. — Au pied de la colline, serpente un petit sentier, qui, après de longs détours, nous amène en présence d'une haie de bâtons fichés en terre. A deux pas de là, un factionnaire se promène, armé d'une longue pique. Mais, à peine nous a-t-il aperçus au détour de la route, qu'il s'enfuit à toutes jambes.—Un peu plus loin, deuxième factionnaire, qui imite la manœuvre et nous livre le passage. — Lorsque, enfin, après une ascension assez pénible, nous arrivons aux derniers retranchements, nous retrouvons une dizaine de sentinelles qui se sont ainsi successivement repliées, et qui semblent disposées, cette fois, à faire bonne contenance. — Nous continuons d'avancer malgré les cris. L'ennemi s'écarte, et nous entrons sur la plate-forme au milieu de laquelle s'élève le fort.— Voilà à quoi servent les factionnaires cochinchinois.

Attendons cependant. Les sons du gong retentissent dans la montagne; les portes du fort se ferment; le poste extérieur se range en bataille, et l'officier, sabre nu, accourt à notre rencontre avec force gestes, tantôt furieux, tantôt craintifs, pour nous demander ce que nous voulons. — Voyant que nous continuons d'avancer, il retourne à son peloton, fait saisir le malheureux factionnaire, qui, le premier, nous a livré passage au pied de la montagne, et le couche à terre dans la situation la plus convenable pour recevoir le châtiment du bambou. Après cette démonstration, il met sa troupe au port d'armes et nous attend.

Excellente occasion de passer en revue un échantillon de l'armée cochinchinoise! Nos gestes bienveillants avaient fini par rassurer l'officier qui nous accompagna lui-même au milieu des rangs. — Quels soldats! vêtus d'une longue robe rouge avec bordure bleue, coiffés d'un bonnet conique en bambou teint en bleu et en rouge, on croirait voir une bande de singes déguisés. Au premier rang se tiennent les lanciers, armés d'une pique dont le bois a environ douze pieds de long et se termine par une pointe en fer grossièrement taillée. Le second rang porte des fusils à la marque anglaise *Tower;* l'uniforme est complété par une giberne, un filet pour les balles, une petite boîte pour la poudre fulminante. — Enfin, chaque soldat, fusilier ou lancier, est pourvu d'un étui en tresses renfermant deux bâtons qu'il doit frapper l'un sur l'autre, à divers intervalles, pour indiquer qu'il veille pendant la faction. — Cette coutume existe en Chine.

Après la revue, le poste entier, rompant les rangs, nous reconduit jusqu'au bas de la montagne, soit par politesse, soit plutôt pour s'assurer que nous sommes bien partis et que nous ne méditons aucune attaque contre le fort.

Cependant, les pourparlers se continuaient à Touranne au sujet de l'évêque. Dix jours s'étaient écoulés depuis notre entrée dans la baie, et on attendait encore la réponse de l'empereur. Cette réponse fut enfin apportée au mandarin par un courrier extraordinaire et transmise immédiatement à bord de *l'Alcmène* avec force cadeaux pour l'équipage, c'est-à-dire poules, porcs, caisses de thé, sam-chou (vin du pays), cocos, et mille protestations d'amitié sur papier rouge. La plus cordiale entente régnait entre les deux nations.

Voici la traduction de la lettre remise au commandant de *l'Alcmène* :

« Le mandarin, ministre de la marine du royaume d'Anam ;

« Sur le rapport du préfet des provinces Quang-nom et Quang-nai ;

« A rendu compte à l'empereur que, récemment, il est venu dans le port de Touranne un navire de guerre français, commandé par M. Tou-pa-lan (Duplan). Ce commandant a remis respectueusement une lettre, exposant : que, l'une des années précédentes, un envoyé de France, le capitaine Lévêque, a humblement demandé la mise en liberté de cinq prêtres français condamnés par les lois ; il a obtenu que ces prêtres fussent mis en liberté et pussent revoir leur patrie ; et cette faveur l'a rempli de reconnaissance et de joie. Si, depuis lors, il est encore quelque Français, qui, sans le savoir, ait violé les lois, on demande respectueusement que celui-ci obtienne son pardon.

« Après avoir lu cette lettre et en avoir trouvé les termes respectueux, le mandarin a bien voulu intercéder auprès de l'empereur et faire connaître les ordres qu'il a reçus :

« Moi, l'empereur, dans ma bienveillance envers les étrangers, dans ma vertu et ma bonté, j'accorde la grâce et je daigne rendre le décret suivant : On ira voir le prêtre français qui a été condamné, le coadjuteur Dominique ; on lui ouvrira les portes de sa prison pour qu'il puisse revoir sa patrie.

« Respectez ce premier ordre, et respectez profondément l'ordre qui va suivre :

« Le coadjuteur Dominique sera conduit à Touranne par une personne nommée à cet effet et remis au mandarin du lieu. Celui-ci lui rendra la liberté pour qu'il revoie sa patrie. On devra s'entendre pour fixer le jour du départ, et il conviendra de faire reconnaître que le prêtre a été reçu à bord du navire pour retourner dans ses foyers.

« La loi de notre royaume est digne, claire, juste, clémente, grande. Il y a quelques années, cinq Français, Berneux, Charrier, Galy, Miche, Duclos, sont arrivés dans ce pays, contrairement aux lois. Un capitaine envoyé par la France, M. Lévêque, est venu intercéder pour eux, et il a obtenu leur grâce. Voici qu'une seconde fois un Français s'est glissé furtivement parmi le peuple des villes et des campagnes, a voulu tromper les ignorants et a violé les lois. D'après les lois du royaume, ce crime est sans pardon; mais, comme cet étranger ne connaissait pas nos décrets, nous avons bien voulu, dans notre clémence, suspendre encore le châtiment.

« Récemment, un navire de guerre du royaume des États-Unis est venu à Touranne demander humblement du bois et de l'eau. De plus, il a supplié qu'on délivrât le prêtre français Lefèvre. Mais ce prêtre est sujet du royaume de France, tandis que le navire appartenait à une autre nation; or, il n'est pas convenable qu'on réclame un sujet qui appartient à une autre nation. En outre, ces étrangers ont attaqué les barques du pays et se sont comportés, en diverses circonstances, contrairement aux lois. Le mandarin du pays nous a demandé l'autorisation de punir ces infractions; mais comme ces étrangers venaient pour la première fois et ne connaissaient pas encore les lois du royaume, nous nous sommes contentés de les chasser immédiatement.

« Le capitaine du navire de guerre, venu après lui, a apporté respectueusement une lettre; il a prié d'abord qu'on examinât sa demande : cette prière était juste. Je charge maintenant le mandarin de transmettre l'ordre impérial :

« Moi, l'empereur, j'accorde la demande; et, par ce décret de clémence, je rends la liberté au coupable. Il faut qu'il aille auprès de son souverain pour lui faire connaître notre justice et notre bienveillance. Il convient aussi de dire aux habitants du royaume de France (s'il y en a qui veuillent trafiquer ici) de n'aborder qu'au port de Touranne. Faire le commerce, vendre, acheter, tout cela est permis; mais on ne peut venir de Macao pour parcourir toutes les provinces, se répandre parmi le peuple, le tromper, violer les lois. Le mandarin devrait alors recourir aux plus sévères pénalités, et il serait difficile, une autre fois, d'obtenir leur grâce.

« On communiquera ce décret, écrit à droite, au capitaine du navire de guerre français Duplan.

« Le premier jour du cinquième mois de la cinquième année du règne de Thieu-thri. »

Sur l'enveloppe, était écrit :

« Lettre adressée par le mandarin, ministre de la marine du royaume d'Anam, au capitaine du navire français Duplan, qui l'ouvrira. »

On aura remarqué en quels termes le décret impérial rappelle l'épisode américain. Cette façon d'écrire l'histoire se comprend, d'ailleurs, parfaitement dans un pays où les événements extérieurs ne parviennent à la connaissance du peuple que par l'intermédiaire de l'autorité. L'autorité n'est pas toujours satisfaite; mais elle ne s'avoue jamais battue.

Nous avions ajourné jusqu'à l'issue des négociations notre excursion aux Montagnes de Marbre. Sachant que les officiers français déjà venus dans la baie avaient éprouvé quelques difficultés dans leurs promenades autour de Touranne, nous ne voulions pas risquer de compromettre, par une démarche intempestive, le succès de la mission dont *l'Alcmène* était chargée.

La dernière entrevue entre le commandant et le mandarin avait laissé entrevoir que les autorités cochinchinoises ne se souciaient guère de notre projet d'excursion. Chaque fois que le commandant parlait des Montagnes de Marbre, le mandarin cherchait à détourner la conversation; il offrait du thé, s'informait des nouvelles du grand empereur des Français, demandait le nombre des canons de *l'Alcmène*, etc. C'était un coq-à-l'âne continuel.

Assurés pourtant d'emmener notre évêque, nous pouvions sans crainte exécuter notre projet d'innocente invasion sur le territoire cochinchinois. Un matin donc, avant le lever du soleil, nous nous embarquons dans un canot pour traverser la baie et remonter la rivière.

La traversée de la baie se fit tranquillement, à la faveur des ombres de la nuit, comme dit le poète. Mais au point du jour, dès que nous fûmes entrés dans le fleuve, les deux rives se couvrirent d'uniformes rouges et bleus, de piques, de fusils, qui s'agitaient confusément; le gong sonna l'alerte; les soldats jetaient les hauts cris, pendant que les mandarins nous adressaient, par le télégraphe de leurs gestes, les plus pressantes injonctions de retourner vers la baie.

Nous poursuivîmes notre route. Alors une partie de la troupe s'embarqua dans des bateaux de pêche, s'avança vers nous et tenta d'embarrasser nos avirons. Cette fois l'attaque était trop directe : les matelots se dressèrent sur leurs bancs, mirent leurs rames en arrêt et l'ennemi en fuite. Les Cochinchinois avaient disposé, sur les rives, de méchantes espingoles rouillées, soutenues par des piquets de bois. En quelques coups d'aviron, notre canot passa devant la batterie, qui demeura muette.

Les Cochinchinois suspendirent les hostilités, et l'un d'eux, qui parlait une espèce de jargon entremêlé de français, d'anglais et d'espagnol, se décida à venir dans notre canot, pendant que le reste de la troupe prenait un chemin de traverse pour arriver avant nous aux Montagnes de Marbre et tenter le suprême effort.

Après avoir passé le village de Touranne, nous ne vîmes plus que quelques cases de pêcheurs entourées de champs de riz. A droite, l'horizon était borné par de hautes montagnes : à gauche s'étendait une plaine de sable se prolongeant jusqu'à la mer.

La partie de la plage où nous devions débarquer était resserrée entre deux murailles de roches, les premiers marbres qui s'offrissent à nous. Les soldats nous y avaient devancés et occupaient le défilé. Après quelques singeries de résistance, ils s'écartèrent et nous livrèrent leurs Thermopyles. Véritable comédie, dans laquelle nous jouions depuis le matin le rôle avantageux et facile de vainqueurs. Ces malheureux Cochinchinois avaient sans doute reçu l'ordre d'employer tous les moyens, — sauf leurs armes, — pour nous empêcher d'arriver jusqu'aux montagnes. En bonne conscience, ils avaient parfaitement exécuté leur consigne. Ils n'avaient cessé de courir, de crier, de croiser leurs piques, de nous faire de gros yeux, et de fuir. Puisque enfin, malgré ce déploiement de zèle, la place était prise, ils se décidèrent à battre en retraite, exténués, enroués, battus et surtout très-contents de n'avoir plus à s'occuper de nous.

..... Le défilé franchi, nous nous trouvons devant une vaste plaine de sable, au milieu de laquelle s'élèvent, à peu de distance les unes des autres, six énormes masses de rochers. Ce sont les Montagnes de Marbre. L'une d'elles a tout à fait la forme d'un pain de sucre; les autres présentent une surface très-irrégulière; elles atteignent une hauteur d'environ cent à cent cinquante mètres. Le marbre extérieur est recouvert d'une couche noire peu épaisse et parsemé de plantes grimpantes et de lianes vigoureuses qui s'échappent des intervalles laissés entre les rochers. De larges ouvertures naturelles permettent de plonger le regard dans les grottes intérieures, dont on ne peut pas toujours mesurer le fond.

Après avoir examiné la forme générale de ces merveilleux blocs de marbre, dont l'existence, isolée sur une mer de sable, est à elle seule un véritable problème, nous cherchons à découvrir la montagne consacrée, celle où se trouvent les pagodes souterraines et les grottes les plus renommées.

Notre interprète, ou plutôt notre espion, nous suivait comme une ombre et paraissait enchanté de notre embarras.

— Où sont les pagodes?... Une piastre, si tu nous montres le chemin.

Pas de réponse. La crainte du bambou était bien puissante pour que le Cochinchinois eût le courage de résister à la tentation. Son air de satisfaction railleuse nous indiquait assez clairement que nous étions encore loin du but. — Il était midi; le soleil frappait à pic sur nos têtes, et ses rayons, vivement renvoyés par les sables et se brisant contre les murailles de marbre qui nous entouraient, venaient ajouter à nos fatigues sans éclairer nos recherches. Nous commencions à désespérer, lorsqu'un bruit de gong, multiplié par tous les échos, partit de l'une des montagnes et nous donna le mot de l'énigme. Le désappointement de notre guide acheva de nous convaincre que la pagode venait de se trahir. Les habitants d'un village voisin, que le gong appelait à la prière, passèrent devant nous au même moment et nous n'eûmes qu'à les suivre.

..... Nous arrivons au pied d'un escalier taillé dans le roc. Il faut gravir cent cinquante marches, et l'on se trouve enfin devant les premières portes. Alors commence une enfilade de pagodes, les unes construites sur les flancs extérieurs de la montagne, les autres au fond de grottes tapissées de marbres. L'architecture de ces temples est absolument la même qu'en Chine; des murs en briques, un toit élégamment recourbé et se terminant aux angles par de gracieuses arabesques qui représentent des dragons ou autres animaux fabuleux ; — sur l'autel, la statue d'un ou de plusieurs dieux en bois doré, quelquefois en pierre grossièrement sculptée ; on remarque surtout celle de la déesse Kouan-Yn, sur laquelle les théologiens du Céleste-Empire ont imaginé tant de légendes et qui passe pour la divinité la plus respectable de l'Olympe chinois. Auprès de ces statues sont les vases sacrés où l'on brûle les parfums, des boîtes de bambou qui contiennent les baguettes prophétiques, des plats de porcelaine couverts de mets offerts aux divinités, des livres de théologie, etc., en un mot tout ce qui forme le mobilier d'un temple chinois. Le long du mur sont pendus de grands rouleaux de papier ou de soie, couverts d'inscriptions qui recommandent, selon l'usage, la vertu, la science, etc. L'œil s'arrête peu à l'examen de tous ces détails, dont l'effet est presque nul au milieu des grottes et des mille accidents naturels qui les entourent. Le cadre éclipse entièrement le tableau, et on doit rendre cette justice à l'artiste cochinchinois qu'il n'a point cherché à lutter contre ces tours de force de la nature et qu'il s'est borné, par une modestie rare, à utiliser en l'honneur de la divinité le hasard de ces grottes merveilleuses, sans en altérer le caractère original par un vain luxe d'ornements et de surcharges.

Au sortir de l'une des grottes, nous arrivons, par un sentier bordé d'arbres-nains et de fleurs soigneusement cultivées, sur une espèce de plate-forme qui domine la mer et au milieu de laquelle s'élève un petit monument en pierre grisâtre. L'inscription indique que ce monument a été construit la dix-huitième année du règne de Ming-Mang (prédécesseur du souverain actuel), septième mois, *jour heureux*. Chose singulière ! parmi tous ces monuments construits par la main de l'homme, pagodes, statues, tombeaux, il n'en est pas un seul qui ait été taillé dans le marbre. Il semble que les Cochinchinois aient voulu respecter les blocs énormes de ces montagnes et se soient fait un religieux scrupule d'en détacher la moindre parcelle. Il serait peut-être plus exact de dire qu'ils ne savent pas travailler le marbre : mais peu importe ; le fait n'en est pas moins curieux à signaler.

Les temples sont habités par quelques bonzes, pauvres gens condamnés à vivre d'aumônes, c'est-à-dire à mourir de faim, ou peu s'en faut. La religion leur impose de longs jeûnes, et, grâce à l'avarice ou à la misère des fidèles, l'abstinence est pour eux une vertu trop facile. Lorsque, à l'occasion de la naissance ou du mariage d'un fils, ou dans toute autre circonstance solennelle, une famille du village voisin vient déposer sur les autels des pagodes un plat de bananes ou les restes d'un maigre repas qu'elle offre pieusement au céleste appétit des divinités, je me figure que les bonzes ne laissent pas échapper cette rare aubaine et qu'ils osent s'asseoir à la table des dieux. Il faut bien qu'ils vivent de l'autel ; mais c'est là une triste ressource, et à voir leur visage pâle, leur corps débile, les guenilles de leurs vêtements, on peut se convaincre que les malheureux font réellement pénitence.

Les prêtres qui desservent les autels des pagodes de marbre reçoivent de temps à autre des cadeaux de l'empereur ; mais ce sont presque toujours des livres de piété, des statues, des dieux de rechange, et tout cela ne se mange pas. Et puis, ces cadeaux, qui doivent passer par les mains des mandarins, s'égarent souvent en route, et les bonzes n'en connaissent l'inutile envoi que par les humbles remercîments que les mandarins leur ordonnent d'adresser à l'empereur. Cela peut donner une idée des mœurs administratives de ce charmant pays.

La carrière ecclésiastique en Cochinchine inspire, comme on le pense bien, peu de vocations. Les bonzes ne se recrutent guère que dans les classes inférieures, parmi les infirmes de corps ou d'esprit, quelquefois même parmi les criminels qui ont besoin d'effacer le souvenir de leur vie passée et qui s'empressent de chercher un asile à l'abri des temples de Bouddha. Il y a, cependant, quelques exceptions. Un vieux bonze, qui paraissait être le supérieur de la congrégation des Montagnes de Marbre, jouissait, aux yeux des habitants, d'une certaine considération, et les livres que nous trouvâmes dans sa pauvre cellule indiquaient des habitudes de travail qui le distinguaient de ses confrères. Il nous reçut très-poliment, nous offrit quelques tasses d'eau chaude qu'il buvait à son ordinaire en guise de thé, nous conta sérieusement notre bonne aventure, et ne craignit pas de se compromettre en nous accompagnant pendant le reste de la promenade. Nous n'avions pas, en effet, tout vu. L'habileté de notre prétendu guide avait réussi jusqu'alors à nous éloigner des plus belles grottes que le hasard, notre meilleur *cicerone*, nous fit enfin découvrir.

En sortant de la cellule du vieux bonze, nous nous disposions à retourner dans la plaine et à regagner le canot, lorsque l'un de nous, par une heureuse inspiration, s'engagea dans un sentier très-étroit, embarrassé de pierres et de fascines. A mesure que nous avancions, le sentier semblait s'élargir. Bientôt nous apercevons devant nous une vive clarté : nous pressons le pas et nous voici à l'entrée d'une grotte magnifique.

Cette grotte est, sans contredit, la plus belle de toutes celles que renferment les Montagnes de Marbre. Elle mesure environ dix-huit mètres de long sur une largeur presque égale : sa forme est à peu près circulaire. Son dôme, très-élevé, laisse passer le jour par quatre ouvertures, à travers lesquelles on distingue le bleu du ciel encadré par des buissons d'arbres verts qui croissent sur la surface extérieure et dessinent, par l'irrégulière disposition de leurs branches, de légères arabesques. Les parois de la grotte, luisantes et polies, se colorent diversement, tantôt en vert, tantôt en bleu, tantôt en rouge, selon la nature du marbre ou le reflet de la lumière. Des blocs supérieurs qui forment la voûte tombent çà et là de fortes lianes qui suivent les sinuosités des rochers ou suspendent dans l'espace leurs flexibles rameaux ; on croirait voir des cordes naturelles destinées, dans les pagodes comme dans nos églises, à supporter les lampes sacrées ou de religieux symboles. Les murailles exsudent une abondante humidité, dont les courants, indiqués parfois par une altération dans la teinte du marbre, multiplient les veines capricieuses de la muraille. Le premier coup d'œil est d'un effet magique, et, quand on se prend à penser qu'on se trouve ainsi emprisonné dans une carrière de marbre, on ne se lasse pas d'admirer le hasard merveilleux qui a sculpté cette étrange grotte dans les flancs d'une montagne presque inaccessible. Là encore, les Cochinchinois ont eu le bon goût de respecter la nature et de ne point couvrir de vains décors l'imposante nudité des rocs. Quelques petits autels, quatre groupes fantastiques représentant des divinités assises sur des tigres ou sur des lions, un vase en fer pour brûler les parfums ; voilà tout ce qui rappelle la présence de l'art humain.

Cette fois, notre exploration était complète. Le hasard nous avait ménagé pour la fin sa meilleure surprise.

La journée étant avancée, nous fîmes nos adieux aux bonzes et nous nous dirigeâmes vers la rivière où nous attendait notre canot.

Au lieu de revenir directement à bord, nous mîmes pied à terre à Touranne. Il y avait grande foule sur le rivage, à cause du marché qui se tenait en ce moment.

Nous traversâmes le marché, c'est-à-dire plusieurs rangées de boutiques garnies de fruits, de légumes, de poisson, de tous les objets de consommation usuelle, et nous prîmes la première rue qui s'ouvrit devant nous. — Les maisons, généralement en briques, sont séparées les unes des autres par un petit jardin entouré de haies. Elles n'ont qu'un rez-de-chaussée composé de deux pièces : la première où se tient la famille pendant la journée ; l'autre, où elle couche. Les lits (une natte et un traversin en bambou, quelquefois un hamac) sont roulés le long de la muraille et ne sont étendus que le soir. L'ameublement est des plus simples : quelques escabeaux en bois, une table, un bahut où sont renfermés les hardes, le tabac, la boîte à bétel et les livres. Dans les maisons les plus pauvres, nous avons vu des livres, notamment des livres de piété et de médecine ; il n'est pas de Cochinchinois qui n'ait suivi l'école ; ici, comme en Chine, l'instruction est beaucoup plus répandue qu'en Europe parmi les classes inférieures. Partout on nous accueillait sans défiance ; on nous offrait la tasse de thé et une de ces pipes à long tuyau qui se fument en deux ou trois bouffées. Les femmes ne paraissaient pas aussi craintives que dans le Céleste-Empire; du moins la curiosité l'emportait chez elles sur cette pudique frayeur qu'inspire au beau sexe oriental la vue d'un Européen.

Dans quelques maisons, et même dans la rue, autour de nous, quelques Cochinchinois s'aventuraient à faire ostensiblement le signe de croix pour nous indiquer qu'ils étaient chrétiens. Nous nous arrêtions de préférence chez eux, nous achetions dans leurs boutiques: nous leur donnions nos sapèques. Mais bientôt nous aurions pu nous croire à Rome. — C'étaient à chaque instant des signes de croix plus ou moins orthodoxes. Notre générosité avait converti tout le monde, ou, pour mieux dire, nous étions dupes. Mais le tour ne manquait pas d'à-propos. Nous avions fait de la propagande sans le savoir et avec un succès à rendre jaloux le plus zélé missionnaire.

Nous voulûmes visiter la demeure des éléphants blancs, dont il est question dans plusieurs relations de voyage à Touranne. L'empereur de Cochinchine possédait autrefois, comme aujourd'hui encore le roi de Siam, quelques-uns de ces éléphants qui jouissaient dans le pays d'une vénération à peu près égale à celle qu'accordaient les Egyptiens au bœuf Apis. On nous montra une pagode qu'on nous dit leur avoir été consacrée: mais il n'y avait aucun signe particulier qui pût rappeler la présence de ces nobles animaux; le temple et la cour, où se trouvait l'étable, paraissaient abandonnés depuis longtemps.

Presque au milieu de la ville, sur un tertre, s'élève un fort dont la construction, assez régulière, remonte à la fin du dernier siècle, alors que plusieurs ingénieurs et officiers français vinrent s'établir en Cochinchine, au service de l'empereur Gia-long, protecteur éclairé de la religion catholique. Près de là s'étend le cimetière. Sauf deux ou trois monuments en pierre taillés en forme de fer à cheval et couverts d'inscriptions, la place des tombeaux n'est ordinairement indiquée que par une petite élévation de terrain, sur laquelle la famille arrache les herbes. Les Cochinchinois ont le plus grand respect pour les tombeaux. Nous avons retrouvé intacte la croix de bois qui surmonte la tombe d'un matelot de la frégate *l'Erigone*, enseveli, en 1843, près du rivage; le terrain environnant avait été entretenu avec soin. On nous montra aussi le tombeau d'un officier français de la frégate de d'Entrecasteaux.

La nuit venait : il était temps de retourner à bord. Notre interprète, pour lequel toute cette journée n'avait été qu'un long martyre d'impatience et d'inquiétude, nous accompagna avec le plus vif empressement jusqu'à notre canot qui nous attendait à l'embouchure de la rivière. En quelques minutes nous eûmes traversé un dédale de petites rues et nous arrivâmes près d'une grande pagode où avait eu lieu l'entrevue du commandant de *l'Alcmène* avec le mandarin envoyé par l'empereur. Les soldats cochinchinois auxquels notre présence dans la baie avait imposé le service le plus dur et une faction presque continuelle, étaient rangés en ligne, la lance au pied ou le fusil sur l'épaule.

Nous attendions toujours notre évêque. Après avoir vu les Montagnes de Marbre, nous n'avions plus à désirer qu'un prompt départ qui nous éloignât d'un pays où les ressources sont presque nulles, et dont la température, rarement au-dessous de 32 degrés, commençait à nous être insupportable. — Le 12 juin, au matin, j'étais descendu à terre et je me promenais dans le village, lorsque, de loin, j'aperçus un groupe nombreux au milieu duquel s'élevaient quelques piques de soldats. J'approchai, et je distinguai, entre les rangs des Cochinchinois, un homme qu'à son teint et à ses traits je reconnus de suite pour un Européen. Il s'avançait pieds nus, coiffé d'un bonnet du pays et vêtu d'une longue robe de soie violette. C'était l'évêque. Son visage pâle, ses traits amaigris portaient l'empreinte des souffrances qu'il avait endurées pendant une longue captivité. On le conduisit d'abord chez le mandarin, où le commandant, prévenu, était arrivé pour le recevoir. Le prisonnier fut livré avec toutes les formalités prescrites dans la lettre du ministre impérial. A dix heures, monseigneur Lefèvre était à bord de *l'Alcmène* qui mit immédiatement à la voile et nous emporta, par une belle brise, loin des côtes de Cochinchine.

JAVA.

Possessions hollandaises en Asie. — Batavia. — Weltevreden. — Quartier chinois. — *Campong* malais. — Buitenzorg. — Mœurs javanaises.

Les possessions néerlandaises en Asie comprennent à peu près tout l'espace qui s'étend entre les 94° et 130° de longitude Est, et entre les 7° de latitude nord et 10° sud, c'est-à-dire Java et les îles circonvoisines, Bali, Lombock, Banca, une grande partie de Sumatra, plusieurs points sur le littoral de Bornéo, les Moluques, les Célèbes, et la moitié de l'île de Timor. La population des pays occupés s'élève à plus de 15 millions d'âmes.

De toutes ces îles, Java est, sans contredit, la plus importante. Son étendue, sa population, sa culture, ses revenus lui assurent le premier rang, et Batavia, sa capitale, est devenue le centre d'administration, l'entrepôt général du commerce de l'Archipel.

De hautes montagnes, des volcans, de nombreux cours d'eau, de vastes forêts sont répandus sur la surface de l'île et présentent, à côté des champs de riz, des jardins de café, des riches plantations qu'entretient la vigilance hollandaise, ces magnifiques tableaux dont la nature est si prodigue dans les régions tropicales. A chaque pas, il y a contraste entre l'œuvre de Dieu et le travail de l'homme. Les différentes générations qui se sont succédé sur le sol, depuis les temps primitifs jusqu'à l'époque de la domination européenne, ont laissé, par des monuments, par des inscriptions, par des temples dont on admire encore les ruines, les traces de leur existence, de leur religion et de leur génie.

On sait comment les Hollandais se sont établis à Java, par quels moyens ils ont consolidé leur conquête; des guerres heureuses contre les souverains de l'île, des traités avantageux arrachés par la force ou obtenus par la ruse, une intervention habile dans les querelles des rajahs, ont permis à l'ancienne Compagnie de jeter à Java les fondements d'un empire, que le gouvernement, héritier de ses droits et de sa politique, a su compléter par des agrandissements successifs depuis 1815. La révolte de Diepo-Nigoro, en 1827, n'a servi qu'à autoriser de nouveaux empiétements, et aujourd'hui l'île de Java, à l'exception des deux provinces de Soerakarta et de Djokokarta, sur la côte méridionale, est directement soumise à l'autorité du roi de Hollande. Les deux provinces qu'on vient de citer sont régies par des princes indigènes, souverains de nom, mais sujets de fait et dominés complétement par l'influence des Hollandais, qui leur laissent à peine les fastueux dehors et les vains hochets des royautés orientales.

La colonie de Java se divise en vingt provinces ou régences administrées chacune par un gouverneur particulier appelé régent, qui reçoit les ordres du gouverneur général et de l'administration centrale de Batavia.

De belles routes relient entre eux les points les plus importants de l'île; la plus longue part de Bantam et aboutit à Sourabaya, suivant ainsi toute la côte septentrionale et passant par Batavia, Chéribon et Samarang. La colonie est redevable de la plupart de ces routes à l'énergique administration du général Daendels, qui employait à ces grands travaux d'utilité publique la corvée due par le paysan javanais ; mais combien d'hommes ont péri à la peine sous les feux d'un soleil brûlant et sous le poids d'un travail que le gouvernement mesurait à sa volonté et non à leurs forces ! Des chemins pratiqués dans le flanc d'une montagne ou taillés dans le roc étonnent les voyageurs par l'immensité de l'œuvre et par le spectacle de la difficulté vaincue.

Mais le plus beau travail de la colonisation hollandaise, c'est Batavia. Ce ne sont plus seulement les constructions, le mouvement, l'aspect d'une grande ville ; ce sont les mœurs, la civilisation, la vie européenne, transplantées si loin, sans cesse renouvelées par les relations du commerce et par un échange continuel d'hommes et d'idées avec la mère-patrie. L'Orient compte ainsi trois métropoles : Batavia, Calcutta, Manille ; la première n'est pas inférieure à ses deux rivales.

La brise de mer, soufflant à son heure, pousse lentement le navire, qui se dirige vers la rade. La mer, ordinairement calme et unie comme un lac, est semée d'îlots couverts autrefois d'établissements hollandais, arsenaux, chantiers de construction, citadelles, que les Anglais ont détruits lors de leur occupation en 1811. Dans l'ouest, on aperçoit au loin les hautes terres de l'extrémité méridionale de Sumatra, brusquement coupée par le détroit de la Sonde, et au sud la plaine de Java, parsemée de villes et de cultures, et s'élevant par une pente insensible jusqu'à Buitenzorg, où se dressent les pics élevés du Salak et du Gédé, qui bornent l'horizon comme un immense rideau tombant des nuages. De tous côtés, dans les passes laissées entre les îles, vous distinguez les nombreux navires qui font voile vers le but commun et que distance, sans peine le bateau à vapeur de Singapore, de Samarang ou de Bantam. Aux solitudes de la pleine mer succède tout à coup ce tableau animé que présentent les approches d'un grand port.

Le navire mouille enfin à deux milles de terre. Le pavillon hollandais flotte presque exclusivement dans la rade à bord de ces gros vaisseaux que la Société de Commerce a frétés dans la métropole. Les Anglais, habitués à dominer partout, semblent ici honteux de leur petit nombre, et l'on n'aperçoit que de temps à autre le pavillon étoilé des Etats-Unis, qui se déploie si hardiment sur toutes les mers. C'est que la Hollande, en maîtresse habile, administre Java comme un domaine privé ; elle veut transporter sur ses vaisseaux ce qu'elle produit par son travail et se réserver la mer comme le sol.

Tel est l'aspect général de la rade, que sillonnent à toute heure les embarcations qui gagnent le canal pour se rendre à terre. Ce canal a été construit, au temps de l'ancienne Compagnie, avec le lit d'une rivière qu'obstruaient sans cesse les dépôts de vase. Il s'avance de près d'un demi-mille dans la rade entre deux étroites jetées qui ne le défendent qu'imparfaitement contre la mer. Plus haut, les rives sont bordées de marais d'où s'exhalent, après le coucher du soleil, des émanations méphitiques extrêmement malsaines et qui rendent dangereux pour les Européens le séjour de la rade. Les bateaux de pêche et de cabotage sont mouillés dans le canal, qui offre également un sûr abri aux jonques chinoises et aux prows malais ; on passe en revue toutes les formes de l'architecture navale adoptées par les peuples orientaux, formes bizarres, ingénieuses parfois, et auxquelles la superstition ajoute ses ornements grotesques et ses précautions presque enfantines.

On remonte le canal pendant plus de deux milles, et, après avoir passé sous les canons d'un fortin qui se cache sous un bouquet de verdure et qui a pour mission de rendre les saluts de la rade, on descend sur la gauche près d'un hangar qui abrite le voyageur au débarcadère.

On suit une large allée qui conduit à la porte de la ville. On dirait la porte d'un cimetière. Les urnes noires qui la surmontent, semblables à des urnes funéraires, les sculptures aux teintes sombres, les grands arbres qui bordent l'avenue, la vue de ces marais inhabités qui se continuent quelque temps encore après que l'on a franchi la porte, cette première entrée à Batavia, surtout si l'on arrive avant que le soleil ait entièrement dissipé les brouillards de la nuit, produit sur l'âme une impression triste et la ramène involontairement aux idées de fièvre et de mort, au souvenir de ces milliers d'Européens qui ont trouvé leur tombeau dans ce pays réputé le plus malsain du monde. L'aspect de l'ancienne ville ne détruit pas encore cette fâcheuse impression. C'est une grande rue, toute droite, bordée de hautes maisons à deux ou trois étages, avec de larges fenêtres et de petites vitres, comme nous en voyons encore dans nos vieilles villes du nord. Partout où les Européens se sont établis, ils ont voulu, dès l'origine, transporter dans les colonies leur mode de construction en même temps que leurs habitudes, sans tenir compte de la différence des climats ni des convenances particulières que leur imposait la nature de ces pays nouveaux pour eux. Ils ont bâti des villes, aligné des rues, abattu les arbres qui gênaient la symétrie et la sévère ordonnance du plan, et se sont livrés sans défense aux rayons d'un soleil meurtrier. Les indigènes ont toujours gardé leur case de bambou et le cocotier qui la protége. Les Hollandais à Batavia, les Espagnols à Manille, ont suivi le même système, et l'on retrouve dans ces deux villes la physionomie de l'Espagne et des Pays-Bas. — Aujourd'hui les Européens de Batavia n'habitent plus la vieille ville; ils n'y ont gardé que leurs magasins où les appellent le voisinage du port et les besoins du commerce; ils n'y demeurent qu'une partie de la journée, au moment des affaires, et, dès que le soir vient, ils retournent à la campagne, abandonnant la ville aux miasmes, aux Malais et aux Chinois, que la nature semble avoir faits pour vivre partout. On prétend qu'une nuit passée dans ces anciens quartiers serait fatale à l'Européen.

Nous ne nous arrêterons donc pas, et nous poursuivrons notre route vers la nouvelle ville, qui s'étend à la suite de l'ancienne, sur un terrain plus élevé, loin des marais et à l'abri de leurs émanations. Ce fut le général Daendels qui, en 1808, transporta dans la campagne de Weltevreden le siége du gouvernement; la plupart des habitants l'y suivirent et construisirent leurs maisons sur un plan mieux approprié aux exigences du climat. Weltevreden n'est pas une ville, c'est un assemblage de villas entourées d'arbres et de jardins, ombragées par des galeries ou varangues, isolées de manière à recevoir alternativement et dans toute leur force la brise de terre et la brise de mer. Les Européens sont donc revenus à l'imitation des mœurs indigènes, et ils ont sagement fait; la santé publique s'est améliorée sensiblement, et si la campagne de Batavia ne peut encore passer pour un pays sain, si parfois, dans les mauvais jours de la mousson de sud-ouest, les épidémies et les fièvres viennent surprendre les colons dans leurs confortables demeures, il y a loin de ces invasions momentanées à la mortalité régulière et impitoyable qui décimait autrefois, en toute saison, la population hollandaise de Batavia.

Weltevreden est sillonné de canaux qui varient le paysage et rappellent la Hollande; agréable souvenir de la mère-patrie, et en même temps excellente mesure de salubrité, qui facilite l'écoulement des eaux. Les rues, ou plutôt les routes, sont bordées d'arbres et de verdure; elles forment de longues et charmantes promenades. Deux grandes prairies s'étendent au milieu de ce vaste jardin : l'une, le champ de Waterloo, entourée par les habitations des officiers et terminée, à l'une de ses extrémités, par un énorme édifice où sont réunis les bureaux du gouvernement; au centre, s'élève une colonne surmontée d'un lion en l'honneur de Waterloo; l'autre, *Kœning's-Plain*, ou Plaine-du-Roi, où l'on rencontre parfois un escadron de cavalerie manœuvrant à côté d'un troupeau de bœufs qui paît tranquillement.

L'architecture des maisons est simple et de bon goût; il n'y a le plus souvent qu'un rez-de-chaussée, et la façade est soutenue par des colonnes entre lesquelles sont ménagées de fraîches promenades. L'extérieur est peint à la chaux; la couleur blanche repousse les rayons du soleil et donne à l'habitation une apparence à la fois gaie et propre. Les pièces intérieures, grandes et aérées, sont meublées avec recherche; les Hollandais ont su concilier les jouissances du luxe avec les conditions du confort. Batavia est, sans contredit, la ville européenne la mieux organisée aujourd'hui pour la vie orientale : sous ce rapport, Manille et Calcutta ne peuvent lui être comparées.

A l'exception de l'hôtel du gouvernement sur la place Waterloo et d'un club appelé l'Harmonie, toutes les maisons sont à peu près de même grandeur et de même aspect. Nous sommes dans un pays protestant; par conséquent pas d'églises ni de clochers qui élèvent au ciel leurs dômes étincelants surmontés de la croix. Dans les contrées soumises à la domination d'un pouvoir catholique, à Manille ou dans les vieilles colonies portugaises de Macao ou de Goa, le fanatisme religieux, qui avait poussé à la conquête, couvrit également le sol indien de hautes cathédrales, de superbes monastères, de ces édifices somptueux et imposants qui devaient frapper vivement l'imagination des nouveaux convertis. L'Europe catholique transporta dans ses colonies du seizième siècle ce zèle infatigable pour les constructions pieuses, cette foi en quelque sorte matérielle dont l'Espagne et les bords du Rhin nous montrent aujourd'hui encore les gigantesques travaux. A Goa, la religion a eu sa cathédrale avant que le gouvernement eût son palais, et les plus anciens monuments de Manille sont les couvents. Il n'en fut pas ainsi sous la domination des Hollandais et des Anglais; plus de fanatisme, plus de grandes œuvres; au lieu de cette foi ardente qui aime à revêtir de formes radieuses le symbole de son adoration, au lieu de ce travail fervent ne recherchant d'autre récompense que la satisfaction du sentiment pieux qui l'inspire, nous ne retrouvons guère que l'idée de gain, de profit, d'intérêt, passant son niveau régulier sur les choses comme sur les hommes, et mesurant ce qu'elle produit à l'utilité, non à la grandeur. Là une cathédrale, ici une route ; là des couvents, ici des canaux. Sans doute la colonie hollandaise sera plus riche et plus florissante. Que font à Goa ses nefs désertes et ses cellules abandonnées? Mais nous admirons encore dans les ruines de la vieille ville d'Albuquerque les monuments d'un passé glorieux. Si demain Batavia subissait la destinée de la colonie portugaise, que resterait-il dans deux siècles de cette métropole aujourd'hui si fortunée? Quel monument serait debout pour inspirer au voyageur le sentiment respectueux qui s'attache encore aux antiques pierres de Goa?

Ainsi, pour en revenir à Batavia, l'aspect général de la ville présente à l'étranger un point de vue agréable, heureux, opulent, mais il semble dépourvu de grandeur. C'est un assemblage de maisons de plaisance, égayées par une nature toujours verte, par ces chaudes couleurs que versent les rayons du soleil d'Orient, par cette apparence de propreté et d'aise qui appartient aux industrieux enfants de la Hollande; mais ce n'est plus ce que nous sommes convenus d'appeler en Europe une capitale, une métropole.

La température, pendant la journée, est si accablante que les quartiers de Weltevreden et de Ryswick sont presque déserts. Le matin seulement les négociants et les hommes d'affaires se rendent, dans de légers tilburys, à leurs comptoirs ou à leurs bureaux de la vieille ville. Ils demeurent là enfermés tout le jour et ne reviennent qu'au moment du dîner, entre cinq et six heures. Les dames restent chez elles pendant tout ce temps, qui est consacré au bain, à la sieste, etc., et interdit aux visites. C'est du reste le genre de vie adopté par les Européens à Calcutta, à Manille et en général dans les colonies de l'Orient.

Mais, aussitôt que le soleil a disparu derrière l'horizon, dès que la brise se lève, les promenades sont sillonnées en tous sens par d'élégantes voitures découvertes, où les dames en toilette et tête nue, les hommes en uniforme, ou vêtus selon les règles les plus sévères de l'étiquette, vont respirer l'air frais du soir avant de se montrer au bal, au cercle ou au théâtre. A certains jours, le rendez-vous est à la place Waterloo, où l'on peut entendre la musique militaire. Les nombreux domestiques avec leur costume indien, les torches résineuses qui servent de lanternes et qui, entraînées derrière la voiture, semblent tracer sur la route un épais sillon de feu, la sérénité du ciel, l'obscurité des jardins, et tout d'un coup la vive clarté qui s'échappe des salons ouverts d'une maison habitée par un riche colon, ce contraste continuel de la vie européenne avec les habitudes orientales rappelle à chaque instant l'étranger au souvenir de la mère-patrie et le surprend agréablement par cette apparition soudaine, mais fugitive, de l'Europe dont il se croyait si loin.

Les Européens ne vont jamais à pied : ce serait en quelque sorte se compromettre que de paraître le soir dans les allées de Weltevreden autrement qu'à cheval ou en voiture, et de disputer au Malais la poussière du chemin. Cette tyrannie de l'opinion paraît au moins singulière à l'étranger qui arrive et ne s'arrête à Batavia que quelques jours; on croirait en effet qu'après une journée de repos forcé et d'immobilité presque complète, rien ne peut être à la fois plus salutaire et plus agréable qu'une longue course au frais du soir. Mais lorsqu'on habite depuis longtemps la colonie, le climat a tellement épuisé les forces et paralysé toute énergie que le moindre exercice devient fatigue. La promenade alors n'a plus de charmes ; c'est au rapide galop du cheval, aux vives secousses d'une voiture qu'il faut aspirer cette brise si rare, que la vitesse rend plus fraîche.

Partout où l'Européen s'est établi, il veut dominer non seulement par la force matérielle, qui souvent serait insuffisante, mais surtout par la supériorité morale. La qualité de *blanc* doit toujours, aux yeux de l'indigène, être entourée d'un certain prestige : aussi le colon, par système autant que par amour-propre, tient à déployer dans sa vie extérieure les habitudes du luxe et de la richesse ; il a voiture ; il se couvre d'étoffes coûteuses ; il évite soigneusement tout contact qui pourrait compromettre sa dignité ; il faut que l'indigène ne cesse jamais de voir dans l'homme blanc un être supérieur par le rang et par la fortune. Les peuples orientaux se laissent principalement séduire par les apparences et éblouir par ce qui brille. Un maître qui s'exposerait, comme eux, aux ardeurs du soleil et aux fatigues d'une longue route ; qui, comme eux, se contenterait d'un grossier vêtement de coton et d'une écuelle de riz, obtiendrait sans doute peu de respect. A leurs yeux, vivre grandement, vivre en tout autrement qu'ils ne vivent, paraître riche, c'est être digne de leur commander.

Il est donc juste, avant de condamner ce luxe que nous reprochons ordinairement aux colons, de tenir compte de la position qui leur est faite par les préjugés de l'indigène et de la contrainte continuelle que leur impose l'intérêt de leur sûreté, de leur dignité personnelle. Comment conserveraient-ils la supériorité sur des millions d'indigènes, s'ils ne se retranchaient dans cette vie d'orgueil et de richesse qui leur donne la force morale, s'ils n'établissaient entre eux et leurs sujets ces barrières hautaines que l'Indien respecte parce qu'il se sent incapable de les franchir?

D'ailleurs, le luxe à Batavia n'est point un luxe factice. Il y a de grandes richesses acquises dans le commerce ou dans les cultures de l'île, de hautes positions administratives et militaires convenablement rétribuées, des fortunes indépendantes se transmettant dans les familles qui ont adopté Java pour patrie. Dans la plupart des colonies, l'Européen ne considère son éloignement de la métropole que comme un temps d'exil consacré à l'acquisition d'une fortune qu'il doit emporter un jour, le plus tôt possible, en Europe. Il n'en est pas de même à Java. Un grand nombre de Hollandais s'y établissent définitivement, et préfèrent au climat rigoureux du Nord, aux contraintes de la vie européenne, la température plus égale des tropiques et les habitudes larges et heureuses de l'existence coloniale. Sous ce rapport, Java n'est plus une colonie, c'est réellement une province de la Hollande. Aussi les relations sociales y sont-elles plus développées que dans l'Inde et à Manille. On y trouve tous les éléments qui font le charme de la vie d'Europe, toutes les ressources que peut offrir une nombreuse réunion d'hommes instruits et de femmes distinguées.

La ville possède un théâtre, presque toujours exploité par une troupe française. On y joue les opéras, les drames, les comédies de notre moderne répertoire. L'exécution laisse sans doute beaucoup à désirer; mais, à pareille distance, c'est une apréable surprise d'entendre une réminiscence de Rossini ou de Meyerbeer et une jolie scène de M. Scribe. Le vaudeville même a quelque succès. Cela suppose dans les spectateurs une connaissance parfaite de notre langue et de nos mœurs.

Tout le monde, en effet, parle français à Batavia, et il n'est pas de riche colon dont la bibliothèque ne contienne les meilleurs ouvrages de notre littérature. La langue anglaise est beaucoup moins répandue. Batavia est, du reste, après Bourbon, la seule colonie de l'Orient où un théâtre, français ou autre, ait pu jusqu'ici se soutenir.

L'Harmonie est un grand cercle ouvert aux principaux habitants et aux étrangers : c'est là que le gouvernement donne les fêtes que ramènent plusieurs anniversaires. La salle de bal est magnifique; il en est peu, même en Europe, qui offrent des réunions aussi brillantes et de meilleur goût. Un autre cercle, *la Concorde*, est réservé aux officiers de la garnison. L'Harmonie renferme également un musée, où sont réunies de riches collections de minéralogie, de géologie, d'histoire naturelle, les armes des indigènes, les curiosités du pays, des bas-reliefs provenant des ruines d'anciens temples, et qui peuvent donner sur la religion, sur les coutumes, sur les arts des anciens habitants de l'île d'intéressantes notions dont la science a déjà tiré parti. C'est à l'Harmonie que s'assemble la Société des sciences et arts de Batavia, société qui a produit d'excellents mémoires et qui lutte de savoir et de réputation avec la Société asiatique de Calcutta.

Ainsi la capitale des possessions hollandaises dans l'Inde possède, sous le rapport intellectuel et moral, toutes les ressources, toutes les institutions qui n'appartiennent en Europe qu'aux grandes cités : un théâtre, des cercles, des musées, des sociétés savantes, et même des savants.

Weltevreden est uniquement habité par les Européens. Les indigènes ainsi que les colons chinois, arabes et bugis, ont leur quartier ou *campong* à part, soit auprès de la vieille ville, soit dans la campagne voisine. Il ne faut pas oublier, dans ce recensement de la population de Batavia, quelques descendants des Portugais qui occupent l'emplacement, aujourd'hui presque désert, de l'ancienne Jacatra; race abâtardie, qui s'est mêlée peu à peu avec les natifs et dont la misère actuelle contraste avec les glorieux souvenirs qui s'attachent dans les Indes au nom portugais.

Le campong chinois touche à la vieille ville. On ne sait pas au juste à quelle époque les premiers colons chinois sont arrivés à Java; si l'on en croit les traditions du pays, ce serait vers le neuvième siècle, à la même époque que les Arabes. Lorsque les Européens parurent dans les îles de l'Archipel oriental, ils y trouvèrent les Chinois qui les avaient précédés, non par la conquête, mais par l'exploitation paisible d'un commerce lucratif et d'une industrie supérieure. Ce peuple, né pour les affaires du négoce et que l'on a souvent comparé au peuple juif, accepta la domination européenne, qui lui laissait toute latitude pour ses opérations commerciales et souvent même faisait appel aux ressources de son intelligence et à l'habileté de ses bras. Les Chinois furent donc protégés à Java par le gouvernement hollandais, tant qu'ils ne se mêlèrent pas des affaires politiques et ne prirent point parti dans les luttes que soutinrent les indigènes contre leurs conquérants; mais leur situation prospère et leurs richesses excitant bientôt la jalousie de tous les habitants du pays, même celle des colons hollandais, ils se virent en butte à toute sorte de mauvais traitements, de vexations qui les poussèrent une première fois à se révolter vers 1660. Ils étaient nombreux, pouvaient trouver aide parmi les tribus encore indépendantes de l'intérieur, si celles-ci avaient su profiter des circonstances pour se réunir contre l'ennemi commun. Les Hollandais eurent beaucoup de peine à étouffer cette révolte qui entretint la guerre pendant plusieurs années. Les rebelles furent cependant obligés de se soumettre. Ces événements n'arrêtèrent point par la suite l'arrivée de nouveaux émigrants que la misère chassait des provinces maritimes du Céleste-Empire, et qui venaient chercher fortune dans la colonie européenne. Les instincts mercantiles, la soif du gain l'emportèrent longtemps encore sur le dégoût que pouvaient inspirer aux Chinois les difficultés de leur position. Toutefois, en 1742, une seconde révolte força les Hollandais de recourir aux moyens extrêmes : les Chinois furent massacrés à Batavia, et un décret d'extermination générale fut lancé contre eux dans toute l'île de Java. Ils périrent ainsi par milliers, et les Hollandais se crurent débarrassés de ces hôtes incommodes. Mais les Chinois ne se tinrent pas pour battus ; d'autres émigrants revinrent ; à force de persévérance et de ruse, ils reprirent pied dans le pays et se trouvèrent bientôt plus nombreux et plus puissants que jamais. Les voici maintenant solidement attachés à la colonie, où leur industrie, leur intelligence, leurs capitaux leur assurent la supériorité sur les indigènes et une large part dans les transactions des Européens. L'histoire des Chinois à Java et dans les Philippines est de tous points identique ; proscrits deux fois, ils sont deux fois revenus.

Il en arrive dans la colonie plusieurs milliers par an, à bord des jonques qui viennent de Chine en touchant à Singapore, où elles prennent d'ordinaire un capitaine européen pour les conduire dans les détroits difficiles de l'Archipel. Les Chinois ne sont point fatalistes, et leur superstition ne va pas jusqu'à une confiance aveugle dans la vertu des papiers dorés qu'ils brûlent matin et soir en l'honneur de la déesse des mers ou dans la vigilance des yeux si soigneusement peints sur l'avant de leurs navires. Pour naviguer le long des côtes, dans les mers de Chine ou dans les parages qu'ils fréquentent de temps immémorial, les traditions, l'habitude, la routine leur suffisent; mais, pour s'aventurer au loin, ils préfèrent prudemment la boussole européenne et les yeux d'un pilote.

Les émigrants chinois débarquent dans les principaux ports, à Sourabaya, à Samarang, à Chéribon, et, le plus grand nombre, à Batavia. Le campong qu'ils occupent dans cette dernière ville présente une physionomie entièrement chinoise : ce sont de petites rues étroites et sales, des édifices en briques avec toits relevés et ornements fantastiques; partout une activité extraordinaire, une alerte continuelle; à chaque pas, des boutiques pleines de monde où l'étranger peut étudier jusqu'aux moindres ustensiles employés en Chine, des ateliers où le travail se prolonge nuit et jour, des marchands ambulants, des barbiers, des diseurs de bonne aventure, des coolies chargés de lourds fardeaux, etc., c'est à peine s'il y a place. Quelle différence avec la tranquillité luxueuse de Weltevreden et l'indolence du quartier javanais! Lorsque la nuit vient, tout le campong s'illumine pour la joie ou pour le travail; aux coups réguliers du marteau sur l'enclume se mêlent les sons criards de l'orchestre qui joue sur un théâtre voisin, les voix discordantes des acteurs, les cris de la multitude, tandis qu'au fond d'une salle à peine éclairée par une lampe huileuse les voluptueux se gorgent d'opium et demandent à cette ignoble ivresse l'oubli d'un long exil ou le rêve du pays. Ce n'est plus Java, c'est une ville de Chine transportée là tout d'une pièce, maisons et habitants.

Il s'est formé ainsi à Batavia, comme à Manille, une colonie considérable d'émigrants, qui se recrute chaque année et qui s'augmente d'elle-même par les mariages des Chinois avec les femmes indigènes. On trouve des familles établies dans l'île depuis plusieurs générations et conservant dans toute leur pureté le type et le caractère primitifs; un Chinois ne se dépayse jamais. Du reste, le gouvernement hollandais, loin de rechercher entre ces diverses races une fusion qui serait impossible, leur permet de s'administrer elles-mêmes, sous l'autorité de leurs chefs ou capitaines, dont il soumet les actes à un contrôle de simple police. C'est l'unique moyen de les gouverner sagement et sans embarras, surtout les Chinois, dont les préjugés tenaces et les habitudes traditionnelles résisteraient invinciblement aux innovations d'un système étranger.

Les colons chinois sont moins nombreux dans les campagnes que dans les villes, les bras indigènes suffisant aux travaux des cultures; toutefois, dans les usines, ils remplissent les fonctions de contre-maîtres; quelques-uns même sont à la tête de grandes plantations qu'ils dirigent pour le compte des propriétaires européens. Ils acquièrent ainsi une fortune rapide et se créent des intérêts qui les retiennent à Java.

Bien que le gouvernement hollandais se soit à plusieurs reprises montré sévère contre les Chinois et qu'il ne voie pas sans quelque jalousie les richesses accumulées entre leurs mains, on doit reconnaître pourtant qu'il les traite aujourd'hui avec certains égards et presque sur le pied de l'égalité. Il n'en est pas ainsi dans les colonies anglaises et espagnoles. A Manille, le Chinois est condamné à demeurer pauvre et misérable dans ses habitudes, dans ses vêtements, dans sa vie extérieure ; il ne va qu'à pied et n'oserait point disputer le pas au dernier mousse d'un navire européen. A Batavia, il n'est pas rare de le rencontrer vêtu avec recherche, fier de ses richesses, carrément assis dans une élégante voiture que traînent quatre chevaux de poste, et faisant claquer son fouet tout comme un autre. Au fond, il n'y a rien là qui ne soit parfaitement juste ; mais on ne peut s'empêcher de remarquer, à l'honneur des Hollandais, la différence que présente la condition des Chinois dans les deux colonies. Aussi Java est-il devenu le point le plus important de l'émigration chinoise.

Les Bugis occupent, ainsi que les Chinois, un quartier à part et demeurent soumis à l'autorité de leurs chefs. Quelques Arabes résident à Batavia et se livrent au commerce; ils professent librement leur religion.

Les Javanais habitent leur campong, dont les cases sont construites en bois, fort simples d'apparence et d'ameublement, mais propres. Ils exercent les petites industries du pays; un grand nombre sont au service des Européens. Tous les matins, avant le lever du soleil, on les voit se réunir, hommes et femmes, sur les rives des canaux, où des escaliers ont été ménagés à dessein, et faire leurs ablutions. Mais ce n'est point à Batavia qu'il faut étudier la population javanaise ; ses habitudes, son naturel sont inévitablement altérés par le contact des races étrangères qui se partagent la grande ville; nous la retrouverons avec ses mœurs primitives et son caractère original dans les villages qui couvrent l'intérieur de Java.

A quelques milles de Batavia, sur la route qui conduit à Buitenzorg, résidence habituelle du gouverneur général, est situé une espèce de camp appelé *Meester Cornelis,* du nom d'un Hollandais, qui, lors de l'invasion anglaise, se distingua dans cet endroit par une vigoureuse défense. Pendant le jour, ce camp est presque désert ; mais, à la nuit, on y voit accourir de Batavia et des campongs voisins une foule nombreuse d'indigènes qui viennent après le travail chercher les distractions de la danse, de la débauche, du jeu et de l'opium. C'est un spectacle singulier. Sur une grande place sale et boueuse, à peine éclairée par quelques lampions posés à terre, divers groupes se forment; ici, ce sont des Malais accroupis autour d'une table en bois, qui risquent aux jeux de hasard leur faible salaire de la journée ; les Chinois, qu'on est sûr de rencontrer partout où il y a chance de gain, sont de la partie. Plus loin, ce sont des cercles au milieu desquels plusieurs femmes toutes luisantes d'huile de coco, parées de la fleur d'oranger et vêtues de brillants oripeaux, exécutent au son d'une flûte criarde et d'un tambourin les danses du pays. Ces danses diffèrent entièrement des nôtres ; elles n'exigent qu'un étroit espace, car les jambes n'y jouent presque aucun rôle ; au lieu de ces figures régulières et convenues, de ces sauts plus ou moins mesurés qui animent les danses européennes, ce sont des poses expressives qu'accompagne une pantomime des moins équivoques, des gestes lents ou des frémissements de tout le corps qui s'agite sur place et fait résonner les nombreux bracelets attachés aux pieds et aux bras. Les Malaises dansent tantôt seules, tantôt ensemble, et ordinairement il y a dans chaque groupe un cavalier dont le rôle consiste à servir de point de mire aux yeux et aux gestes provoquants des danseuses. Celles-ci sont vêtues avec une certaine grâce : leur taille est entourée d'une longue ceinture dont elles tiennent les deux bouts dans les mains pour s'en couvrir le visage aux moments les plus hardis de leur pantomime. Les danses attirent une foule de monde; les Malais ne s'en lassent pas, et plus d'un Européen vient incognito étudier ces mœurs bizarres et ces tableaux trop souvent obscènes. Près de là se trouve une agglomération de cases en bois, où se dénoue en quelque sorte le drame dont les danses en plein air ne sont que le prélude. L'intérieur des cases ressemble à un dortoir; des deux côtés on voit des lits en bambou, garnis d'un épais rideau destiné à repousser les moustiques ou les regards curieux, bien que le vice en pareil endroit soit peu discret. Il y a là un pêle-mêle d'hommes et de femmes fumant l'opium, buvant l'arack ou le toddy, liqueurs fermentées du pays, en un mot, se livrant à tous les genres d'ivresse et présentant le tableau de la plus profonde dépravation. La curiosité satisfaite, on est bientôt dégoûté de ce triste spectacle.

Nous laisserons Meester Cornelis sur notre gauche et nous reprendrons la route de Buitenzorg. De Batavia à Buitenzorg, on compte trente-deux milles ou *piliers* (environ douze lieues); de six milles en six milles on change de chevaux sous un vaste hangar disposé exprès au milieu de la route pour garantir du soleil. Le service des postes est parfaitement organisé sur toutes les routes de Java, et notamment sur celle de Buitenzorg, que parcourent sans cesse le gouverneur général et les principaux fonctionnaires pour se rendre au château. On emploie des chevaux de race Java, petits, mais vifs et pleins de feu. Le palefrenier indien, qui a sa place derrière la voiture, descend aussitôt qu'il les voit se ralentir et active leur marche ; il fait bien ainsi la moitié du relais à pied. Le fouet aidant, on franchit en moins de trois heures la distance de Batavia à Buitenzorg. A côté de la route macadamisée et soigneusement entretenue qui est réservée aux voitures légères, est un sentier boueux sillonné d'ornières, pour les lourds chariots du pays, lentement traînés par des buffles. Ces chariots, grossièrement construits et à roues pleines, ressemblent, pour la forme, à la petite voiture d'un parc à bergerie ; ils transportent le riz et les autres produits du sol.

Pendant l'espace d'environ six milles après que l'on a quitté Batavia, on aperçoit encore sur les deux côtés de la route des maisons de plaisance qui semblent la continuation de Weltevreden ; seulement le négligé des habitations et la vaste étendue des jardins annoncent la campagne. Çà et là de hautes cheminés laissent échapper la noire fumée d'une usine qui représente, au milieu de cette nature indienne, si belle et si féconde, le génie européen, qui, par les forces de l'industrie et à l'aide de la vapeur, a su exploiter dignement les riches produits du soleil tropical. A droite, c'est la manufacture de thé, créée à grands frais par le gouvernement, qui veut essayer toutes les cultures, et qui a emprunté à la Chine ses plants, ses ouvriers, ses procédés de fabrication, et jusqu'à la forme et aux dessins caractéristiques de ses caisses, pour lui disputer les marchés de l'Europe. Plus loin, c'est un champ de nopals, dont les plans régulièrement alignés sont couverts d'un toit de chaume qui abrite la précieuse cochenille, importée avec succès des plaines éloignées du Mexique, sa première patrie. Quel contraste avec ces colonies stationnaires où l'œil se fatigue à ne voir que d'éternels champs de cannes à sucre et des forêts de cafiers. Ici, on se promène au milieu d'un immense jardin où sont conviées toutes les plantes qui aiment le soleil, où les plus rebelles deviennent fécondes par les soins d'une culture intelligente et sont domptées par des efforts persévérants. C'est ce qui explique la richesse du colon, ces maisons somptueuses, cette route magnifique sur laquelle nous sommes emportés sans secousse vers Buitenzorg.

Le chemin s'élève par un plan légèrement incliné ; on commence à mieux distinguer les pics du Gédé et du Salak. C'est là, au milieu d'une nature pittoresque, chaque jour rafraîchie par les brises des montagnes et protégée contre les exhalaisons des marais, que sont situés le village de Buitenzorg et le palais du gouverneur général des Indes néerlandaises. Le général Daendels, qui avait le goût des grandes choses, avait fait élever un énorme édifice qu'un tremblement de terre détruisit en 1826. Le palais a été reconstruit, mais dans de moindres proportions et avec des dispositions meilleures. Il se compose du principal corps de logis que surmonte un dôme, et de deux pavillons qui continuent la façade. L'ensemble ne manque pas de grandeur, bien que l'édifice n'ait qu'un seul étage. Les appartements intérieurs sont vastes et bien distribués. Autour du palais est un grand jardin dont les gazons sont animés par des bandes de daims ou de cerfs en liberté, et où le sentiment de l'utile, qui se manifeste dans toutes les œuvres des Hollandais, a créé une espèce de musée horticole qui présente au voyageur la réunion des diverses plantes cultivées dans la colonie. Le jardinier, qui est un savant, entretient cette précieuse collection et dirige lui-même l'arrosoir et la bêche de l'Indien dans les pépinières, où des essais continuels sont tentés pour la naturalisation de nouvelles plantes exotiques. C'est au jardin de Buitenzorg que l'on a fait les premières expériences pour la culture du thé.—Il n'est pas d'institution plus utile dans une colonie qu'un jardin des plantes, non seulement au point de vue de la science, mais surtout dans un but pratique et immédiat. Une plante nouvelle, c'est une conquête et quelquefois une fortune.

Le village de Buitenzorg présente un aspect d'aisance et de propreté qu'il doit au voisinage du palais. Visité par tous les étrangers qui viennent à Java, habité une partie de l'année par les hauts fonctionnaires que les devoirs de l'administration appellent auprès du gouverneur général, il peut être considéré comme une succursale de Batavia. En outre, la salubrité reconnue de son climat y attire les malades. Mais, par un phénomène qu'explique sa proximité des montagnes, Buitenzorg reçoit régulièrement chaque jour une pluie torrentielle qui rend toute sortie impossible pendant plusieurs heures. — Une jolie église, de construction récente, s'ouvre alternativement à la messe catholique et au prêche protestant.

Aux environs de Buitenzorg se trouve une de ces cavernes où l'on recueille les nids d'hirondelles, si estimés des gourmets chinois. Les grottes fréquentées par les hirondelles sont ordinairement situées sur les bords de la mer, dans les sites les plus inaccessibles; il y en a aussi quelques-unes dans l'intérieur; elles sont ouvertes naturellement dans les flancs escarpés des montagnes. A l'époque où l'oiseau fait son nid, on garde soigneusement l'entrée de la caverne pour empêcher qu'on n'y pénètre, et aussitôt qu'on suppose les nids formés, on s'introduit dans la grotte et on les détache avec précaution des parois. Les meilleurs sont ceux où l'hirondelle n'a pas encore eu le temps de déposer ses œufs; mais alors la spéculation est mauvaise, parce que l'on diminue d'autant les bénéfices de la récolte suivante. Il faut attendre que les petits se soient envolés et alors s'emparer du nid. Si l'on tardait trop longtemps, celui-ci perdrait la couleur claire et transparente qui lui donne le plus de prix. Cette récolte est très-périlleuse : on est obligé de chercher les nids dans les anfractuosités de la grotte, de s'élever au moyen d'échelles de corde jusqu'aux parois les plus élevées, de se tenir sur les pointes saillantes des rochers, dans une obscurité presque complète. On peut faire deux récoltes par an, mais le propriétaire a souvent intérêt à ne point visiter la grotte pendant deux ou trois années, pour que les oiseaux se multiplient librement et que les nids deviennent plus nombreux par la suite; c'est comme un champ que le cultivateur laisse reposer. Java exporte chaque année de fortes quantités de nids pour la Chine.

Si nous franchissons les montagnes du Gédé, nous descendrons par l'autre versant dans la régence des Préangs, la plus fertile région de l'île. Les cultures du riz, du café, du sucre, y ont pris, dans ces derniers temps, une extension extraordinaire, et la production semble avoir atteint ses limites. On remarque surtout les plantations de café, qui, par leur disposition symétrique, par leur entretien soigné, ont mérité le nom de *jardins* et sont aussi agréables à l'œil que productifs pour le colon. Mais dans quelle mesure cette fertilité prodigieuse profite-t-elle à l'indigène? Que revient-il au Javanais des fruits de cette terre que Dieu lui a donnée et qu'il féconde de son travail? C'est ici le lieu de nous arrêter dans un de ces villages de l'intérieur où nous pourrons observer à loisir les mœurs, les habitudes de la population indienne, son existence matérielle, sa condition morale, comparer la vie que la conquête lui a faite avec celle que la nature lui avait donnée, en un mot, juger le système hollandais dans ses rapports avec les personnes qu'il administre.

Chaque village se compose de l'agglomération d'une centaine de cases et se devine au loin par le gracieux bouquet d'arbres, cocotiers ou bambous, qui le couvre de son ombre. On dirait un îlot de verdure au milieu des rizières inondées. Les cases sont construites en bois, n'ont qu'un seul étage et sont surmontées d'un toit en bambou, assez incliné pour permettre l'écoulement des eaux de pluie et se prolongeant vers le bas de manière à protéger les habitants contre le soleil. Ce mode de construction diffère de celui des îles voisines, en ce que dans celles-ci les cases sont ordinairement exhaussées par des pieux au-dessus du sol, tandis qu'à Java elles sont de plain-pied. L'ameublement intérieur témoigne de la simplicité des mœurs indiennes.

Pendant le jour, les habitants sont aux plantations qu'ils entretiennent pour le compte du gouvernement; la nuit, ils se reposent de leurs fatigues; on entend rarement les cris de joie, les fêtes bruyantes, les danses et les jeux qui ailleurs passionnent l'indigène. Java est un vaste atelier où la vie des ouvriers est tout entière dépensée au travail. Aux termes du règlement, l'Indien ne devrait consacrer aux cultures du gouvernement que le cinquième de son temps, mais sa tâche est ainsi calculée qu'elle en absorbe au moins le tiers et lui laisse à peine le loisir de cultiver son champ de riz et le jardin qui entoure sa case.

Cette obligation du travail imposée par le conquérant au peuple conquis se justifierait jusqu'à un certain point, si ce travail recevait un salaire proportionné à la richesse qu'il produit; mais il n'en est pas ainsi; les salaires sont extrêmement bas; un ouvrier ne gagne pas au-delà de 8 à 10 fr. par mois.

On peut donc reprocher au gouvernement hollandais de ne point rémunérer le travail dont il retire de si énormes profits, et de se préoccuper trop exclusivement des intérêts de son revenu colonial. Quand on se croit en droit de forcer toute une population au travail, il faut au moins justifier par une compensation équitable cet usage extrême de l'autorité. C'est ce que les Hollandais n'ont pas fait ; non qu'ils aient méconnu les droits de l'humanité; mais, à l'époque où ce système d'exploitation personnelle fut établi, l'Europe était encore habituée à ne considérer les colonies que comme d'humbles vassales pour lesquelles il n'existe ni justice, ni règle, et la docilité du Javanais semblait autoriser cette facile usurpation.

Auprès des magasins que le gouvernement a établis dans certaines localités centrales pour entreposer les produits de la récolte, l'indigène trouve à sa portée des dépôts de marchandises européennes où il dépense immédiatement la faible somme qu'il vient de recevoir à l'achat d'étoffes ou de quelques articles qui tentent ses goûts de luxe et son imprévoyante prodigalité. Il est juste de dire que les Hollandais maintiennent les prix à un taux modéré, qu'ils rendent même service au Javanais en lui permettant de se procurer sur place les divers objets dont il a besoin; mais aussi cette vente habilement combinée ramène dans leurs caisses les fonds qui ont payé le travail, et il arrive souvent que le cultivateur parti de son village avec un chariot chargé de cannes à sucre ou de café, ne rapporte à sa famille que deux ou trois pièces de grossières cotonnades, quelques foulards, des verroteries ; il ne lui reste plus un florin.

Les Javanais sont vêtus d'un long *sarong*, étoffe du pays, qui part de taille et descend jusqu'aux pieds. Le haut du corps est couvert d'une espèce de veste, sous laquelle, dans les classes plus aisées, on voit une chemise blanche qui se ferme, comme un gilet, avec des boutons de cuivre, de verre ou de diamant. Un mouchoir à carreaux roulé autour de la tête retient les cheveux, que l'on conserve très-longs. Les pieds sont nus. Dans les plis qui retiennent le sarong à la taille, se place le *kris*, ornement indispensable du costume javanais. Cette arme, qui varie de forme et de grandeur, tantôt droite, tantôt flamboyante, se transmet de père en fils, et il n'est pas rare de rencontrer un Indien des plus misérables portant à sa ceinture un kris superbe dont il ne veut se séparer à aucun prix. Ce sont les titres de noblesse de toute une famille. Indépendamment du kris paternel, le Javanais est souvent armé d'un couperet large et court qui lui sert d'instrument pour la culture et pour les usages domestiques. On a vu dans cette arme un symbole signifiant que celui qui la porte est prêt à couper l'herbe et le bois sur l'ordre du souverain.

Je ne viens de décrire que le costume des classes inférieures : les Javanais qui ont encore quelque fortune, les régents, etc., empruntent à l'habillement européen ses tissus perfectionnés et ses ornements les plus riches.

Le drap, la soie, l'or et les diamants relèvent ainsi l'originalité du costume primitif. Dans les cours des souverains de Djokokarta et de Soerakarta, les grands dignitaires sont encore habillés avec cette pompe fastueuse qui appartient au luxe oriental.

Les femmes javanaises ont une jupe à carreaux et une camisole sans manches, qui ne descend pas exactement jusqu'à la jupe et laisse ainsi un intervalle où le corps est à nu. Elles portent les cheveux longs et les relèvent au sommet de la tête, en les entremêlant des fleurs les plus odorantes. Comme les hommes, elles marchent pieds nus.

Le village est administré par le chef indigène, assisté du prêtre, dont le gouvernement s'assure les bonnes dispositions en lui attribuant un salaire fixe. C'est le prêtre qui, sous l'inspiration des fonctionnaires hollandais, désigne les époques favorables aux semailles, à la récolte, et en général à tous les travaux de la culture. Respecté par les indigènes, il se prête volontiers à ce rôle d'astronome et d'oracle que l'administration lui fait jouer dans l'intérêt du revenu colonial et de la production. D'ailleurs, le gouvernement, en laissant aux Javanais le libre exercice de leur religion, en restreignant dans une sévère mesure les tentatives souvent imprudentes du prosélytisme européen, en dirigeant à son profit l'influence des chefs indigènes, s'affranchit des fonctions les plus délicates et s'épargne l'odieux que pourrait susciter contre lui une intervention trop directe dans les affaires du pays. Ce système d'indifférence, apparente plutôt que réelle (car le gouvernement est toujours exactement informé des sentiments et des moindres pensées de la population indienne), ne nous semble pas exempt de reproche. Sans doute, on ne saurait exiger du conquérant qu'il entre dans tous les détails d'une administration aussi vaste, et qu'il porte également sur les divers points du territoire une attention vigilante et protectrice. Les Javanais eux-mêmes souffriraient de ces soins toujours présents, de cette surveillance immédiate qui deviendrait pour eux une véritable inquisition. Mais n'est-ce pas une obligation pour le pouvoir, quel qu'il soit, de chercher, par les enseignements d'une religion plus pure, par une influence sagement ménagée, à répandre parmi les populations qui lui sont soumises des idées meilleures, les lumières de notre civilisation, les lois de la morale, les bienfaits de l'instruction? Et cette obligation ne semble-t-elle pas plus impérieuse, du moment que le pouvoir s'enrichit du travail de ses sujets et prélève sur leur sol, sur leur temps, sur leur industrie un impôt si lourd? Une administration européenne, aux colonies comme ailleurs, ne devrait pas négliger cette tâche, qui honore la conquête et plus encore l'humanité. Il y aurait justice à restituer au village, sous forme d'écoles ou d'institutions libérales, une portion de ces richesses qu'il verse dans les magasins de la Hollande avec ses nombreux produits. On aimerait à voir, au milieu des cases de bambou, en face de l'usine, le toit de cette humble chapelle qui, dans le *pueblo* des Philippines, rappelle à l'Indien que la religion, toujours présente, veille sur lui pour adoucir de ses consolations paternelles l'action rigoureuse du fisc. Lorsque le système actuel fut introduit à Java, il s'agissait premièrement de rendre productive une colonie qui jusqu'alors avait coûté d'énormes sacrifices, d'organiser le travail et d'employer les bras. Aujourd'hui ce système a réussi au-delà de toute prévision. Il est temps de chercher des améliorations d'un ordre plus élevé; on est en droit de les attendre du gouvernement hollandais. L'habileté mercantile, l'esprit de spéculation n'exclut pas les idées généreuses. L'organisation serait parfaite si elle faisait aux intérêts moraux une plus large part.

Si la Hollande se trouvait en présence d'une population inquiète, turbulente, impatiente du joug, elle pourrait se retrancher derrière les difficultés de la situation et le danger des réformes. Mais, loin de là, il n'est pas de peuple plus docile, plus maniable, de mœurs plus douces que le peuple javanais. Le *kris* n'est plus entre ses mains qu'une arme de pieux souvenir, et non une arme de révolte. Il suffit de voir comment il se laisse gouverner par le régent, interprète fidèle et intéressé de l'autorité hollandaise, qui, dans la plupart des provinces, n'a besoin d'être représentée que par un résident, fonctionnaire civil. On n'aperçoit point ailleurs que dans quelques grandes villes l'uniforme du soldat hollandais.

Cette facile soumission au joug chez la race javanaise contraste singulièrement avec le caractère féroce des tribus qui peuplent la plupart des îles de l'Archipel indien. Serait-ce déjà l'abâtardissement complet d'un peuple qui se résigne, de lassitude, à l'autorité d'un pouvoir supérieur, et qui ne se sent même plus le courage d'y résister par la force d'inertie, arme dernière et souvent invincible des populations indiennes? Ou bien ne serait-ce que le sommeil d'une nationalité qui se réveillera à son jour, et qui se prépare dans le silence aux luttes de l'indépendance et à la vie des combats?

Le sentiment de liberté, si vivace chez les peuples du nord qu'il peut traverser impunément des siècles d'esclavage sans jamais se prescrire, semble avoir perdu toute sa vertu sous ces climats énervants, où l'homme n'aspire à l'indépendance que pour les charmes d'une vie oisive, et dédaigne aveuglément un triomphe qui ne s'achèterait qu'au prix de généreuses fatigues. Divisée en provinces hollandaises, vouée aux travaux manuels, rigoureusement tenue à distance des idées qui éclairent l'intelligence ou élèvent l'âme, la nation javanaise est aujourd'hui une nation morte civilement, qui, dans le long abaissement d'une servitude administrative plus que militaire, a désappris la liberté de son origine et le sens de ses antiques traditions. Il n'y a plus d'espoir que Java échappe désormais à la domination de la race blanche dont les Hollandais, par leur politique habile, ont assuré le triomphe.

Pourtant il est des traditions qui survivent à la liberté, mais ce ne sont plus alors que des tableaux d'un autre âge, des ressouvenirs affaiblis d'anciennes coutumes, de stériles anachronismes. Si le hasard vous amène dans une ville javanaise un jour de fête, vous verrez devant le *Kraton*, ou demeure du prince, toute la foule rassemblée, des banderolles déployées au vent, des chevaliers armés en guerre, montés sur des chevaux richement caparaçonnés : c'est un tournoi. Vous vous croiriez presque transportés à une passe d'armes du moyen-âge. L'imagination indienne, avide de fêtes et de luxueuses représentations, se plaît encore à ces images des temps héroïques ; le gouvernement hollandais les tolère sans inquiétude et ne voit plus dans ces lances empanachées, dans ces armes courtoises, que d'innocents jouets propres à amuser un instant le peuple et à le distraire de plus graves pensées. Ce sont les traditions de la conquête musulmane qui a introduit chez ces nations lointaines ses mœurs guerrières et presque chevaleresques. On est surpris de retrouver cet appareil de guerre, ces jeux autrefois sanglants, qui n'étaient que le prélude de combats sérieux et comme l'entretien de la force conquérante, au milieu d'une population aujourd'hui si paisible et façonnée au joug. — A certaines époques, on voit aussi les chefs du village se réunir, organiser de grandes chasses contre les tigres de la forêt voisine et lutter de bravoure dans ces courses périlleuses. La foule se réjouit encore au spectacle d'un tigre aux prises avec un buffle, et applaudit à la victoire du buffle, qui représente à ses yeux le peuple javanais, sur le tigre, qui représente l'Européen. Mais ce ne sont là que des jeux d'enfant. La fête terminée, chacun retourne à son champ ou à l'usine. La servitude a respecté les mœurs, mais elle a tué la nation.

Les idées nationales, les sentiments populaires ne sont plus que des souvenirs ; de même ces fastueux monuments qu'avait élevés la puissance ou l'orgueil des anciens *rajahs* ne sont plus que des ruines. Qu'on parcoure le pays : au milieu d'un champ de cannes ou d'une forêt de cafiers, on aperçoit çà et là les pierres encore debout d'un temple, d'un tombeau, d'un palais, débris antiques d'une religion qui a eu son fanatisme et d'empires qui ont eu leur gloire. On s'imagine volontiers que ces peuples de l'Orient, avant d'avoir été découverts et subjugués par les aventuriers de l'Europe, avaient toujours vécu à l'état de nature, étrangers aux inspirations de l'art et à la voix de la poésie. C'est une erreur. Avant que les Européens eussent mis le pied sur le sol de Java, plusieurs races, plusieurs religions s'étaient succédé, laissant chacune leur empreinte. Après les idoles grossières des temps primitifs, Bouddha, puis Mahomet avaient imposé leur foi et s'étaient fait élever des autels. De nombreuses dynasties, tour à tour victorieuses ou vaincues, avaient consacré par des édifices, dont quelques-uns sont gigantesques, leur règne plus ou moins éphémère. Le musée de Batavia renferme une riche collection de sculptures antiques, que la science archéologique rapproche avec intérêt des images retrouvées dans l'Inde, ce berceau de toutes les religions, et le temple de Borobodo rappelle encore les temps glorieux du bouddhisme. Depuis que des études approfondies ont permis de pénétrer plus avant dans les secrets de la langue et des traditions écrites sur la pierre, on a découvert sur toute la surface de l'île des trésors historiques longtemps ignorés et les traces d'une vie intellectuelle antérieure à nos civilisations les plus anciennes. Alors que l'Occident était plongé dans les ténèbres de la barbarie, Java possédait ses héros, ses bardes, ses architectes, tous les éléments d'une nationalité virile que le temps n'a pas encore enfouie sous les ruines ni la colonisation moderne sous les cultures.

..... Aujourd'hui cette île, soumise à la domination hollandaise, voit, chaque année, se développer son industrie et son commerce. Elle mérite de figurer au premier rang parmi les colonies européennes de l'Asie.

TABLE.

Ténériffe. — Ténériffe. — Santa-Cruz. — Laguna. — Orotava. — Ascension au pic de Teyde. — Retour à Santa-Cruz. — Bal masqué. — Le jour de l'an. — Départ. 1

Rio-Janeiro. — La rade de Rio. — La ville. — Le gouvernement. — Promenades autour de Rio; le Corcovado, la vallée de la Tijouca. — Traite des nègres. — Vente d'esclaves. — Carnaval à Rio. — Le mercredi des Cendres. 18

Le Cap de Bonne-Espérance. — Traversée de Rio-Janeiro au Cap. — La ville du Cap. — Promenade à Silleri et à Constance. — Une chasse au tigre. — Ascension à la montagne de la Table. — Départ pour Bourbon. 44

Ile Bourbon. — I. Traversée du Cap à Bourbon. — Saint-Denis. — Fête du 1er mai. — Bal. — Théâtre. — Paris sous le Tropique. — La Société coloniale. — La mulâtresse. . 65

II. Saint-André. — Luxe et misère du planteur. — Salazie. — Eaux minérales. — Magnanerie. — Usine à sucre de la Nouvelle-Espérance. — Système des usines centrales — Engagés libres. — Malgaches. 72

III. Sainte-Rose. — Repas de nègres. — Le Bois-Blanc. — Le volcan et le père Arsène. 84

IV. Partie de l'île *Sous-le-Vent*. — La Possession. — Saint-Paul. — Grotte de Bernica. — Caféières. — Ouverture du conseil colonial. — Droits de la France sur Madagascar. — Départ de Bourbon. 97

Malacca. — Départ de Bourbon. — Maurice. — Un homme à la mer. — Détroit de Malacca. — Calme. — Arrivée à Malacca. — M. Tomasew. — Marché de Trinquera street. — Armes malaises. — Colonie chinoise. — Enterrement chinois. — Joncs. — Départ de Malacca. 107

Singapore. — I. Traversée de Malacca à Singapore. — Branle-bas de combat. — Mouillage de Singapore. — London-Hotel. — Camjee. — Ville anglaise. — Ville indienne. . . . 125

II. Promenades du soir. — La bonne aventure. — Les fumeurs d'opium. — Etudes de mœurs. 132

III. Mœurs anglaises. — Missionnaires protestants et catholiques. — Temple protestant. — Magasins. — Whampoa. — — Mosquée. — Pagode chinoise. — Le rajah de Johore. — Partie de chasse. — Campong malais. 142

IV. Visite du rajah à bord de la frégate. — Le port de Singapore. — Corvette cochinchinoise. — Prows malais. — Les tigres. — Influence anglaise. — Départ. 155

Manille. — I. Traversée de Singapore à Manille. — Baie de Manille. — La santé et la douane. — Manille et ses couvents. — Pont sur le Pasig. — Binondo et les faubourgs. . . . 168

II. La Escolta. — Chinois, Tagals et métis. — Vie des Européens à Manille. — La Calzada. — Le Recreo. — Promenades du soir à Binondo. — Théâtre. 177

III. Les combats de coqs à San-Miguel. 185

IV. Volcans de Luçon. — Laguna de Bay. — Mariquina. — San-Mateo. — Mœurs et gouvernement tagals. — Fête de village. — Cavite. 198

V. Colonisation des îles Philippines depuis la conquête. — Influence des moines. — Administration, armée, marine. — Impôts directs et indirects. — Commerce. . . . 214

Macao. — I. Traversée de Manille à Macao. — Rencontre de la frégate *la Cléopâtre*. — Débarquement de l'ambassade. — Description de la colonie portugaise. — Les tankas et les tankadères. — Décadence de Macao. — La grotte de Camoëns. . . 230

II. La ville chinoise de Macao. — Les domestiques chinois : le comprador—Le cuisinier. — Le coolie. — Le boy. — Portrait d'Ayann. — Les rues du bazar. — La maison du mandarin. — La pagode des rochers. — Population de la ville chinoise. 244

III. Le Sing-Song. 252

IV. Promenade aux eaux minérales de Young-Mak. — Visite d'un village chinois. 266

V. Arrivée des mandarins chinois. — Leur première visite à l'ambassade française. — Ky-ing et ses quatre conseillers, Houan, Tsao, Toun et Pan-tseu-tchen. 275

VI. Visite rendue à Ky-ing. — Entrevue à la pagode. — Conversation diplomatique. — Dîner. — Nids d'hirondelles. — Calligraphie chinoise. — Négociation du traité. . . 284

VII. Les missions catholiques à Macao. — Promenade à Casa-Branca. 292

VIII. Signature du traité de Whampoa (24 octobre 1844). . 301

Canton. — I. Départ de Macao pour Canton. — *Le Sylph.* — Les pirates. — Les forts du Bogue. — Whampoa. — Le fleuve Chou-Kiang. 309

II. Arrivée à Canton. — Le consulat français. — Les factoreries. — Les Européens à Canton. 317

III. Comshong. — *Old China street.* — *New China street.* — *Physic street.* 327

IV. La ville de bateaux. — Les bateaux de fleurs. — Les jardins Fa-ti. — Le fort. 337

V. Marchands chinois. — Exposition des produits français au consulat. — Fabrication de la laque. — Lanternes, cannes, pipes. — Tissage de la soie. — Gare! 347

VI. Hog-lane. — Le docteur Parker. — Le peintre Lam-qua. — Une boutique d'orfèvre. 356

VII. La maison de ville et la maison de campagne du mandarin Pan-tseu-tchen. 364

VIII. Visite de Pan-tseu-tchen au consulat. — Retour à Macao par les canaux intérieurs. 377

Ports chinois. — Hong-Kong 380
　　　　　　　　Amoy 383
　　　　　　　　Fcoohow 389
　　　　　　　　Chinhae 389
　　　　　　　　Ning-Po 390
　　　　　　　　Woosung 400
　　　　　　　　Shanghai . . . . . . , . . 401

Cochinchine. — Baie de Touranne. — Les Montagnes de Marbre. — Délivrance de l'évêque d'Isauropolis . . . 407

Java. — Possessions hollandaises en Asie. — Batavia. — Weltevreden. — Quartier chinois. — Campong malais. — Buitenzorg. — Mœurs javanaises 430

FIN DE LA TABLE.

Paris. — Imp. de Pommeret et Moreau, 17, quai des Augustins.

www.ingramcontent.com/pod-product-compliance
Lightning Source LLC
Chambersburg PA
CBHW072114220426
43664CB00013B/2113